上海三联人文经典书库

102

历史认识的时空

[日] 佐藤正幸 著

郭海良 译

歴史認識の時空

上海三联书店

"十三五"国家重点图书出版规划项目

国家出版基金资助项目

总　序

陈　恒

　　自百余年前中国学术开始现代转型以来，我国人文社会科学研究历经几代学者不懈努力已取得了可观成就。学术翻译在其中功不可没，严复的开创之功自不必多说，民国时期译介的西方学术著作更大大促进了汉语学术的发展，有助于我国学人开眼看世界，知外域除坚船利器外尚有学问典章可资引进。20世纪80年代以来，中国学术界又开始了一轮至今势头不衰的引介国外学术著作之浪潮，这对中国知识界学术思想的积累和发展乃至对中国社会进步所起到的推动作用，可谓有目共睹。新一轮西学东渐的同时，中国学者在某些领域也进行了开创性研究，出版了不少重要的论著，发表了不少有价值的论文。借此如株苗之嫁接，已生成糅合东西学术精义的果实。我们有充分的理由企盼着，既有着自身深厚的民族传统为根基、呈现出鲜明的本土问题意识，又吸纳了国际学术界多方面成果的学术研究，将会日益滋长繁荣起来。

　　值得注意的是，20世纪80年代以降，西方学术界自身的转型也越来越改变了其传统的学术形态和研究方法，学术史、科学史、考古史、宗教史、性别史、哲学史、艺术史、人类学、语言学、社会学、民俗学等学科的研究日益繁荣。研究方法、手段、内容日新月异，这些领域的变化在很大程度上改变了整个人文社会科学的面貌，也极大地影响了近年来中国学术界的学术取向。不同学科的学者出于深化各自专业研究的需要，对其他学科知识的渴求也越来越迫切，以求能开阔视野，迸发出学术灵感、思想火花。近年来，我们与国外学术界的交往日渐增强，合格的学术翻译队伍也日益扩大，同时我们也深信,学术垃圾的泛滥只是当今学术生产面相之一隅,高质量、原创作的学术著作也在当今的学术中坚和默坐书斋的读书种子中不断产生。然囿于种种原因,人文社会科学各学科的发展并不平衡,学术出版方面也有畸轻畸重的情形(比如国内还鲜有把国人在海外获得博士学位的优秀论文系统地引介到学术界)。

有鉴于此,我们计划组织出版"上海三联人文经典书库",将从译介西学成果、推出原创精品、整理已有典籍三方面展开。译介西学成果拟从西方近现代经典(自文艺复兴以来,但以二战前后的西学著作为主)、西方古代经典(文艺复兴前的西方原典)两方面着手;原创精品取"汉语思想系列"为范畴,不断向学术界推出汉语世界精品力作;整理已有典籍则以民国时期的翻译著作为主。现阶段我们拟从历史、考古、宗教、哲学、艺术等领域着手,在上述三个方面对学术宝库进行挖掘,从而为人文社会科学的发展作出一些贡献,以求为 21 世纪中国的学术大厦添一砖一瓦。

中文版序言

笔者在执笔撰写本书的过程中，8世纪唐代历史学家刘知几的《史通》（全20卷，710年）是书案座右的常备书。如果他生活在现代，面对"历史是什么"这一问题，将会如何作答？这是经常闪现在笔者头脑中的一个念头。

由郭海良教授翻译的《历史认识的时空》中文版的出版，让孕育了刘知几的中国的读者能够阅读本书，这对作者而言是一种无上的喜悦。

自孔子以来延续了2500年的中国历史叙述传统，是以正史为代表的"作为规范形成的历史"。现在，一种新的因素正尝试着渗入这个传统。那就是"作为认识方法的历史"，始于古代希腊的希罗多德、在19世纪的德国臻于全盛的近代西方史学。最早将这种全新的历史认识方法介绍到中国来的，是梁启超的《中国历史研究法》（1922年）。

在欧洲，古代希腊·罗马文化与希伯来文化的融合始于14世纪的意大利，经历了500年的岁月之后，孕育出了现在的历史学。东亚在传统的中国型史学这一基础之上开始接受近代西方史学，只不过是100年前的事情。规范的历史学与认识的历史学，这两种不同的历史学通过融合而孕育出新型历史学，或许还需要数百年的时间。然而，即使再需要数百年，将要从中诞生的新型历史认识方法，即对于人类而言，这种"与人类的过去相对而立的姿态"一定是一种无可替代的宝贵财产。之所以这样说，因为历史并不是存留于记忆之中的，而是构筑未来的基础。

佐藤正幸
2016年7月

目　录

第一章 "历史"一词中反映出来的历史认识与历史意识

第一节 "历史"一词的诞生及其概念的变迁①

一、"historia"与"历史"

在 1592 年天草出版的《法比安版平家物语》的扉页上,印有这样一行拉丁字母的组合:"Nifonno Cotoba to Historia uo narai xiran to fossuru Fito no tameni Xeuani yauaragetaru Feiqeno Monogatari"。

这是一个用拉丁字母拼写出来的日语句子,意为"为有志于了解日本语言和历史者开启方便之门的通俗文本平家物语"。其中除了"historia"一词为拉丁语单词之外,其余均为日语单词。难道在当时的日语中就没有能与"historia"相对应的词语吗?

在 1593 年天草出版的安布罗修斯·卡莱皮努斯(Ambrosius

---

① 本节内容最初曾以《"历史"——该词语及其概念的变迁》为题刊登在《GAIDAI BIBLIOTHECA》(1979 年)杂志上,后来其修改稿被收入《文化的多样性》(『文化のモザイク』,绿书房,1989 年)一书第 227~238 页;1998 年,约恩·吕森、米夏尔·戈特洛布和阿希米·米塔格等人所主编的《文化的多样性》(Jörn Rüsen, Michal Gottlob und Achim Mittag(Hg.), *Die Vielfalt der Kulturen* (Suhrkamp Verlag, Frankfurt am Main, 1998.) S. 441-58.)一书又刊载了该论文的德语版,题为《19 世纪晚期日本的"历史"入门》(Die Einführung der "Geschichte" im Japan des späten 19. Jahrhunderts)。

Calepinus）的《拉日大词典》（*Dictionarium Latino-Lusitanicum ac Iaponicum*）中，与"historia"相对应的日语单词分别被标为"yurai"（由来）、"coji"（典故）、"raireqi"（来历）、"denqi"（传记）、"yengui"（缘起）等等。

4　　　现在的我们，无论是谁，恐怕都会毫不犹豫地将"historia"译成"历史"而将"historicus"译成"历史学家"。然而在当时那个时代里，"历史"一词好像还没有出现。如果真是这样，那么我们现在如此频繁地使用着的"历史"一词究竟是从什么时候开始、在什么样的意义上被使用起来的呢？众所周知，凡是具有某种新概念的词语都是以某种新思想或新文化的出现为背景产生出来的。在"历史"这个词语的背后，究竟隐藏着怎样一种知识变迁的历史过程呢？

二、专指中国历代史书的"历史"

　　在《春秋》以及《史记》、《汉书》等史书已经问世的时候，古代中国并没有出现"历史"这个词语。在中国史书中，最早使用"历史"一词的典籍似乎是梁朝萧子显（487～537年）所撰《南齐书·列传第二十一·鱼复侯子响传》。[①] 直到明朝万历三十四年（1606年），袁黄在其所撰《历史纲鉴补》中才将"历史"一词作为书名使用。[②]这是一部将司马光以来所有通鉴类史书合编在一起、使之相互增补印证的书籍，后来流传到日本。自宽文三年（1663年）被刻印以来一直到明治初年，因其便于阅读的缘故而持续受到读书人的青睐。

　　林鹅峰是最早使用"历史"一词的日本人。万治三年（1660年），林鹅峰在给其弟林读耕斋一封题为《论〈史通〉寄函三弟》[③]的

---

① 参见小林升《江户时代的进步观》（「江戸時代における進步の思想」），刊载于《中国与日本的历史观和隐逸思想》（「中国・日本における歴史観と隠逸思想」，早稻田大学出版部，1983年）第178页。

② 参见狩野亨吉《历史的概念》（「歴史の概念」），刊载于《狩野亨吉遗文集》（「狩野亨吉遺文集」，安倍能成编，岩波书店，1958年）第115页。

③ 参见《鹅峰林学士文集》（内阁文库所藏本）第39卷第11简。

信中,对刘知几进行了如下评述:"商量古今、臧否历史,其证虽非不明白,然似有吹毛求疵之烦"。刘知几在其《史通》中曾对历代史书进行了点评,林鹅峰信中的这句话,一方面表达了他本人对刘氏点评的看法,同时也表明他在这里使用的"历史"一词是指"中国历代史书"。由此可以看出,林鹅峰阅读了来自中国的《历史纲鉴补》之后,在该书的日本刻印版问世的前三年,就已经开始时髦地使用处于当时学术最前沿的"历史"这一关键词了。

同年,林读耕斋给其兄林鹅峰回了一封信,题为《奉答家兄论〈史通〉所示》。① 林读耕斋在信中写道:"夫历世之史,高步者迁也,固次之,晔既不及之。"其中虽然没有使用"历史"这一词语,却用"历世之史"这样的称呼来指代中国历代史书。

此后,自元禄时代起"历史"一词开始被偶尔使用。② 在江户时代,书名中含有"历史"一词的著作共有 20 部左右,其中包括巨势彦仙的《本朝历史评注》(元禄三年〔1690 年〕)、冈本东阳的《历史小鉴》(天明元年〔1781 年〕)、松崎佑之的《历史征》(宽政十一年〔1799年〕),以及川关惟光的《本朝历史要略》(文化十年〔1813 年〕)等。

除了书名之外,"历史"一词还散见于贝原益轩和荻生徂徕的著作之中。③ 近藤守重、山片蟠桃和佐藤信渊等人虽然次数有限,但是也在使用"历史"一词。④ 另外,在太田锦城、西田直养以及广濑旭庄的随笔中,"历史"一词也时而出现。⑤

---

① 参见《读耕林先生文集》(内阁文库所藏本)第 6 卷第 7 简。

② 参见前引小林升论文。

③ 此外值得一提的是荻生徂徕还曾经标点过《南齐书》,参见《和刻本正史南齐书》(『和刻本正史南齊書』,汲古书院,1971 年)第 373 页。

④ 参见近藤守重《近藤正斋全集》(『近藤正斎全集』,国书刊行会,1906 年)第 3 卷第 246页;泷本诚一(编)《佐藤信渊家学全集》(滝本誠一〔編〕『佐藤信淵家学全集』,岩波书店,1927 年)下卷第 406 页和第 761 页;山片蟠桃《梦之代》杂论第 8 篇(『夢の代』雑書第八),《日本思想大系・43》(『日本思想大系・43』,岩波书店,1973 年)第 428~447 页。

⑤ 参见太田锦城《悟窗漫笔》第 3 编(『悟窓漫筆』第三編,玉巌堂,1840 年)第 4 篇和第 12篇;西田直养《筱舍漫笔》(西田直養『篠舍漫筆』),《日本随笔大成》(『日本随筆大成』,吉川弘文馆,1973 年)第 2 期第 3 卷第 198 页;广濑旭庄《九桂草堂随笔》(広瀬旭莊『九桂草堂随筆』),《百科说林》(『百科説林』,国书刊行会,1917 年)第 1 卷第 30 页和第 62 页。

　　"历史"这个词语在三百多年以前就已开始被使用,这一点是毋庸置疑的。然而,当时人们笔下的"历史"一词与我们现在所理解的"历史"相比,其内涵是不同的。我们就此再进行一些详细的探讨。

　　首先,"史"字在中国原来是指史官,即专管记录的官员,后来才引申出记录工作本身,即史书的含义。其次,从这些著作的内容可以看出,"历"字的最贴切含义似应为"(时间的)经过",因而我们可以作这样的理解,即"历史"就是"历代之史"。①

6　　在当时,学习历史与其说是为了弄清楚过去的事实,倒不如说是为了熟读通晓历代史书,并以此来丰富自己的知识体系。换而言之,在当时人们的眼中,历史是知识的源泉,尤其是道德规范的宝库。这种对待历史的态度,在荻生徂徕的《太平策》中被阐述得淋漓尽致。他写道:"荀子尝以学问为飞耳长目之道。飞耳长目,则坐以闻数千里之外、见数千载之音,此乃学问之道也。"②

　　这是荻生徂徕在《太平策》的前言中对"学问"所作的定义。在该书的结尾处,作者又明确指出:"造就人才之道,无超越学问者。学问应以断文识字为入径、以学习历史为作用……探明历代之事迹,则治国之道、军旅之事、平世之行、忠臣义士之举,皆在其内。与其闻道听理,毋宁见其事迹而发感慨更为深切。"③

　　孔子有言:"吾欲载之空言,不如见之于行事之深切著名也。"④在孔子看来,与其空发抽象的议论,远不如叙述事实经过。这是一种"知识观"的表述。荻生徂徕上述观点的形成时间应该与其《太

---

① 山鹿素行在其《山鹿语类》第35卷(《圣学三·到知·史类》)中使用过"历代之史"这样的说法,新井白石的《古史通或问》(下卷)中也出现过这种用法。有一点可以肯定的是,"历史"一词在当时还并没有被人们普遍接受。参见《山鹿语类》(「山鹿語類」,国书刊行会,1911年)第4集第127页和128页、《新井白石全集》(「新井白石全集」,吉川半七发行,1906年)第3集第394页。

② 参见荻生徂徕《太平策》,《日本思想大系·36》(岩波书店,1973年)第453页。

③ 同上书,第485页。

④ 参见泷川龟太郎《史记会注考证》(滝川龜太郎「史記会注考証」,藝文印書館,1972年)第1337页。

平策》的出版时期相同，①然而这种认识在《徂徕先生答问书》——收录了他写于享保五年（1720 年）前后的书信中被阐述得更为直白。他写道："荀子亦有言道：学问者皆飞耳长目之道也。身居此国而闻未曾所见之异国之事，即如双耳生翼而飞行；生于今世而如以今目纵览数千载之往事，此可谓长目。开阔见闻、穷究事实谓之学问，故而学问者乃以历史为其极端。不通古今和汉之势，仅以此国今世之风俗审度世事，诚如井底之蛙。"②

7

虽然在这段文字中甚至已经包含着某些朴素的"历史主义"的因素，但是有一点是明确的，即作者在这里所使用的"历史"一词的含义并不是指"要重新梳理过去的事实"。与此同时，当人们读了上述这些文句之后，也许会感到"历史"一词似乎是指"对过去的研究"。然而说到底，这只是一个指代"史书的整体"的词语而已。这一点可以从以下具体涉及到"历史是什么"的论述中得到证明："……欣闻此间正逢阁下遍览中国历史，实属高明之举。且闻既阅通鉴纲目，与此同理者尚有资治通鉴。"③

这段引文清楚地表明：所谓"历史"就是指"中国的历代史书"。然而，荻生徂徕并未到此为止。他在《经子史要览》中曾这样写道："故吾邦亦有六国史等，是为日本之历史也。"这就表明，荻生徂徕笔下的"历史"已经是一个涵盖迄今为止的日本史书的词语了。④

三、成为"history"的对应词的"历史"

我们现在所理解的"历史"一词主要包括两个方面的含义：一

---

① 关于《太平策》的成书年代，学术界尚未形成定论。参见丸山真男《〈太平策〉考》（刊载于《日本思想大系·36》（岩波书店，1973 年）第 787～829 页。
② 参见荻生徂徕《徂徕先生答问书》（『徂徕先生答問書』上，《日本古典文学大系·94》（『日本古典文学大系·94』，岩波书店，1973 年）第 187～188 页。
③ 同上书，第 187 页。
④ 参见岛田虔次（编）《荻生徂徕全集·1》（『荻生徂徕全集·1』，みすず书房，1973 年）第 526 页。另外，在关于"历史"的涵盖范围这一问题上，我们迄今所列举的江户时代学者们的看法并不一致，有人将它严格地限定在特指"中国的史书"，也有人将它扩大到兼指"日本的史书"。

是指过去发生的事实及其变迁,二是指关于过去发生过的事实及其变迁的著述。在明治时代之前的文献中,"历史"一词极少出现;即使偶尔出现,也与我们现在所理解的含义不同。那么,"历史"这个词语究竟是从何时开始、又是通过何种途径才逐渐演变成为我们现在所认可的词汇的呢?就其最终结论而言,这个词语是从明治六年前后开始被广泛使用起来的。就其时代背景而言,有两点尤其重要:一是从江户时代末期到明治时代初期西方文化向日本的传播,二是明治五年开始在日本全国普及学校教育制度。

从江户时代末期到明治时代初期,在我们的知识结构方面发生了巨大的变化,即本应作为日本文化楷模主体的中国文化,逐渐被西方文化所取代。在西方近代学术向日本传播的过程中,历史研究的模式也逐渐从清朝的考据学向欧洲的实证主义转化。虽然这一转化过程中的根本性转折始于明治二十年前后,但是作为这种文化变革的先导,人们为了获取有关西方社会风俗变迁方面的知识信息,在江户时代末期就有人开始翻译介绍西方的史书。那么当时的人们究竟是如何用日语来对应表达"geschiedenis"(荷兰语)、"history"(英语)、"histoire"(法语)、"Geschichte"(德语)等词语的含义的呢?[1] 由于在许多情况下这些词语都是与形容词一起使用的,因而人们往往将它们对译为"史"、"记"、"纪略"、"史略"、"志"、"始末"、"春秋"等日语词汇,这种译法似乎足以应付当时所需。"历史"这一词语表面上看起来似乎很有"具体感",实际上是一种非常"抽象的"概念表述。当人们尚未对考察"历史"的概念产生兴趣时,是不会使用这个词语的。我们在此将要考察一下当时

---

[1] 就词源而言,Geschiedenis 或 Geschichte 与 Historie、history 或 histoire 属于不同的系统。然而,由于它们在各自的语言圈内使用时所表达的含义是相同的,所以在此将它们放在一起列出。参见《杜登—词源学》(DUDEN Etymologie,Mannheim,1963)中关于 Geschichte 和 Historie 部分的论述(该书第 215 页和 267 页)。更详细的说明还可参见 G. 舒尔茨《历史》(G. Scholtz, "Geschichte.")和 H. W. 巴尔茨《历史—历史学》(H. W. Bartsch, "Geschichte /Historie."),分别刊载于约阿希姆·李特(主编)《哲学的历史词典》第三卷(Joachim Ritter(Hg.),*Historisches W? rterbuch der Philosophie* Band 3,Stuttgart,1974)的第 344~398 页和第 398~399 页。

出版的外语辞典中,日语词汇与相当于 history 的西方各国语言词汇的对应情况。

首先从荷兰语辞典开始。在饭泉让所编《日荷语法典籍辞典》(飯泉讓『和蘭文典字引』,安政三年〔1856〕)中,"geschiedenis"已被对译为"历史";而在《译键》(『譯键』,弘化五年〔1848〕)中则被对译为"旧话、记录、传说"。村上义茂在其所编《三语便览》(村上義茂『三語便覧』,嘉禾七年〔1854〕)中,将"geschiedschrijver"对译为"史",并用日语字母标上了原文的读音。在《日荷字汇》(『和蘭字彙』,安政二年〔1855〕)中,桂川甫周将"historie"和"geschiedenis"对译为"缘起",而将"geschiedschrijver"对译为"拼连缘起之人"。可见在这个时期,"历史"尚未成为一个被广泛使用的惯用词。

当英语取代荷兰语而成为外语的主流之后,堀达之助在《英日对译辞典》(堀達之助『英和對譯辞書』,文久二年〔1862〕)中,将"history"对译为"历史、记录"二词,而将"historic"、"historically"、"historiographer"、"historiography"分别对译为"历史"、"如同历史一般"、"撰述历史之人"、"撰述历史之事"等词语。J. C. 赫伯恩的《日英语林集成》(J. C. Hepburn『和英語林集成』,庆应三年〔1867〕)则将"rekishi"(历史)与"raireki"(来历)、"koji"(典故)、"yurai"(由来)、"yengi"(缘起)等词条一起收录在内。然而,由于当时"历史"一词仍未被广泛使用,所以在珀蒂让的《词典》(Petitjean, *Lexicon*,明治三年〔1870〕,是在安布罗修斯·卡莱皮努斯《拉日大词典》的基础上增补改订而成)中,特意对"historicus"做了如下解释:记录过去发生之事、记述典故来历之人。柳泽信夫将其所编词典命名为《英华字汇》(柳澤信夫『英華字彙』,明治二年〔1869〕),也许与其他辞书相比确有某些不同之处,却将"history"和"historiographer"分别对应为"史书·史记"和"史官·史书"。在同一年出版的《日译英辞典》(『和譯英辞書』)中,除了"historian"被译为"记录者"之外,"history"被译为"历史·记录"、"historic"被译为"历史的"、"historically"被译为"如同历史一般"、"historiographer"被译为"撰述历史之人"、"historiography"被译为"撰述历史之事"。

9

自此之后,吉田庸德的《袖珍英日简明辞典》(吉田庸德『袖珍英和
節用集』,明治四年〔1871〕)、前田正谷和高桥良昭的《日译英辞林》
(前田正穀·高橋良昭『和譯英辞林』,明治四年〔1871〕)、梅浦元善
的《通俗英吉利单词篇》(梅浦元善『通俗英吉利単語篇』,明治四年
〔1871〕)、荒井郁之助的《英日对译辞典》(荒井郁之助『英和對譯辞
書』,明治五年〔1872〕)等,几乎所有的辞典都将"history"对译为
"历史",而将"historian"对译为"历史学家"。在石桥政方的《改订
增补英语笺》(石橋政方『改正増補英語箋』,明治五年〔1872〕)中,
与"历史学家"的词条相对应的英语单词为"historian";然而在该辞
10 典的万延二年(1861年)版中,却没有"历史学家"词条。由此可以
推定,到了这一时期,"历史"或者"历史学家"这两个词语已经深入
到该辞典编纂者的意识之中、得到了人们的认可。

再来考察一下法语辞典的情况。在村上英俊(义茂)的《法语
明要》(村上英俊『佛語明要』,元治元年〔1864〕)中,"histoire"、
"historien"、"historiogaphe"、"historique"分别被对译为"史·记
录"、"著史之人"、"诸侯之史"、"史之"等词语。在《法兰西语法典
籍字类》(『法朗西文典字類』,庆应三年〔1867〕)中,histoire还被译
为"记录";而在明治四年(1871年)出版的《官定法语辞典》(『官許
佛語辞典』)中,"histoire"、"historien"、"historiogaphe"、"historique"
则被分别对译为"历史·小说"、"历史学家"、"撰述历史之人"、"历
史之"等,已成了"历史"的一统天下。

在德语辞典中,到了明治五年前后,"历史"一词同样被全面使
用起来。在《德日袖珍字典》(『字和袖珍字書』,明治五年〔1872〕)
中,"Geschichtsbuch"和"Geschichtskunde"分别被对译为"历史书"
和"历史学"。在松田为常、濑之口降政和村松经春的《德日字典》
(松田為常·瀬之口降政·村松経春『獨和字典』,明治六年
〔1873〕)中,"历史"一词也同样被频繁使用。

仅从这些外语辞典中的使用情况来看,可以得出这样的结论:
"历史"一词作为欧洲各国语言中的"history"的对应词,至迟到明治
五年前后基本上被固定了下来。

至于为什么"历史"一词会最终成为"history"固定的对应词,这可是一个难以回答的问题。狩野亨吉认为:"这与中国的以下传统有关:在中国的文章中,往往不满足于用一个字进行组词,而是习惯于将两个字拼合起来、使之具备一定的阵容。"柳田国男则认为:"以ラ行辅音开头的词语往往给听者带来非常新颖的印象。"①事实的确如此:如果只使用一个"史"字,那么作为一个词语来说确实显得有点单薄,相比之下还是"历史"二字更有语感。然而,笔者以为还有更深层次的含义,即:那些先哲们正是为了要强调这个来自西方文化体系的概念与迄今为止中国式传统意义上的"历史"之间的完全不同,所以才特意使用了"历史"这个过去被极少使用的词语,企望以此向其中注入一种"西方外来文化"的含义,使之拥有全新的内涵。

11

四、作为课程名称而普及开来的"历史"

从江户时代末期到明治时代初期,虽然"历史"这个词语本身作为"history"的对应词基本上已经固定了下来,然而知之者甚少。只是在实施了学校教育制度之后,"历史"一词才逐渐为众人所知。

文部省于明治四年 7 月 18 日设立之后,立即着手筹备建立近代教育制度,并于翌年 8 月 3 日颁布了《学制》。在同日颁布的《文部省第 13 号通告附录》中附列着详细的课程规定,而"历史"就被设置为其中的课程之一。该课程在小学和中学被称为"史学",而在外语学校、法律学校以及相应的预科教育中则被称为"历史"。②

与"历史"一词相比,"史学"这一词语被人们使用的时间要早

---

① 参见前引狩野亨吉《狩野亨吉遗文集》,柳田国男《论历史教育》(柳田國男「歴史教育について」,刊载于『定本柳田國男集』第 24 卷,筑摩書房 1963 年),第 426 页。

② 根据明治元年 12 月 8 日颁布的关于皇学所开设课程的太政官布告可知:在作为皇学所规则的《学童入学诵读大纲》中设立了被命名为"历史"的科目,并明确列出了《三镜》、《读史余论》、《十八史略》等书目。另外,在明治五年 5 月颁布的《大学南校·规则修订》中,也出现了标明为"历史"的科目名称。

得多。①《晋书·石勒传》中关于任命播崔浚为史学祭酒的记载,可谓使用"史学"这一词语的最早例证。在南北朝时期,《颜子家训》(北齐)中留下了"有史俊士、自许史学甚高"的记载;在《宋史·杨亿传》中,则有宋贞宗称赞杨亿擅长史学的描述。在明治五年那个时候,应该说"史学"这个词语比"历史"更为人们所熟悉。

文部省在颁布上述《第13号通告附录》约一个月之后,又于明治五年9月8日颁布了《文部省补充通告》,增添了内容更为详细的《小学教则》。其中规定:高级中学所有年级均开设"史学轮讲"课程,分别以《王代一览》、《国史略》、《万国史略》和《五洲记》作为各年级的教科书。

然而,在明治六年颁布的《文部省第76号通告》(《修订小学教则》)中,"史学轮讲"被改名为"历史轮讲"。所使用的教科书与原先"史学轮讲"时的完全相同,改变的只是课程名称而已。

从明治五年到明治六年这一课程名称的变化,在《中学教则略》中也同样存在。明治五年9月8日的《文部省补充通告》规定初级中学所有年级开设"史学"课程,而在明治六年4月23日颁布的《文部省补充通告》中则改行《中学教则略》,初级中学里的"史学"课全部改名为"历史"课。另外,无论是在明治六年5月3日颁布的《文部省第61号通告》和同年5月18日颁布的《文部省第74号通告》(《外国语学校教则》)中,还是在文部省发表的关于明治六年开成学校的《文部省第一年报》中,同样也全部用"历史"一词作为课程名称。不仅如此,明治六年6月颁布的《师范学校教则》中甚至还出现了"本国历史"这一课程名称。

明治初年及其之后的一段时期内,人们在使用"史学"和"历史"这两个词语的过程中,或多或少地存在着一些混乱现象。②然

---

① 以下史实均出自《佩文韵府》第92卷。

② "史学"一词现在依然被广泛用于杂志的刊名或者大学里的学科名称,是当今人们耳熟能详的词语。现在人们所使用的"历史"一词,则包括了"过去发生的事情"和"关于过去发生的事情的记录"这两方面的含义,因而能够有效地避免这两个词语的互相混用。

而,从学校教育制度的角度来看,在明治五年到明治六年之间,至少统一完成了从"史学"到"历史"这一词语使用方法的转换。由于"历史"一词在小学和中学阶段已经被作为课程名称固定了下来,所以后来也就逐渐地被广泛用于教科书的书名。于是直到今天,甚至于连小孩子的嘴里也会冒出"历史"这个词语来。

五、反过来出口到中国去的"历史"

自袁黄之后,直到清朝末年,在中国几乎没有人使用"历史"一词。《佩文韵府》(1711 年)里也没有"历史"这一条目。迄今为止人们所知道的,只有章学诚在其《跋周氏传家集略》(落款时间为乾隆五十四年〔1789〕)中使用过这个词语。① 进入民国时期以后,中国人也开始频繁地使用起"历史"一词来,而他们恰恰是因为引进了这个在日本已经普及开来的词语之后才开始这样做的。② 中国人不仅接受了这个词语形式,而且也接受了这个词语所包含的内容,譬如梁启超的《中国历史研究法》(1922 年)就是一个最具有代表性的例子。此书堪称中国学界关于历史方法论研究的先驱之作,它深受伯伦汉等西方史学家的影响,是根据近代西方历史学的概念写成的。然而,梁启超许多有关近代西方历史学的知识,却是通过日本这块跳板获得的,这一点可以从他的藏书目录中得到印证。毋庸置疑,梁氏书中所使用的"历史"一词已不再是传统意义上的所谓"历代之史",而是全新意义上的"过去发生的事实"。自此之后,"历史"一词在近代中国也就逐渐地被广泛使用起来。③

13

六、理解"历史"概念实为难事

与其说"历史"一词是随着日本的近代化而复活的,倒不如说

---

① 关于章学诚,请参阅前引小林升《江户时代的进步观》,以及《中国与日本的历史观和隐逸思想》第 179 页。

② 参见前引《狩野亨吉遗文集》第 115 页。

③ 譬如:在《辞源》(上海商务印书馆,1915 年版)中对"历史"一词就作了如下解释:"言事之变迁沿革者,皆谓之历史。普通以记载国家之事为历史,如本国史、世界史之类。"

它是随着日本的近代化而诞生的。这个词语是在明治时期日本的近代化（或曰"欧化"）过程中开始被使用起来的，它涉及到诸多方面的问题，并不能仅仅将它视为一个单纯的语言问题。

在明治初期，"历史"这一词语作为一个日语词汇被固定了下来。然而，该词语的含义是否就被正确地理解了呢？换言之，如何翻译该词语的概念——这个实质性的问题究竟是如何被解决的呢？下面我们将结合当时西方文化向日本的传播进程对这个问题进行考察。

明治时代初期，物理学、工学、化学以及社会思想等西方文化各个领域的成就和方法纷纷传入日本。于是日本就面临着一个非常重要而实际的问题，即如何将各领域所使用的各种术语的概念翻译成日语？就历史学而言，还有其不同于自然科学各领域的特殊性，即自古以来日本就存在着一种与这种历史研究"似是而非"的东西，[①]而且它还是在整个日本传统文化体系中一直发挥着极其重要作用的领域。[②] 在这种情况下，如何选择一个能够恰当地表达出相当于 history 的各种西方语言词汇的全新内涵的对应词，就成了比选定自然科学领域里各种对应词更加棘手的问题。

问题最终被集中到了这一点上：究竟应该如何从"历史"这个词语的第二层意思（即"对过去发生的事实的研究"）的角度来表述"历史"的概念？具体而言，大致包括以下几个方面的内容：西方的历史研究和历史著述究竟是在什么样的理念指导下、通过什么样的方法进行的？它与日本传统的历史研究之间究竟有什么样的区别？它究竟具有什么样的特征？

箕作阮甫曾将 J. 博萨的《简明祖国通史》(J. Bosscha, *Schets der Algemeene Geschiedenis en van die des Vaderlands*，1838)译成日语，

---

① 即使在自然科学领域里，如天文学等也存在着与历史学相同的情况。参见中山茂《日本的天文学》(『日本の天文学』,岩波书店,1972 年)。

② 在为什么要学习历史的问题上，日本存在着一种儒家式传统观念，即是为了"以事实印证经典之教义"。日本的近代历史学从摆脱上述儒家式思维模式（即坚守经学与史学的主从关系）的束缚开始，转而以西方史学理念取而代之，进而又主动追随西方史学。如果想要通过"历史"一词的变迁来研究日本史学史，那就必须切实把握住这个趋势。

取名《大西史影》(安政三年〔1856〕完成)。他在其译作的《小引》中指出:"所谓 Geschiedenis 或 Historie 者,当如实记述大事之来龙去脉而不存文过饰非之妄言,记载'其时'、'其地'、'其实'。于是即有尼德兰 Geschiedenis 或法兰西 Geschiedenis。若以此体裁记叙万国人民中既有之繁多事实,则当命其名为 Allgemeine Geschiedenis(可译为'全史'、'总史')。(备考):由上文所述可知,史乘体裁本身不同于编年史(chronicle)、传说(fable)、叙事(vertelling)、传奇(roman,以舞文弄墨、夸张弄虚方法叙述往事之文体)、纪事传奇(history's roman)等。"①

箕作阮甫已经意识到:日语中既有的表示"历史著述"的词语都无法用来表达"Geschiedenis"或者"Historie"的含义,两者是有差异的。他在上述"备考"中使用了"史乘"(即"史书",其中的"乘"在日语中意为"记录")一词,然而值得注意的是,他在这里关注的重点并不是词语本身,而是该词语所要表达的概念。可以断言,这正是箕作阮甫试图通过自己的翻译作品介绍到日本来的西方关于"历史著述"的概念。

箕作阮甫的译作发表 13 年之后,即明治三年(1870 年),西周在其给育英社讲课的讲义——《百学连环》中用"历史"一词来对应"History",更加明确地阐明了箕作阮甫所提到的"历史"的概念问题。在其《第一编·普通学(Common Science)·第一 历史(History)》的开头部分,西周对"历史"做了如下定义:"第一、History 者,通常当记载古来所存之事迹,且应合乎所谓'温故知新'之道;学者欲知今日,必先将其与古代比况考量方可知。"②

另外,在《百学连环总论》中,西周不仅用日语字母中的片假名标出了"system"的读音,还将其译为"规模",并对其概念做了如下说明:"虽谓'规模'乃百学之不可或缺者,然其中'History·历史'

15

① 参见大久保利谦《江户时代末期的西洋通史》(大久保利謙「幕末の西洋通史」),开国百年纪念文化事业会(编)《锁国时代日本人的海外知识》(開国百年記念文化事業会〔編〕『鎖国時代日本人の海外知識』,乾元社,1953 年)第 441 页。
② 参见大久保利谦(编)《西周全集》(『西周全集』,宗高书房,1981 年)第 4 卷,第 73 页。

和'Natural History·自然史'以及造化史之学却难成'规模'。……
然而近年来西洋通常却能规模地 system 记载历史。自古以来,司
马迁编撰《史记》,创立'本纪'、'世家'、'列传'和'志'等体例,当属
'规模'之类似。当今西洋之'历史',皆以 civilization(即'开化')为
目的、并据此而写成,故自成'规模'。"①

16　　西周年轻的时候曾对荻生徂徕的学问有过很大的兴趣,因而对
"历史"一词应该是耳熟能详的,只是他所定义的"历史"概念与荻
生徂徕截然不同。然而,值得注意的是,西周将"历史"置于"百学"
之首的做法及其所反映出来的学问观,却又是与荻生徂徕相通的。
西周笔下的"历史之 system"可归纳如下:

　　"历史(History)"包括 3 个组成部分,即正史(History)、编年史
(Chronicle)和年代记(Annals)。正史由万国史(Universal History)
和国别史(Particular History)组成,而万国史又分为古史(Ancient
History)、中古史(Middle History)和晚近史(Modern History)。除
了这 3 种"历史"之外,还有 5 种类似于"历史"的东西,即传记
(Biography)、年表(Chronology)、综合年表(Synchronology)、传奇
故事(Romance)和传说(Fable),其中传说又分为寓言(Apologue)和
神话(Mythology)。这些历史研究的基础,就是所谓的史料。史料
由文献记录(Document)和奇闻逸事(Anecdote)组成。最后还有一
种近似于历史的学问叫做考古学(Archaeology),是"了解自古以来
国民风习状况的一种手段"。②

　　在西周那里,关于西方历史概念的认识可以说已经相当明确
了。然而,西周所介绍的这种历史体系基本上还是百科辞典式的,
所以接踵而来的问题就是如何学习具体的研究方法和叙述方法。
这种意义上的真正尝试始于明治八年前后。

　　当时的太政官修史局计划在水户的《大日本史》之后编纂一套
日本的正史,并提前就该书的体裁进行了探讨,最后决定不再沿用

---

① 《西周全集》,第 35 页。
② 同上书,第 73~83 页。

《大日本史》的纪传体,而是采用以编年体为主、辅之以纪事本末体并增加评论的所谓"西国历史之体"。① 然而,由于"现今欧学书生之中既无专修历史之人、亦无可察其体裁·体例之译书,实属一大空缺"②,因而修史局就委托将于明治十一年前往伦敦日本公使馆赴任的末松谦澄代为调查西方的历史编修方法。③ 日本真正开始接受西方历史学,最早是从这里起步的。

17

末松谦澄到任之后,用英语制作了《询问项目一览表》④,与匈牙利出生的英国史学家 G. G. 泽尔菲(G. G. Zerffi)过从甚密,从他有关西方历史学的哲学、概念、方法、发展史等著述中获益甚多。末松谦澄在自己手书的《询问项目一览表》中,共列出 12 项询问内容,具体涉及到历史研究的重要性、与历史叙述相关的诸问题、历史学家的资质、堪称范本的历史著作、历史叙述的对象以及历史学家的判断等各个方面。

作为对上述问题的答复,泽尔菲于 1879 年写下了《历史科学》(The Science of History)一书。该书虽然被立刻送回日本并被翻译成了日语,但是由于种种原因而并没有被正式出版。尽管泽尔菲对日本史学界的影响并不大,⑤从末松谦澄的《询问项目一览表》所列出的内容中却可以看到如下事实:西方历史学的概念在当时的日本是不为人所知的。

直到明治二十年兰克的弟子 L. 里斯(L. Riess)来到日本之后,西方的历史概念才算正式被日本的历史学家们所接受。里斯以帝国大学为中心舞台,向日本的历史学家们传播西方实证史学的理论和方法,⑥终于使得与"历史"一词名实相符的概念在日本扎下了

---

① 参见明治八年 5 月 4 日的《修史事宜》(被收录于东京大学史料编纂所所编《史料编纂始末》第 3 卷)。

② 参见明治十一年 2 月 7 日的《修史馆上奏》(被收录于前引《史料编纂始末》第 7 卷)。

③ 参见前引《修史馆上奏》。

④ 被收录于 G. G. 泽尔菲《历史科学》(G. G. Zerffi, The Science of History, London, 1879)。

⑤ 详见金井圆《雇用外国人(17)—人文科学》(金井圆『お雇い外国人(17)—人文科学』,鹿岛出版会,1976 年)第 118～126 页。

⑥ 关于 L. 里斯的情况,详见前引金井圆书第 128～197 页。

根。从"历史"一词最初作为对应"history"的翻译词使用以来,至此已经过去了四分之一世纪。

七、概念的翻译

笔者一开始就曾写道:新的词语是以新思想和新文化的产生为背景而出现的。归根结底,就是如何翻译和接受新词语的概念的问题。[①]然而有一点切不可忘记,即在接受一种新概念的过程中,既有的传统学问的存在发挥着极大的作用。仅就我们现在讨论的问题而言,为了使"历史"这一全新的概念被日本学人接受,必须要以日本文化中既存的、具有接受新事物的潜在可能性的历史学为前提。

于是乎,就会不可避免地出现传递内容发生变质的情况。然而,既有的传统学问如果不能发挥其接受和重新构建新学问这一基础性作用,那么一切新概念的翻译都是不可能的。我们必须经常意识到这种错综复杂的相互关系。从某种意义上说来,对这种复杂关系做出正确的解释,不正是研究近代日本的历史认识论的出发点和应该达到的目标吗?

第二节 Historiology 和 Historiography[②]

一、命名新的专业学术领域

为了纪念 21 世纪的到来,全世界人文社会科学领域里最大型

[①] 参见辻哲夫《日本的科学思想》(『日本の科学思想』,中央公論社,1973 年)和柳父章《翻译词的理论》(『翻訳語の論理』,法政大学出版局,1972 年)、《翻译词形成的前前后后》(『翻訳語成立事情』,岩波書店,1982 年)、《翻译学问批判》(『翻訳学問批判』,日本翻訳センター,1983 年)、《翻译是什么?》(『翻訳とはなにか』,法政大学出版局,1985 年)。

[②] 本节是对论文《HISTORIOLOGY——从"故事传说"到"历史认识论"》(『HISTORIOLOGY—「昔語り」から「歴史認識論」へ—』,原载于『史学』第 58 卷第 3·4 号,1989 年,第 11~32 页)修改后而成。

的百科辞典——26 卷本的《社会科学·行动科学国际百科辞典》于
2001 年在伦敦出版。笔者应邀承担了这部国际百科辞典中"历史
叙述与历史思想·东亚"和"历史中的时间、纪年方法、时代划分"
这两个条目的编写工作。[①] 这是一部以"大型条目"为特色的百科
辞典,它要求每个条目的词数在 5000 个英语单词左右。在"历史
叙述与历史思想·东亚"条目中,笔者设立了专门论述以刘知几、
郑樵和章学诚为代表的中国历史认识论·历史叙述论的章节,将
他 们 称 作 为 " historiologer ",而 将 这 一 研 究 领 域 命 名 为
"historiology"。在"历史中的时间、纪年方法、时代划分"条目中,笔
者 以 " 作 为 历 史 学 科 工 具 的 时 代 划 分 (Periodization as a
historiological tool)"为题设立了专门章节。

19

　　笔者首创的"historiology"一词遭到了英国校阅人员的质疑。
他们认为该词语未被《韦式英语辞典第三版》收录进去,缺乏权威
性,因而建议将它换成"historiography"。与此同时,他们还询问
道:"historiology"一词是否已成为该研究领域的专用学术用语了?
　　笔者从以下三个方面做了答复:第一,"historiology"一词正在
成为该研究领域的专用学术用语,从因特网的检索结果看,已经有
20 篇以上的学术论文使用了这个词语;第二,佐藤正幸在 1989 年
发表的论文——《HISTORIOLOGY:从故事传说到历史认识论》中
就倡导用"historiology"取代"metahistory"(元史学),此举与欧文·
帕诺夫斯基在《视觉艺术的含义》(1955 年)[②]中讨论"iconology"和
"iconography"两者之间关系的做法相类似;第三,在凯利·博伊德
所编的《历史学家与历史著作百科辞典》(1999 年)[③]中已经设置了

① "Historiography and Historical Thought: East Asia", *International Encyclopedia of the
Social and Behavioral Sciences* (London: Pergamon Press/Elsevier Science), vol. 10,
pp. 6776 - 6782. "Time, Chronology and Periodization in History", *ibid.*, vol. 23, pp.
15686 - 15692.

② Erwin Panofsky, *Meaning in the Visual Arts*, Penguin Books, 1993, pp. 51 - 58. (中森
義宗 他訳『視覚藝術の意味』,岩崎美術社,1971 年)

③ 参见艾伦·梅吉尔"Historiology"(Allan Megill, "Historiology", in Kelly Boyd ed.,
Encyclopedia of Historians and Historical Writing, Chicago, 1999。

"historiology"这一条目,并将它定义为"关于历史学家工作职责的元史学式(metahistorical)讨论"。

根据上述说明,国际百科辞典收录了这个学术用语,笔者所主张的"historiology"也就原封不动地得以公开发表。在笔者看来,如果要完全建立一个专业学术领域,就必须创造出一个能够一目了然地概括出该领域特征的专用术语来,这就是笔者之所以偏要在用非母语——英语写成的论文中如此执着地坚持使用这个并不为人们所熟悉的术语的缘故。我们在本节中将要对"historiology"这一词语及其概念进行探讨。

二、迄今为止历史认识论在其他国家是被如何表述的

作为对过去事物的记录行为,历史古已有之;"历史是什么"、"怎样写历史"等等,也是同样古老的话题。在古希腊,卢奇安于 2 世纪就写出了《应该如何撰述历史》;在中国,刘勰于 5 世纪末在其《文心雕龙》中也讨论了历史著作的撰写问题。此后,无论是在东方还是在西方,论及"历史是什么"这一话题的著述可谓不胜枚举。仅以欧洲为例,在 16 至 18 世纪期间出版的相关著作的数量就达 400 本以上,[①]到了所谓"历史学的世纪"的 19 世纪,正式出版和发表的这方面的著作和论文已是数不胜数。进入 20 世纪以后,这种趋势有增无减,尤其是 20 世纪 40 年代以来,以英美史学界为中心,围绕着"历史是什么"这一命题展开了多方面论战,而争论的核心问题则是"历史是不是科学"?

然而,这里存在着一个奇怪的现象,即对这一研究领域还没有一个固定的总体名称。迄今为止,确实有人提出过不少术语,试举几例:在 17 世纪和 18 世纪的书名中就出现了诸如《史学技艺》(*Ars historica*)、《史学理论概说》(*Syngramma historiae*

---

① 参见阿斯特丽德·维奇-伯恩兹《1500 年至 1800 年历史哲学著作目录》(Astrid Witschi-Bernz [comp.], "Bibliography of Works in the Philosophy of History 1500 - 1800", *History and Theory*, Beiheft 12[1972])。

theoreticae)、《历史的诸元素》(*Les Eléments de l'histoire*)、《史学史》(*Historica historia*)、《史学入门》(*Prologomena historica*)等词语;从 19 世纪至 20 世纪初,以德国为中心创造出了为数不少的相关术语,仅就对日本近代史学的形成产生过影响的书籍名称来看,就有《史学概论》(*Grundriss der Historik*)、《历史研究之方法》(*The Method of Historical Study*)、《史学导论》(*Einleitung in die Geschichtswissenschaft*)、《历史哲学》(*Geschichtsphilosophie*)、《历史理论》(*La théorie de l'histoire*)等等。

到了 20 世纪中叶,以英美为中心又创造出各种新的术语。首先,"历史哲学"(philosophy of history)已经超越了 19 世纪式观念论的用法框架,逐渐演变成为专指"历史是什么"这一命题的术语。它与"哲学"的含义内容的变化相一致,并成了"历史理论"(theory of history)的同义语。"历史哲学"(philosophy of history)从内容上可以分为两层含义,一是涉及历史理论问题的"分析的历史哲学"(analytical philosophy of history),二是涉及到思辨·形而上学问题的"思辨的历史哲学"(speculative philosophy of history)。它们又分别被称为"批判的历史哲学"(critical philosophy of history)和"实体的历史哲学"(substantive philosophy of history)。所谓"19 世纪式含义"上的历史哲学,反而被称作为"哲学的历史"(philosophical history)或者"历史的哲学解释"(philosophical interpretation of history);而具有实践性特征的史学概论,则被表述为"历史研究导论"(introduction to historical study)或者"历史方法论"(historical methodology)等等。此外,作为上述这些内容的总称,"元史学"(metahistory)一词也逐渐被使用开来。就指代一个学术领域的功能而言,它实际上只是一种消极的表述方式而已。在德语、法语等西方各语言里,当然也相应地出现了与英语中的这些术语相对应的专用词语,同时各国学界也展开了同样的大讨论。

在日语里同样也产生了很多与西方各国这些词语相对应的翻译词汇,诸如"历史哲学"、"历史论"、"史学哲学"、"史学理论"、"历史理论"、"哲学的历史"、"史学方法论"、"历史方法论"、"史学

21

研究法"、"史学概论"等等。与此同时,在英美等国历史哲学的影响下,近年来又出现了所谓"思辨的历史哲学"、"分析的历史哲学"、"批判的历史哲学"等词语。简直就是词汇的泛滥。关于这种词汇泛滥背后的因素,我们将在以后加以考察。然而,为什么就没有一个可以总括这一研究领域的词语呢? 作为一个有志于史学理论和史学史研究的人来说,对这个问题的关注已经有很长时间了。

笔者之所以对此一直耿耿于怀,是因为在中国 12 世纪前后就出现了作为这一研究领域总称的"史评"一词,并且一直沿用至今;最近又出现了作为从事该领域研究的人员的称呼——"历史学家"。[①] 笔者以前在查阅《牛津英语辞典》(*The Oxford English Dictionary* , Oxford , 1884 - 1928)中与"History"相关的词语时,曾经读到过"Historiology"一词,而且对该词义的解释是"关于历史的知识或研究"(The knowledge or study of history),因而就觉得它作为"历史是什么"这一研究领域的总称是再合适不过的了。

后来笔者虽然不断地留意和搜集了有关这一词语的资料,但是类似上述《牛津英语辞典》中的例子却少之又少。笔者为了探明"Historiology"一词所经历的变化过程,曾经查阅了将近 100 部 17 世纪以来在英国和美国出版的英语辞典,[②]结果发现这个术语的含义内容完全是随着英美两国历史意识的不断变化而逐渐演变的。接下来我们将通过对"Historiology"一词的定义演变过程的考察,讨论一下以英语文化圈为中心的西方社会中历史意识和历史认识的变化历程。

22

---

① 关于"历史学家"一词,详见张舜徽《中国历史要籍介绍》(武汉,1955 年)第 188 页。
② 笔者所查阅的资料主要来自剑桥大学图书馆所藏。文中所引用的资料中,有部分辞典的出版地和出版年份不同于大英图书馆所藏的辞典,这是因为笔者遵循以下原则所致,即在内容相同的前提下以出版年份较早的为准。另外,有关这方面的调查研究,也是笔者在英国文化振兴会(British Council)奖学金的赞助下,作为剑桥大学邱吉尔学院 1983~1984 年度客座研究员的研究内容的一部分。

三、historiology 源于希腊语吗

多数辞典在说明"historiology"一词时都认为,"historiology"的拉丁语形式为"historiologia",源于希腊语的"ιστοριολογια";从词语的构成来看,是由"history"＋"logy",即在拉丁语中是由"historia"＋"logia"、在希腊语中则由"ιστορια"＋"λογια"组成的。希腊语中的"ιστορια"原意为"探究"、"调查"以及由此而获得的"知识·信息",甚至还包括关于这些内容的文献记载,[①]比现在的"history"的含义更加丰富。譬如:古希腊历史学家希罗多德的《历史》,就其内容而言就具有浓厚的地理学和民族学的色彩;该书之所以在16世纪的欧洲重新受到人们的欢迎,其中一个重要原因,就是因为欧洲人把它当成了与新大陆被发现以后的不同民族交往过程中的经典。[②]

在17世纪下半叶之前,"-logy"被拼写为"-logie"。在希腊语中被拼写为"-λογια",具有以下两个意思:(1)像"brachylogy"、"eulogy"、"tautology"、"trilogy"等一样,是"具有'叙说或讲述'含义的(those which have the sense of 'saying or speaking')"(O. E. D.),或者是"word"、"discourse"(S. O. E. D.),即"叙说、词语、谈话"(《研究社新英和大辞典》);(2)像"astrology"、"philology"、"theology"等一样,是"研究学科或研究范围的名称(names of sciences or departments of study)"(O. E. D.),即"学问、学科……论……学"(《研究社新英和大辞典》)。[③]那么"historiology"里的"-logy"究竟属于其中的哪一项呢?实际上,在当时这两者并没有被明确地区分开来。"Historiology"一词的词义,其实正是随着对上

23

① 参见 H. G. 利德尔和 R. 斯科特（编）《希腊语-英语词典》(*A Greek-English Lexicon*, compiled by H. G. Liddell & R. Scott, Oxford, 1951), p. 842。

② 参见 A. D. 莫米利亚诺《希罗多德在史学史上的地位》(A. D. Momigliano, "The Place of Herodotus in the History of Historiography", *History* 43(1958), pp. 1-13。

③ 文章中的"O. E. D."和"S. O. E. D."分别为 *The Oxford English Dictionary* 和 *The Shorter Oxford English Dictionary* 的略写。另外,文中所引《研究社新英和大辞典》均为该辞典的第五版(1980年)。

述两种用法的取舍而不断地变化过来的,这一点我们将在以后详细说明。

"historiology"的语源和词语构成既然如上所述,于是就从中引出了另一个问题,即所谓的"源于希腊语"之说。约翰·明舒在其《明舒词录》(John Minshew,*Minshaei emendatio*,London,1625,26,27)中最早提出了"希腊语源"说。在关于"historiologie"的定义方面,约翰·明舒沿袭了亨利·科克拉姆《英语辞典》(Henry Cockeram,*The English Dictionarie*,London,1623)中的说法,只是在后面增加了有关"希腊语源"的内容。后来,除了约翰·布洛卡《英语释义》(John Bullokar,*An English Expositor*,London,1616)的各种版本之外,几乎所有的辞典都采用了"希腊语源"说。在不采用"希腊语源"说的辞典中,除了约翰·布洛卡的《英语释义》之外,诺厄·韦伯斯特的《美国英语辞典》(Noah Webster,An *American Dictionary of the English Language*,New York,1828)也值得一提。编者只是在该辞典的第二版中写进了"希腊语源"的内容,而在其第一版和第三版中却没有采用"希腊语源"说。在19世纪以后出版的辞典中,约翰·博格的《英语通俗综合辞典》(John Boag,*A Popular and Complete English Dictionary*,Glasgow,1848)、约翰·奥格列维的《综合大辞典》(John Oglivie,*The Imperial Dictionary*,Glasgow,1850)、《标准英语辞典》(*A Standard Dictionary of the English Language*,New York,1890)等都未写进与"希腊语源"说相关的内容,而《新编英语历史词语用法辞典》(*A New English Dictionary on Historical Principles*,Oxford,1884-1928,即《牛津英语辞典》)和威廉·D.惠特尼的《世纪辞典》(William D. Whitney,*The Century Dictionary*,New York,1889-1901)这两部辞典则主张"希腊语源"说。

在笔者的调查所及范围之内,迄今尚未发现希腊语里使用"historiology"一词的例子。至于拉丁语和德语,不仅在它们的辞典中未发现该词语,而且连历史著作中也未曾出现使用该词语的实例。① 迄今为止,除了英语辞典之外,笔者只在西班牙语辞典中看到过该词语。

"historiology"一词也许就是后人在以希腊语为语源的"history"和"-logy"的基础上创造出来的派生词。根据雅典大学历史系安东尼斯·利亚科斯(Antonis Liakos)教授的说法,在古代和中世纪的希腊语中并没有"ιστοριολογια"一词。②

24

四、英语辞典中所反映出来的 historiology 一词概念的变化

进入 17 世纪以后,在英国语言中,来自以希腊语和拉丁语为主要代表的诸多外国语言的外来语逐年增加,因而就有必要编写一些用英语来解释英语外来语的辞典。最早的英语辞典是罗伯特·考德雷的《词语总汇》(Robert Cawdrey, *A Table Alphabeticall*, London, 1604),此后多种类似的辞典接连问世。在英语辞典中,约翰·布洛卡《英语释义》(John Bullokar, *An English Expositor*, London, 1616)最早收入了"historiology"一词,并做出以下解释:

Historiologie:The knowledge and telling of old Histories(关于古代历史的知识与讲述)

这里作为定义术语使用的"history"(当时一般被拼写为"historie",而布洛卡却将之拼写为"history")一词,在当时的辞典中是专门用来表述定义的术语,而不是被定义的术语(即词条标题用语)。顺便将布洛卡辞典中出现的与历史相关的词语全部罗列如下:

---

① 然而,在中世纪拉丁语-法语辞典—阿尔贝·布莱兹的《Lexicon Latinitatis Medii Aevi》(Albert Blaise, *Lexicon Latinitatis Medii Aevi*, Belgium, 1975)中,却收录了 historiologus 一词,它虽然不是 historiology 本身,但是编者在该词条的解释中指出:v. Hugo-Flor 曾将该词语用来表达 historien 的含义。由此可以推测:中世纪的著作里使用过 historiologia 一词的可能性是很高的。

② 出自 2003 年 12 月 13 日的电子邮件。另外根据利亚科斯教授的调查,1844 年马尔科·雷涅里(Marco Renieri)在其关于历史哲学的博士论文(现收藏于佛罗伦萨国立图书馆手写本书籍室)中使用过与 ιστοριολογια 相类似的 Historionomia(historionomy)这一词语。

Historian：A writer or teller of a History（历史的撰述者或讲述者）

Historicall：Of or belonging to a History（关于历史的、或属于历史的）

Historiographer：A writer of Histories（各种历史的撰述者）

25　　很明显，"history"没有被作为词条收入其中。最早将 history 作为被定义术语的英语辞典，是距此 80 年之后出版的 E·菲利普斯所编《新编词语大全》（E. Phillips, *The New World of Words*, London, 1696），其中对"history"的解释如下：

History：a Description，Or Relation of Things，as they are，or of Actions as they did pass. Apply'd to inanimate things，as a History of Plants，Minerals，Natural Things，&c.（关于诸事物的本来面目或诸行为的真实经过的描述或叙述；作为植物史、矿物史、自然事物史等等，也适用于各种无生命的事物。）

　　"History"作为被定义术语在英语辞典中出现的时间为何如此滞后？这可是一个难以回答的问题，也许对此会有若干个答案。然而，在笔者脑海里浮现出来的答案是这样的：大概因为这个词语虽然是一个抽象词语，却不需要做任何解释就能够被人们接受（或者确信已经得到了人们的理解），而且人们接受它的方法也是一种"经验式"的东西。

　　在 17 世纪至 18 世纪上半叶出版的英语辞典中，包括上面提到的布洛卡的辞典在内，有关"historiology"词义的表述大致可以分为以下 4 大类：

　　（1）The knowledge and telling of old histories（关于古代历史的知识与讲述）

　　这种词义最早出自约翰·布洛卡的《英语释义》（伦敦 1616 年版），并在此后 1671 年、1676 年、1684 年的再版以及 1688 年剑桥版中被沿用，甚至在由 R. 布朗修订的 1719 年版中都没有改变。

（2）Knowledge of Histories(关于历史的知识)   26

这种词义最早出自亨利·科克拉姆的《英语辞典》(伦敦 1623年版)，后来约翰·明舒在其《明舒词录》(伦敦 1627 年版)中沿用。

（3）a historical discourse(关于历史的论述)

这种词义最早出自爱德华·菲利普斯所编《新编英语词汇大全》(*The New World of English Words*，伦敦 1658 年版)，并被其1696 年和 1706 年再版沿用。

（4）a discourse of history(关于历史的论述)

这种词义最早出自伊莱沙·科尔斯的《英语辞典》(Elisha Coles, *An English Dictionary*, London, 1676)，该辞典虽然后来被多次再版，但是初版以后，1677 年版和 1717 年版也都只是将词语的拼写由"historiologie"改为"historiology"，而词义本身并没有变化。

在 18 世纪也出现了与以上内容不同的词义表述，如在约翰·阿什的《新编综合英语辞典》(John Ash, *The new and complete dictionary of the English language*, London, 1775)中就是这样的：

Historiology(s. from the Greek ιστορια, history, and λογος, a description)：The knowledge of history, the art of explaining historical facts. (［名词，源于希腊语的 ιστορια 一词，历史和 λογος，描述］：关于历史的知识，解释历史事实的技艺)

这种表述实际上是将此前既有的两种词义合并了起来。然而，后半部分所谓"解释历史事实的技艺"的词义表述，比起以前的"关于历史的论述"来更为严密，因而就使得该词语的特征更加明确化。另外，在这个词义表述中将"-logy"解释成"a description"(描述)，这也是值得注意的一点。换言之，约翰·阿什将"historiology"一词理解为"a description of history"(关于历史的描述)。与此同时，约翰·阿什却又将"historiography"定义为"The employment of a historian, the art of writing history"(历史学家的工作，撰述历史的技艺)，于是就又模糊了"historiology"和"historiography"这两个词义之间的区别。对此我们将在后面再进行探讨。

27

18 世纪出版的英语辞典数量很多,但是收入"historiology"一词的辞典却很少,与辞典出版数量不成比例。笔者查阅了 18 世纪出版的 33 部英语辞典,除了上述伊莱沙·科尔斯、约翰·布洛卡和约翰·阿什三人所编的辞典之外,其余辞典都未收入"historiology"一词。塞缪尔·约翰逊所编《英语辞典》(Samuel Johnson, *A Dictionary of the English Language*, London, 1755)素有"第一部真正的英语大辞典"之称,但是也未收入该词语。

进入 19 世纪之后,"historiology"一词首先被诺厄·韦伯斯特所编《美国英语辞典》(纽约 1828 年版)的第一版收入:

Historiology, n. A discourse on history, or the knowledge of history. [Not in use](名词,关于历史的论述、或关于历史的知识。[已不再使用])

这一词义表述虽然没有完全照搬亨利·科克拉姆《英语辞典》(伦敦 1623 年版)中的内容,却是以后者为基础有所发挥而成,编者曾在该辞典 1848 年修订增补版(Springfield, 1848)的附记中对此做过说明。上文中还有一值得注意之处,就是句末标为"[Not in use]"(已不再使用)的注释,这其实是一个错误。在修订增补版中,这个注释被删除了。之所以会出现这个错误,可能是因为 1813 年曾经有过使用先例的缘故,详情我们将在后面论述。

约翰·博格的《英语通俗综合辞典》(格拉斯哥 1848 年版)沿用了这部韦伯斯特辞典中关于"historiology"一词的词义表述。

约翰·奥格列维的《综合大辞典》(格拉斯哥 1850 年版)是根据韦伯斯特辞典编写而成,并在英国出版的辞典,它原封不动地沿用了上述关于"historiology"一词的词义表述,却没有将其标为"[Not in use](已不再使用)"或者"Obs.(废弃语)"。

约翰·奥斯瓦尔德所编《语源辞典》(John Oswald, *An Etymological Dictionary*, London, 1834)将"historiology"作为"historia"的派生词收入其中。

B. H. 斯马特在其《新编英语标注辞典》(B. H. Smart, *A New Critical Pronouncing Dictionary of the English Language*, London,

1836)中做如下表述：

Historiology：Knowledge of history，Explanation of history（关于历史的知识，关于历史的解释）。

《标准英语辞典》（*A Standard Dictionary of the English Language*，New York，1895）中则做如下表述：

Historiology：Historical Science；also a treatise on history（关于历史的科学，亦为关于历史的探究）。

从1884年起，《新编英语历史词语用法辞典》（*A New English Dictionary on Historical Principle*）在牛津开始出版发行。与迄今为止的辞典相比，这部辞典的特点就在于它收入了若干个使用"historiology"一词的先例。与此相关的详情我们将在后面叙述，在此先看它对"historiology"的词义表述：

Historiology：The knowledge or study of history（关于历史的知识或研究）。

这种词义表述不仅被《简明牛津辞典》（*The Shorter Oxford Dictionary*）所采用，而且在1989年出版的《牛津英语辞典》（*The Oxford English Dictionary*）第二版中也未做任何改动。

随后收入"historiology"一词的是《世纪辞典》（*The Century Dictionary*，New York，1914），其词义表述如下：

Historiology：A discourse on history；also the science of history（关于历史的论述，亦为关于历史的科学）。

在《标准英语辞典》、《牛津英语辞典》和《世纪辞典》等辞典中，"historiology"一词已经开始拥有了新的含义，即其词义表述中的"historical science"（关于历史的科学）、"the study of history"（关于历史的研究）以及"the science of history"（关于历史的科学）等内容。在这些表述中，"-logy"被解释为具有学问意义的成分，可以说已经变成了一个拥有"历史是什么"这种含义的组词结构。尤其是其中的"the science of history"（关于历史的科学）这一词组，从19世纪中叶开始成为一种流行术语，而此时正是历史学在欧洲学术界逐渐形成为一个独立学科的时期。譬如：G. G. 泽尔菲的《历科学》(G. G. Zerffi，*The Science of History*，London，1878)在日本被译作《史学》，①内容则涉及史学理论、史学史和历史哲学，完全就是一部论述"历史是什么"的书籍。此外在当时还有许多类似的用例。

英语辞典中关于"historiology"一词的词义表述即如上所述。从1616年布洛卡的辞典到1914年的《世纪辞典》为止，我们在梳理其间各种辞典中有关"historiology"词义表述异同的过程中，发现了其中若干个特点，我们接下来将对此进行具体探讨。不过在此之前，先就"history"一词补充说几句。

如前所述，"history"一词源于拉丁语的"historia"。《牛津拉丁语辞典》(*The Oxford Latin Dictionary*，Oxford，1973)从以下4个方面对该词语的词义作了说明：(1)Investigation(调查研究)、inquiry(探究)、research(研究)；(2)A written account of past events(关于过去事件的记述)；(3)The recorded knowledge of past events(被记载下来的关于过去事件的知识)；(4)Study(研究)、narrative(叙述)。很明显，必须引起我们注意的，并不是其中"过去的事实或者过去发生过的事件本身"这一含义，而是其中"关于过去那些事件的记述"这一含义。这种情况在英语辞典中也同样存在。让我们再通过几部英语辞典中的表述，回顾一下"history"一词的词义："a Description or Relation of Things——(关于诸事物的描述或叙述……)"(E. Phillips，*The New World of Words*，London，1696)，"relation of matters of fact(关于事实真相的叙述)"(John Kersey，*A New English Dictionary*，London，1702)，"properly a Narrative of Matters of Fact(关于事实真相的完整叙述)"(E. Phillips，*ibid.*，1706)，"a Narration or Relation of things as they are，——(关于诸事物本来面目的叙说或叙述……)"(Glossographia anglicana nova，1707)，"a particular Account of Actions and Things worthy of Note(关于那些值得记载的行为与事物的特定叙述)"

---

① 参见前引金井圆书第118～126页。

（John Kersey, the younger, *Dictionarium Anglo-Britanicum*, London, 1708）。由此可见，"history"一词原先是用来表示"关于过去事件的记录"这一含义的。然而，19世纪下半叶以后，它却变成了一个表示"过去发生过的事件本身"含义的词语，而且这一转变似乎又是从 F. H. 布拉德雷以及 R. G. 科林武德等对历史感兴趣的牛津哲学家们身上开始的。他们认为"history"一词包括两层含义：（1）已发生的事件（res gestae）、（2）关于已发生事件的记载（historia rerum gestarum），并由此展开了对历史的"哲学考察"。① 30 然而，在英语辞典中收入"history"的这一词义，却是进入20世纪以后的事情。譬如：《牛津英语辞典》（*The Oxford English Dictionary*）在表述"history"的词义时，只是以"transf（转义）"的形式将其作为该词词义的第四条表述如下：

a. A series of events (of which the story is or may be told). Obs.（［该故事已被传说或可能被传说的］各种事件的系列，废弃语）

b. The whole train of events connected with a particular country, society, person, thing, etc., and forming the subject of his or its history——（与特定的国家、社会、人物、事物等相关的各种事件的全部系列，并形成其历史的主题……）

c.（Without a or *pl.*）The aggregate of past event in general; the course of events or human affairs……（［单复数同］关于过去事件的综合，各种事件或人类诸事务的经过……）

自此之后，几乎所有的辞典都将"过去的事件"这一含义列入"history"一词的词义表述之中，有的辞典甚至开始将这一含义作为"history"词义表述的第一项内容。现今在日本使用的"历史"一词，

----

① 参见 F. H. 布拉德雷《批判的历史之诸前提》（F. H. Bradley, *The Presuppositions of Critical History*, Chicago, 1968）pp. 83－87，初版（Oxford, 1874）。W. H. 沃尔什《历史哲学导论》（W. H. Walsh, *An Introduction to Philosophy of History*, London, 1951）p. 6，神山四郎日译本《历史哲学》（神山四郎訳『歴史哲学』，創文社，1978年）。

是明治初年作为"history"的对应词开始使用开来的,以至于连该英语词汇原先所具有的模糊性也都承袭了下来,这确实是一种有趣的现象。

让我们再回到"historiology"上来。首先,就其词义而言,可以粗分为二、细分为三。一是"knowledge of history(关于历史的知识)"。除了 E. 菲利普斯和 E. 科尔斯系列的辞典之外,所有的辞典都收入了这一词义。这一词义表述将"-logy"理解为"logos(逻各斯)",即作为其本来含义的"word(言词)"和"discourse(论述)"的意思,于是该词就作为一个包括"因与相对于神话而言真实存在的事情有关的词语而成为问题核心的事情本身"[①]的意思在内,指代"关于历史的知识"和"对叙述关于过去事件的书籍的了解",进而指代"关于过去的事件的知识"的词语而被使用开来。

二是除了"knowledge of history(关于历史的知识)"之外的所有含义。可以按照时代顺序将它们罗列如下: telling(讲述)→discourse(论述)→art of explaining(解释的技艺)→discourse(论述)→explanation(解释)→science and treatise(科学与探究)→study(研究)→discourse and science(论述与科学)。我们在此要先考察一下它们究竟相当于"-logy"的哪一个意思?《牛津英语辞典》的表述是:"those which have the sense of 'saying or speaking'",即叙述和讲述的意思,而"telling"和"explaining"也正是这一含义;根据《简明牛津英语辞典》的说法,"discourse"一词的词义在这种情况下属于其(3)"Communication of thought by speech; talk, conversation(通过谈话方式进行的思想交流、讲话、谈话)"和(5)"A spoken or written treatment of a subject at length(关于某一主题的详细的口头论述或书面论述)"的意思,因而贯穿于 telling(讲述)→discourse(论述)→ art of explaining(解释的技艺)→ discourse →(讲述)explanation(解释)→discourse(论述)之间的这根主线就成了一种"流"。于是,在这种情况下,"historiology"一词就可以被理解为"叙

31

① 参见《哲学辞典》(『哲学辞典』,平凡社,1954 年)第 1279 页。

述历史"之意。

通过现在这样的考察可以发现，正如我们在前面说过的那样，"historiology"与"historiography"是"对等"的词语，这也是所有收入这两个词语的辞典的共同之处。如果通过辞典中对"historiography"和"historiology"各自的词义表述，就可以看到它们之间的对应关系。譬如，伊莱沙·科尔斯的所有辞典（第一部为伦敦 1676 年版）的表述如下：

Historiography：a writing of Histories（关于历史的撰述）
Historiology：a discourse of history（关于历史的论述）

约翰·阿什的《新编综合英语辞典》（伦敦 1755 年版）中的表述如下：

Historiography：The art of writing history（撰述历史的技艺）
Historiology：The art of explaining historical fact（解释历史事实的技艺）

《世纪辞典》（伦敦 1914 年版）的表述如下：

Historiography：The art or employment of writing history（撰述历史的技艺或工作）
　Historiology：A discourse on history（关于历史的论述）　　32

由此可见，其中的联系性是非常明确的："historiography"是记载历史，而"historiology"则是叙述历史。

三是未被列入上述两项的用法，即《标准英语辞典》、《牛津英语辞典》和《世纪辞典》中提到过的另外一些含义：historical science（关于历史的科学）、a treatise on history（关于历史的探究）、the study of history（关于历史的研究）、the science of history（关于历史的科学)等等。这些表述都是将"-logy"理解为"names of science or department of study(学科的名称或研究的范围)"(O. E. D.),即取其"学问、学科、……论、……学"之意,与"astrology(星占学)"、"philology(语言学)"、"theology(神学)"等属于同一用法。"historiology"一词的这 3 种词义都是 19 世纪下半叶以后在辞典中出现的内容,与历史学作为一门独立的学科获得学术界认可的时期相一致,真可谓是一种有趣的吻合。

综上所述,"historiology"一词因其来源不同而拥有 3 层含义:"关于历史的知识"、"叙述历史"和"历史是什么"。接下来我们将通过实际用例来考察一下由辞典中的词义表述所想到的一些内容。

五、"historiology"一词是怎样被使用开来的

使用"historiology"一词的实例极为少见。据笔者目力所及,迄今为止只发现 6 例:《牛津英语辞典》中有 3 例,《世纪辞典》中有 1 例,最近有人使用的 2 例。我们将追根溯源,通过对它们的使用方法的分析,考察一下它们的含义。

《牛津英语辞典》中的第一例:[1616] Bullokar, Historiology, the knowledge and telling of old Histories. 如前所述,最早在英语辞典中收入"historiology"一词的是 J. 布洛卡所编的辞典,这一例实际上是对 J. 布洛卡辞典内容的转述。

第二例:[1682] Bunyan *Holy War*, Introd. Lines, 'Tis strange to me that they... at do excel Their equals in historiology Speak not of Mansoul's wars, but let them lie Dead like old Fables. 这是以撰写《天路历程》而闻名于世的 J. 班扬(John Bunyan, 1628 - 1688)所著《圣战》中"To the reader(致读者)"的开头部分的一段话,全文引述如下:

'Tis strange to me, that they that love to tell
Things done of old, yea, and that do excel

33

第一章 "历史"一词中反映出来的历史认识与历史意识

Their equals in Historiology,

Speak not of Mansoul's wars, but let them lie

Dead, like old fables, or such worthless things,

That to the reader no advantage brings;

……

（我对以下事实感到不可思议：那些热衷于讲述往昔旧事的人们，以及那些在 Historiology 方面出类拔萃的人们，都不谈论有关曼苏尔战争的故事，而是将它们默默地搁置起来，就像那些古老的传说故事、或者对读者毫无益处的无用之物一样……）

换言之，在此文中"historiology"一词的含义可以被理解为"怀旧故事、古代传说"；如果再进一步深究的话，"historiology"的前面有"love to tell things done of old（热衷于讲述往昔旧事）"，紧接着又有"speak not of Mansoul's wars（不谈论有关曼苏尔战争的故事）"，那么它也可以被理解为"通晓曼苏尔之战"之意。

第三例：［1813］W. Taylor in *Monthly Review*，LXX. 285 Erudition has been divided by a German professor into glossology, bibliology, and historiology. 这个例子来自约翰·艾金（John Aikin）为《约翰·塞尔登传》（*The Lives of John Selden*，London，1812）所写的书评中的一段话。此处引文的后续部分也非常重要，因此全部重新引述如下：

34

Erudition has been divided by a German professor into glossology, bibliology, and historiology; or a knowledge of languages, a knowledge of books, and a knowledge of facts. Truth or science, that is, the stock of things known, in as much as it can be advanced by erudition, consists of fact only. Hence, glossology and bibliology are to be considered but as tributary departments, or subordinate employments, which have historiology for their ultimate purpose and result. （一位德国教授曾把学问划分为三类：言语学、

文献学和 historiology；或者说，即关于语言的知识、关于书籍的知识以及关于事实的知识。作为能够被学问所丰富推进的、关于已知事物的评价，真理或者科学只是由事实所构成。因此，言语学和文献学仅仅只是被视为以 historiology 为其最终目标和最终成果的辅助性学科部门或者从属性工作。）

在此文中出现了一个重要现象，即"historiology"可以被替换为"a knowledge of facts（关于事实的知识）"，同时"glossology"和"bibliology"也可以被分别替换为"a knowledge of languages（关于语言的知识）"和"a knowledge of books（关于书籍的知识）"。从现代意义上来说，"glossology"一词表示广义的语言学，"bibliology"一词则表示文献学或者目录学。另外，在以上引文的后半部分中，"glossology"和"bibliology"被视为辅助性学问和从属性手段，而"historiology"则被视为终极目标，因而"historiology"也就可以被理解为通过"glossology"以及"bibliology"这样的学术手段而获得的、关于过去的事实的正确知识。

《世纪辞典》中也有一处使用"historiology"一词的实例。如前所述，该辞典将"historiology"定义为"a discourse on history，also the science of history（关于历史的论述，亦为关于历史的科学）"，就在这条定义语之后列举了一个使用该词语的实例。引述如下：

Part I is a translation of the Monograph of Diesterweg on Historiology (*Journal of Education*，XIX，No. 2，p. 1.)

这是波士顿的周刊杂志《教育杂志》第 19 卷第 2 期（1884 年 1 月 10 日）开头的新书介绍栏中出现的一段话，是关于 G. 斯坦利·霍尔主编的《历史教学和历史研究的方法》（G. Stanley Hall (ed.)，*Methods of Teaching and Studying History*，Boston，1883）一书的介绍。现将包括以上引文在内的整段文字全部引述如下：

35

第一章　"历史"一词中反映出来的历史认识与历史意识

Part Ⅰ is a translation of the Monograph of Diesterweg on Historiology, regarded by German teachers as the most helpful treatise in all the voluminous literature upon the subject in their language. It discusses the meaning, uses, classes, limits of historical study; the material, manner of arrangement, aids and methods of teaching, advantages of the study of different periods, and the best order and way of approach, etc..（第一部分是迪斯特维格论述 Historiology 的专题文章的翻译，在德国教师们看来，在所有用德语写成的论及这一主题的多卷本论著中，这些专题论文是最为有益的。它论述了历史研究的意义、效用、种类和范围，讨论了教材、备课方式、教学辅助手段和教学方法，也讨论了研究不同历史时期的好处，及其最佳步骤和途径等等。）

从这段引文中可以看出，"historiology"在这里被理解为关于"历史是什么"的研究领域，而"-logy"则被作为上述第二层含义使用。

使用"historiology"一词的第五例，出现在阿瑟·蔡尔德1960年发表的一篇题为《论新实证主义的"Historiology"》的论文题目中（Arthur Child, "Thoughts on the Historiology of Neo-Positivism", *The Journal of Philosophy*, Vol. LVII, Nos. 20 & 21, pp. 665 – 674）。这篇论文全面分析了被称为"新实证主义"的 K. 波普尔、W. 德雷、M. 怀特、P. 伽德纳等对历史的理论层面抱有浓厚兴趣的逻辑实证主义哲学家们鼓吹的历史说明理论，并以此为基础着重考察了 C. G. 亨佩尔所倡导的、被称为"覆盖法则理论"的历史说明理论。换言之，阿瑟·蔡尔德是站在历史逻辑理论和历史方法论的角度使用"Historiology"一词的，即所谓的"历史理论"或者"历史学的超科学化"的意思。

使用"historiology"一词的第6例是法语，出现在莱昂·范德梅尔施所写的一篇讨论中国传统历史编纂学的论文《中国历史中可预言的假想》中（Léon Vandermeersch, "L' imaginaire divinatoire dans l'histoire en Chine", *Storia della Storiografia*，1988，14，pp. 12 - 22)。作者认为"作为被书写下来的"中国的历史由两部分所组成,并仿照"ethnographie(人种志)"和"ethnologie(人种学)"之间的关系,将它们分别称为"historiographie"和"historiologie"。然后又对它们进行了如下定义:

Le moment historiographique est celui de la notation des facts，des actes，des événements，au moment méme où ils se produisent. Le moment historiologique est celui de la echerché des lois，du sens de l' histoire，à travers les releves historiographiques. (就历史编纂 historiographique 而言,就是对事实、行为、事件产生时刻的简要记录。而就历史学 historiologique 而言,则是通过史料记载对其历史规律、意义的研究。)*

在这里,"historiographie"被理解为如实记载发生过的事实这种行为,"historiologie"则被理解为对由"historiographie"记载下来的事实所拥有的意义进行阐释。在作者看来,《春秋》的经文就是"historiographie",而对《春秋》的阐释,尤其是《春秋公羊传》就相当于"historiologie"。如此一来,作者的言下之意自然是再明白不过了。在该论文的英文提要中,有以下一段说明:

History was born in China from two successive practices: divinatory annals (historiography which records facts when they happen) and subsequent commentary (historiology, which seeks the meaning of history)，such as the so-called Gongyang tradition which，at the beginning of the third century B. C.，"corrected" the Annals of the Lu region，which had themselves been "corrected" by Confucius. (在中国,历史产生于两种逐次相关的惯例,即占卜编年史[以记录既已发生的事实为内容的 historiography]和后人所作的评注[以探索历史的意义为内容的 historiology],诸如所谓的《公羊

传》,它于公元前 3 世纪初"修正了"曾被孔子"修正过"的鲁国编年史。)

可以这样说,在这篇论文中,作者是在历史阐释学·历史哲学,抑或是"元史学"的意义上使用了"historiologie"(historiology)一词。

从上述使用"historiology"的实例(尽管数量非常少)中不难看出,该词语的词义随着时代的变迁而发生了很大的变化。它曾经被用来代表"叙述历史"、"关于历史的知识"、"历史是什么"等含义,而现在则被用来代表"历史理论·历史哲学"这一含义。另外,这些具体实例的历史性变化,可以说与上述英语辞典中"historiology"一词的词义内容的变化过程是同步的。其实这也不难理解,因为所谓的辞典就是应该根据词语的变化、随时增加或者修正词义内容。

六、从"古代传说"到"历史认识论"

"historiology"一词的使用率不高,这是一个不争的事实。其原因究竟何在?这是接下来要讨论的课题。

首先,在"叙述历史"这个意义上,"historiology"一词确实没有显露身手的机会。这是由于"history"一词本身的含义比较宽泛,因而可以在"narration of events and facts, the knowledge of facts and events(关于事件与事实的叙述、关于事实与事件的知识)"(S. Johnson,1755)、"an account of that which is known to have occurred(关于已知曾发生过的事物的描述)"(Noah Webster,1828)、或者"a relation of incidents(关于各种事件的叙述)"(*The Oxford English Dictionary*,1884 - 1928)等多种意义上使用的缘故。

另一方面,正如人们在世界各地所看到的那样,"叙述历史"这一行为的存在时间要比"书写历史"和"阅读历史"等行为久远得多。① 爱尔兰的"filid"通常都被译为"诗人",实际上就是吟诵 "senchas"(通常被译为"历史",原意为"往事"或"传说")的专职"叙 事艺人"。古代日本也有与此相似的"叙事艺人",黑田清辉还曾于 1898 年创作过一幅名为《传说故事》的绘画作品(据说这是画家最 为用心的作品)。这幅画虽然已被烧毁,但是从遗留至今的草图中 依然可以看到画中的僧人在路边向人们叙说往事的情景。这无疑 是在告诉后人一个事实:所谓的历史是通过口头叙说留传下来的。 与此同时,人们也不能忽视这样一个事实,即作为叙说行为的历史 随着岁月的流逝而变得渐趋遥远,传递历史的重点逐步转移到作 为用文字记载和阅读行为的历史上来了。"historiography"一词现 在之所以被越来越频繁地使用,正是因为人类的文化已经对文字 产生了极度的依赖,不看到这一点就无法理解眼前的这个现实。

38

将"historiology"词义中的第二层含义——"knowledge of history(关于历史的知识)"与"history"词义中的"the knowledge of facts and events(关于事实与事件的知识)"这一内容进行一番比 较,倒也是一件有趣的事情。"Ash,1775"、"Webster,1828"、 "Smart,1836"、*The Oxford English Dictionary*,1884-1928"等 辞典中,都分别收入了这两个词的上述词义。由此可见, "historiology"就代表着"元史学"的含义。如果说"history"指代的 是关于过去的事件的知识(即历史书籍和历史故事)的话,那么 "historiology"就是指贯穿于大多数历史书籍中的知识。前述使用 "historiology"一词的第三个实例中关于"Erudition(学问)"的说明, 就是在这个意义上使用"historiology"的具体表现。另外,《简明牛 津英语辞典》将"Erudition"定义为"Acquired book learning(已获得 的书本知识)",这也有助于人们对"historiology"这一层含义的理 解。然而,"元史学"意义上的"historiology"还有另外一个方面(即 认识论层面上)的内容,它将对"history"这一认识行为的实质及其

---

① 详见 K. 休斯《早期凯尔特人的历史观念与现代历史学家》(K. Hughes, *The Early Celtic Idea of History and the Modern Historian*, Cambridge, 1977)。

内容提出质问乃至于进行反省。遗憾的是,在这种意义上使用
"historiology"的实例迄今尚未发现。究其原因,也许可以做以下解
释:记述过去发生过的事件这种行为本身,不需要经过特别的训练
或拥有特殊的技能,只要具备读写能力都可以做到,其实是一种日
常性的记录行为,因而就不会特意对这种行为本身提出什么质问。
18 世纪以前的历史著述,可以说基本上都是只满足于记述事件的过
程、原因以及结果,而且在历史著述的体裁方面也有像年代记那样
的既定格式,因而既没有机会、也没有必要对历史提出认识论方面
的质疑。一般说来,当时的人们对历史的要求,仅仅停留在了解"故
事"、"来历"、"由来"等层面之上。在 17、18 世纪,确实有一些历史
怀疑论方面的著作问世,然而,它们基本上都局限在哲学领域,究竟
对历史学家能产生多大影响这也是一个问题。于是在 18 世纪之
前,"historiology"虽然有作为通揽大多数历史著作意义上使用的实
例,却没有在认识论(即"历史是什么")意义上使用的实例。①

39

　　其次,是关于"historiology"词义中的第三层含义——"历史学
是什么"的问题。在欧洲,历史研究虽然自古以来一直都比较受人
重视,然而直到 19 世纪它才作为一门独立的学科、最终在学术界
确立起自己的地位。在牛津大学和剑桥大学,直到 19 世纪 70 年
代,历史才成为一门独立的课程。② 到了这一时期,无论是在英国
还是在德国和法国,历史学都面临着必须要成为一种遵循严密的
学科规范的学术体系这一时代要求。具体而言,就是要求历史学
建立一种以"历史是什么"为核心的认识论·方法论基础,并在此
基础上形成独自的学术研究体系。"historiology"词义中的第三层
含义——"the science of history, the study of history(关于历史的科

① 这并不意味着当时没有出现对历史提出认识论意义上的质问。譬如:在 16 至 17 世
纪的法国,就出现了 Jean Bodin, Loys Le Roy, Etienne Pasquier, La Popelinière 等对历
史认识论抱有浓厚兴趣的人们。
② 参见琼·麦克拉克伦《剑桥大学历史学荣誉学位考试制度的起源及其早期发展》(Jean
O. McLachlan, "The Origin and Early Development of the Cambridge Historical Tripos",
Cambridge Historical Review, 1947 - 1949, pp. 78 - 105)。

学、关于历史的研究)"到了19世纪下半叶才形成起来,这个事实也明确地反映出当时历史学发生的变化。与此同时,这也跟上述作为"历史的 meta·知识"这一意义上的"historiology"密切相关。

如上所述,在被称为"历史学的世纪"的19世纪,就"元史学"领域而言,历史哲学、史学方法论、史学史等方面的研究同样也获得了长足的发展。然而"历史是什么"这个问题却依然是一个局部性的被关注对象。具体而言,历史哲学是哲学家的研究对象,史学理论和史学方法论被视为历史著述的技术性问题,而史学史则只是关于历史学家和历史著作的介绍和罗列。进入20世纪以后,尤其是20世纪40年代以后,史学理论才开始摆脱被视为"历史著述的技术性问题"的境遇,并被作为"更加理论性层面上的研究"而逐渐受到重视。然而即便如此,这种研究主要还是以历史哲学家们在"哲学的平台"上"议论历史"的形式而展开的。① 换言之,"历史是什么"这一问题的提出并不是来自历史研究。

这种局面的形成,既有当时的时代因素——即作为独立学科的
40　历史学正处于形成时期,也有历史学本身的内部因素——由于历史研究的领域过于广泛,在历史学开始自立于学术界的同时,其本身也分化成为所谓"政治史"、"经济史"、"文化史"等多个更加具体的研究领域,因而势必导致了从总体上对历史进行综合考察的意识变得日益淡薄。

七、奥尔特加·伊·加塞特、海德格尔与帕诺夫斯基

随着20世纪90年代因特网的日益普及,人们可获得的知识信息量可以说是成几何级地增加。2000年以后,以"historiology"为关键词在因特网上检索一下,竟然可以获得20条左右的信息反馈。如果再检索一下它们的使用实例,就会出现一个有趣的现象,即其途径都会通向奥尔特加·伊·加塞特和海德格尔这二人的名

---

① P. 伽德纳所编《历史学诸论》(P. Gardiner(ed.), *Theories of History*, New York, 1959)出版之后的各种文集中都明确反映出这一倾向。

字上。

因撰写《大众的叛逆》而闻名于世的奥尔特加·伊·加塞特，在历史认识论方面也有很深的造诣，1928 年发表的论文《黑格尔的历史哲学与 Historiology》（"La 'Filosofía de la historia' de Hegel y la historiología"）就是他在这方面的代表作。继承他的"historiología"这一用法的人们纷纷用西班牙语发表论文，致使这个西班牙语的"historiología"一词最近甚至于涌入到了英语文献之中，并开始被作为"历史学"或者"历史研究"的含义而使用开来。

海德格尔本人并没有专门讨论过"historiology"的问题，而是在他的代表作《存在与时间》一书的英译本中，作为对应译词的问题被提出来的。他在《存在与时间》中使用的"Historie"一词，在英译本中被译为"historiology"，而在日语译本中则被译为"历史学"。该书的后半部第 76 节的标题——"Der existenziale Ursprung der Historie aus der Geschichtlichkeit des Daseins"，在日语译本中或被译为"以现存的历史性为基础的、历史学的存在论根源"（细谷贞雄译），或被译为"来自既有的历史性的历史学的存在论起源"（辻村公一译）。[①] 该书英译本的书名为"Being and Time"，由约翰·麦夸里（John Macquarrie）和爱德华·鲁滨逊（Edward Robinson）共同翻译，1962 年由布莱克韦尔（Blackwell）出版社出版。在这部英译本中，"Historie"的英语对应译词就是"Historiology"。另外，在 1977 年琼·斯坦博（Joan Stambaugh）的翻译版本中，"historie"一词又被译成了"historiography"，看起来这一词语使用混乱的局面仍在继续之中。海德格尔在使用"historie"一词的时候，并没有将它仅仅局限于与自己同时代的历史研究内容相对应的水平上，而是将它同时提升到了与"应有的历史研究"内容相对应的高度，并试图为历史

41

[①] 参见马丁·海德格尔著、细谷贞雄译《存在与时间》（マルティン・ハイデッガー著、细谷贞雄訳『存在と時間』下卷，ちくま学藝文庫，1994 年）第 340 页；马丁·海德格尔著、辻村公一译《有与时》（マルティン・ハイデッガー著、辻村公一訳『有と時』，ハイデッガー全集第二卷，創文社，1997 年）第 576 页。

学的存在本身寻找坚实的依据。因而在海德格尔那里，"historiology"是被用来代表"历史这门学问"（historical scholarship）、"作为学科的历史"（history as a discipline）或者"历史科学"（a science of history）等含义的。

"historiology"与"historiography"之间的关系一般被比喻为"ethnology"（人种学）与"ethnography"（人种论）的关系，实际上将它们比喻成"iconology"（图像学）与"iconography"（画像研究）的关系似乎在结构上更加确切。帕诺夫斯基在给"iconology"下定义的时候，认为："iconology"的目的是发现和解释象征性价值，就人类精神的本质而言，当历史条件发生变化的时候，其主题与概念也会随之发生变化；由于这种变化在某种特定的文化中会显示出其固有的征兆或象征，因而帕诺夫斯基就将对这种变化的历史过程的研究行为规定为"iconology"研究。与此同时，帕诺夫斯基认为："iconography"的研究对象不是美术作品的形式，而是与作品的主题或者意义相关的美术史；就美术中特定的主题与概念而言，由于当历史条件发生变化的时候其题材与事件也会随之发生变化，因而帕诺夫斯基就将从历史的角度对这种变化的具体状况进行研究的行为规定为"iconography"研究。

42　　　　作为"iconology"分析的实例，帕诺夫斯基引用了"文艺复兴"这一概念。在欧洲的中世纪里，各地也曾出现过向古典文化回归的动向，却为何只将"文艺复兴"这一特别称呼送给14世纪的意大利呢？帕诺夫斯基对其原因做了如下解释：发生在欧洲中世纪的"回归古典"运动，在对待"古典式主题"和"古典式动机"的态度上是不同步的；而在14世纪的意大利，这两个方面被重新统一起来了。此外，帕诺夫斯基还通过对该时期的文学、美术以及雕刻等多方面的分析研究，对文艺复兴形成的历史过程进行了描述。①

"iconography"以形象·故事·寓意为研究对象，"iconology"则

---

① 参见欧文·帕诺夫斯基著、浅野彻译《"iconology"研究》（アーウィン·パノフスキー著、浅野徹他訳『イコノロジー研究』，美術出版社，1971年）第3～33页。

以研究与此相关的象征和解释为己任；"historiography"的任务是在某种观点的指导下叙述过去，"historiology"的任务则是考察与此相关的历史认识和历史意识；"iconography"和"iconology"之间的关系，与"historiography"和"historiology"之间的关系是相通的。

八、作为历史认识学的"historiology"

　　以上我们追根溯源地考察了"historiology"这个迄今为止几乎从未引起人们关注的词语的含义及其历史变迁。本节的目的并不仅仅在于弄清楚该词语本身演变的历史，还在于揭示出隐藏在该词语演变背后的历史意识（似乎也应该称为"对历史的态度"）的本来面目及其变迁。如上所述，"historiology"一词本来的含义是"故事传说"，是"通晓往事"之意。一般认为该词语与"historiography"正好相对，而这种看法恰恰印证了它的上述含义。随着文字文化的兴盛，人们关注的焦点逐渐转移到了"historiography"上；进入 19世纪之后，随着历史学作为一门独立学科的确立，"historiology"一词逐渐成为一个与"history"相对的、指代所谓"mete·science"意义上的历史理论的术语；进入 20 世纪以来，又逐渐演变成了一个代表历史认识论本身含义的词语。

　　尽管如此，"historiology"一词的被使用率一直非常低。究其 43 原因，与其说问题主要出自"historiology"一词本身，倒不如说是隐藏在更深层次里的"历史"本身的因素在起作用。换而言之，历史哲学、史学理论、史学史等研究领域，以"历史是什么"这一问题意识为基础形成为一个完整而独立的学科体系的时机尚未成熟。时至今日，尽管还经常有人用"historiography"一词作为指代这些研究领域的总称，但是只要这些领域不再满足于迄今为止的做法——介绍历史哲学、谈论历史著述的技术性问题、罗列历史书籍等等，而是积极主动地关注历史认识本身，那么在追求含义内容的精确性这个意义上，"historiology"一词的存在就不容忽视了。

第二章　人类是如何认识历史时间的

第一节　从历史理论的角度看人类的纪年意识①

一、东亚国家为何不使用佛教纪年？

对"年"的认识,决不是一种仅仅将表示顺序的数字排列在一起的单纯行为,②而是一种具有非常丰富的政治内容和历史内容的、人类的知性行为,首先是一种文化行为。

1582 年,罗马教皇格雷戈里十三世(1572~1585 年在位)颁布了关于改革历法的诏书。如果对应一下当时东亚各国的年份,就可以发现:中国正值万历十年(壬午),朝鲜与中国共用一个年号,

---

① 本节曾于 1991 年以《关于年代学概念的比较》("Comparative Ideas of Chronology")为题,刊登在《历史与理论》第 30 卷第 3 期(*History* & *Theory* XXX-3, pp. 275 – 301)上。1997 年,本文经过部分增改之后,又以《时间计算:中国书画文化中的年代计算》("Time Counts: Reckoning Years in Sinographic Cultures")为题,在瑞士阿斯科纳举行的埃拉诺斯会议上做大会发言。1998 年,又在这两篇英文原稿的基础上写成了题为《关于日本历史上纪年意识的比较研究》(「日本における紀年認識の比較史の考察」)的论文,并刊登在当年出版发行的《日本文化研究》第 18 集(第 177~204 页)上。本节即是对这篇日文论文进行内容增补之后而成。

② 参见乔治·伊弗拉《数字通史》(Georges Ifrah, *Histoire universelle des chiffres*, Paris, 1981, pp. 9 - 11, 30 - 34)第 9~11 页和第 30~34 页,以及由弥永みち代、丸山正义、后平隆合作翻译的该书日文版《数字的历史》(「数字の歴史」,平凡社,1988 年)。

日本正值天正十年（壬午），越南正值光兴五年（壬午）。这种以"年号＋干支"的组合进行标示的纪年方法，在东亚地区已经使用了近两千年。

通行于欧洲世界的通连纪年法是基督纪年，通行于伊斯兰世界的通连纪年法是希吉拉纪年。由此看来，迄今为止似乎每个文化圈都曾广泛地使用过某个以宗教为基础而形成的纪年方法。在东亚各国普遍盛行的宗教是佛教，以佛教为基础而形成的通连纪年法是佛教纪年，然而东亚各国却并没有采用这种纪年方法。这又是为什么呢？

50

佛教诞生于公元前 5 世纪的印度，公元前后开始传入中国，自后汉末年起，历经三国两晋和南北朝，终于在中国扎下了根；到 7 世纪前后，又被传入朝鲜、日本和越南。恰如诞生于中东地区的基督教最后却在欧洲扎下了根，佛教成了盛行于东亚文化圈的宗教，有一段时期甚至还被东亚各国奉为国教。"佛教纪年"是一种现实存在，泰国、柬埔寨、缅甸等国甚至一直使用到现在，然而东亚各国却从未使用过。[①] 另外，天文学和历法是实行纪年的基础，而东亚地区的天文学和历法不可谓不发达。自公元前起，中国就是当时天文学和历法最发达的国家之一。[②]

如此一来，笔者在本文开头的设问——"东亚国家为何不使用佛教纪年？"就可以转化为这样一个问题——"东亚地区何以在如

---

① 泰国和柬埔寨使用的佛教纪年法被称为"佛灭纪元"，它以佛教创始人乔达摩·悉达多逝世之年开始计算历史年代。在关于佛陀涅槃的年代问题上有好几种说法，在泰国和柬埔寨，人们通常认为佛陀涅槃于公元前 543 年。缅甸使用的佛教纪年法以公元 638 年为纪元，因为佛教在这一年开始传入缅甸。详见 F. K. Ginzel, *Handbuch der Mathematischen und Technischen Chronologie*, 3 vols., 1906 - 1914, vol. 1, pp. 310 - 448。

② 关于古代中国的天文学，请参见下列著作：新城新藏《东洋天文学史研究》（新城新藏『東洋天文学史研究』，弘文堂，1929 年），薮内清《中国的天文历法》（薮内清『中国の天文暦法』，平凡社，1969 年），李约瑟《中国的科学与文明》（Joseph Needham, *Science and Civilization in China*, Cambridge, 1959, vol. 3, pp. 171 - 461）第三卷第 171～461 页，以及由吉川忠夫翻译的该书日文版《中国的科学和文明》（吉川忠夫他訳『中国の科学と文明』第三卷，思索社，1975 年）第三卷。

此长时间内使用一种在众多方面都与其他文化圈不同的、由年号和干支所组成的纪年方法?"

本节将要专门讨论关于"年"的认识问题。我们将在与欧洲的基督纪年进行比较的基础上,以日本为中心、从历史的和理论的角度出发,全面考察一下东亚世界为何长期以来一直坚持使用这种由年号和干支组成的纪年方法这一问题。

在"一朝一号"成为定制以后的近代日本社会,年号与天皇制度之间究竟是一种怎样的关系?这是迄今为止人们在研究日本年号问题的时候主要感兴趣的内容。然而,我们在本节中将主要通过考察东亚各国纪年方法的变迁,探讨一下人们对"年"的认识究竟属于一种什么样的认知行为?在此基础上,我们再讨论一下"所谓历史认识(或曰历史意识)是什么?"这一问题。

在进入本主题之前,我们首先要梳理一下诸如"纪年法"、"东亚"、"年号"、"干支"、"东亚地区的通连纪年法"等概念。

二、纪年法

所谓纪年法,一般都被定义为"计量时间的方法体系",其中又分为两大类:天文(科学)纪年法和历史纪年法。[①] 本节将要讨论的是历史纪年法,并将讨论的重点主要集中在"计算年代的方法体系"这一点上,除非特别需要,一般情况下不涉及历法。关于历法问题,已有为数众多的研究成果问世,[②]可供参考。按理说,"确定一年的方法"与"如何分割已经确定下来的一年",这本是两个不同的问题;[③]二者之间的这种明确区别,对于我们探讨纪年法的政治

51

---

① *The New Encyclopaedia Britannica*, Micropaedia, 1974, vol. 2, p. 909.

② 参见暦の会(编)『暦の百科事典』(新人物往来社,1986年)中所列参考文献

③ 譬如:将一年的起点定于何时?——这就是一个历法问题。在英国,从6世纪至1066年期间,曾以12月25日或者3月25日为岁首;从1067年至1155年,则以1月1日为岁首;而从1156年至1582年,又以3月25日为岁首。(参见"Chronology"*Chamber's Encyclopaedia*, new ed., 1950)

作用和历史作用来说,是必不可少的。①

因此,我们首先必须明确一点,即在本节中将要讨论的纪年法是特指"计算年代的方法体系,或曰计算历史年代的方法体系";其次,我们还必须要明确另一点,即这种方法体系始终"伴随着作为计算年代的最初年份的'起始年'"。这是因为,为了"计算年代","至少在理论上"必须要能够确定某一年份在特定时间序列中的排序。譬如:帝王纪年虽然麻烦一点,但是从理论上说起来,它能够将年代纳入某种特定的时间序列之中;另外,奥林匹亚德纪年也能够通过"第 X 届奥林匹克竞技会之后的第 X 年"的形式,将年代纳入其特定的时间序列之中。

如何设置这个"起始年",这可是有关纪年法问题的争论焦点。具体而言,通连纪年法是"以某个年代为起始年、依次连续排定其后所有年代的顺序坐标,并以此将年代纳入特定的时间序列之中",而与此相对的干支纪年则是一种循环纪年法。另外,干支纪年"以一种循环纪年的方式一直持续至今",这可以说是东亚地区纪年方法的一大特点。

52

三、作为汉字文化圈的东亚地区

本书中所谓"东亚地区",在地理范围上指现在的中国、朝鲜半岛、越南和日本。从历史上看,这一地区曾经是以中国为轴心的、有"中华世界体系"之称的区域;无论是在文化上还是在政治上,中国都处于绝对优势的地位,从而成为这一地区的历史进程赖以展开的轴心。这一点与欧洲的状况形成了鲜明的对照。众所周知,欧洲的历史是由拥有相似国力的诸多国家共同创造的。

从历史上的国际关系来看,东亚世界是一种以中国为中心的"册封体系"。中国历代王朝都实行所谓的"封建制度"。在这种制

---

① 这种区别不仅在东亚地区曾经发挥过很大的作用,而且当 6 世纪基督纪元在欧洲出现的时候也发挥过同样的作用。

度下,皇帝对国内的贵族以及功臣赐封爵位和食邑,从而形成君臣关系。与此同时,中国的历朝皇帝在处理与周边国家君主的关系时,继续沿用了这种封建制度。也就是说,周边国家的君主们从中国皇帝那里接受印绶和册封,并且采用中国的"历法",从而结成君臣关系。① 这种关系从汉朝初期开始适用于朝鲜和南越,到3世纪的时候,日本也加入到了这个体系之中。此后东亚国际关系发展演变的历史过程,就是在各国或接受或摆脱这种君臣关系的对应变化之中展开的。

东亚地区的中华主导体系,在文化上也产生了巨大的影响。在10世纪以前,它成了中国文化向周边国家传播的媒介。在文化上,东亚地区素有"汉字文化圈"之称。② 在这里,古代汉语就像拉丁语在欧洲世界的地位一样,成了东亚各国的通用语言。有一点值得一提,即这种汉字本身的存在,其实正是我们了解东亚纪年法的基础。

上述"由年号与干支的组合而形成的纪年法"之所以能够在东亚地区持续使用到如今,作为历史演变的产物,这种东亚社会本身可以说为此提供了坚实的历史基础、政治基础和文化基础。

53

四、年号的形成

中国最古老的纪年法属于"帝王纪年"。这种纪年方法在世界古代历史上屡见不鲜,在中世纪欧洲历史上也普遍流行。③《春秋》一书是春秋时期(公元前770年～公元前403年)鲁国的历史记录,其中就使用了像"隐公元年"这样的、以鲁国国君即位之年为起

---

① 参见西嶋定生『中国古代国家と東アジア世界』(東京大学出版会,1983年)。
② 参见藤堂明保『漢字とその文化圈』(東京光生館,1979年)。西田龍雄『漢字文明圈の思考地図』(PHP研究所,1984年)。Leon Vandermersch, *Le nouveau monde sinise*, Paris, 1986。
③ 参见 E. J. Bickerman, *Chronology of the Ancient World*, London, rev. ed., 1980, pp. 62 - 79。Denys Hay, *Annalists & Historians*, London, 1977, pp. 63 - 86。

始年的帝王纪年。

　　所谓"年号纪年"，虽然是一种纪年方法，但它并不仅仅是用数字来标记从起始年开始计算的年代数，而且还要将含有某种寓意的"名称"附加给年代。这种纪年方法始于公元前114年，由汉武帝（公元前140年～公元前87年在位）首创。

　　这种使用年号的纪年方法并不是突然产生的，而是有其萌芽形态的。汉武帝的祖父汉文帝（公元前180年～公元前157年在位）最初采用的也是帝王纪年，一直持续了16年，从第17年开始改元，将这一年改称为"后元元年"，并于后元7年死去。之后的汉景帝（公元前157年～公元前141年在位）则将在位时间分为3段，即前元（公元前157年～公元前149年）、中元（公元前149年～公元前143年）和后元（公元前143年～公元前141年）。汉武帝原先是以最初的6年定为"初元"，之后以6年为单位，依次称为"二元"、"三元"、"四元"、"五元"。《史记》中有如下记载：

　　　　其后三年，有司言，元宜以天瑞命，不宜以一二数；一元曰建元，二元以长星曰元光，三元以郊得一角兽曰元狩云。①

　　汉武帝根据这个建议，于其即位后的第27年（即"五元三年"，公元前114年）定年号为"元鼎"（该年即为"元鼎三年"），并将此前的"初元"至"四元"分别追建年号为"建元"、"元光"、"元朔"、"元狩"等。② 从年号的产生经过来看，如果借用一个生物学的术语进行表述，它实际上就是"帝王纪年"的一个"变种"。年号或者以被

54

---

① 参见《史记·孝武本纪第十二》。文中原为日语译文，皆源自小竹文夫、小竹武夫訳『史記 1』（筑摩书房，1971 年）第 115 页。文中原来所依据的《史记》原文则源自泷川龟太郎『史記会注考証』。
② 《史记》中所说的最早的年号名称与实际上所使用的最早的年号名称并不一致，学术界对此曾有若干说法。可参见赵翼《二十二史劄记·卷二》中"武帝年号系元狩以后追建"篇、藤田至善『史記漢書の一考察——漢代年号制定について——』（『東洋史研究』第 1 期第 5 卷，第 12～25 页）。

视为“瑞祥”的重要事件为契机进行命名（如“元狩”由来于得到一头独角兽），或者以昭示皇帝至高无上的权威为目的（如“洪武”所显示出来的强大武功），它所反映的是各个历史阶段的时代特征。[①]这种“年号纪年法”随着中华文化传播的浪潮而被推广到了东亚各地，越南和朝鲜于 6 世纪中叶之前就已经确立了年号制度，日本最迟也于 7 世纪中叶开始使用这种纪年方法。中国的周边民族所使用的最早的年号，当属出身于匈奴族系的刘渊所建立的北汉（即后来的前赵）政权的年号——“元熙”（304～307 年）。[②] 自此以后，在东亚地区，凡是建立独立国家政权的统治者都必定会建立自己的年号。值得一提的是，中国年号制度对东亚地区的影响主要体现在“年号意识”的传播上，并不一定意味着中国的“年号”本身在东亚各国的使用。对于东亚地区的国际关系而言，“年号”与“年号意识”之间的这种“不一致性”具有重要的历史意义。

汉武帝在其统治的 54 年间一共使用过 12 个年号。在其后的中国，这种“改元”（即改换年号）的频率随着时代的发展而逐渐减少。[③] 究其原因，主要有两点：一是因为随着皇权的不断强化，新皇帝即位时建立年号只是为了表明自己今后的统治理念；二是因为基于“瑞祥灾异”的迷信而改元的行为日益减少。[④] 明朝的开国皇帝朱元璋（1368～1398 年在位）在其统治的 31 年间只使用了“洪武”这一个年号，开启了中国皇帝“一朝一号制”的先河。

值得注意的是，这种“一朝一号制”的意义并不仅仅在于用“意味深长的雅号”取代了以往帝王纪年中的“帝王名号”，而在于它改变了年号这一纪年方法中的改元方式。具体而言，它意味着“一朝一号制”在经过了“帝王纪年→年号纪年→一朝一号”这一历史演
55 变的历程之后最终得以确立，自洪武帝之后，人们就开始用皇帝的

---

① 详见市村瓚次郎「年号に現れたる時代思想」（『支那史研究』，春秋社，1939 年）。

② 参见张璜《欧亚纪元合表》（上海，1904 年）第 178 页（复刻、大安，1968 年）。

③ 其间当然也有例外。譬如，唐朝的武则天（690～705 年在位）在其统治期间共改元 14 次。参见前引张璜《欧亚纪元合表》第 158 页、277 页、280 页。

④ 参见和田久德『世界史と時代意識』（放送大学教育振興会，1985 年）第 20 页。

年号来称呼皇帝本人了。

五、干支纪年与三元甲子纪年

所谓"干支"就是十天干与十二地支的组合,所谓"干支纪年"就是指通过"甲乙丙丁戊己庚辛壬癸"与"子丑寅卯辰巳午未申酉戌亥"互相组合而形成的、以 60 年为周期的一种纪年方法。它以"甲子"为起始,按照"乙丑"、"丙寅"、"丁卯"等顺序循次排列,最后以第 60 位的"癸亥"为终结。

这种纪年方法也起源于古代中国。在殷商时期(公元前 1520 年～公元前 1030 年),它就被用于标记日期;自王莽(9～23 年在位)起,它开始被用于标记年份;[1]最迟到 7 世纪中叶,它已经在东亚地区得以全面推广使用。

作为一种纪年法,干支纪年在东亚汉字文化圈被广泛使用。然而,这一纪年法是以 60 年为周期的,因而仅靠它本身也无法对年代进行特定化标记。于是就屡屡出现了类似"天应 2 年壬戌"(782年)式的、将"干支"与"年号"并用的情况,目的就是为了使纪年更加准确。有几个年号曾经在东亚地区各国被多次重复使用过,譬如"永和"这个年号就被使用过 7 次,与干支一起使用就可以精确地标示出究竟是哪一个"永和"了。[2] 毋庸置疑,作为纪年方法,年号和干支在多数情况下还是被单独使用的。

另外,所谓"三元甲子"也是一种以干支纪年为基础的纪年法。它以一个干支周期(60 年)为一元、每三元(共 180 年,包括"上元"、"中元"、"下元")为一个周期,故名"三元"。[3] 它的第 1 个干支周期始于黄帝即位后的第 61 年(公元前 2637 年)。根据这个纪年法的推算,1983 年就是第 26 个三元甲子周期的最后一年,即第 26

56

---

① 参见顾炎武《日知录》第 20 节《古人不以甲子名岁》。

② 参见前引张璜《欧亚纪元合表》复刻本书末所附之山根幸夫『歐亜年号索引』第 1～20 页中所列出的东亚地区各国年号一览表。

③ 参见铃木敬信『暦と迷信』(恒星社厚生阁,1969 年)第 120～127 页。

个下元的癸亥年。① 我们在考察东亚地区的通连纪年法时,这种"三元甲子"纪年法的存在可以发挥重要的作用。

六、东亚地区的通连纪年法

在东亚地区,虽然主要的纪年方法是年号纪年和干支纪年,但并不是没有通连纪年法。

说起中国的通连纪年法,有两次尝试值得一提。一次是由康有为(1858～1927年)于清朝末年所提倡的、以孔子诞生之年(公元前551年)为起点的"孔子纪年"。② 康有为鼓吹以"戊戌变法"为具体实践的激进的改革主张,将孔子尊奉为理应到来的新王朝进行改制的"素王",并积极倡导孔子纪年。只是由于变法改革很快以失败告终,因而孔子纪年没有被付诸实践。另一次是所谓的"黄帝纪年"。1911年爆发的辛亥革命迫使宣统皇帝退位(1912年),结束了清朝的统治,同时也废除了年号。为了用新的纪年法取代原来的年号纪年,于是就有人提议以所谓的黄帝即位之年(公元前2698年)为新纪元的通连纪年法。根据这种纪年法的计算,1911年就相当于黄帝即位后的第4609年。③ 不过这个提议并没有被采纳,因为共和政体的中华民国宣告成立之后,实行的是民国纪年(这是一种"政治性纪年",台湾地区至今仍在使用)。中华人民共和国于1949年成立之后,随即在"公元"的名义下采用了基督纪年。

朝鲜的通连纪年法是"檀君纪年"。从1948年至1961年,韩国使用的纪年法就是檀君纪年(以公元前2333年为元年)。檀君是古代朝鲜建国神话中的始祖神。13世纪以后,在朝鲜抵抗外敌入侵的战争中,檀君的名字开始广泛流传。1429年,李朝世宗皇帝将檀君牌位正式迎入供奉着高句丽始祖东明王的祖庙之后,檀君

---

① 参见前引张璜《欧亚纪元合表》第23～24页。
② 参见康有为《孔子改制考》(大同译书局,1898年)。
③ 参见前引和田久德『世界史と時代意識』第22页。

就一直成为人们朝拜的对象。

日本的通连纪年法就是"神武纪年"。这也是进入近代以后才被制定出来的。1872 年（明治五年）11 月 15 日，以公元前 660 年为纪元的通连纪年法正式颁行，而这个起始年是根据《日本书纪》中的记载推算出来的。在日本，即使在神武纪年被宣告实行之后，年号制度依然继续存在；神武纪年与年号纪年并用的状况一直持续到第二次世界大战结束，直至神武纪年被宣告终止使用为止。

东亚地区的上述 4 种通连纪年法都是在晚近时期被提出来的，这种相似性可以说是它们的一个共同点，颇能引发人们的兴趣。它们至少可以说明一点，那就是东亚各国并不是没有想到过通连纪年法的问题。然而，为什么这些纪年法都没有能够被广泛地推广开来？这也是一个重要的问题。

与基督纪年相比较而言，这 4 种通连纪年法都没有对起始年之前的情形做任何想象，这一点倒是跟"犹太纪年"或"希吉拉纪年"有着共同之处。与此同时，这种与基督纪年的差异在近代思想史上具有重要的意义。

七、东亚的纪年哲学

直到 19 世纪为止，"年号＋干支"这种纪年方式一直是东亚地区占统治地位的纪年法。

这种纪年法完全就是一种以表意文字——汉字的存在为前提条件的纪年方法。"年号＋干支"的纪年方式其实就是使用"有意义"的记号来纪年，避免了单调的数字罗列，其中蕴涵着东亚独特的"纪年哲学"。在标记年份的方式中甚至也要赋予一定的"意义"，这恐怕是汉字文化圈本身所具有的一种世界观的表现，因而在东亚地区，这个世界上的所有事物都被赋予了一个"有意义的名称"。在东亚以外的其他地区，所谓"年份"都只不过是一个单纯的时间数量而已，好像根本就没有想到过要给纪年符号附加一个"有意义的名称"。

58　　　　对于生长在汉字社会里的人们来说,在日常生活中,年号其实也就是一个符号而已,除非有人出于某种需要特意提起,一般情况下人们根本不会去理会它的含义。东西方在这一点上表现出了极大的相似。生活在西方社会里的人们在日常生活中使用"月"和"星期"的时候,同样也不会每次都联想到月名和星期名本身的含义。①

20 世纪 50 年代,美国的东亚研究者们曾经就年号问题展开过一场论争,其中有一项内容颇能引起人们的兴趣——用英文撰写关于东亚问题的论文时,如果遇到年号,究竟是只需要用拉丁字母标示出它们的发音,还是必须要将它们的含义翻译成英文? 有些生长在东亚地区的学者认为:如果在讨论年号本身的含义的时候,那就应该将它的含义翻译过来;如果仅仅就是标示某一特定的年份,那就没有必要"翻译含义"。这场论争的爆发使我们明白了这样一个事实:对于那些从东亚社会以外的角度考察东亚这个汉字世界的人们来说,"汉字的魔力"是多么不可思议!②

随着欧洲文明于 19 世纪向东亚地区的大量传播,基督纪年也被正式带入东亚社会,以至于进入 20 世纪以后,东亚国家相继废除了年号制度,代之以根据基督纪元原则制定出来的纪年方法。在这些东亚国家中,迄今为止只有日本仍然还在使用着真正意义上的年号。然而即使在日本,现在也是年号与基督纪年并用,而且在正式公文中也开始允许使用公元年份。

可以这么说,由"年号+干支"构成的纪年法,在当今的东亚地区已经失去了垄断地位。东亚地区这种纪年方法的变更,有时候

———————————

① 笔者曾在英、美、德、法等国生活过数年,期间曾尝试着向许多当地人提过这个问题,然而被问者异口同声地回答说:他们从来就没有想到过月名以及星期名本身的含义。

② 关于这场论争,参见以下论文:Edward H. Schafer, "Chinese Reign-Names: Words or Nonsense Syllables?", *Wennti*, No. 3, (1952), pp. 33 - 40; "Non-translation and Functional Translation-Two Sinological Maladies", *Far Eastern Quarterly*, (1954), pp. 251 - 260; Mary C. Wright, "What's in a Reign Name: The Uses of History and Philology," *Journal of Asian Studies*, 18 - 1, (1958), pp. 103 - 106。

会给人留下这样的印象：似乎基督纪年是一种比"年号＋干支"构成的纪年法更为进步的纪年方法。事实果真如此吗？我们有必要从理论上、政治上以及社会文化上对由"年号＋干支"构成的纪年方法作进一步考察。

八、由"年号＋干支"构成的纪年法的功能

由"年号＋干支"构成的纪年法毫不逊色于通连纪年法。要想证明这一点，我们有必要对东亚地区在应对所谓"末法思想"（曾经在政治、社会、文化等诸方面对中国和日本产生过很大的影响）的过程中所采取的方式进行相应的考察。[1]

所谓"末法思想"，其实就是佛教的历史观。这种历史观 6 世纪前后产生于印度西北部地区，旋即传入中国和日本。按照这种历史观的说法，释迦牟尼涅槃以后，佛教将会在经历了"正法"、"像法"以及"末法"等三个阶段之后逐渐走向衰亡；到了末法阶段，"国土与人心都将分崩离析"。然而，这种末法阶段究竟何时到来？这可是当时东亚地区的人们都十分关心的重要问题，就跟中世纪欧洲基督教社会中的人们普遍关心"末日审判"的到来日期一样。[2]

这种历史观需要有一种连续计算历史年代的纪年方法。根据通行的说法，释迦牟尼涅槃之年正值中国周穆王在位的第 53 年（即公元前 949 年），因而与"末法思想"有关的纪年法就以这一年为纪元。[3] 古代中国的佛教徒认为："正法"阶段有 500 年，"像法"阶段有 1000 年，因而从北齐文宣帝天保三年（552 年）起就进入了"末法"阶段。古代日本的佛教徒则认为："正法"阶段和"像法"阶段各有 1000 年，因而从永承七年（1052 年）起进入

---

① 参见久野昭『歴史哲学叙説』（南窓社，1966 年）第 99～114 页。

② 参见 Peter Burke, "Tradition and Experience: The Idea of Decline from Bruni to Gibbon", *Daedalus*, vol. 105, no. 3(1976), pp. 137 - 152。

③ 关于释迦牟尼涅槃的年代问题，参见久保常晴「金石文に現れたる佛滅年代」（『立正大学論叢』第 9 号，歴史地理編，1943 年，第 48～56 页。

"末法"阶段。《扶桑略记》中就明确写道:以永承 7 年为开端进入末法。①

　　然而,这一通连纪年法并未得到广泛的推广使用,其用途仅限于某些特别场合而已。在日本,甚至连佛教的僧侣们都依然使用由"年号＋干支"构成的纪年法。《大藏经》是大乘佛教经典的集大成者,它经由中国而广泛流传于东亚地区。然而,即使在这部佛教经典里面,也没有出现以"佛灭纪元"为纪年原则的历史叙述,这不能不说是一个有趣的现象。② 日本有为数众多的佛寺年代记,然而其中所使用的纪年方法都是"年号＋干支"。在日本也存在着极少数的例外情况。久保常晴通过研究发现,在有些年代记和金石铭文中存在着将佛灭纪年与年号纪年同时并用的现象,只是仅有十几例而已。③

　　卜部兼俱(即吉田兼俱,1435～1511 年)的《新撰三国运数符合图》④尤其值得一提。这是一部年表,它同时使用了多种纪年方法,包括干支纪年、中国帝王的年号纪年、佛灭纪年和日本天皇的年号纪年等,而佛灭纪年又是其中唯一的通连纪年法。卜部兼俱在其《序言》中自负地宣称道:制作这种同时标记多种纪年方法的年表是自己的一项创举。然而,这张完成于 15 世纪下半叶至 16 世纪初的年表,现今却仅存数册手抄本,迄今为止从未被印刷出版。这一事实似乎在告诉人们:这样的年表在日本没有多少存在的必要性。

　　由此看来,我们不得不做出如下推测:东亚地区的人们在使用

---

① 参见皇円『扶桑略記』(『新訂増補国史大系』(吉川弘文館,1965 年)第 12 卷,第 292 页。

② 参见高楠顺次郎、渡边海旭编『大正新脩大藏経』共 100 卷(大正新脩大藏経刊行会,1924～1934 年)。

③ 关于朝鲜半岛上的相关事例,请参见藤田亮策「朝鮮の年号と紀年」(『朝鮮学論考』第 325～327 页);作为日本的相关事例之一,『帝王編年記』同时使用了帝王纪年和佛灭纪年。详见『新訂増補国史大系』(吉川弘文館、1965 年)第 12 卷和前引久保常晴论文第 48～56 页。

④ 内阁文库所藏,收藏编号为 23134。

"年号＋干支"的组合方式进行纪年的过程中,从来就没有产生过任何不便之处。换言之,由"年号＋干支"的组合而形成的纪年方法,通过两者之间的互补机制,充分发挥了超乎现代人们想象的、有效的纪年功能。

由"年号＋干支"组合而成的这种纪年方法,确实具备了十分有效的纪年功能。"干支纪年"本身就具备了成为通连纪年法的潜在可能性,并且以其独特的循环方式沿用至今,这个事实也不失为一种有力的证明。下面我们将在与基督纪年诞生时的状况进行比较的基础上,对此问题作进一步说明。

基督纪年诞生于 6 世纪。在基督教内部,教徒们以复活节为标志来考虑一年的周期长度。然而,在现实社会生活中,人们通常却以罗马帝国皇帝的即位之年为纪元进行纪年,而且当时使用的纪年是以戴克里先皇帝(284～305 年在位)的即位之年为纪元的。戴克里先皇帝以迫害基督教徒而闻名于世,于是狄奥尼修斯·艾克西古斯明确地指出:"我们在标记自己悠久岁月的时候,一直不希望使之与毫无虔诚信仰的迫害狂的名字联系在一起,因而我们宁可选择从吾主耶稣基督的肉身显形开始标记年代的方法"①,从而正式倡导使用基督纪年。由此可见,基督纪年之所以能够问世,主要取决于两方面的原因:其一,它对于基督教徒来说有着意义深远的必要性;其二,它能够确定所谓"耶稣基督的肉身显形"这样一个"强有力"的事件作为起始年。也许可以这样说,如果当时的罗马皇帝不是基督教徒的迫害狂,那么就不会出现类似这种要求"标记年代的方法"与历法相对应的情况了。

让我们再回头来看看中国的情况。在中国,人们历来都以帝王的即位年数标记年代,从汉武帝开始又演变为以皇帝的年号进行标记。自殷代起,人们将每年的第 1 个月称为"正月",而其余各月

---

① 参见 Jack Finegan, *Handbook of Biblical Chronology*,(Princeton, 1964), p. 110。(三笠宫崇仁訳『聖書年代学』岩波書店、1967 年)。R. L. Poole, *Chronicles and Annals* (Oxford, 1926), pp. 20 – 25。

则都以数字的顺序进行排列。与此同时,也是自殷代起,人们就已经开始以干支来标记日期了。[1]

对照基督纪年诞生时罗马的状况可以看出,中国随时都存在着产生通连纪年法的可能性。如果说中国的文化传统中存在着这种可能性因素的话,那就是作为一种年代标记体系的、以 60 年为循环周期的干支系统。它能够像奥林匹亚德纪年一样,只要标明某一个干支组合的周期数,就可以确定某一个特定的具体年代。另一方面,如果中国也出现一个类似耶稣基督那样的“超历史”存在物,并且也被要求以此为标准进行年代计算的话,那么这也能成为中国出现通连纪年法的可能性因素。

事实上,就像我们在前面说明过的那样,中国确实有一个被称为“三元甲子”的、以干支周期为基础的通连纪年法。无论在理论上还是在实践上,这种纪年方法都可以确定具体年代。然而,它却从未被东亚地区各国付诸实践。造成这一结果的原因固然复杂,但以下两条基本原因则是毋庸置疑的:其一,先前以来一直使用着的由“年号＋干支”构成的纪年法已经十分完备;其二,在东亚世界的政治关系和国际关系中,年号始终发挥着重要的作用。

九、由“年号＋干支”构成的纪年法在国际政治方面的作用

如上所述,年号本身从来都带有极为强烈的政治性,“改元”历来就是显示中国皇帝权威的一种象征性行为。及至后来,皇帝们不再因“灾异”等原因进行改元、并最终形成了“一朝一号”制度,这就更进一步强化了年号的政治权威性。

在中国人的心目中,年号是独立国家的标志,是统治权力的象征。周边地区的各个民族不仅认可了中国人的这种观念,同时也积极效仿中国人的这种做法。具体而言,东亚地区的许多民族在建立国家的时候,都把确立年号视为头等大事,而且坚定地认为:

---

[1] 参见渡邊敏夫『暦のすべて』(雄山閣、1969 年)第 150 页。

只要国家存在一天,年号就不能被中断。[①]　正因为如此,在中国历史上出现多个国家政权并存的时候,各自都使用自己的年号。譬如:公元 401 年,正值中国的"五胡十六国"时期(304～439 年),因而在中国历史上这一年就曾经存在过 10 个年号。[②]　如果有些国家被迫接受了别国的统治,那么它就要使用对方的年号。一旦形成了这样的国际关系,那就说明年号已经超越了原本作为一种象征的意义,进而成为反映历史现实本身内容的一面反射镜。

在东亚世界,并没有出现过各国同时共用某一个年号的情况,而是年号的观念在东亚各国深深地扎下了根。这一点不仅已经被年号本身的历史事实所证明,而且对我们考察和理解东亚国际环境具有很大的意义。在中国占据绝对强势地位的东亚世界,一个国家究竟是使用自己的年号还是使用别国的年号,这可是表明一个国家对另一个国家采取什么态度的问题,是一种具有象征意义的行为。在日本、朝鲜和越南,年号不仅是在向国内显示皇帝的权威,同时也是在向中国显示自己的独立地位。朝鲜和越南都与中国接壤,这是它们与日本的不同之处,因而一直处于中国统治权势的阴影之中。然而,两国在对待年号的态度上却表现出了明显的不同。长期以来,朝鲜并不十分在意年号本身的问题。相比之下,越南无论是在年号问题上还是在国号问题上,却始终都坚持自己的原则。这两种不同的态度,实际上体现出了两国相对于中国所表现出来的不同的独立意识。[③]

在信仰基督教的欧洲各国中间,基督纪年可以说是一种中立的、不带政治色彩的纪年方法。在东亚地区的各国中间,原产于中

---

① 在前引和田久德『世界史と時代意識』第 40～41 页中,作者认为越南人的这种意识尤为强烈。

② 参见前引张璜《欧亚纪元合表》第 198～203 页。

③ 说起朝鲜的纪年方法,有一个值得注意的现象:在朝鲜历史上,总共只出现过 12 个自己建立的年号。另外,《三国史记》、《高丽史》以及《李朝实录》等史书都以每位国王的即位年代作为标记年代的起点,并按照其先后顺序进行纪事。朝鲜对年号确实不太在意,这一点值得注意。详见前引和田久德『世界史と時代意識』第 28～35 页。

国的干支纪年法也因其政治色彩淡薄而成为一种"超政治意识的"纪年方法，从而得以传播。这种情形与欧洲的基督纪年相似，对我们理解东亚地区的纪年方法具有重要意义。在一般情况下，东亚各国都是同时采用政治意识色彩浓厚的"年号"与东亚文化圈中具有中性特征的"干支"进行纪年。然而，当该地区的国际关系处于微妙状态的时候，在各国之间相互往来的外交文件上就只以"干支"的形式标记年代。这种可以随机应变的灵活方式，足以应对东亚地区国际关系的千变万化。譬如：17世纪当日本以与中国相对等的姿态出现在东亚国际舞台上的时候，包括东南亚地区在内的各国外交官就曾因纪年方法之事而烦恼过，即外交文件上的年代标记究竟应该使用中国的"年号"还是日本的"年号"？最终他们则以单独的"干支"纪年方式摆脱了尴尬的外交困境。① 可以这么说，在以中国为核心形成了独特的国际秩序的东亚世界，"年号"不仅具备了标记年代的功能，而且还具有强烈的政治含义。

与年号一样，历法也是一种反映政治理念和国际意识的标志。在中国历史上曾经多次更换历法，而且"改历"的原因不外乎两条：或者是出于正确预报日食这一天文学方面的需要，或者是出于"受命改姓"这一政治意识形态方面的需要。② 在中国人看来，王朝的更替是天命转移的结果，因而当新王朝建立的时候，首先都要进行历法改革，因为历法体现了"天"的法则。实际上，新王朝就是希望能够通过改历和普及新历法来改变民心，从而树立自己的权威。在唐宋时期，甚至出现了同一王朝内由于新老皇帝的交替而进行改历的现象，其中唐朝改历8次，宋朝改历19次。然而，元明清三代则又恢复了同一个王朝内不再改历的传统做法。中国自太初改

① 参见 Ronald P. Toby, "Contesting the Centre: International Sources of Japanese National Identity," *The International History Review*, vol. Ⅶ, no. 3, 1985, pp. 347-363 以及 *State and Diplomacy in Early Modern Japan: Asia in the Development of the Tokugawa Bakufu* (Princeton, 1984), pp. 90-97(速水融他訳『近世日本の国家形成と外交』創文社,1990年)。

② 参见 Needham, *Science and Civilization*, pp. 390-498。

历(公元前104年)以来直至清朝结束,前后共改历50次。[1] 相比之下,欧洲自公元前45年采用儒略历以来,只在1582年进行了仅有的一次改历——格雷戈里改历。在对待历法的态度上,欧洲与东亚之间的鲜明对照由此可见一斑。[2]

长期以来,在东亚世界的国际关系中,历法也发挥了与年号同样重要的政治作用。以上所述东亚世界的册封体制(或曰"朝贡体制"),其别名就是所谓"奉正朔关系"。附属国采用中国(宗主国)皇帝所选定的历法,其实就是以此来表明自己对宗主国的服从。历法在东亚国际关系中扮演着极为重要的政治角色,甚至于可以被称为东亚世界"梯形"国际秩序的"象征"。[3]

64

十、由"年号+干支"构成的纪年法的历史作用

东亚地区确实不曾使用过通连纪年法,对此究竟应该做何种解释? 为此,我们首先必须考察这样一个问题,即当"东亚"这扇屏风在19世纪被推倒的时候,东亚世界的人们究竟是如何处理纪年方法的? 因为从这个时候开始,以下事实才变得越来越明朗化:由"年号+干支"构成的纪年方法只有在以汉字文化圈为前提条件的地域内才具有普遍性意义。19世纪下半叶,欧洲文明被大规模地传播到了东亚地区,基督纪年也随之而来,以至于第二次世界大战结束之后被东亚各国正式采用。[4]

导致这种结果的出现固然有多方面因素,然而其中最主要的原因,还在于这些东亚国家都不再将汉字作为自己的书写文字了。另一个主要原因,则是东亚诸国政治形态和政治结构的变化,即中

---

[1] 参见薮内清『歴史はいつ始まったか』(中央公論社,1980年)第61~71页。

[2] 参见 C. R. Cheney, *Handbook of Dates* (London, 1978), pp. 1 - 11.

[3] 参见 Toby, *State and Diplomacy*, pp. 90 - 92。

[4] 基督纪年最初于16世纪中叶被带到东亚地区,然而却一直未受到重视,即使在东亚的基督教徒中间也很少使用。胡贝尔·齐斯里克曾从当时基督教徒的信函中发现过3个使用基督纪年的例子。参见「元和三年における奥州のキリシタン」(『キリシタン研究』第6号、1961年、第83~120页)。

国的共产主义化,朝鲜民主主义人民共和国的共产主义化,大韩民国的民主化,北越的共产主义化,南越的民主化,及其后来越南全境的共产主义化。换言之,年号已经随着皇帝的消失而退出了历史舞台。然而,只有日本与东亚其他国家不同。在 19 世纪下半叶的明治维新时期,日本完成了由"幕府政治"向"天皇政治"的转型,并开始实行"一朝一号"的年号制度,重新强化了君主统治的政治体制,致使日本年号的存在价值超过了以往的任何时候。第二次世界大战以后,日本再一次变换了政治统治形态,天皇成了日本国家的象征和日本国民共同体的象征。之后,日本国内不断有人对继续实行年号制度的必要性提出质疑,并于 1979 年展开了一次大论战。于是,日本内阁会议做出了一个"照原样继续保留年号"的决议,使得年号制度一直持续至今。① 台湾地区自诩为 1911 年辛亥革命成功后建立起来的中华民国的继承者,因而仍然使用着以1912 年为纪元的所谓中华民国纪年。

65   那么,为什么除了日本和台湾地区以外的东亚国家都采用了基督纪年呢? 这是因为当时左右世界局势的欧美国家都使用基督纪年,因而这些东亚国家的人们就以为基督纪年已经在世界范围内被广泛使用,于是就从现实的便利性出发而纷纷效仿。譬如:1949年 9 月 21 日,毛泽东在中华人民共和国的成立宣言中谈到新纪年法的时候,就明确宣告"决定采用与世界上大多数国家同样的年号",并于 9 月 27 日的《组织法》中正式将"基督纪元"称作为"公元"。② 中国采用公元纪年,并非因为它是基督纪年,而是因为它已经被当时世界上绝大多数国家广泛采用了。中国人的这种判断很有代表性。另外,还有一点值得一提:"基督纪元"在中国被称为"公元",在日本被称为"西历",可见中日两国对基督纪元的称谓已经剔除了它原先的宗教色彩。

---

① 参见所功『年号の歴史』(雄山閣、1988 年)第 218~247 页。
② 参见中央人民政府法制委员会编《中央人民政府法令汇编 1949~1950 年》(北京、1952 年)第 15 页。

在日本,虽然年号是正式场合使用的纪年方法,但是在日常生活中"西历"同样也被频繁地使用。在当今国际化进程不断加速的过程中,即使是为了在时间概念上能与世界保持同步,日本也就不可避免地要使用已被世界各国广泛使用着的基督纪年。

从普遍性的角度来看,19世纪下半叶以来东亚各国所倡导的通连纪年法都缺乏普遍性,它们充其量只能在本国范围内使用,是一种民族性特征极强的纪年方法。

十一、"公元前"的发明——基督纪元得以普及的理论依据

基督纪年之所以也能够被非基督教文明圈各国所接受,其主要原因当然是19世纪以来西欧各国在国际舞台上扮演了重要角色这一国际大环境的变化所致。然而,如果基督纪年是一种极力张扬其浓厚的宗教色彩的纪年方法,那它就决不可能被非基督教文明圈的国家所接受。下面我们将就其被非基督教国家广泛接受的理论依据做某些思考。

基督纪年之所以成为世界性纪年方法,是因为它在19世纪的时候已经转化成为一种能够用"一元式"时间概念来记述历史上发生的所有事物的纪年方法,而"公元前"(B. C.)这一观念的发明则是促成这种转化的关键所在。[①] 一般认为,比德(672/673～735年)在其《英吉利教会史》中,将 anno ab incarnatione Domini(吾主显身之年)作为最主要的年代标记符号的做法具有划时代的意义。然而,更值得一提的却应该是比德的另一个做法,即他在该书中曾使用过两次 anno igitur ante incarnationem Dominicam(吾主显身以前之年)这一年代标记的形式。[②]

类似这样的"观念的转换"似乎并不那么容易被人们接受。譬如16世纪的年代学家约瑟夫·J. 斯卡利杰尔(1540～1609年)曾

----

① 参见前川贞次郎『歴史を考える』(ミネルヴァ書房、1988 年)第 16～21 页。

② 参见 Bede, the venerable, *Historia ecclesiatica gentis Analorum*, the Loeb Classical Library(1954), vol. 1, 22., vol. 2, p. 374。

经认为：只要在所有的有历史记载的年代之前设置一个起始年，纪年的问题就可以得到解决。不仅如此，他还在折衷调和了当时通行的 3 种纪年方法（被称为 S. G. I.）的基础上，创造出一种全新的纪年法，并将起始年定为基督诞生之前的第 4713 年。然而，就连斯卡利杰尔也就此止步，他并没有再进一步想出这样一个更为方便实用的纪年方法，即先设置一个起始年、然后以此为界、按照"之前"或者"之后"的方向和顺序依次标记年代。①"基督之前"——比德的这一创举，在博絮埃那本出版于 1681 年的《世界史论》中倒是得到了运用，譬如他在该书的一开头就把"大洪水"发生的年代明确标为"耶稣基督之前第 753 年"（753 ans devant Jesus-Christ）。②17 世纪之后，"基督纪元前"这一年代标记的方法就逐渐在欧洲广泛流行起来。③

　　这个"基督纪元前"的发明，使得基督纪年从原来的一种宗教内部的纪年法转变成为一种具有世界性普遍意义的纪年方法。具体而言，由于有了它，人们就可以用这个时间标记系统明确地标示出这个世界上发生过的一切事物的时间坐标：以基督纪元元年为起始年，以"基督纪元前"（Before Christ）的形式标记此前发生的历史事件的年代，其标记的时间范围可以向前无限地延伸下去；以"基督纪元"（Anno Domini）的形式标记此后发生的历史事件的年代，其标记的时间范围可以向未来无限地延伸下去。换言之，这种历史时间的标记方法，无论是对未来还是对过去而言，具有双向性无限延伸的余地。关于时间的"双向性"这一观念，在创世纪年和希吉拉纪年中是不存在的。另外，东亚地区曾经有人倡导过的几种通连纪年法，譬如孔子纪年、黄帝纪年、檀君纪年、神武纪年等等，都不曾有过从起始年向前推算历史时间的意识，在这一点上它

67

---

① 关于斯卡利杰尔的详细情况，参见 Anthony Grafton, *Joseph Scaliger: A Study in the history of classical scholarship* (Oxford, 1983)。
② 参见 Jacques-Benigne Bossuet, *Discours de l'histoire universelle* (Paris, 1966), pp. 47, 63。
③ 参见 Denys Hay, *Annalists & Historians*, (London, 1977), p. 27。

们与创世纪年、希吉拉纪年倒是一致的。

　　"基督纪元前"的观念，原本是为了解决自亚当诞生（公元前 4004 年）至基督诞生之间的纪年问题而被提出来的。[①] 可以说，正是耶稣基督的存在引出了这种具有"双向性"时间排列意识的纪年方法。

　　17 世纪是欧洲科学革命发端的世纪，是欧洲科学在自然科学领域内开始获得普遍意义的时期。譬如：我们这个世界在"上帝创世"之前早已存在，这是一个被当时地质学的发展成果所证明了的新知识。正是由于"基督纪元前"这一观念的普及使用，才使得基督纪年能够正确地应对这样一个全新知识的挑战。如果换一个角度来看，"基督纪元前"提供了一种能够使得"上帝创世"之前的年代也成为可标记的历史时间的纪年方法，其必然结果就是将存在于"基督纪元前 4004 年"以前的古代埃及和古代中国的历史也纳入到了可标记的历史时间框架之内。可以这么说，基督纪年也正是由于容忍了这种带有自我否定性质的、关于历史时间的观念和做法，才最终转变成为一种能够被非基督教世界所接受的纪年方法。这种结局对那位在《世界史论》中鼓吹"君权神授"理论的博絮埃来说，实在是一个讽刺。

十二、被界定的时间与连续的时间

　　"年号＋干支"这一年代标记的方法体系的存在，引导我们对历史认识论（即对过去的认识及其时代划分的问题）进行更加深入的思考。众所周知，在"历史性思维"中存在着两种关于时间的认识，即所谓的"连续的时间"与"被界定的时间"。[②] 迄今为止，人们

68

----

① 参见前引前川贞次郎『歴史を考える』第 16～21 页。

② 所谓"被界定的时间"，即 Boxed time 或者 Compartmentalized time 之译。作为一个术语，它的这种表达方式以这样的客观事实为基本"前提"，即"时间就其基本性质而言是连续不断的"。详见下列 2 篇论文：O. B. van der Sprenkel, "Chronology, Dynastic Legitimacy, and Chinese Historiography", (unpub., 1956). "Chronographie et historiographie chinoises", *Bibliothèque de l'institut hautes études chinoises*, Tome XⅣ, (Paris, 1960), pp. 407 - 421。

在谈论东亚地区的"历史性思维"之所以不发达的时候,往往都归咎于通连纪年法的欠缺。

然而,人们在回首往事的时候,并不是仅仅根据单纯的年代连续系列进行"历史性思维"的。事实表明,人们在回顾历史的过程中,反而倒是"被界定的时间"发挥着极为重要的作用。在一般情况下,人们往往都以重要的历史事件为基点,从诸如"室町时代"或者"江户时代"等相应的概念为入手,对其前后的历史过程进行分析和认识。

当人们进行"历史性思维"的时候,"被界定的时间"确实比"连续的时间"显得更为自然和有效;对于人类的历史认识这一行为而言,它也堪称为一种不可或缺的智慧工具。如果换一种角度来看这个问题,所谓的历史学家,甚至也可以被说成是"为了回顾历史而致力于发明各种各样'被界定的时间'的工匠师傅"。欧洲的历史学有一个悠久而根深蒂固的传统,就是历史著述依存于一种被称为"年代记"的时间连续计算体系。正如贝奈戴托·克罗齐所指出的那样,欧洲近代历史学就是从这种著述传统中脱颖而出的结果,所谓对历史的思考只不过就是对历史过程进行时代划分。换言之,克罗齐此言的用意,在于强调欧洲近代史学的产生与其对年代记的否定之间的同步关系。[①] 历史事实本身并不存在区分。然而在考察"过去"的人类精神的过程中,存在着接纳这种历史认识的功能装置,它只有根据人为的"时间分割"或者"时代划分",才能将"过去"这一堆积物作为一种有意义的归纳物加以识别。

在此必须指出的一点是,"被界定的时间"又可以被分为两类。一是"使用过去的历史事实中既有的词语"所构成的概念,二是"后世人们创造新词语进行时代划分"时所形成的概念。

前者为包括东亚地区在内的近代历史学家所广泛使用,譬如人

---

① 参见 Benedetto Croce, *Filosofia come scienza dello spirito*, Ⅳ, "Teoria e storia della storiografia"(Bari, rev. second ed. , 1920), pp. 98 - 99(羽仁五郎訳『歴史の理論と歴史』岩波書店,1952 年)。

们经常使用"维多利亚朝"、"加洛林王朝"等表示王朝的时间概念
进行时代划分。后者的实例更为普遍,譬如凯勒利乌斯(Christoph
Cellarius,1634～1707年)在进行世界历史分期时首创的"古代"、
"中世纪"和"近代"这种三阶段分期法,还有从经济史的角度进行
分期时所使用的"封建时代"、"资本主义时代"等概念,都属于这一
类。在日本,人们可能都会联想到慈圆、北畠亲房以及伊达千广等
人的历史理论。[1] 正如我们从这些例子中也可以看到的那样,"历
史分期概念的出现"理应成为历史意识诞生的标志,而且其中的大
多数都可以被纳入沃尔什所作的分类中的"历史的思辨性解释"之
列;这种情况向人们表明:无论在东方还是在西方,人们始终都在
努力地尝试着使"过去"成为一种在时间的长河中"可以理解并且
有意义的东西"。[2] 不仅如此,这种"思辨性的"历史分期中的一部
分内容,在经历了发端于19世纪的实证史学的洗礼之后,甚至一
直延续到现在。包括位于东亚一隅的岛国日本在内,当今世界各
国惯常使用的是"古代"、"中世纪"、"近代"等术语,而不是奥古斯
丁的"上帝之城"和"地上之城"等概念,这一点恐怕是凯勒利乌斯
不曾预料到的。

　　让我们再回到年号的问题上来。毋庸置疑,作为一种"被界定
的时间"的概念,年号曾经被广泛地使用过。在东亚的历史传统
中,存在着一套规范时间(诸如"王朝"、"皇帝"、"年号"等)的方法。
当人们在回顾过去的时候,作为一种"被界定的年代",年号就是一
种必不可少的历史研究的工具。譬如:在江户时代,日本天皇使用
过的年号的平均时间长度为7.4年,[3]是人们研究历史时非常方便
的时间尺度。年号的存在只会有助于人们对历史的认识,决不会

---

[1] 关于历史过程的形而上学式解释,参见石田一郎所编『時代区分の思想』(ペリカン
社,1986年)。

[2] 参见 W. H. Walsh, *An Introduction to Philosophy of History* (London, 1951。神山
四郎訳『歴史哲学』,創文社,1978年),尤其要参见其中第6～7章中有关"思辨的历
史"的内容。

[3] 参见川口謙二、池田政弘『元号事典』(東京美術,1977年)第97～103頁、第108～115頁。

成为人们认识历史的障碍。

即使在"一朝一号"制度形成之后,这一基本状况也未曾发生实质性变化。在今天的日本,当人们提及 19 世纪下半叶以后的历史时代时,主要还是使用年号。现代日本人依然习惯用"明治时代"、"大正时代"或"昭和时代"等被明确区分开来的时间概念称呼过去,而称自己生活着的时代为"平成时代"。另外,人们在提到"昭和时代"的时候,也经常使用"战前"、"战后"等时间划分的概念。与此同时,在人们经常使用的时间概念中,还有诸如"1950 年代"、"1960 年代"等等。由此看来,人们在回顾过去的时候,往往都是根据自己思考的内容来选择使用相应的"有针对意义的时间标志"的。

70　　　　笔者在思考这个问题的时候,总是会联想到一种与此相类似的情形,那就是牛顿和歌德的色彩理论。牛顿用三棱镜进行光谱分析,然后再通过这种客观的物理学方法来解释色彩的性质。而在歌德看来,所谓红、黄、蓝、白等等"色彩"并不存在于客观世界之中,而是存在于人们主观认识的"框架"之中,是人们通过这种认识框架对"色彩"加以意识化之后进行再认识的产物。[1] 牛顿通过光谱分析而得到的太阳光的波长就相当于通连纪年法,歌德关于色彩的认识框架就相当于"被界定的时间"。从人类历史认识的过程来看,人们并非通过通连纪年法去把握历史,而是以各种"被界定的时间"为尺度去回顾历史的。事实上,近代欧洲历史学赖以产生的支柱之一,就是这种把握世界的方法。

欧洲近代史学产生于 19 世纪。由于欧洲长期以来使用的是属于通连纪年法的基督纪年,因而欧洲的历史学家在如何"界定"和认识"过去"的问题上确实下了一番苦功。"世纪"这一概念的出现也充分说明了"被区分的时间"的必要性,而这种时间又是以数字为表示方式的纪年方法所无法区分的。[2] 值得一提的是,伏尔泰是

---

① 参见ゲーテ『色彩論』(菊池栄一訳,岩波文庫),其中第一部分尤为重要。
② 参见 *Oxford English Dictionary*,vol. 2 (1933, rep. 1970),p. 227。

频繁使用"世纪"这一术语的早期历史学家中的一员。① 无论是历史学家所创造的"概念性时代划分",还是诸如"世纪"、"20 世纪上半叶"、"20 世纪下半叶"、"1940 年代"、"1950 年代"以及"世纪交替之际"、"世纪末"等等,人们经常使用的这些表示时间的概念都说明了一个道理:我们是多么需要这种"被界定的时间"。

综上所言,在基督纪年普及之后的欧洲,由于仅仅依靠以连续性纪年方法为基础的历史年代体系难以把握历史,因而历史学家才创造出了各种各样的时代划分的方式。与此相反,东亚地区的人们在回顾历史的时候,其历史年代体系却是以"被界定的时间"为基础的。年号就是体现这种历史年代体系的具体形式之一,历史学家所采取的其他各种时代划分的方式则都是对它的补充。

71

十三、时间的视觉化与年表

在东亚地区,连续性纪年意识究竟又是如何体现出来的呢? 依笔者所见,东亚各国的人们在理解历史年代分期的过程中,采用的方式不是"干支"或者"三元甲子",而是"历史年表"。在以"年号＋干支"为最基本的纪年方法的东亚地区,由于"历史年表"是人们关于"连续性历史年代"认识的具体体现,因而对历史学家和多数知识分子来说,它都成了案头必备的工具书。在东亚地区,"历史年表"出现的时间比欧洲早了 1500 多年,而且至今仍在继续发挥着作用,这一基本事实充分说明了它在展示"连续性历史年代"认识方面所具有的重要意义。②

在没有产生通连纪年法的东亚地区,人们在回顾历史的时候所

① 参见 Voltaire, *Essai sur les moeurs et l' esprit des nations* (1756)。

② 这段关于历史认识论的内容,是由 20 多年前笔者与李约瑟之间一次争论所引发出来的。本节内容原本用英语写成,笔者在草稿中曾提出过这样的观点:"在东亚地区,人们通过年表的形式对历史进行过'时间系列式'的认识",李约瑟对此表示出极大的兴趣,并与笔者就此展开过讨论,笔者对此再次表示感谢。关于李约瑟的时间理论,可参见下列论文:Joseph Needham, "Time and Knowledge in China and the West", in J. Frazer (ed), *The Voices of Time* (Amherst, 1966), pp. 92 - 135(橋本敬造訳『文明の滴定』,法政大学出版局,1974 年,第 251～326 页)。

使用的"历史年表",可以说就是一种"时间被视觉化"了的历史一览表。因为"历史年表"对日本人的历史意识和历史认识的形成产生过重要的作用,所以笔者将在本章的第二节中专门以《被视觉化的时间与被共时化的时间——从"历史年表"看纪年意识的发展》为题,对此进行详细的考察。下面先概述其中要点。

在东亚地区,司马迁是最早指出"历史年表"的必要性并付诸实践的历史学家。在司马迁的《史记》130 卷中,年表占了 10 卷的篇幅。在司马迁看来,如果不用一览表的形式把各诸侯国的帝王纪年纳入一个共时化的时间框架之内,就无法理解中国境内各诸侯国兴衰存亡的相互关系,于是他就制作了年表。此事发生在公元前 1 世纪。

司马迁在《史记》中首创的"历史年表",在《汉书》以后的中国正史中也普遍存在,虽然出现过个别的例外,但是基本上得到了广泛认可。后来,这种制作"历史年表"的做法又传到了东亚各国。在这些国家里,"历史年表"一方面被用于说明其本国各种历史事件之间的时间顺序,另一方面则被更广泛地用于揭示其本国帝王的年号与中国皇帝的年号之间的对应关系。司马迁本人制作的年表所揭示的,是年号制度出现以前、处于分裂状态下的中国境内各诸侯国之间的相互关系。然而,年号制度后来在东亚地区的普及使用,却最终使得这种"历史年表"成了历史认识的必需品。迄今为止,年号制度在东亚地区流行了 1500 多年,对于想要了解这些年号之间的相互关系的人而言,年表不仅提供了方便,而且已经成为一种不可或缺的工具。甚至可以这么说,对于中国以外的东亚国家而言,"历史年表"显得尤为必要。原本是为了揭示东亚各国年号之间的相互对应关系而制作的历史年表,从 19 世纪中叶开始,逐渐被用于揭示东亚各国年号与基督纪年之间的对应关系。随着基督纪年作为基本纪年法的地位的确立,"历史年表"也逐渐改变了原来仅仅作为东亚各国年号一览表的性质,转而创造出一种以时间坐标为基本框架的、东亚世界特有的历史认识模式。根据这种历史认识的模式,历史知识只有被置于时间坐标之中才可

72

能被正确理解,只有最能够揭示这些时间关系的"历史年表"才是历史著述的最佳形式。

　　一般认为,欧洲直到16世纪下半叶才出现"历史年表",比东亚地区晚得多。亨克、比布里昂戴尔等人制作的"Chronology",实际上就是一种试图展现共时性纪年意识的"年表"。此时的欧洲史学界,正值近代史学加速摆脱基督教普世主义史学束缚而迅速崛起的关键时期,因而年表在这个时候出现,绝不是时间上的巧合。在欧洲历史学的发展过程中,"历史年表"的诞生就是近代历史学诞生的一个标志。"历史年表"的诞生,就是为了能在以基督纪年或者创世纪年为基本纪年法的前提下,用一个共时性的标准模式来标记欧洲各国的帝王纪年,因而它也就标志着欧洲人已经具备了试图在一元式时间框架中回顾自己过去经历的历史意识。

十四、作为溯源纪年的基督教纪年法

　　"21世纪究竟从什么时候开始算起?"这曾是前些年引起人们议论纷纷的问题。答案是公元2001年1月1日,而不是2000年1月1日。原因有二:一是因为一个世纪必须要有100年,二是因为公元纪年并非始于公元零年而是始于公元元年。

　　公元纪年之所以从公元元年开始起算的原因也很简单,就是因为当公元纪年于6世纪在欧洲出现的时候,欧洲人尚未具备关于"零"的概念。于是,在公元纪年中就少了一个公元零年,因而公元元年的前一年就是公元前元年。

　　公元7世纪,印度人首先开始使用作为数字概念的"零"。[1] 顺便提一句,英国人使用这个"零"则始于1604年。[2] "基督纪元"诞生于6世纪,"基督纪元前"这一概念的使用始于8世纪。也就是说,当时的欧洲人还不知道阿拉伯数字,他们使用的是罗马数字。

[1] 参见林隆夫『インドの数学』(中央公論社,1992年)第28～43页。
[2] 参见 *The Shorter Oxford Dictionary*。

在罗马数字中没有表示"零"的符号,当然也就没有这个"零"的概念。

说到"基督纪元前"这一概念,有一种观点认为它就如同"负数"的概念。[①] 然而,"负数"概念是进入 16 世纪以后才传到欧洲去的,而比德在其出版于 731 年的《英吉利教会史》一书中就已经使用了"基督纪元前"这个概念。由此看来,即使没有"负"的概念,只要具备了以数轴线上的起点为界向前倒推计算的意识,就能够想到"基督纪元前"。

在使用这个基督纪年的时候,最感到烦恼的恐怕就是那些在学校里学习世界史的学生和天文学家。天文学家为了能够使用电子计算机,共同约定将公元元年的前一年设定为"公元零年",因而就公元前部分的年代标记而言,天文学与历史学之间相差一年。这个事实似乎应该是众所周知的常识,然而实际上却是知之者甚少。[②]

另外,由于狄奥尼修斯·艾克西古斯没有仔细地查阅基督诞生的正确日期,因而基督纪年尽管是一种以基督诞生之年为纪元的纪年方法,后世的人们却普遍认为基督并非诞生于基督纪元元年,而是比它更早。

十五、基督教纪年法何以能够成为世界通用的纪年法?

尽管基督教纪年法存在着时至今日已无法修正的缺陷,然而它却已经作为一种世界通用的纪年方法而日益普及开来。究其原因,首先应当归功于近代以来欧美各国势力向世界各地的渗透。

正如前所述,基督纪年本身也进行了自我调整。作为基督教纪年法,它之所以能够作为世界通用的纪年方法而得到普遍认可,另

---

① 参见 *Explanatory Supplement to the Astronomical Almanac* (The Nautical Almanac Office, U. S. Naval Observatory, 1922) 中的 [12. 14](Historical Eras and Chronology)。

② 参见(日本)国立天文台编『理科年表』(丸善,1993 年)第 81 页。

一个原因就是它以 1 月 1 日为元旦。[①]对于基督教徒来说，最重要的日子是复活节，因而最初他们就以复活节为岁首。众所周知，复活节属于"移动节日"，它在历法上的位置每年都要发生变化。如果基督纪年继续像以前那样以复活节为岁首，那么它也就无法摆脱其原来的"地域局限性"。[②]

正如"米"制测量单位成为世界通用的尺度一样，基督教纪年法之所以成为世界通用的纪年方法，正是由于它拥有了作为通连纪年法所必须具备的一种有意识的人工要素，即通过在数轴直线上罗列数字的方式来认识"年代"。当今世界已经开始通过电子网络而相互联动，对这种日益一体化的社会而言，通用纪年法已成为不可或缺的工具。

现在我们正以"西历"的名义使用着这个基督教纪年法，其中还有一段趣闻。接下来，我们就结合这桩趣事来考察一下"回首往事"这一人类特有的认识行为的特点。

基督纪年虽然诞生于 6 世纪，然而迄至 12 世纪却一直未被推广使用。甚至连罗马教廷在计算年代的时候都一直使用着古罗马的"15 年征税周期纪年"，直到教皇约翰十三世在位期间（965～972 年）才正式改用基督纪年。[③]

英国的《大宪章》签署于 1215 年——这是我们在教授世界史的

---

① 有观点认为：将 1 月 1 日作为元旦，无论是从天文学上和气象学上还是从宗教的角度来看，都没有特殊的意义（参见渡邊敏夫『暦のすべて』、雄山阁、1980 年，第 115 页）。在世界上许多国家里，人们都用不同的固定名称来称呼每个"月份"。在日本，一年的 12 个月也都曾有过具有不同含义的名称，只是现在人们都已经习惯在每个"月份"前面加序数词来以示区别。将岁首的第一个"月份"称之为"1 月"，这绝不是一种普遍现象。人们给每个"月份"起一个具有某种含义的名字，这倒是一种有趣的现象。

② 复活节是庆祝基督复活的日子，定为春分过后第一次满月之后的第一个星期日，徘徊于 3 月 22 日至 4 月 25 日之间，现在也依然如故。另外，东亚地区在传统上以"立春正月"为岁首，欧洲曾以 12 月 25 日、3 月 25 日、春分·秋分、复活节等多个日子为岁首，拜占庭历法以 9 月 14 日为岁首，犹太历法以 9 月 15 日太阳下山以后为岁首，伊斯兰历法则以 5 月 30 日为岁首。换言之，在迄今为止的各种历法中，多数都不是以 1 月 1 日为岁首的。

③ 参见 The Encyclopaedia Britannica（1965），vol. 5，p. 728。

课堂里学到的知识。然而,我们在《大宪章》的文本里根本就找不到"1215 年"这一表示年代的字样,在文本的最后只写着:"朕在位的第 17 年 6 月 15 日。"①基督教纪年法在英国的普及相对晚于同时期的欧洲大陆各国,即便如此,一个欧洲国家直至 13 世纪却仍然只使用帝王纪年,这确实是一种十分有趣的现象。② 可见,由基督纪年所体现出来的对年代的认识,只不过是在基督教纪年法完成之后,后人为了历史著述的方便而追溯对应上去的。

与此相反,中国从公元前 2 世纪开始,日本从公元 7 世纪开始,由"年号＋干支"组成的纪年法,一直都是生活在这些纪年所代表的时代里的人们实际使用过的年代标记方法,对于我们考察当时人们的历史意识而言显得十分重要。③ 另外,这种纪年法使用的不是数字,而是汉字这一具有象征意义的符号,这其中也反映出不同于欧洲的、东亚独特的纪年哲学。

如果将年号制度与基督教纪年法所代表的通连纪年法进行一下比较研究,年号制度所拥有的两个作用可谓显而易见。首先,每一个时代的人们都可以通过年号这一象征性符号来认识和理解自己生活着的那个时代。近年来,在日本的一些报刊上经常可以看到诸如"环境元年"、"信息元年"等字样的标题,这说明年号的传

---

① 这句的英语原文如下:"On the fifteenth day of June in the seventeenth year of our reign."实际上,当时的英国国王约翰是当年 5 月 28 日即位的,这里所谓"即位的第 17 年"云云,其实才刚刚过去两个多星期。详见 G. R. C. Davis, *Magna Carta*, Revised edition (British Library, 1989)。

② 即使在现在英国的正式文件里,仍然是公元纪年和伊丽莎白二世女王的即位纪年并用。笔者曾于 1982～1983 年在英国剑桥大学的丘吉尔学院担任客座研究员,有一次在高级联合宿舍看到学院任命宿舍管理负责人的委任状上,才第一次看到这种纪年方法并用的形式。不过,英国同仁们也几乎都不知道这种用法。

③ 在日本的江户时代,天皇已经丧失了政治实权,因而年号是由幕府决定的;然而在形式上,建元以及改元等事宜却仍然由天皇独断。在镰仓幕府以后的武士专权时期(1192～1868 年),幕府将军掌握着政治实权,并且还因此而被东亚各国视为日本国王,可是他们却始终没有建立自己的年号。朝廷是一种超脱式的存在,朝廷建立的年号实际上也都是根据幕府的"奏请"而决定的;然而即便如此,每届幕府都对朝廷建立的年号表示了尊重。

统至今仍在继续。其次，现在的人们在回顾历史的时候，往往都会通过当时使用的年号来概括和理解那个时代。如果将前者喻为年号的"自报家门"式功能，那么后者则可被喻为年号的"命名"式功能。

日本历代天皇的年号一般都使用两个汉字，其中频繁出现"天"、"永"、"文"、"宽"、"元"、"正"、"延"、"嘉"、"长"、"康"等汉字，说明这些年号寄寓着同时代的人们祈求"天下安宁"的美好愿望。与此同时，日本历史上的改元也往往是出于新皇登基、天地灾变、疫病流行、地震、水涝、辛酉革命、甲子革命等等原因。仅以日本为例，年号的"自报家门"式功能由此可见一斑。[①]

十六、人类关于"数"的认识的进步与年号

在这里，我们将从历史过程中的日常生活的角度考察一下年号问题。17 世纪曾担任过英国海军大臣和英国皇家协会会长的塞缪尔·佩皮斯（Samuel Pepys，1633～1703 年）在日记中记下了这样一则故事：1662 年，当他负责为英国海军采购器材的时候，由于交易上的需要，每天早晨 4 点钟就起床，在烛光下背诵"九九口诀表"。[②] 现在几乎所有的人都会加减乘除四则运算，但并不意味着 100 年前或 200 年前也是这种状况。应该说，以前的人们并不善于"数"的运算。[③]

过去的人们究竟拥有什么样的历史意识呢？我们必须从掌握这种四则运算的能力的角度出发，重新探讨一下人们关于"过去"的时间意识。在阿拉伯数字传入之前，由于人们尚未掌握定位计数的方法，因而进行四则运算绝非易事。

生活在 20 世纪之前的大多数人都不擅长"数"的计算。对于他们而言，与那些动辄以 3 位数或 4 位数进行标记的通连纪年法相

① 参见前引川口谦二、池田政弘『元号事典』第 97～103 页、第 108～115 页。
② 参见臼田昭『ピープス氏の秘められた日記』（岩波新書，1982 年）第 51 页。
③ 参见大矢真一、片野善一郎『数字と数学記号の歴史』（裳華房，1978 年）第 67 页。

比,使用年号进行纪年要容易得多,因为每个年号的有效标记时间最多只有2位数。毋庸置疑,我们的这一表述同样适用于最长不过数十年的帝王纪年。实际上,干支纪年的原理也与此相类似。在平均寿命不满60岁的年代里,就每一个体的数十年生涯而言,以12年周期为单位来把握人生反而显得更为方便。

现在的人们能够用百年、千年甚至更大的时间单位来思考历史。然而,对于近代以前那些对历史拥有浓厚兴趣、与"过去"保持着各种联系的知识分子而言,由于他们关于"数"的知识和能力有限,因而他们的历史意识与我们现代人之间存在着很大的差异。笔者希望据此重申的一点就是:在思考时间跨度较大的历史过程的时候,作为"被视觉化了的时间",年表的作用确实举足轻重。卜部兼俱的《新撰三国运数符合图》虽然只是一本篇幅仅有48页的小书,然而当我们翻阅它的时候,就能够非常强烈地感受到作者的良苦用心。卜部兼俱以年表的形式将千年、两千年这样漫长的时间过程视觉化,目的就是为了使之成为一种更加便于理解的内容。

说到年代的长短问题,让我们再稍微具体地考察一下年号。迄今为止,日本历史上一共出现过249个年号。在日本实行"一朝一号"制以前,使用时间最长的年号是室町幕府时期的"庆永"(33年零9个月),使用时间最短的年号是镰仓幕府时期的"历仁"(两个多月)。除此之外,就各个年号的使用时间而言,不足1年的有10个,1～3年的有89个,3～5年的有71个,5～10年的有44个,10～20年的有23个,20年以上的有8个,还有1个情况不明。相比较而言,当国家的政治体制比较稳定的时候,年号的使用时间就比较长,譬如在德川幕府时期,年号的平均使用时间是7.4年。①

从历史过程中的日常生活的角度来看,年号确实拥有一些值得肯定的要素。然而,我们还必须要看到:年号本身缺乏对"未来"的兼顾性,这是它与生俱来的缺陷。我们在报纸上经常可以看到诸如"平成50年"、"平成100年"等等表述字样,不过每一个读者都

① 参见前引川口谦二、池田政弘『元号事典』第97～103页、第108～115页。

知道这种表述是超现实的,因为年号并不具备为"规划未来"或者"考虑将来规划"而准备的条件要素。相反,人们看到"公元 2047年"等字样的时候就不会产生任何异样的感觉,这是因为致力于"规划未来"的近代思维之中已经具备了一个"不知不觉的前提",即通连纪年法。我们对此必须要有一个清醒的认识。

应该说,日本人已经习惯于有效地同时使用多种不同的纪年方法,因而日本人的纪年意识确实具备了极大的兼容性。长期以来,那些只知道使用基督纪年的人们,只有在回顾过去的时候才会千方百计地设计出各种"被界定的时间"概念来,并借此将过去变成可以认识的历史。从这个意义上说,我们同时使用被称为"公元"的通连纪年法和年号纪年法,这种做法具有深远的意义,因为它能够同时满足我们两种时间思维的需要。除此之外,以干支为代表的、具有循环特征的时间意识(即认为时间的流动原本就处于一种自然的圆环之上),也已经深深地扎根于我们的纪年意识之中。这一点也是不可忘却的。

十七、不属于神启宗教的佛教

东亚国家为何不使用佛教纪年法?这是笔者在本节一开始提出来的问题。现在我们就以对此问题的回答作为本节的小结。

本节所论述的内容可以归纳为以下 5 个方面:(1)"由年号与干支组合而成的纪年方法"充分发挥了作为纪年法应有的作用;(2)"由年号与干支组合而成的纪年方法"在东亚社会的政治、历史以及文化等诸多方面都发挥了应有的作用;(3)由于"由年号与干支组合而成的纪年方法"是以使用汉字为前提的纪年法,因而只能在一定的区域内具有普遍性;(4)"由年号与干支组合而成的纪年方法"之所以被基督纪年取代,原因在于国际环境的变化;(5)作为一种早在 19 世纪就获得了普遍性意义的纪年方法,基督纪年已具备了能够被非基督教文化圈所接受的可能性。

在笔者看来,正是由于上述(1)和(2)这两个原因,也正是由于这个"由年号与干支组合而成的纪年方法"已经在东亚社会确立了

78

77

主导地位,才使得佛教纪年法与东亚世界无缘。19 世纪以后,基督纪年在东亚世界逐渐扎下了根。然而,同属于通连纪年法的佛教纪年法却未能做到这一点。笔者认为,导致"由年号与干支组合而成的纪年方法"得以在东亚世界长期使用的原因不是别的,正是佛教本身的宗教特征。[①]

犹太教、基督教以及伊斯兰教都被称为"神启宗教",它们都预设了一个"全知全能的唯一真神",并认定这个神创造了世界。与此同时,基督教和伊斯兰教还分别是由耶稣和穆罕默德在受到这个神的"启示"之后创立的宗教。换言之,它们都能够在自己的纪年体系中设定一个神圣的"起始年"。

就这一点而言,佛教不属于崇拜"真神"和宣扬"神启"的宗教。在东亚各国,佛教从来都是为世俗权力(或者皇帝)所用的宗教,未曾作为一种超越国家权力的存在实体而统治过世俗社会。

基督教在欧洲曾经是超越国家权力的存在实体,佛教在这一点上与之相反。在东亚世界里,既不可能发生十字军远征,也不可能出现"卡诺莎之辱"。在佛教世界里,既没有"罗马教皇",也不存在类似罗马教廷的核心机构。

值得一提的是:儒教、佛教、道教,还有神道,它们都没有一个作为终极存在的"全知全能的唯一真神"。与信仰神启宗教的社会相比,维持着这种宗教传统的东亚社会之所以会形成自己的特色,从根本上说是由这些宗教本身的独特性所致。

由于神启宗教主张世界有一个明确的"开端",因而作为其理论逻辑的必然结果,势必会产生世界"终结"的观念。犹太教以上帝创世之年为起始年,基督教以耶稣诞生之年为起始年,伊斯兰教则以其宗教上最为关键的年份——穆罕默德受到迫害之后从麦加逃往麦地那之年(即公历 622 年 7 月 16 日、星期五)为起始年。

在这些神启宗教的纪年方法中,只有基督纪年在进入 20 世纪

---

① 笔者这一想法的形成受惠于黑田寿郎『イスラムの心』(中央公論社,1980 年)之处颇多。

之后逐渐被世界各国所接受,从而成为一种通用纪年法,就是由于它因引进了"基督纪元前"的概念而淡化了自己原有的宗教性。

这种基督教纪年法已经让人们越来越强烈地感觉到:只有它可以将"过去"、"现在"以及"未来"置于一条数轴线上加以理解和把握,因而它不仅左右着人们的历史意识,而且还培育了以此为基础的历史认识。仔细想来,世界各国能够共有一个相同的"年",这件事本身就非同寻常。世界各国、各地区、各民族之所以能够继续保持各自的纪年方法,实际上就是以这个"世界通用纪年"的存在为前提的。正是由于有了这个前提,人们才能够在表示自己现在生活着的年代数字面前(譬如 2004)保持一种与之相对应的历史感。进而言之,正是由于这种历史感,才为人们提供了自由多样且又丰富多彩的历史意识和历史认识。

80

对于"年"的认识并不仅仅是按顺序排列数字的单纯行为,而是一种充满了政治意义和历史意义的行为,也是一种充满了人类智慧的文化行为。

第二节 被视觉化的时间与被共时化的时间——从历史年表看人类纪年认识的进步①

一、来自东亚的首倡

欧美书店里所没有的历史年表 在日本的学校里,每逢历史老师上历史课的时候,学生们的课桌上肯定都摆放着历史教科书、历史年表和历史地图。在必要的时候用历史年表查对一下历史事

---

① 笔者曾将本节的一部分内容以"Chronological Consciousness and Historical Tables"为题,在 2001 年度国际历史教育学会(法国里昂大学)上做大会发言。该英语发言稿的内容用日语改写之后,即成为本节的一部分。本节最早曾以《被视觉化的时间与被共时化的时间》(「視覚化された時間・共時化された時間」)为题,发表于『岩波講座 歴史を問う』第二卷——『歴史と時間』(岩波書店,2002 年)第 145～179 页。

实,这早已成为日本人学习历史的时候习以为常的标准方法。

由于工作的关系,笔者在这十多年中几乎每年都有四五次访问欧美国家的机会,或去大学讲课与讲演,或去国际学术会议发表研究成果。笔者每次外出都曾经到当地的书店去寻找过历史年表,可是从来没有在那些书店的柜架上看到过它们。说到历史年表,历史学家首先会想到的就是普罗埃茨(Karl Ploetz,1819～1881年)的历史年表,因为他的名字现在几乎已经成了历史年表的代名词。然而,即使是在他的祖国——德国的书店里,笔者同样也没有发现历史年表的踪影。笔者手头有几本普罗埃茨的历史年表,全部都是通过书店订购而来。

在日本的书店里,柜架上总是摆放着历史年表,而且不止一种。即使在一些中小城市的书店里,只要找到学生参考书专柜,柜架上肯定有日本史年表和世界史年表。为什么欧美国家的书店里没有历史年表? 就是这个问题引发了笔者对历史年表的研究兴趣。

不使用历史年表的文化 笔者曾利用每一次与欧美学者交流的机会,跟他们讨论过历史年表的问题。他们的回应几乎是众口一词:"历史研究不需要使用历史年表。为什么一定要使用那些东西呢? 我们在自己的研究过程中,为了梳理相关的历史事件的来龙去脉,有时候也会制作一些年表,但是从来不使用现存的历史年表。那些东西都是历史爱好者使用的。"

年表的制作究竟始于何时? 迄今为止,笔者曾利用一切可能的机会到欧洲的大学图书馆去查询过以前的历史年表。关于历史年表的研究,由于没有任何可以借鉴的学术积累,因而只能一切从零开始。在开展这一研究的过程中,笔者主要利用了剑桥大学图书馆和大英图书馆。与此同时,笔者还利用去德国、法国、意大利等欧洲大陆诸国出差的机会,抽空到各地的大学图书馆去查询历史年表。另外,笔者在美国伊利诺伊大学执教的时候,也曾经直接进入该大学号称在全美国都属于屈指可数的大型图书馆的藏书库内查找过历史年表。

通过这一系列的查询,有一条线索逐渐地明晰起来:在欧洲,历史年表的制作始于 16 世纪下半叶,19 世纪中叶迎来了高峰期,此后逐渐趋于衰退,时至今日只有少数几种历史年表问世而已。现在的历史学家和历史教师对历史年表几乎没有任何兴趣。难道进入 20 世纪以后欧美人的历史意识发生了巨大的变化了吗?

始于东亚的世界史研究课题　世界上最早的历史年表,就是司 82 马迁于公元前 91 年前后完成的《史记》中的"表"。在此后的中国正史中,除了极少数的例外,基本上都有"表"。

自汉武帝以来的 2000 多年间,中国的纪年一直都是通过帝王的年号进行标记,为了使在中国这块大陆上兴衰存亡过的众多国家的年号具备共时性,因而就使用了历史年表。当这种年号所代表的纪年意识被推广普及到了整个东亚世界之后,历史年表也就成为获得东亚各国年号与中国年号之间"共时性"的必不可少的工具。尤其像日本这样一直使用独自年号的国家,为了取得与中国年号之间的共时性,历史年表至今仍是历史学家案头必备的工具书。当我们回顾历史的时候,历史年表提供了"被共时化的时间和被视觉化的时间",可以说是东亚社会高度发展了的历史认识的工具。

在本节中,我们将在对东亚社会及日本的年表文化的发展轨迹进行概括性考察的基础上,以笔者迄今为止收集到的 78 种历史年表为基本依据,介绍一下历史年表在欧洲的发展变迁历程。除此之外,我们还将尝试着对历史年表进行重新定义,并探讨一下"基督纪年为什么能够成为历史年表的基准纪年"这一时间认识论的问题。最后,我们还要讨论一下"欧美人后来为什么变得不再重视历史年表"这个话题,并以此为据,总结一下导致东亚与西欧在历史认识和历史意识方面出现差异的根由所在。

通过历史年表的变迁状况来揭示人们的历史时间意识的发展轨迹,这样的研究可以说是东亚地区首倡的世界史研究中为数不多的课题之一。与此同时,它也是独具历史学特色的关于时间理论的课题,既不是来自哲学,也不是来自人类学。本节所涉及的对象是东亚与西欧,然而,如果我们能同时将世界其他各地区历史年表的发展状况也作为一种比较研究的对象,那我们就能够看到更加具有广度和深度的人类历史纪年意识的各种不同形态。

83

二、历史年表在东亚地区的发展历程

年表的诞生——司马迁 历史年表是历史研究不可或缺的一种辅助手段,司马迁是世界上最早看到这一点并将其付诸实践的历史学家。历史学家为了能够对过去某一年发生在不同国家里的历史事件进行共时性考察研究,于是就发明了历史年表。如果这一推断属实,那么它就可以被视为历史意识和历史时间意识诞生的标志。在东亚地区,这种做法始于公元前 1 世纪。

司马迁将《史记》130 卷中的 10 卷篇幅给了历史年表。在《十二诸侯年表第二》的开篇,司马迁就开宗明义地表明了自己对历史年表的认识:

> 儒者断其义,驰说者骋其辞,不务综其终始;历人取其年月,数家隆其神运,谱牒独记世谥、其辞略;欲一观诸要难。于是谱十二诸侯,自共和讫孔子,表见《春秋》、《国语》学者所讥盛衰大指著于篇,为成学治古文者要删焉。[1]

《史记》中的每一篇"表"都有序言,先对该篇所涉及的历史时代进行概述,然后才是年表。譬如:在《六国年表第三》中,最上面一栏标记的是周天子的即位纪年,其下与之平行的各栏则标记着与该年份相对应的各诸侯国君主的即位纪年,并简略地记载着该年发生的大事件。如此一来,无论是从时间的角度,还是从空间的角度,都能够将在同一年中各地发生的各种情况安排得一目了然。

84

---

[1] 此处原日语译文出自司馬遷『史記』Ⅰ(小竹文夫、小竹武夫訳,筑摩書房,1971 年)第 198 页。

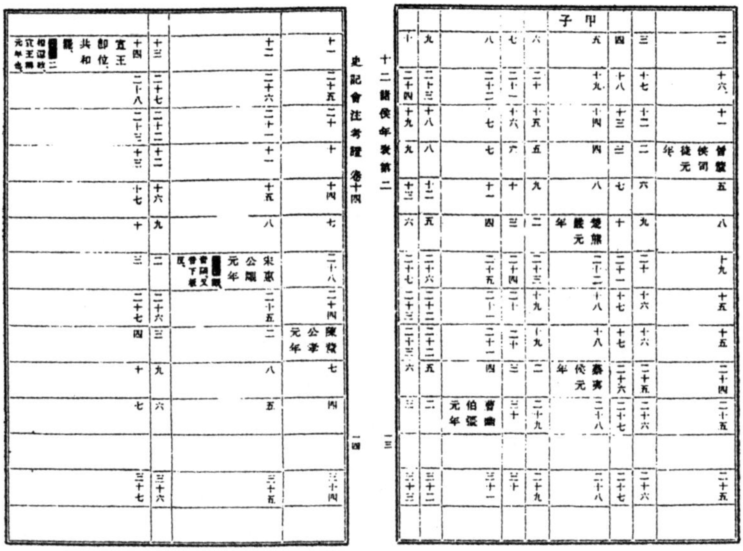

图 1:《史记・十二诸侯年表第二》,摘自泷川龟太郎『史記会注考証』
　　　(藝文印書館,1972 年)

南宋时期的历史学家郑樵(1104〜1162 年),是最早对这种年表予以高度评价的人。在《通志》的总序中,他曾这样赞许司马迁创制"表"的做法:"史记一书,功在十表。"

郑樵明确主张:撰写历史就必须要写通史。因而他极力推崇《史记》的通史式纪传体(即撰述若干个王朝历史变迁的述史方式),而不推崇《汉书》以后的断代史式纪传体(即以撰述某一个王朝的历史变迁为标准模式的述史方式)。郑樵不仅意识到历史学家应该从时间的坐标轴上去把握过去,而且还提出了"会通"这一概念,并积极地付诸实践。如此看来,从长时段的时间变迁中去思考历史——这一崭新的历史意识,在 12 世纪的中国也已经开始萌芽了。

郑樵曾对"会通"这一概念做过如下说明:

百川异趋必会于海,然后九州无浸淫之患;万国殊途必通

85

于诸夏,然后八荒无壅滞之忧;会通之义大矣哉。①

他要表达的"会通"的含义,实际上就是强调历史著述在时空上的连续性和综合性。②

在此有必要从与历史年表的关系的角度出发,就"纪传体"所代表的历史著述方式问题再做一补充。这个由司马迁首创、此后在整个东亚地区又被视为撰史正统的纪传体著史方式,它所反映出来的历史意识与欧洲的年代记所反映出来的"通时式历史意识"之间存在着微妙的差异。

以《史记》为例,中国正史中所采用的纪传体,一般都由"本纪(记述帝王业绩)"、"表(年表)"、"书(各种典章制度)"、"世家(记述诸侯事迹)"、"列传(传记)"等部分构成。其中,"书"又由"礼"、"乐"、"律"、"历"、"天官"、"封禅"、"河渠"、"平准"等八书组成,实际上就是一部包括有关天文学、文官机构、行政地理、水利建筑、税收与通货、法律与审判、宫廷仪式等丰富内容的综合论文集。

欧洲的年代记以时间的先后顺序为依据、综合性地记述所发生的各种事件,纪传体则力图在某种构思布局的基础上,立体地描述一个历史时代的社会全貌,这一点可以说是两者的最大差异所在。

然而,这并不意味着中国从未有过那种按照时间的先后顺序撰述历史的传统。在司马迁的《史记》问世以前,中国已经有了以《春秋》为代表的年代记。1084 年,司马光《资治通鉴》的问世,标志着以时间顺序为依据的撰史传统在中国的复兴。之后,袁枢(1165～1205 年)又在对《资治通鉴》的内容进行归纳分类的基础上,分别对各种事件的始末原委进行了系统化整理,以"纪事本末体"的方

86

---

① 参见郑樵《通志》总序。
② 以史学批评著称的刘知几(661～721 年)并没有对"表"的深远意义做过实质性评价,因为在他所生活的那个时代,人们还普遍地将断代史视为最为理想的历史编纂方式。他的《史通》中只有一处提及年表:在他看来,"表"在纪传体史书中实际上并无多大价值,只是"当春秋战国之时,因群雄割据、各国纪年自成体系,故用表将其一统、使诸国纪年一目了然"(原日语译文摘自增井经夫『史通』,平凡社,1966 年,第 27 页)。

式写出了《通鉴纪事本末》。历史学家在回顾和记述历史的时候，最初想得到的方法就是来自"通时式历史认识"；与这种历史认识方法相对应的历史著述，也就是那些被称作为"编年体"的撰史之作。

毋庸置疑，自从司马迁的《史记》问世以来，年表已经在中国的历史著述中获得了应有的地位。尤其是在中国处于分裂状态的时期，那些不同国家所建立的年号都被史家纳入到了一个共时性的框架之内。在欧洲，这种由历史年表所代表的、可以总括历史著述的共时性时间观念直到 16 世纪才出现。相比之下，东亚地区的历史时间意识真可谓成形早、成熟快，而且持续至今。

年表之所以能够在东亚地区持续使用至今，另一个重要原因就在于由"年号＋干支"组成的纪年法的普及使用。

在司马迁《史记》的年表中所涉及的历史年代里，正处于大分裂状态下的中国尚未开始使用年号，而是使用国君的即位纪年。由此看来，司马迁首创年表的举动本身与年号制度并没有直接的关联，只是后来随着年号制度在东亚地区普及使用，历史年表的必要性才越来越充分地显示了出来。

迄至 2003 年，人们已经可以通过"年表"查对出 1527 个年号，而且正式出版发行的历史年表也可谓种类繁多。①

日本的年表　历史年表对于中国周边的东亚诸国而言，其必要性更为明显，其中尤以日本为甚。日本自 7 世纪以来始终拥有自己独立的年号，为了与中国的年号之间取得共时性，曾经出版过多种以"干支·中国年号·日本年号"为内容的纪年对照表。对于朝鲜、日本和越南等 3 国而言，年表实际上就成了本国年号与中国年号的对照表，同时也是年号一览表。根据奥野彦六《日本历史年表

---

① 笔者经常使用的年表是张璜的《欧亚纪元合表》。这部规模可观的历史年表最早于 1904 年在上海出版，1963 年日本的株式会社大安出版社重新出版时，又将山根幸夫所编『欧亜紀元合表』附在其后。它以公元纪年为基准纪年，从公元前 2357 年帝尧陶唐氏开始，将东亚诸国的年号尽悉收录其中，从而使得东亚地区的历史时间在获得了以共同基准为前提的对应性的同时，也获得了能够让人一目了然的视觉性效果。

史》(雄山阁,1972年)一书的统计,迄至明治时代,日本共出版了119种历史年表。

在这种"东亚年号一览表"的基础上增加基督纪年之后,就成为一种新式年表,清宫秀坚的《新选年表》(1861年)堪称这方面的开山之作。[①]

人们通常都将西村茂树的《西史年表》(全3卷,1871年)视为日本最早的欧洲历史年表,对其评价甚高。其实,该书只是泰特勒《综合历史基础》(爱丁堡,1801~1802年)[②]一书的日语译本而已。相比之下,清宫秀坚的《新选年表》则已经在尝试着设定东西方历史时间的对应关系,因而其重要意义理应予以肯定。

在这部《新选年表》中,每一栏的最上方是干支,然后依次往下分别是日本年号、中国年号和公元年份,最后则是发生于该年份的重要事件。(见"图2")

自此之后,日本出版的历史年表日渐增多,仅笔者亲眼所睹者就多达42种。如果就笔者的调查结果而言,迄今为止日本国内已先后出版过161种历史年表。进入明治时代以后出版的历史年表大多数都是供学生学习历史时使用的教学年表,这一事实表明:在日本,历史年表与历史教育是紧密联系在一起的。在日本人的心目中,所谓历史教育,就必须按照时间的顺序、以通史的模式、将从古至今的历史事件系统地教给学生,而正是这种观念使得历史年表能够在日本社会长期受到重视。[③]

三、历史年表在欧洲的发展历程

欧洲也曾有过关于历史年表的研究 笔者在前面曾经说过,欧洲人关于历史年表发展状况的研究几乎等于零。其实,有一篇篇

[①] 参见奥野彦六『日本歴史年表史』(雄山閣,1972年)第389~394页。

[②] A. F. Tytler, *Elements of General History* (Edinburgh, 1801-02).

[③] 参见 Martin Booth, Masayuki Sato & Richard Mathews, "Case Studies of History Teaching in Japanese Junior High Schools and English Comprehensive Secondary Schools", *Compare*, vol. 25, No. 3 (1996), pp. 279-301。

幅仅为 6 页纸的小论文倒是也提到过年表,不过仅此一例而已。这篇小论文就是 W. H. 布莱克的《关于年代学的文献目录》,刊登在 1852 年的《伦敦年代学研究所学报》上。① 作者将纪年法分为 8 大类,并为其中的一类设置了题为《以纪年法概观历史全貌》的条目,其下列举了 11 部历史年表。尽管这只是一篇关于文献目录的短文,然而它却是能够反映欧洲人"历史年表"这一意识的唯一作品。笔者花费了不少工夫搜集历史年表,就在这项工作将要接近尾声的时候,突然找到了这篇论文,并且发现该目录中所列举的历史年表与自己在此之前已经确认过的历史年表完全一致,当时那种兴奋欢畅的感觉至今记忆犹新。

　　这篇短论文发表于 19 世纪的中叶,当时正值欧洲历史年表的黄金时代。W. H. 布莱克自己组建了伦敦年代学研究所,并亲自从事年代学研究。然而,令人遗憾的是,这个研究所及其年代学研究仅以其第一期学报的出版而告终,欧洲学术界对历史年表的研究兴趣刚开始萌芽,就以布莱克一人的引玉之砖而中断。

　　16 世纪——历史年表在欧洲的诞生　与东亚地区不同,在欧洲历史年表的发展过程中,创世纪年或基督纪年发挥了历史年表的基准纪年的作用。基督纪年原先被主要用于教会史的编纂之中,到了 16 世纪它就自然而然地演变成了"既有的纪年法"。

　　另一方面,欧洲人在撰述政治史的时候,长期以来惯用的纪年法是帝王的即位纪年。到了 18 世纪以后,上述这两种纪年方法被合二为一,欧洲各国的帝王即位纪年,因被编入以基督纪年为基准纪年的历史年代体系而获得了共时性。于是,只要将年代换算成基督纪年,所有历史事件的时间概念都会变得明白易懂。如果说欧洲近代历史思维的产生需要有一个时间认识论上的基础,那么这个基础至此才算形成。

　　通过迄今为止的调查,笔者认为:历史年表在欧洲出现的时间

89

---

① 参见 W. H. Black, "On the Bibliography of Chronology", *Transactions of the Chronological Institute of London* (1852), pp. 9 - 14。

图 2：清宫秀堅

应该是 16 世纪的下半叶。J. 丰克（1518～1566 年）的《自创世迄至基督复活的注释纪年》（纽伦堡，1545 年）[1]，可以说是笔者所见到的最为古老的历史年表（见"图 3"）。丰克属于路德派，他在普鲁士滞留期间编制了这份历史年表。该历史年表所涉及的时间范围是从亚当诞生到 1560 年，它以奥林匹亚德纪年（以公元前 776 年古希腊举行第一届奥林匹克竞技会为纪元、每 4 年为一个周期进行纪年的方法）和创世纪年为基准纪年，将 11 种不同的纪年方法汇

91

---

[1] Jean Funck, *Chronologia cum commentariis chronologicis ab initio mundi ab resurrectionem Christi*（Nuremberg，1545）.

『新選年表』（1861 年）

合整理成"表"的形式，以显示出各种纪年之间的共时性。

T. 比布利安德所著《自创世至末世时代的时间计算及其详细分期》（巴塞尔，1558 年）[1]，以"表"的形式将古罗马的"税率周期纪年"（即以古罗马皇帝修订税率标准的周期为依据的纪年法，每个周期为 15 年）、创世纪年和基督纪年这 3 种纪年法并列对应，同时将每年发生的重要事件记录在该年份的后面。

这两部历史年表虽然都被命名为"Chronology"，而且其中也记

---

[1] Theodorus Bibliander, *Temporum condito mundo usque ab ultimam ipsius aetatem supputatio, partitio que exactior* (Basileae, 1558).

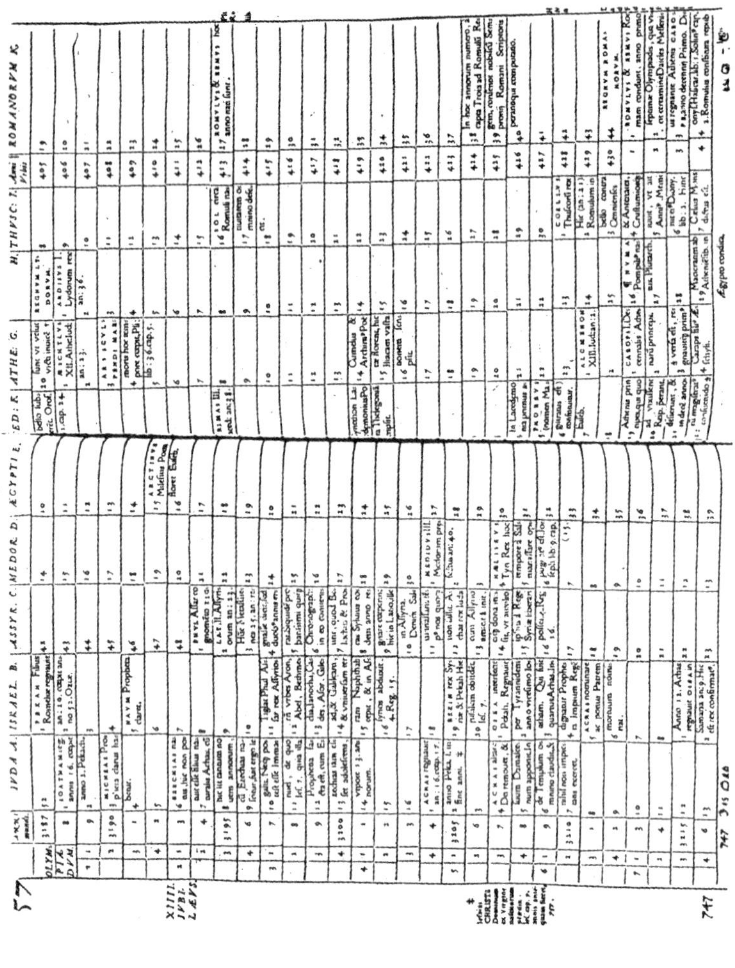

90

图 3: Jean Funck, *Chronologia cum commentariis chronologicis ab initio mundi ab resurrectionem Christi* (Nuremberg, 1545)

录了大量的历史事件,但是就其中所反映出来的那种追求"共时性"的纪年意识而言,它们确实不同于那些被称作"Annals"和"Chronicle"的"年代记",因而理应被称作为历史年表。

然而,后来相继问世的以"Chronologia"为标题的类似作品,却几乎都是一些简略化了的年代记而已。只有 M. 梅斯特林的《世界纪年表》(图比加,1641 年)[1],尚可算作一种系谱式历史图表。在这些作品中,E. 西姆森的《普世年代记》(牛津,1652 年)[2]应该被算作历史年表,因为它虽然未采用一览表的形式,但却以每个年份为一栏,其中记载着该年份的重要事项。这种形式后来成为欧洲历史年表的基本格式,一直沿用至今。

17 世纪——基督纪年成为基准纪年　Ch. 赫尔维库斯的《历史纪年学的剧场》(牛津,1651 年)[3]以一览表的形式,同时标记十几种不同的纪年法,并在其后简要地记录下各自年份的重要事件。该历史年表有一个最明显的特征,就是以基督纪年为基准纪年。尽管由于它本身存在着较多的谬误而遭到后人的批评,然而却是它让基督纪年取代了创世纪年而成为历史年表的基准纪年,这一点功不可没。

在 M. 祖埃里的《纪年学》(1688 年)[4]中,最值得一提的是它在纪年标记方法上的分段使用:迄至基督纪元元年使用的是创世纪年,自基督纪元元年起则统一使用基督纪年。

到了 17 世纪下半叶,欧洲人似乎已经越来越明确地意识到:时间是人们理解历史的关键所在。D. 惠尔在其《阅读世俗历史和教会史的方法与顺序》(伦敦,1694 年)中指出:"通过揭示时间与年代的连续性,历史上的各种事件、诸多帝国、众多战争才能变得可以理解;正如斯卡利杰尔所言,纪年乃'历史之魂';如果没有了它,

92

---

[1] Michael Maestlin, *Tabula Chronologca Universalis* (Tubingae,1641).

[2] Edward Simson, *Chronicon Cathoricum* (Oxford, 1652).

[3] Christophorus Helvicus, *Theatrum Historicum et Chronologicum* (Oxford, 1651).

[4] Marci Zuerii, *Chronologia* (1688).

人类既不能感受过去,也无法生活在现代;有人甚至感言:(时间)是人类在历史这个海洋中扬帆远航时的'新星',时间秩序就是理解过去的钥匙。"①

这个时期正值欧洲的历史著述逐渐摆脱基督教普世史模式的束缚、近代历史学开始脱颖而出之时,这种时间上的"巧合"再一次表明:对各地区历史上发生过的事情进行共时性的理解和把握,这是近代历史学产生的必要条件。②

17 世纪下半叶——"世纪"概念的诞生 F. 塔伦茨的《普世史概述》(伦敦,1685 年)③,可谓 17 世纪之前的历史年表的集大成者。据说他使用了 16 块 80 厘米×60 厘米的铜板,在自家的印刷所里印制了这部历史年表。

在这部年表中,塔伦茨分段使用了两种纪年方法。从亚当诞生到基督诞生之前,以创世纪年为基准纪年,但同时也标示儒略历以确定年份;从基督诞生开始,基督纪年与创世纪年被同时使用、共同成为基准纪年。具体而言,以上帝创世之年为创世纪元元年,基督诞生于创世纪元 3950 年,因而从这一年开始直至 1669 年,同时标记创世纪年和基督纪年。与此同时,在使用基督纪年标记的历史年代部分,每逢百年相交之际,都用粗黑线条隔开。这种做法显示了塔伦茨理解历史的一种方法。他虽然没有使用明确的语言加以说明,却是首次将"世纪"这一"被分割的时间"概念导入历史认识。一般认为,伏尔泰是最早频繁使用"世纪"这一词语的历史学家之一,也许就是从当时已经出版的历史年表中得到的启示。

根据原书的说明可知,在历史年表中同时标记创世纪年与儒略历,这是当时许多年代学家通行的做法。值得注意的是,该年表中没有使用"基督纪元前"这一年代标记方式。

94

---

① 参见 Degory Wheare, *The Method and Order of Reading both Civil and Ecclesiastical Histories* (London, 1694), p. 316.

② 参见 Donald R. Kelley, *Foundations of Modern Historical Scholarship* (New York, 1970)。George Huppert, *The Idea of Perfect History* (Urbana, 1970).

③ Fancis Tallents, *A View of Universal History* (London, 1685).

图 4：Fancis Tallents, *A View of Universal History* (London, 1685)

塔伦茨将历史事件的年代全部改用基督纪年进行标记,这种做法具有极为重要的意义。他试图将整个世界置于统一的时间框架之内加以考察,就这一点而言,我们甚至可以将之视为"世界史"这一历史意识诞生的标志。以年表的方式展现世界历史的共时性,使世界历史的进程可视化,让读者能够同时了解全世界的历史状况,这就是塔伦茨编制这部历史年表的初衷。

塔伦茨的这部历史年表,是第一部体现欧洲人试图在共时性框架内认识世界历史的愿望的年表(参见"图4")。在该年表的最后一页上,记载了13世纪以后的历史大事记。这一页的横向栏目按照内容共分为15个部分:(1)教会、(2)殉教者、(3)异端与宗教会议、(4)修道士、(5)教皇、(6)西方的皇帝·东方的皇帝·那不勒斯诸王、(7)伊斯兰教徒、(8)犹太教徒、(9)西班牙、(10)法兰西、(11)英格兰·爱尔兰·威尔士、(12)苏格兰、(13)北方诸王国、(14)著作家、(15)其他。这一页的纵向栏目则按照时间顺序依次排列,每逢百年相交之际都以粗线相隔,在与横向栏目各个部分相对应处,记载着该时该地发生的重要事件。这种年表完全符合我们现代人查阅"历史年表"时所要达到的要求。另外,在其中"(2)殉教者"一栏的"1606年"条栏中,明确地记载了日本迫害基督教徒的情况,这是该年表中唯一涉及到日本的内容。

18世纪——"基督纪元前"这一标记方式的诞生　本杰明·马歇尔的《年表》(牛津,1713年)[1],是一部记载基督诞生以前的历史事件的历史年表,其内容是从上帝创世到基督诞生。作者没有根据创世纪年的原则,将该年表的起始年标记为"创世纪元元年",而是根据基督纪年的原则,将其标记为"基督纪元前4004年"。他使用的语言是"吾主纪元前之年"。[2]《年表》的横向栏目分为15个部分,纵向栏目以百年为单位进行时间划分,形成了各个"世纪栏",然后依次分别记载相关内容。就笔者目力所及,它是首次采用"基

95

---

① Benjamin Marshall, *Chronological Tables* (Oxford, 1713).

② ［Year before A. D.］或者［Years before the common Year of our Lord］。

督纪元前"标记方式的历史年表,标志着欧洲人的历史意识发生了重大的变革,具有划时代的纪念意义。毋庸置疑,将所有历史年代的标记方式全部改换成基督纪年,这是一件费时费力的巨大工程,不可能一蹴而就。不过,力求将历史事件置于基督纪年这一条直线之上,这种历史时间意识的诞生是欧洲史学史上值得浓墨重彩书写的一件大事。然而,从 1750 年前后出版的一些历史年表来看,采用"基督纪元前"者仍属罕见,基本上都是沿用分段标记的做法,即基督诞生以前使用创世纪年,基督诞生以后使用基督纪年。

J. E. 威克斯的《纪年备忘录》(都柏林,1750 年)①,是一部袖珍型历史年表。它的页面左侧是用创世纪年标记的历史年代,右侧却是用逆向推算的创世纪年标记的历史年代,作者称之为"世俗的年代之前"。这种做法除了能为读者提供方便之外,更引人注目的是它代表了欧洲人自觉地追溯历史的意识转型。

与此同时,欧洲的历史年表也开始发生了另外一些新的变化。1726 年,伦敦出版了一部作者不详的历史年表,题为《欧洲纪年表》。② 这部 B5 开本的袖珍型历史年表,虽然不属于上乘之作,但是却有自己的特色。它采用对折页面来显示所记载的内容,每页所涉及到的时间范围为 1 个世纪。换言之,在该年表中,作为历史研究过程中的一种归纳手段,"世纪"这一时间分割的观念已经确立起来。不仅如此,该年表按照欧洲现实中的国别来罗列各自的历史大事记,表明当时的欧洲人在思考历史问题的时候,其关注范围已经从宗教世界逐渐扩展到了世俗世界。这部《欧洲纪年表》的另一个特点就是附有地图。虽然这张地图并不是历史地图,只标出了欧洲、俄罗斯和北非地区,但是这部年表却是笔者所见到的最早附有地图的历史年表。

在欧洲,历史年表的编订始于基督纪年开始被广泛接受之时。　96
基督纪年成为历史年表的基准纪年,历史上的所有事件都被纳入

---

① James Eyre Weeks, *The Chronological Remembrance* (Dublin, 1750).
② *Chronological tables of Europe* (London, 1726).

以此为对应标准的历史时间框架之内,也正是从这个时候开始,欧洲的近代历史思维才宣告诞生。

18 世纪——作为被视觉化的历史的年表　进入 18 世纪以后,欧洲才开始出现真正的历史年表,约翰·布莱尔的《纪年法与历史》(伦敦,1754 年)①可以被视为现代历史年表的直接起源。在这部年表中,作者采用一览表的形式将欧洲各国的帝王纪年进行了统一编排,并记述了各国历史上发生的重要事件。

布莱尔的《纪年法与历史》有一个耐人寻味的特点,就是儒略历与基督教纪年法相伴始终,说明儒略历此时在欧洲已经深入人心。然而与此同时,该年表仍然以公元前 4004 年为世界创始之年,并以此为历史纪年的起始年。

布莱尔的《纪年法与历史》还明确地使用了"世纪"这一概念。年表的左侧是基准纪年,标记着"世纪与基督纪元前"②的字样,自公元前 21 世纪起,每百年划一条分隔线,试图以百年为时间单位来考察历史。然而,这种"世纪"的使用只限于"公元前"那部分历史时期。在标记公元之后的历史年代的时候,为了便于查阅,则是以 10 年为时间分割单位,划线相隔。另外,在标记从公元前后到 10 世纪左右的历史年代时,同时还使用了那博纳萨尔纪年(即以新巴比伦王国国王那博纳萨尔即位的公元前 747 年 2 月 26 日为纪元的纪年法)、罗马建国纪年(即以传说中罗慕路斯创建罗马城的公元前 753 年为纪元的纪年法)以及奥林匹亚德纪年等纪年方法。

这部历史年表为 B4 开本的对折本,在其左页的横向栏中,按照国别分列项目。例如在"18 世纪"这一时间段中,设有"奥斯曼皇帝"、"德意志皇帝"、"法国国王"、"西班牙国王"、"葡萄牙国王"、"英国国王"、"瑞典国王"、"丹麦国王"、"波兰国王"、"普鲁士国王"、"撒丁国王"、"莫斯科的沙皇"以及"教皇"等 13 项,分别标记

① John Blair，*The Chronology and History* (London，1754).
② 原文为"Centurys & Years before Christ"。

着各自的在位时间,使用的是帝王纪年。在其右页的横向栏中,分别设有"著名人物"、"重要事件"、"政治家"、"军人"等项目,记载了各个年份发生的重要事件。作者在左页中同时标记当时使用的纪年法和各国的帝王纪年,在右页中列出各个时期的重要事件以及著名人物,这种方式显示了历史过程中的共时性,达到了将时间视觉化的效果,具备了工具书功能,完全符合历史年表的标准。(参见"图5")

亚当·佛格森(1723～1816年)在为1780年出版的《不列颠百科全书》(第二版)撰写"历史"这一条目时,附上了多色套印的历史年表。他的这一做法在百科全书的历史上是一种创举,同时也从一个侧面说明了这样一个事实:到了18世纪末,人们已经开始认识到历史年表是有助于理解历史的重要手段。

布莱尔的这部《纪年法与历史》似乎受到了普遍好评。从1754年的第一版以来,在经历了大约一个世纪之后,亨利·埃利斯于1844年出版了《布莱尔的纪年与历史年表》,J.威洛比·罗斯于1856年出版了《布莱尔的历史年表》。① 这两部年表虽然都属于布莱尔的《纪年法与历史》的修订本,但是作者们在内容方面进行了大幅度的调整和增补。不仅如此,布莱尔的《纪年法与历史》的法语版也于1795年在巴黎问世。

19世纪——历史年表的完成　詹姆斯·贝尔的《世界历史概述》(伦敦,1842年)②,已经具备了现代历史年表的形式。(参见"图6")

这部年表的首要特征,就是不再以上帝创造世界作为人类历史的开端,而是始于公元前2000年前后。在年表的横向栏中,分别标示着埃及、腓尼基、巴勒斯坦、阿拉姆(即叙利亚和美索不达米亚)、亚述、小亚细亚、希腊以及意大利等地区。作者从古代的王国

---

① Henry Ellis, *Blair's Chronological and Historical Tables* (London, 1844). J. Willoughby Rosse, *Blair's Chronological Tables* (London, 1856).

② James Bell, *A View of Universal History* (London, 1842).

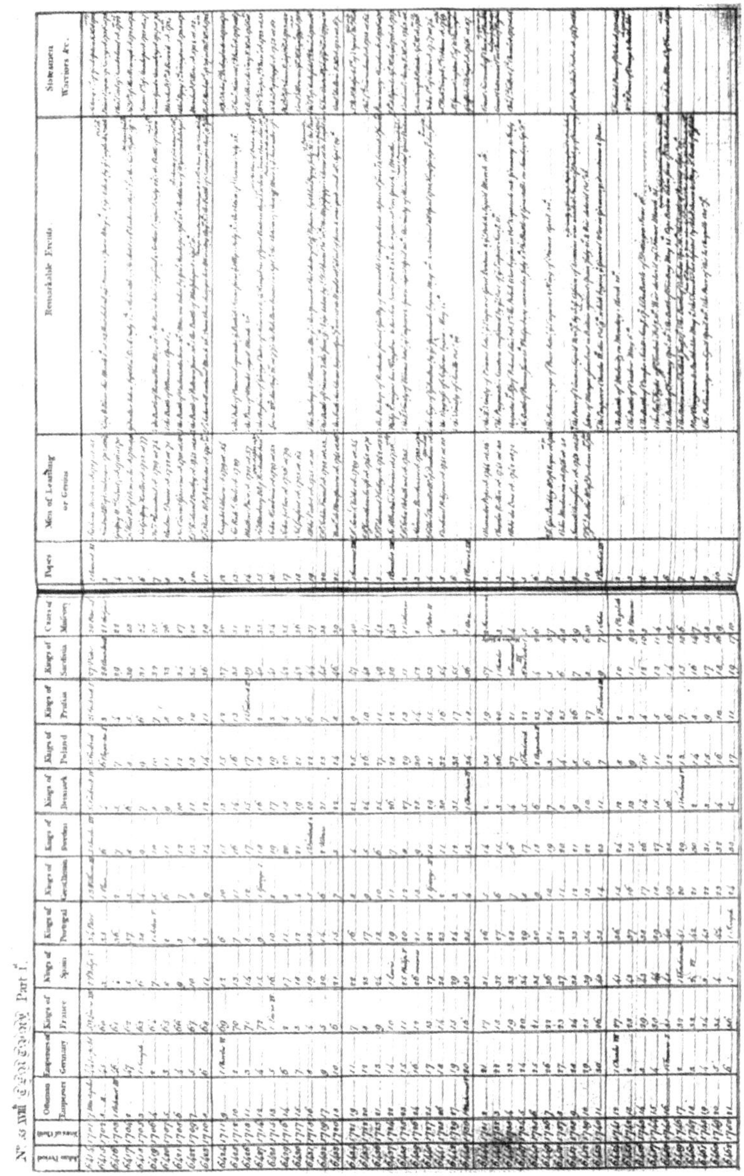

97

图 5：John Blair, *The Chronology and History* (London, 1754)

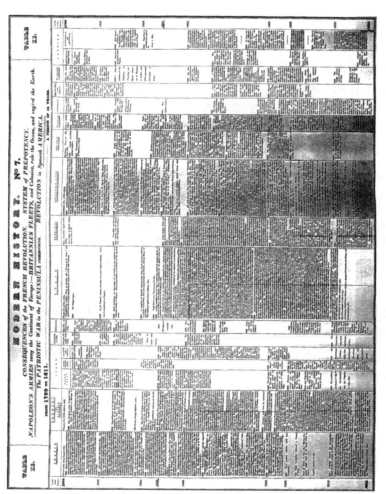

图 6：James Bell, A View of Universal History（London, 1842）

开始记述历史过程,根据年代的先后顺序,将相应的区域或国名写入横向栏中的相应位置,由此对历史事件进行系统化整理。

100　　从约翰·布莱尔的《纪年法与历史》到詹姆斯·贝尔的《世界历史概述》,其间相隔 88 年。通过对这段时间内出版的历史年表所做的调查研究,笔者发现该时期出版的历史年表并不多。与此同时,笔者所见到的历史年表,无一例外地都以上帝创世为历史年代的起始点。按理说,在詹姆斯·贝尔以前,即使有人根据历史事实来制作历史年表,也并非不可思议。然而,以笔者目力所及,贝尔的这部历史年表是史无前例的。

这部年表的另一大特征,就是基督纪年成为唯一的基准纪年。即使在标记非欧地区的历史年代的时候,也全部被换算成为基督纪年。这是历史上第 1 部将世界历史进程纳入统一的时间坐标之内的历史年表,从这个意义上说,它可是为世界史的诞生创造了一个必要的前提条件。詹姆斯·贝尔本人似乎也意识到了这一点。在年表的序言中,他不仅明确地指出了年表之所以要采取这种"分类"方式的理由,即为了综合把握历史上的各个地区和地球上的各种政治革命等等,而且还借用当时的流行语言,将自己的这一做法称作"科学的历史探究"。另外,在年表开头写给维多利亚女王的献词中,他在强调从政治、军事、艺术、产业、海洋以及殖民地等多种视角对世界整体(而不是英国一国)展开综合性考察的基础上,凸显了这部历史年表的必要性。

在这部历史年表的作者——詹姆斯·贝尔的世界范畴中,北美地区自 1740 年开始登上历史舞台,东边则以土耳其为界,土耳其以东的广大地区并未被纳入其历史视野。东方地区的历史,仅以"古代东方史"的名义被笼统地归纳在第 14 页之中,包括波斯、印度、中国和日本,与其说是历史年表,不如说是年表的附录,或者是相关各国的历史简介。

从第 1 页到第 14 页,是以政治史和军事史为中心的年表。第 15 页是在"普遍史(Universal History)"的名义下,罗列出了自公元前 4004 年上帝创世至 1840 年鸦片战争期间的历史大事记。作者

如此安排颇为引人注目,因为在这部年表中"上帝创世"已不再占
据开篇首位。第 16 页至第 20 页是文化史年表,最后的第 21 页则
是根据时代顺序和流派特点整理而成的 1300 年以后的画家一
览表。

20 世纪欧洲的历史年表　迄至 19 世纪中叶,欧洲的历史年表
在英国获得了较大的发展。然而,欧洲的历史年表后来却是伴随
着德国史学家卡尔·普罗埃茨的名字走向全世界的。

普罗埃茨曾在柏林的公立中学担任历史教师,其所著《世界史
概要》也被译成英语出版并一再重版,是一位著名的历史教育工作
者。时至今日,被冠以"普罗埃茨"之名的各种年表依然不断问世,
其中不仅有世界史方面的年表,也有经济史、文化史等各历史领域
的年表。在欧洲,普罗埃茨的名字几乎已成为历史年表的代名词。
令人遗憾的是,这些历史年表的使用者都是一般人群或准备参加
大学入学考试的人们,历史学家们却对它漠不关心。[①]

在英国,自 20 世纪下半叶开始,人们对历史年表的兴趣愈益低
下。在学习历史的学生们的书桌上,摆放的不是历史年表,而是 C.
R. 切尼的《年代手册》(伦敦,1945 年)[②]。这种手册相当于日本的
《读史备要》或者《读史总览》的简约本,与历史年表的体例差异
甚大。

对于我们所谓的"历史年表",在英语中至今尚未出现一个固
定的对应词语,这种现状不得不提。人们在用英语表述"历史年
表"的时候,一般都采用"Chronological tables"的说法,有时候也采
用"Timelines"、"Historical tables"、"History dates"、"Time charts"
等词语。不能用一个固定的名称来指代一个具有共同特征的事
物,这就意味着人们还缺乏对该事物的特征进行概括的自觉意识。
现在有一点可以确定的是,不仅在英国,而且在美国和欧洲大陆的

---

① 笔者在了解德国人使用历史年表的状况的过程中,曾受到厄尔弗鲁特大学莱因哈特
　教授的多方关照。

② C. R. Cheney, *Handbook of Dates* (London, 1945).

一些国家,历史年表都越来越不被人们重视。

四、历史年表所反映出来的历史意识和历史认识

历史年表的定义 现在让我们来讨论一下究竟该如何为历史年表下定义的问题。如上所述,就历史年表的基本性质而言,它就是将历史时间进行视觉化和共时化的结果。历史年表原则上采取一览表的形式,一般情况下都是在横向栏中标记地区或项目,在纵向栏中标记时间的顺序。这是因为历史年表的目的主要有二:一是为了将历史上发生过的事件一目了然地呈现在人们的面前,从而取得"视觉化"的效果;二是为了将同一时间里发生在世界各地区或各国家的历史事件之间的"共时性"展现出来。

历史年表不同于古代各文明体系存留下来的各种帝王世系表和系谱等著作形式。古人制作这些世系表和系谱的目的是为了记录或彰显某些东西,而历史年表则是一种有助于回顾过去的工具。

从外形上看来,历史年表与欧洲的年代记和中国的编年体史书十分相似;然而,就两者的"目的"而言,却是存在着根本的不同。年代记的重点在于传达其"叙述内容",属于历史叙述的一种形式,历史年表的重点则在于展示历史事件之间的前后关系和相关联系。另外,在笔者看来,像《资治通鉴》这样的编年体史书也曾经发挥过历史年表的作用。[1]

综上所言,我们可以对历史年表做如下定义:"所谓历史年表,就是根据历史时间的先后顺序编制而成的历史一览表,是历史认

---

[1] 大约在 25 年前,笔者在大阪一家旧书店的书堆里发现了袁黄的《历史纲鉴补》(全 20 卷),并立即买下。因为它是一部首次在书名中使用"历史"一词的著作,而笔者当时正在致力于考察"历史"一词的来龙去脉。在翻阅这部巨著的过程中,笔者突发奇想地意识到:以前的人们也许就是将它当作历史年表来使用的。其实,这部煌煌巨著并未被收录在《四库全书总目提要》之中,因而笔者猜测它可能是作者专为那些参加科举考试的考生们提供方便而编著的。它的内容就是以编年形式将历代史书重新加以整理而已,出版后不久就被传到了日本,并于 1663 年在日本刻印出版,成为一部广为流传的历史书籍。

识的一种辅助手段；在其横向（或纵向）栏中标记诸地域、诸国家和诸项目，在其纵向（或横向）栏中标记时间，展示出历史上发生过的各种事件之间的共时性，并对这种共时性进行视觉化的集中展示，当人们回顾历史的时候，可因此而获得对历史的更加深刻的理解。"

基督纪年为何能够成为历史年表的基准纪年　随着 19 世纪以后西欧各国逐渐称霸世界这一国际环境的变动，从 19 世纪下半叶起，基督纪年在世界范围内迅速普及开来。于是，在世界各地就有人开始以基督纪年为基准纪年，对本国历史上的各种事件进行重新整理，希望使之纳入世界历史的框架之中。

东亚世界属于非基督教文明圈，"年号＋干支"这一独特的纪年方法已经使用了 1000 多年。然而，即便如此，东亚各国仍然接受了基督纪年作为历史年表的基准纪年这一做法。究其原因，无外乎以下几点。

首先，由于西欧各国所拥有的政治上的绝对强势，因而使得东亚国家不得不在文化上也与之保持同步。其次、由于"基督纪元前（B. C.）"这一概念的发明，到了 19 世纪的时候，基督纪年已经转变成为能够对历史上发生过的任何事件进行"一元式"记述的纪年方法。"基督纪元前"这一思路最早由 8 世纪的教会史家比德提出，在 1681 年出版的博絮埃的《世界史论》中被规范地运用之后，开始逐渐在欧洲范围内得以推广使用。

在历史年表中，本杰明·马歇尔的《年表》（1713 年）在标记自上帝创世至耶稣诞生之间的历史时间的时候，率先全面地采用了"基督纪元前"这一标记方式。詹姆斯·贝尔的《世界历史概述》（1842 年）则最早将"基督纪元前"这一标记方式用于显示向过去无限延伸的历史时间，从而成为第一部以基督纪年为唯一基准纪年的历史年表，具有深远的意义。可以这么说，正是由于"基督纪元前"这一思路的出现，基督纪年才得以从一个宗教内部的基准纪年转变成为一种具有普遍性的基准纪年。

作为历史年表的基准纪年，基督纪年不久即传入日本，在"西

103

历"这一名称下被逐渐地推广开来。井上赖囶和大槻如电所编的
《新撰东西年表》(1898 年),在记述中国、日本和西欧的历史事件
的时候,同时使用了日本纪年、干支纪年、日本年号、中国年号以及
西历等 5 种纪年方法,显示出了其间的共时性。

104

在世界历史上,以数字顺序来标记历史年代的通连纪年法并
不罕见。然而,无论是在犹太教中还是在伊斯兰教中,都未产生过
可以双向无限延伸历史时间的思路。此外,在诸如孔子纪年、黄帝
纪年、檀君纪年以及神武纪年等通连纪年法中,同样也没有计算各
自起始年之前的历史年代的意识。

在 20 世纪的今天,人类的历史知识无论是面向过去还是面向
未来,都正在以双向无限延伸的态势发展着,基督教纪年法中关于
时间的思路完全与之相适应。基督纪年以基督纪元元年为原点向
两边延伸,成功地将过去、现在和将来置于同一条数轴之上,并在
这种时间观念的基础上,培育了人们的历史意识和历史认识。历
史年表则以更加视觉化的形式,将这些展现在了人们眼前。

历史年表是一种工具。正因为它是工具,所以它能够反映出制
作历史年表的人们的历史意识及其对于历史的态度。人类一般
都习惯于根据自己的记忆深刻程度去回忆历史,并以"被分割的
时间"的形式来回顾历史。针对这种状况,历史年表按照时间的
先后顺序,将历史事件置于一条时间轴线之上,修正了人类在历
史认识方面的主观偏差。这种被展现在时间轴线之上的历史事
件的一览表,总是在为我们确认历史上的人与事提供着实实在在
的方便。

五、历史年表为何在欧洲遭到冷遇

退出学校历史课程的历史年表 对于历史的不同期求,决定了
人们对历史年表的重视程度。对于一个国家、或者一个时代的历
史的态度,在经过了一定的时间间隔之后,往往被体现在该国的历
史教育之中。

笔者自 1991 年以来,一直在与剑桥大学的同仁们共同主持着

"日英历史教育的比较研究项目"。迄今为止,虽然每年都有多次到英国的学校去观摩历史课教学的机会,却从未看到过教师使用历史年表上课的情况。当笔者问及为何不使用历史年表的时候,历史教师非常干脆地答道:"因为历史课是要教学生掌握 skill(即根据史料来推测或者重构过去的技能),并不是要教学生记住 fact(历史事件)。"经常使用历史地图,却不使用历史年表。不仅如此,出版社似乎根本就不出版类似日本的学校中所使用的那种历史年表。

这种情况实际上并不仅限于英国,而是欧美共同的历史教育观念的一种反映。笔者每次出席国际历史教育学会,都要向出席会议的学者们问及历史年表和历史教育的关系问题,来自欧美国家的与会者们几乎众口一词地回答说:"历史年表是编撰的,不是使用的。"笔者确实访问过欧洲的学校,观摩过它们的历史教学,却未曾碰到过使用历史年表上历史课的情况。学习历史就是要学习从史料中推测或重构过去的方法,如果从这一观念出发,那么就笔者现在所研究的历史研究课题而言,按照其时间的先后关系加以整理之后而形成的成果,似乎就是一种历史年表。

年表文化与地图文化　虽然对历史年表的兴趣淡薄了,但是并不意味着对历史的兴趣淡薄了,也不意味着历史研究走向了末路。恰恰相反,19 世纪下半叶在德国确立起来的历史学开始走向全世界,进入 20 世纪之后,各国的大学里相继创设了历史学系,从制度上确保了历史研究的牢固地位。20 世纪的上半叶,历史学作为一种专业训练,已成为一门世界公认的学问。[1]

历史年表为何不再被使用? 笔者认为,这个问题或许与历史地图有一定的关系。在欧美的书店里,历史年表可谓难觅踪影,而历史地图一定会被摆放在书架上。另外,在欧美学校里的历史课上,虽然不再使用历史年表,但是却频繁地使用历史地图。

---

[1] 参见ゲオルク・イッガーズ『二十世紀の歴史学』早島瑛訳(晃洋書房、1966 年)第15～27頁。

106　　　　问题的关键就在于通过何种方式来整理历史知识。努力将各种各样的知识信息编入历史地图之中，使其内容尽可能地充实丰富起来，这似乎就是欧洲人整理历史知识的方式。在英国，1950 年代是一个分水岭。从那时起，与历史年表相比，历史地图受到了越来越多的重用，如今历史年表可以说已经到了根本无人使用的地步。① 在地图中编入各种知识信息的做法已成为欧洲文化的一种传统，如今这种现象就是拥有这一传统的欧洲文化的基本状态。② 譬如，集来自欧美各国的 72 位专家之力编撰而成的《世界历史地图》③，就是将年表作为历史地图的一个组成部分进行定位的，堪称欧洲式以历史地图为中心整理历史知识的典型代表。

　　在日本，往往都是在历史年表中编入多种知识信息，同时进行各种各样的系统分类，尽可能地使其内容丰富多彩。其中最具代表性的例子，就是由良哲次所编撰的《南北朝编年史》④。由良哲次曾师从 E.卡西勒研究历史认识论和历史解释学，这部《南北朝编年史》可谓作者长达 50 年的南北朝史研究之集大成者。实际上，它并不是一部普通的历史著述，而是一部历史年表。近年来，为了更有效地应对这种需求，人们趋向于在"历史史料集"的名称之下，将历史地图有机地整合进历史年表之中，这种做法堪称以历史年表为主导整理历史知识的方式。⑤

　　如果比较一下历史年表和历史地图的出版数量，上述状况就会显得更加明确。根据 World Cat 数据库的统计，欧美国家出版的历史年表（Chronological tables）共计有 2353 部，历史地图（historical

① 此观点来自于原剑桥大学教育系主任马丁·布斯教授。

② 在拙稿"Périphéries imagines: le monde et ses peuples dans l'imagination cartographique japonaise", *Diogène* No. 173(1996)，pp. 115 - 142 中，笔者曾对将地图神圣化的东亚与将各种知识信息编入地图的欧洲进行过比较研究。

③ 朝日新闻社，1979 年发行。

④ 由良哲次『南北朝編年史』上下二卷（吉川弘文館、1964 年）。

⑤ 根据笔者的调查，P. Du val, *Diverses cartes et tables pour la geographie ancienne，pour la chronologie et pour les itineraires et voyages modernes*（Paris, c. 1674）是最早将历史地图和历史年表合并出版的书籍。

map)共计有 9520 部。根据日本国会图书馆 1948 年以来的数据统计,日本出版的年表共计 44301 部,而历史地图却仅有 56 部(其中有 29 部是欧美历史地图的译本)。① 从这些统计数据中至少可以得出一个结论,即在对待历史年表和历史地图的态度方面,日本与欧美国家的表现恰好相反。

规范的历史学与认识的历史学　那么,东亚社会与西欧国家在历史年表问题上所表现出来的这种差异又是如何产生的呢? 在笔者看来,尽管双方使用着相同的"历史"这个词语,然而"历史"在各自文化以及社会中所发挥的作用却有着根本的不同,也许这就是产生上述差异的起因。②

107

笔者认为,东亚的历史学属于"规范"的学问,与此不同的是,西欧的历史学属于"认识"的学问。在东亚,所谓的历史学,就是一种构建政治规范、社会规范或者文化规范的东西。正因为如此,"纪传体"这一史书形式出现以后,就在"国家"这一最高权威的认可之下存续了 2000 年之久。规范尊崇形式,形式排斥认识论。可以这样说,也许正是因为有了能够立体地和结构性地描述过去世界的"纪传体"这种形式,所以作为具备其补充功能的年表也就有了存在的意义。

与此相反,作为产生于 16 世纪的一种新兴学术门类,欧洲的历史研究的目标就是对抗当时既有的各类学科,从而确立自己的地位。将同时代发生的事件置于当时的时代条件之中,给予一种与其他学科截然不同的、全新的突破和解释,这种所谓的"认识方法"

---

① 根据对 World Cat 数据库的检索,在历史年表中,题为 chronological tables 的有 2353 部,题为 timelines 的有 2238 部,题为 historical tables 的有 2841 部,题为 history dates 的有 4947 部,题为 time charts 的有 1243 部;在历史地图中,题为 historical map 的有 9520 部,题为 historical atlas 的有 7062 部。在对国立国会图书馆 1948 年以来入库图书的检索过程中,凡是历史年表都以"年表"为关键词进行检索。

② 笔者曾在下列拙稿中详细讨论过这个问题："The Two Historiographical Cultures in Twentieth Century Japen", in Rolf Torstendahl (ed.), *Assessment of the 20ᵗʰ century Historiography* (Stockholm, 2000), pp. 33 - 42。

在 19 世纪的德国趋于全盛。[①] 以这种继时性认识为最大武器而诞生的历史研究,进入 20 世纪以后,又将空间认识(即立体地和结构性地分析过去)纳入自己的认识方法之中,因而得以摆脱年代纪这一单纯时间序列记述传统的束缚,同时又以完全经得起知性批判的形式来表现自己的研究内容,因而成为得到社会广泛认知的学科。

在 21 世纪,"历史"这一知性活动究竟怎样才能在同时兼顾时间和空间这两大要素的基础上继续发展下去? 正如迄今为止两千多年以来的历史学的历史所显示的那样,也许终究还是会反映在历史年表和历史地图的关系之中。

---

① 笔者曾在下列拙稿中详细讨论过这个问题:"Kognitive Geschichtsschreibung-Normative Geschichtsschreibung" in Jörn Rüsen (Hg.), *Westliches Geschichtsdenken-eine interkulturelle Debatte* (Vandenhoeck & Ruprecht, Göttingen, 1999) S. 204 - 222. 另外,在本书的第 4 章的第 2 节中,笔者还将对此处所涉及到的"历史学中的规范与认识"问题展开详细讨论。

第三章　人类是如何认识历史空间的

第一节　日本式世界认识的历史图像学①

一、二元式"人"的认识结构

在英语中,为何将日本称为"远东(far east)"?笔者第一次对这种称呼产生切实感受,是 30 年前去剑桥大学留学期间、在大学图书馆看到了以欧洲为中心的世界地图的时候。在那幅大型的世界地图上,欧洲大陆位于正中心,左边是与太平洋相隔的美洲大陆,日本则像是被粘贴在地图右侧的一个小岛。在这幅以欧洲为中心的地图上所标示的日本,的确就是"远东"(即东方的尽头)的小岛屿(见图 1)。

在日本所使用的、以日本为中心的世界地图中,日本被置于地图的正中心。只要是居住在日本,人们几乎没有机会看到其他类

① 本节是在对论文 Masayuki Sato, "Périphéries imagines: le monde et ses peoples dans l'imagination cartographique japonaise" *Diogène* No. 173(1997), pp. 115 – 142。进行修改的基础上形成的。原载于 *Diogène* 杂志的论文主旨,最早由笔者于 1991 年在法国布罗瓦召开的国际符号理论学会上公开发表。本次修改是在参考笔者以下两次演讲内容的基础上进行的:(1)1996 年在巴黎举行的联合国教科文组织哲学论坛上的讲演,题为:"Imagination et cartographie: Comment les japonais voient le reste du monde";(2)1999 年在瑞士阿斯科纳召开的埃拉诺斯大会上的讲演,题为:"Projected Identity: A Historical Perspective of the Centering of World Maps"。

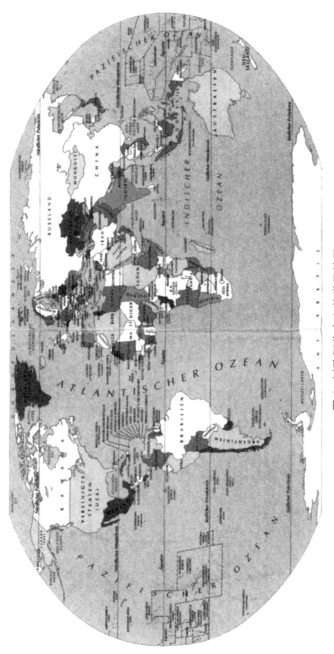

图 1: 以欧洲为中心的世界地图

型的世界地图。这种情况现今依旧存在,正如欧美国家只使用以欧洲为中心的世界地图一样,在日本的学校教育中,也是只使用以日本为中心的世界地图(见图 2)。

　　从对这两种世界地图的比较中可以看出,尽管在物理学上是同一个"地球",然而日本人脑海中的世界,与欧洲人脑海中的世界却完全不同。我们对世界的印象完全是主观的。被画成平面的地图必须要设定一个基准点,因而就有了以自我为中心的地图,并被使用开来。在笔者看来,使用不以自我为中心的平面地图的人,反而令人感到诧异。在澳大利亚绘制出版的《麦卡阿瑟世界地图》,是一幅将南方置于图面上方的世界地图,同时澳大利亚被置于地图的正中。对于居住在澳大利亚的人们而言,这可是理所当然的世界地图(见图 3)。英语将其称为"对跖地图(downunder map)"。因为从英国看来,只有通过这样的方式来表现位于地球另一面、且与自己脚心相对的澳大利亚,才符合英国人以自我为中心观察世界时所获得的世界形象。

120

　　也许会有人这样认为:要解决这个问题,地球仪难道不是最合适的手段吗? 然而,人们想象的世界模样并不是球面型的,而是平面型的。我们虽然能够对地球本身有一个立体的想象,但是如果涉及到地球表面的时候,即使能够正确地认识地球仪的正面部分,却也不能正确地认识到地球仪反面的表面部分就是与正面相连的延伸部分。如果不画成平面的图样,那就无法"读懂"世界地图。①

　　绘制世界地图的历史,就是如何将在球形的地球表面上所展开的世界正确地展现在平面上的历史。在这个过程中,如何才能同时满足距离、面积和角度这 3 个条件,人们想出了各种各样的投影法。诸如墨卡托投影法或者彭纳投影法等等,这些地图投影法的历史就让地图史家去研究吧。在本节中,我们将以世界地图正中心的变迁历程为着眼点,考察一下日本人脑海中世界形象的形成过程。

---

① 地球仪最初于 16 世纪由耶稣会士引进日本,1690 年渋川春海开始自制地球仪。

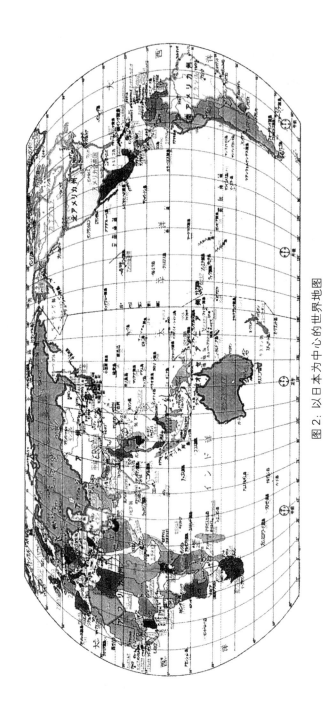

图 2：以日本为中心的世界地图

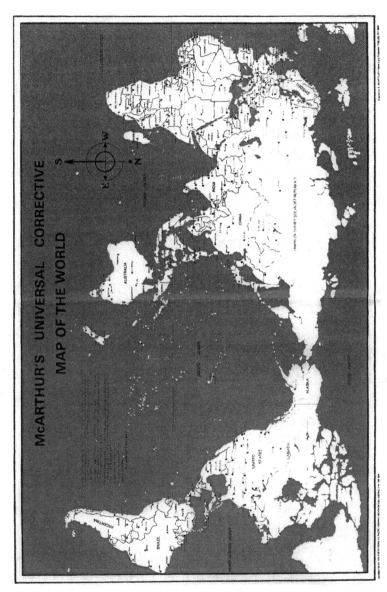

图 3: 麦克阿瑟的世界地图

二、认识的迷茫

通过以上我们对"图 1"和"图 2"的比较可以看出，即使面对同一个世界，日本人所想象的世界与欧洲人印象中的世界却不尽相同。我们头脑中的世界形象，完全是自以为是的东西。在欧洲，从今以后还会继续使用以欧洲为中心的世界地图；在日本，今后同样也一定会继续使用以日本为中心的世界地图。就自己的经验而言，笔者在英国生活期间，使用的就是以欧洲为中心的世界地图。之所以要这样做，就是为了力求从自己所在的地方观察世界、思考问题、与同事或学生展开讨论。笔者在美国的大学里执教期间，无论是讲课还是与学生进行讨论，脑海里展现出来的世界地图都是以美国为中心的。如果不能在头脑中树立起以当下自身所在地为中心的世界形象，那就无法产生出能够让对方理解的思考方式。如果不能在这种观点的指导下、对立足于日本观察世界时所获得的结果进行附加说明，也就很难让外国人理解日本式思考的精髓所在。

日本学者在国外的大学里讲演的时候，往往都配有翻译人员，笔者经常有机会听到与此相关的一些传闻。由于他们在讲演的时候，头脑中习惯性地展现出来的世界形象基本上都是以日本为中心的，因而外国听众究竟能在多大程度上理解讲演的核心内容？笔者时常为此感到不安。

笔者在国外的大学或者学会发表演讲的过程中，经常会向听众展示以日本为中心的世界地图，这时就会切实地感受到以自我为中心的地图所具有的巨大作用。每次展示这张世界地图之后，听众席中都会传出"吃吃"的窃笑声。笔者在美国、英国、法国、德国、瑞士、意大利、波兰、匈牙利、南非等各个国家进行讲演的时候都展示过这幅地图，没有一次例外。然而，一旦切入"关于平面地图的正中心"这一正题，听众们也就立刻开始认真听讲，讲演最后都会在众多的提问和拍手声中结束。

听众们为什么会笑？因为他们脑海里原来习以为常的世界形

象遭到了冲击。笔者主张将这种现象称为"认识的迷茫"。对于早已习惯于使用以欧洲为中心的世界地图的人们而言,每当他们脑海里出现这张欧洲中心型地图的时候,就会在潜意识里产生一种感觉:自己居世界之中而君临天下。然而,在以日本为中心的世界地图中,自己却被置于地图的边缘一隅。我们人类原本是以二维空间式思考模式为主的,这时却完全忘记了地球是球形的这一事实,误将"世界地图的边缘一隅"等同于"现实世界的边陲一隅"。可以说,当他们看到其他类型的世界地图的时候,才第一次认识到欧洲中心型世界地图只不过是世界地图的一种而已。笔者之所以如此注意观察听众们的反应,就是因为他们正在反过来体验着笔者自己 30 年前的经历。

当然,地图不仅有将南北颠倒的情况,而且还有将东方置于上方的类型。江户时代初期的日本人所绘制的《万国总图》(见图 4),就是将东方置于上方的世界地图的代表。这幅世界地图与绘有世界上 40 种各色人群彩图的《世界人形图》相对应,对江户时代日本人脑海中的世界形象的形成,产生过巨大的影响。对于看惯了这种"以东方为上"的地图的人们而言,这样的世界形象就成了他们认识世界的出发点。笔者称之为"世界形象的原型"。

三、正像图与变相图

1996 年,联合国教科文组织在巴黎举行了主题为"我们是谁?"的哲学论坛。笔者借应邀前往演讲的机会,特意去人类学家克洛德·列维-斯特劳斯教授在巴黎的教研室,拜访了这位迄今为止只是通过信件进行交流的朋友。这次拜访的目的,就是为了在日本中心型世界地图的实物面前,讨论有关"认识的迷茫"这一话题。笔者在桌上摊开了地图,他仔细地看了一会儿这幅世界地图之后,说了以下这番话:"我是 1930 年代从研究美洲印第安人开始进入人类学领域的。为了探讨美洲印第安人与亚洲的关系,我非常想得到一幅以太平洋为正中心的世界地图,但是我跑遍了巴黎的书店和旧书店,最终也没能找到这样的地图。我 50 年前所要找的就

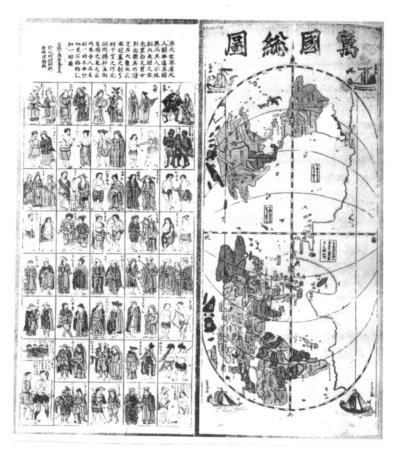

图 4：万国总图（神户市立南蛮美术馆藏）

是这幅地图。"

在我们的身边同样也存在这种情况。富山县所绘制的《环日本海诸国图》，就是一幅将东北亚世界地图倒过来的地图。正是因为这一颠倒，日本海成了被西伯利亚、朝鲜半岛以及日本列岛围在中央的内海，显得格外突出。与地中海文化以及波罗的海文化一样，日本海文化这一全新的历史透视图立刻展现在眼前。然而，这种效果又不仅仅局限于日本海。只要将地图颠倒一下，被千岛群岛包围着的鄂霍次克海、被西南群岛包围着的东海、被菲律宾和婆罗洲包围着的南海等等，各自都呈现为一种海洋文化圈。我们如果

116

图5：环日本海诸国图，选自富山县网页

将地图旋转一下，使一大块陆地漂浮在自己眼前的下方，一种海洋
文化圈的格局就像几何学上的错觉（geometric illusion）或者变相图
（anamorphosis）一样显现出来。实际上，就是这种地图激发了历史
学家的知识兴趣。①

　　从2004年度起，高中开始使用东京书籍出版社出版的历史教
科书——《世界史A》。其中在叙述蒙古帝国的形成与展开这部分
内容的时候，附上了一幅以南方为上的亚洲全景图。"据说蒙古高
原上的游牧民族曾经以为'右边是西方，左边是东方'……由于他
们一直关注着位于南方的农耕社会——中国，因而才产生了这样的
地理观念。"②改变地图的中心或者颠倒地图的方向，就能够刺激人
们的想象力和构思能力，这似乎与时代或地域无关。

四、日本人所想象的世界形象的根源

　　迄今为止，世界上各个国家和民族观念中的世界形象，几乎无

126

---

① 参见網野善彦『「日本」とは何か』（講談社、2000年）、第35～38页。
② 参见『朝日新聞』2003年4月20日「Weekly教育」。

一例外地都以自我为中心。古代巴比伦的泥板文书上所刻画的世界图（见图6）可谓典型代表。另外大约公元前550年左右赫卡泰厄斯的《世界地图》（见图7，选自前引 J. B. Harly and David Woodward, eds., *The History of Cartography*, vol. 1）和12世纪伊德里西的《世界地图》（见图8，选自 Peter Whitfield, *The Image of the World*, British library, 1994）也都是以自我为中心来描绘世界的。与世界各国、各民族迄今为止的状况相同，日本人脑海中的世界形象也是以自我为中心的。然而，正如日本的文化是在吸取了若干其他文化的基础上形成的一样，日本人的世界形象也并不是单纯划一的，而是在吸取外国文化中的世界形象的同时，根据自我需求对其进行改造，最终形成了自己的特点。

日本人的世界形象，可以从3个相互独立的世界形象中找到其历史根源，即日本中心型世界形象、印度中心型世界形象以及中国中心型世界形

图6：古代巴比伦的世界图。选自 J. B. Harly and David Woodward, eds., *The History of Cartography*, vol. 1, the University of Chicago Press.

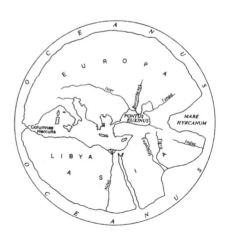

图7：赫卡泰厄斯的"世界地图"（公元前6世纪）

图 8：伊德里西的"世界地图"（12 世纪）

象。在此，我们就概略地介绍一下以日本为中心的世界地图产生
的时间和经过。

　　日本中心型世界地图的起源，可以直接追溯到明朝时期在中国
进行传教活动的意大利耶稣会士马提奥·里奇那里。马提奥·里
奇的中国名字叫"利玛窦"。为了更方便地进行传教，他致力于介
绍欧洲的天文学、数学等科学知识，其中也包括当时最先进的世界
地理知识，于是就有了 1602 年经李之藻之手刊行的《坤舆万国全
图》。这幅世界地图囊括了美洲大陆，反映出迄至 1590 年前后欧
洲人所掌握的地理知识。利玛窦在广州滞留传教期间，曾将一幅
欧洲人绘制的世界地图悬挂在自己的住所里，广州知事知道以后
就命令他将这幅地图翻译成汉语。利玛窦即以此为契机，想出了
将欧制世界地图中位于东方尽头的中国移至地图中央的新方案，

127

从而诞生了这幅新型世界地图。① 17 世纪上半叶,这幅地图传到
128 了日本,此后直至今日一直成为日本人的"世界形象的原型"。以
下历史事实至关重要:这幅地图一直被日本人从未间断地使用至
今,日本人将它视为世界模样的原型,并以此为依据来想象海外各
国及其各色人等。

另一方面,我们在探讨这幅世界地图的历史变迁的过程中,必
须看到这样一个事实,即日本人在接触利玛窦的世界形象的同时,
还有其他与之不同的世界形象,现代日本人的世界形象正是在它
们的交互作用的基础上形成的。

所谓"其他的世界形象",就是以中国为中心的世界形象和以
印度为中心的世界形象。这就与一般人们所说的"三国世界观"相
符。在文明的中心——中国以西的远方,还存在着一个与中国不
同、却又堪与中国相媲美的文明世界——天竺。这种观点造就了日
129 本人头脑中的"中华式世界形象"和"佛教式世界形象"这两种世界
形象,使日本人以为世界就是由震旦(中国)、天竺(印度)和本朝
(日本)所组成,从而促进了日本人的世界形象的确立。这一世界
形象最迟形成于 9 世纪初。12 世纪初编纂而成的《今昔物语集》是
一部神话传说故事集成,共收录神话传说 1200 则,分属"天竺"、
"震旦"、"本朝"3 大部分,说明"三国世界观"在这个时期已经被广
为接受。

有鉴于此,下面我们将分别以"印度中心型世界地图"和"中国
中心型世界地图"来称呼各自相应的地图。迄至 19 世纪初期,由
这三种拥有各自不同中心的世界地图所视觉化了的世界形象一直
并存于日本社会之中。中国中心型世界地图虽然在李氏朝鲜被多
次绘制刊印,但是在日本似乎从未被刊印过。明治时代以前,日本

① 参见マテオ・リッチ(川名公平訳)『中国キリスト教布教史』(岩波書店、1982 年)
「第五章 ミケーレ・ルッジェーリ神父のマッカオ行きとシャオキーノのマッテー
オ・リッチ神父の苦労について。また、鉄製の時計とチーナ文字に翻訳した地図
を知事に送ったことについて」。

的船舶是否携带过中国中心型世界地图？关于这一点现在尚不明确。[1] 然而，迄至幕府时代末期，作为以语言为媒介所传播的世界形象，这种中国中心型世界形象在日本知识分子中间已经深入人心。与此同时，从14世纪开始，直至幕府时代末期，印度中心型世界地图在日本曾经被持续刊印。

这两种世界地图与利玛窦的世界地图，在最本质的部分上存在着差异。一般说来，这些地图被称为"概念地图（image map）"或者"观念地图"，与力求科学性和准确性意义上的地图截然不同。尽管它们都使用了"地图"这同一个词语，双方却有着本质上的区别，甚至可以说是两个极端。就双方的区别而言，所谓的"概念地图"，就是试图通过"图像"这一第三方形式，来显示自己的世界形象和世界观念；与此相反，我们一般所使用的地图，则是试图在二维平面图上，将现实世界准确地再现并描绘出来。在本节中，"概念地图"或者"世界形象"等词语屡屡出现，现在可以对其定义如下："作为被视觉化了的世界观念的世界地图（世界形象）"。

到了幕府时代末期，这三种世界地图在日本被融合为一种地图。以利玛窦型世界地图为基础，加入中国中心型地图的世界形象，再加入印度中心型世界地图的世界形象，由此形成了若干种版本的日本型世界地图。

130

进入明治时代以后，日本人的世界观念发生了根本性的转变。在学校教育中，地理成了教学科目之一，教科书中所使用的世界地图开始出现"东西两半球图"（即将东半球和西半球分别画成两个球形图），日本被描绘成为存在于地图右侧尽头的一个小岛国。这种地图是以幕府时代末期由荷兰传入日本的欧洲中心型世界地图为蓝本绘制而成的，它符合将近代西方文化视为日本未来奋斗方向而全盘接受的明治政府的基本意图。然而，在学校之外，源于利玛窦的日本中心型世界地图同时也被继续使用，从而逐渐形成了

---

[1] 庆应义塾图书馆收藏着若干部载有李氏朝鲜出版的中国中心型世界地图的地图册，只是尚不清楚这些地图册是否是在明治以前传到日本来的。

日本人的世界观念。

第二次世界大战结束以后的1947年,日本的学校教育中出现了一门被称为"社会科"的新教学科目。从此之后,在学校使用的世界地图的挂图,主要就是日本中心型世界地图,《社会科地图册》同样也采用日本中心型世界地图。在学校教育中,这种世界地图一直被使用至今。

五、利玛窦式日本中心世界地图

最早来到日本的欧洲人,就是1543年乘船漂流到种子岛的3个葡萄牙人,他们带来了被称为"铁炮"的前膛式火绳枪。1549年,弗朗西斯·沙勿略来到鹿儿岛,随即遍游日本各地,积极传播基督教。自此以后,欧洲文化就通过耶稣会士以及稍后的葡萄牙人之手介绍到了日本。

根据"中心"(或中央经纬线)的位置状况,传到日本来的欧洲世界地图可以分为两种,即以欧洲为中心的世界地图和以中国为中心的世界地图。

在现存的以欧洲为中心的世界地图中,多数为日本人对西班牙人或葡萄牙人(即所谓"南蛮人")带进来的世界地图的摹本。这些摹本世界地图有一个非常引人注目的特征,就是具有强烈的装饰性。它们往往被制成屏风,放在房间里当作装饰品。(见图9,选自織田武雄、室賀信夫、海野一隆編『日本古地図大成世界図編』[講談社、1975年])就是一幅由日本人绘制的世界地图,时间为16世纪下半叶的桃山时代。它被制作成金屏风,世界上的陆地部分被描绘成不同的颜色,海洋中还有航行的帆船,极具装饰效果。这种装饰性特征并不意味着它们是力求能够忠实地描绘现实世界的地图,就这一点而言,它们仍然近似于"概念地图"。

有一幅由欧洲人绘制的以中国为中心的世界地图,曾对日本人的世界形象的形成产生过极大的影响,它就是利玛窦的《坤舆万国全图》(1602年完成,图10)。

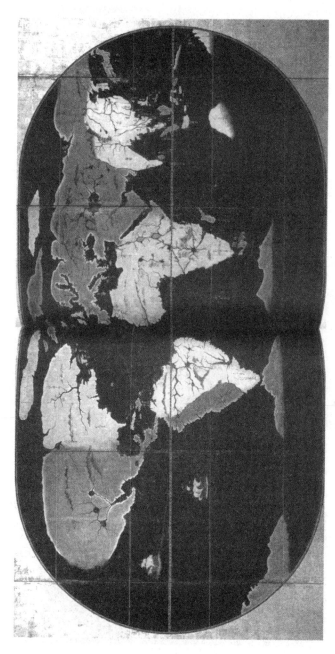

图 9：桃山時代の屏風仕立ての世界図"（16 世纪后半）

图10：マテオ・リッチの「坤輿万国全図」(1602 年，选自前引織田武雄、室賀信夫、海野一隆編『日本古地図大成世界図編』)

　　这幅地图之所以能够在日本长期得到人们的认可,主要有以下两大原因:一是地图的中心从欧洲移到了东亚,二是世界各地的地名都用汉字标记。

　　利玛窦在其《中国基督教传教史》一书中,记载了自己来到中国开始传播基督教的情景,并讲述了他在广州的教会大厅里挂起欧洲人绘制的世界地图时所经历的一段往事。①

　　　　神父们将用我们的文字所标记的世界地图悬挂在大厅里。虽然从未见过,也从未想过,但是中国人也知道这是什么东西,因而那些地位尊贵的人们为了进一步了解地图上的内容,无论是谁都想看到译成中国文字的说明。于是,知事亲自向已经多少懂一点儿中国文字的马提奥神父下达了命令,要他将包括上面标记着的注释在内的这幅地图翻译出来。他希望将它印刷出来之后传播到整个中国,这样一来,他就会受到中国人衷心的感谢。……不久之后,一幅比家中的原物更为宽大的"世界地图"(《山海舆地全图》)问世了,其中新增加了关于中国的注释和说明。……包括注释和说明在内的地图被立即付梓印刷,并成为向省内和外省友人馈赠的礼物。

134

　　利玛窦于 1584 年绘制的这幅世界地图,此后又经历了几次修正。现在人们看到的是 1602 年李之藻在北京出版的《坤舆万国全图》,后来又传到了日本。通过上述引文可知,利玛窦本人也认识到自己用中文进行注释和说明这种行为的重大意义。然而,如果从这幅地图对日本人世界形象的形成所产生的影响来看,他将世界地图的中心从欧洲移到了中国这一做法具有更为深远的意义。

　　在日本,有不少经日本人之手仿制的利玛窦型世界地图相继问世,前述"图 4"所介绍的 1645 年前后出版的《万国总图》就是其中

---

① 参见利玛窦前引书,第 190~193 页。

最早问世的代表之一。[1]

　　在地图上添加未知人群的人物画像,这种做法本身原本来自欧洲人。在东亚地区,地图历来被视为神圣之物,因而没有在地图上添加人物画像、动植物图形或者各种解说文字的传统。在地图中记载各种信息的习惯也起源于欧洲,在东亚地区同样没有产生过将二者结合在一起刊刻出版的意识。[2] 18 世纪以来,在起源于欧洲的世界地图中,居于主流地位的不再是欧洲中心型世界地图,而是将中国置于中心、欧洲和美洲大陆分别被置于左右两边的利玛窦型世界地图。随之,这种世界地图的简约版也纷纷问世,其中涵义值得回味。

　　利玛窦型世界地图,原本是将中国置于地图中心位置上的。然而,被传到日本之后,日本人却并未将其视为中国中心型世界地图,而是觉得日本被置于地图的中心,因而对其敞开了胸怀。这可是一种饶有趣味的现象。进入江户时代晚期的 19 世纪以后,它在面向大众的世界地图的绘制方法上表现得非常明显(见图 16)。

　　从思想史的角度来看,这种现象同样存在。在近世以来的东亚国际关系中,产生了与既有的以中国为中心的"华夷秩序"相对抗的日本型"华夷秩序"。[3] 这个过程恰恰与日本人将利玛窦型世界地图的中心视为日本(而不是中国)的认识过程相重合,甚至可以说这就是图像版日本型华夷观的形成标志。

　　时至今日,中国和韩国也依旧使用着这幅以东亚为中心的利玛窦型世界地图。[4]

---

① 参见室贺信夫『古地図抄』(東海大学出版会,1983 年)、第 14～18 页。

② 参见本书《第二章 被视觉化的时间和被共时化的时间》中有关"知识整理过程中的历史地图与历史年表"部分的论述。

③ 参见ロナルド・トビ(速水融　他訳)『近世日本の国家形成と外交』(創文社,1990年)第五章。

④ 根据 2000 年 6 月 17 日《朝日新闻》所载"来自上海的特派员备忘录"的报道,现在中国所出售的世界地图只有以中国和日本为中心的墨卡托式地图,据说有关单位曾经计划出版一种以零度经线英国为中心的世界地图,结果遭到了否决。

六、印度中心型世界地图

　　6世纪中叶,日本通过中国接受了佛教。在佛教的传播过程中,以释迦牟尼的诞生地——印度为中心的世界形象,也随着佛教教义一起传到了日本。直至19世纪中叶,以印度为中心的世界地图在反复修订的同时,被不断地制作出版,对日本人的世界形象的形成发挥了极为重要作用。在日本持续制作出版的这些印度中心型世界地图,自始至终都贯穿着一种"修订哲学",即随时吸取不同时代最新的地理信息,并设法使之与原有的佛教型世界形象共存不悖。

　　这些世界地图一直被称为"天竺图"。所谓"天竺"就是佛教徒对印度的称呼,其真正的涵义并非指现实中的印度,而是指"释迦之国印度"。确切地说,天竺是东亚世界想象中的"佛陀之国",因而将这些概念地图称作"天竺中心型世界地图"可能更合适。我们只是考虑到与其他两种类型的平衡关系,在此仍然称其为"印度中心型世界地图"。重要的是,这些地图虽然被称为"地图",但却是由那些从未踏上过印度土地的人们制作出来的世界地图;不仅如此,即使是近世以来在日本反复进行的修订作业,也并不是为了使之与现实中的印度更加契合,而是试图将想象中的印度更加符合想象。

137

　　东亚现存最古老的"天竺图",就是由重怀于1364年临摹而成的、现藏于日本法隆寺的《五天竺图》(见图11)。[1] 准确地说,这幅地图被称作现存最古老的摹本更为恰当。

138

　　"图12"是这幅地图的图解说明。佛教所宣扬的世界形象,源自于5世纪在印度问世的《俱舍论》中的宇宙观和世界观。根据这部作品的解释,人类世界位于南瞻部洲。这是须弥山周围四大洲(岛)中的南方大洲,呈倒鹅卵形,其中心地带有一个无热恼池,恒

---

[1]　参见室贺信夫・海野一隆「日本に行われた仏教系世界図について」『地理学史研究』第一集(1957年)第5页。

图 11：「五天竺図」（法隆寺蔵），选自前引織田武雄、室賀信夫、海野一隆編
『日本古地図大成世界図編』

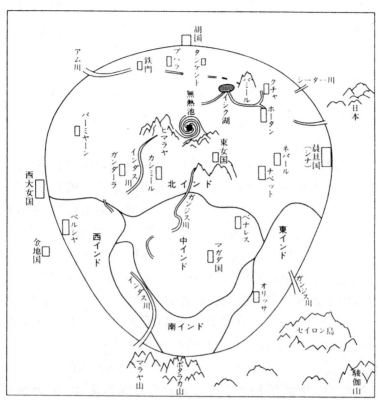

图 12：「五天竺図」図解，选自前引織田武雄、室賀信夫、海野一隆編『日本古地図大成世界図編』）

河、印度河、奥克萨斯河、塔里木河等 4 条大河均发祥于此。所谓的"五天竺"，就是将人类世界划分为东、西、南、北、中五个部分。这座漂浮在海上的南瞻部洲，就是我们人类赖以生存的地方。《五天竺图》其实就是以地图的形式，将玄奘三藏所著《大唐西域记》中的描述内容图像化（玄奘在天竺巡游的足迹都被用红色线条标明）的结果，它不是现实中的印度，而是中国佛教徒概念之中的理想国度天竺。①

---

① 详见室賀信夫・海野一隆「日本に行われた仏教系世界図について」『地理学史研究』第一集（1957 年）第 1～73 页。

　　依上所述,最早制作这幅地图的是中国,这一点无可争议。然而,在中国现存的这一类型的地图中,迄今为止尚未发现 14 世纪之前制作完成的版本,仁潮所撰《法界安立图》(1607 年)中的《南瞻部洲图》和《图书编》(1613 年)中的《四海华夷总图》是现在已知最早的版本。① 在笔者看来,这也许与佛教在中国的衰退有密切的关系。唯独日本有这种地图,这也与佛教在日本一直保持着兴盛状态不无关系。

　　重怀制作的地图上所记载着的都是西域和印度的诸多国家,关于除此以外的地方,有以下 3 处:其右端有一小片区域上写着"震旦国"3 个字,那就是中国;南海中有"执狮子国",那是锡兰(今斯里兰卡);右上方的波涛浩淼之中,有一座写着"九州、四国"字样的小岛。

　　自 17 世纪的下半叶起,现实中的中国和日本开始出现在印度中心型世界地图上;进入 18 世纪以后,欧洲也开始在印度中心型世界地图中出现。尽管地图上的世界形状也逐渐地接近地球的本来面貌,然而相比之下,印度次大陆却明显偏大。直至 18 世纪中叶以后,印度次大陆在地图上的规模比例才回归正常。一般认为,这也许是受到了利玛窦《坤舆万国全图》之影响的缘故。

　　1845 年,僧惠严所绘制的《南阎浮洲细见图说》出版,这应该是印度中心型世界地图的最后绝唱(见图 13)。进入 19 世纪之后,这种类型的地图已不再是单纯的"地图",它们往往将反映佛教式宇宙观的图像与地图同时印刷,并且加上注释文字。然而,作为这种宇宙观之依据的世界地图发生了变化。换言之,在欧洲系统的世界地图上,不得不画上以南瞻部洲为基础的宇宙形象。惠严绘制的地图,就是在印度中心型世界地图中第一次加上了美洲大陆和澳洲大陆,并且将南北美洲大陆分别命名为"北遮魔罗"和"南遮魔

① 在《图书编》(1613 年)第 29 卷的《四海华夷总图》中,标明了居住在周边四方的居民国度及其特征:北方海上有长足国和无腎国,东方海上有与日本和琉球等实际存在的国家混杂在一起的小人国,西方海上有被称为"大秦"的罗马,南方海上有马蹄国以及君子国等等。值得一提的是,这些国家中的大多数都是中国的《山海经》中所描述的国家。换言之,在中国也存在两种因素混合的现象,这也正是本章所要论述的主题。

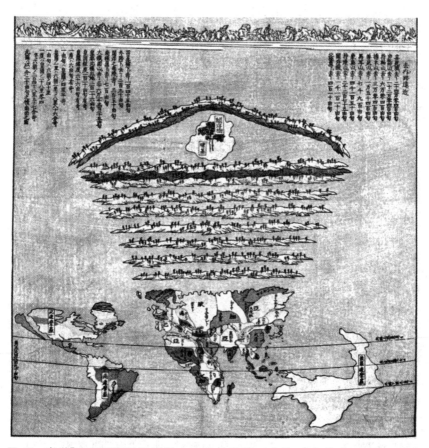

图 13：惠厳「南閻浮洲細見図説」，选自前引織田武雄、室賀信夫、海野一隆編
　　　『日本古地図大成世界図編』

罗",将澳洲大陆称作"波罗遮魔罗"。① 将这 3 块大陆从印度中心型世界地图中剥离出来单独描绘,可以说这一现象本身就暴露出了印度中心型世界形象的破绽。在这幅地图中,与"天竺"之名相应的、被描绘得偏大了的"印度"已不复存在,此时它也已经变身成为一种描绘着欧亚大陆和美洲大陆的欧系地图复制版的世界地图。时间正是日本宣布开国、开始建设以西方文明为基础的近代国家的 23 年之前。

七、中国中心型世界地图

早在公元前,在东亚就流行着一种以中国为中心的世界观念,即所谓"中华思想"。这种世界观念将"中心"与"周边"的空间关系进行了图式化解释,根据这种解释,中国位于中心,被周边的所谓"东夷"、"北狄"、"南蛮"、"西戎"等野蛮人所环绕。这种世界形象后来就在"中华思想"的名义下,形成了东亚国际关系中以"中华"为中心的世界秩序,成为在迄至 19 世纪中叶长达 2000 年以上的时间里,统治东亚世界的意识形态和世界观念,同时也是历史现实。

141

关于古代中国人心中的世界形象,我们可以从公元前古代中国人所撰写的一些书籍中一窥端倪。其中最早期的记载之一,就是据传写于公元前 3 世纪的《山海经》。根据此书的说法,世界被分为"海内"、"海外"和"大荒"3 大区域。另外,在同样被认为成书于公元前的《尔雅》中则这样写道:"九夷、八狄、七戎、六蛮,谓之四海。"所谓"四海"即指异民族居住的区域,所谓"海"即意味着"晦",而"晦"则意味着"冥",如果用现代语言来表示,可以解释为"尚未被文明开化的世界"。②

---

① 根据織田武雄、室賀信夫、海野一隆(编)『日本古地図大成世界図編解説』(講談社)的说法,这幅世界地图可能属于 1796 年出版的『喝蘭新訳地球全図』(橋本宗吉编)系列的作品。
② 参见海野一隆『ちずのしわ』(雄松堂出版,1985 年)。

由此而想象到的世界构造图,就应该是三重结构的圆型或者四角型。中华位于正中央,东海、西海、南海、北海等大海环绕在其内侧,而其外侧则有被称作"大荒"的未开化世界。

将这种中华思想视觉化的世界形象,即使被描绘出来也并非不可思议。于是,就出现了如"图 14"所描绘的中国中心型世界地图。① 将这种世界形象视觉化的地图,只有几幅李氏朝鲜时期的作品已得到确认;②迄今为止,尚未发现在中国和日本制作的这类世界地图。尽管近代早期的日本知识分子,即日本的儒学家们接受了以中国为世界中心的世界形象,然而他们从未想到过将这种被抽象化了的世界观念进行视觉化、或曰可视化处理。只满足于用语言来表达思想,并不热衷于将其视觉化,这一传统也许就是近代早期日本知识分子的特征。总而言之,中国中心型概念地图是中华意识形态被视觉化的成果,但是在日本的近代早期却几乎无人问津。另一方面,作为以《舆地图》或者《天下地图》命名的地图集册,这种在李氏朝鲜出版的中国中心型世界地图传到日本的时间,应该是在幕府时代的末期。

在这幅地图上,整个世界被描绘成圆形的海洋,以中国为中心的大陆位于这个世界的中央。其外侧环绕着一圈陆地,就像一只炸面包圈。日本、朝鲜以及冲绳等国位于其东侧,与众多想象出来的国家混杂在一起。关于这些想象出来的国家,我们将在后面的章节中详细论述。在这幅地图中,除了中国之外还出现了 79 个国家名称,其中实际存在的国家却只有日本、越南、琉球等几个国家而已,除此以外都是想象中的国家,几乎全部出自《山海经》。

八、日本人世界形象的形成过程

迄至 19 世纪中叶,印度中心型世界地图、中国中心型世界地图

---

① 参见韓国图书馆学研究会(编)『韓国古地図』(ソウル、1977 年)。
② 大英博物馆里收藏着一幅这种世界地图,但仍属于李氏朝鲜时期的作品。参见 Richard J. Smith, *Chinese Maps* (Oxford University Press, 1996), p. 25。

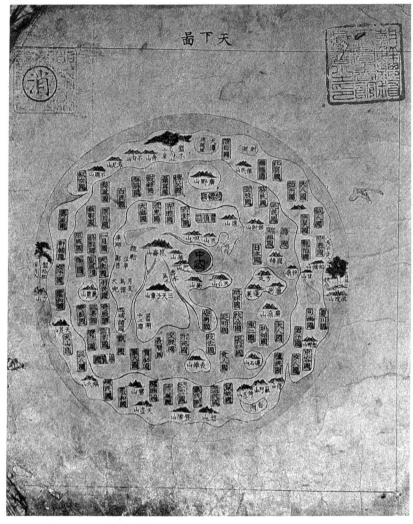

图 14：「天下図」，选自韩国图书馆学研究会编《韩国古地图》（首尔，1977 年）

以及利玛窦式日本中心型世界地图所代表的 3 种各不相同的世界形象,同时并存于日本社会。这 3 种世界地图中所描绘的世界形象,都不是如实地将现实世界视觉化的地图,而是以"地图"的形式、将根据各自的理念想象出来世界形象视觉化了的结果。与其说它是幕府时代末期之前的日本人实际看到的世界地图,还不如说是日本近代早期所坚持的世界观念被图像化的结果。实际上,真正能够看到这些世界地图的人极为有限,也许当时的日本人根本不曾见过中国中心型世界地图。

　　一般而言,这些世界地图可以分别与作为日本人传统的世界观念的"三国世界"相对应。然而,世界地图的制作完成,与作为观念的"三国世界观"之间,还是保持着某种程度的独立性的。虽然地球仪早在江户时代之前就已经传入日本,但是我们从这些世界地图中并不能找出当时的日本人已经接受了"世界是球形的"这种观念的证据,而且当时日本人对于距离的感觉也不同于现代人。在平贺源内的《风流志道轩传》(1763 年)和假名垣鲁文著于明治初年的《西洋道中膝栗毛》(1870～1876 年)中,不同于现代人的关于空间感觉的描述仍然随处可见。

144

　　在日本人世界形象的形成过程中,作为持续至今的一个传统因素,利玛窦式日本中心型世界地图的存在价值不容忽视。印度中心型世界地图,虽然也随着世界地理知识的更新而不断地发生着变化,但是直至 19 世纪,其基本理念和结构却并未发生根本性转变,因而坚守着自我走到了尽头。中国中心型世界地图,由于其中所描绘的想象中的各种国度,被利玛窦式日本中心型世界地图和印度中心型世界地图所采纳,因而它的存在价值能够得到确认。与此同时,这种中国中心型世界地图所表现出来的世界形象理念,与印度中心型世界地图的世界形象理念一起,被融合于利玛窦式日本型世界地图之中,因而能够存续到幕府时代的末期,成为铭刻在人们意识之中的"融合 3 种世界形象的世界观念"。之所以能够在利玛窦式日本中心型世界地图的基础上实现这样的融合,就因为只有这幅地图不属于概念地图,而是如实地描绘了现实世界的世界地图;它能够适应地理知识的更新,因而能够从幕府时代和明治时代幸存了下来。

我们的考察先从中国中心型世界地图开始。在这幅地图所描绘的、被视觉化的世界形象中,最为引人注目的是其想象中的国名。相同的国名不仅出现于寺岛良安编纂的《和汉三才图会》(1712 年)之中,而且在此书的底本——王圻所撰《三才图会》(1607 年)中也出现过,这是因为王圻《三才图会》所记述的世界地理部分本身就是参考《山海经》而成的。

流传至今的《山海经》版本出自晋朝郭璞(276～324 年)之手,很早就传到了日本,17 世纪以来还出版过若干种翻刻本,因而这些空想的国名也就同时传到了日本。

考察《山海经》中所想象的国名被写入印度中心型世界地图和利玛窦型世界地图的时间,有助于我们了解古代中国人这种关于异域人形象的观念对日本人世界形象的形成所产生的影响作用。

我们先看看《山海经》里所出现的想象中的国名,究竟是从何时起被写入印度中心型世界地图的。现存最古老的印度中心型世界地图,是 14 世纪由重怀所摹绘的《五天竺图》。此后,直至江户时代末期的 19 世纪中叶为止,这幅鹅卵形世界地图(《南瞻部洲图》)被不断地改变着形状、增添着新的知识信息。最初,在《五天竺图》中并没有出现《山海经》里所描写的想象中的国名。如果查对一下后来绘制而成的印度中心型世界地图,就可以发现:在 1709年前后问世的《南瞻部洲图》中,被置于最北方的国家分别被标以"夜国"、"三首国"、"羽民"和"奇肱"等名称。尤其引人注目的是,在这幅地图中的世界大陆——即所谓"南瞻部洲"的左上方,首次增加了欧洲国家的名称。这部分是全图中唯一没有被着色的,上面用日文的片假名标注着"德意志兰特"、"法兰西"、"荷洛尼亚"、"挪尔维基"等国名。另外,在这些用片假名标注的国名旁边,还有一些出现在《山海经》里的想象中的国家。1710 年,由浪华子(凤潭)绘制而成的《南瞻部洲万国掌菓之图》(见图 15)问世。在这幅地图上,诸如"小人国"、"长毛国"、"长人国"、"扶桑国(这原本是古

图 15：「南瞻部洲万国掌菓之图」"，选自前引織田武雄、室賀信夫、海野一隆编『日本古地図大成世界図編』

代中国用以指代日本的国名，在这里却成了位于日本以东大海之上的某一国家）"等一些《山海经》里的国家，都被安排在地图的边缘附近。1841 年，这幅地图的补刻版问世，说明这种印度中心型世界地图一直存续至幕府时代的末期，时间长达 130 年。①

　　印度中心型世界地图动摇了先前"中华思想"在日本的独尊地位，从这个意义上说，它对日本人世界观念的形成发挥了巨大的作用。之所以如此，就是因为人们在这幅世界地图上可以直接看到

———————————

① 详见前引織田武男、室賀信夫、海野一隆（编）『日本古地図大成世界図編解説』第 5 页。

146　这样一个事实：就连"中国"也不是世界的中心所在。

18世纪初,《山海经》里所出现的想象中的国名开始进入印度中心型世界地图,这是历史事实。然而,也仅仅只是国名而已,况且还是与用片假名标记的欧洲的国名同时进入的。之所以如此,也许就是因为这些知识信息都来自利玛窦的那幅汉译世界地图——《坤舆万国全图》。顺便说明一下,在《坤舆万国全图》中,诸如"狗国"、"一目国"、"黑人国"等等出现于《山海经》里的国名随处可见。另外,从17世纪初开始,"长人国"、"夜国"以及"小人国"等国名已经出现在日本人以《坤舆万国全图》为蓝本绘制而成的《万

147　国全图》之中了。然而,在18世纪以后经由荷兰传到日本来的欧洲中心型世界地图——所谓《兰学系世界图》里,当然看不到这些想象中的国名。

在印度中心型世界地图中,最有趣味的部分,就是将日本描绘成一座漂浮在东北方向波涛汹涌的大海尽头的小岛。很明显,这种视觉化所反映出来的,是一种与日本人理念中的三国世界互不相容的世界形象。进入18世纪以后,日本在印度中心型世界地图中所占的面积尺寸被逐渐放大,乃至于到了幕府时代末期,甚至与印度和中国不相上下。这也许是为了要迎合日本人的三国世界形象,因而地图本身的形态不得不逐渐发生变化。日本在地图上的面积尺寸的变化,最早发生在面向一般大众的世界地图(譬如幕府时代末期出版的《万国集览图》)上,其实就是在诉说这样一个事实。

到了幕府时代的末期,印度中心型世界地图所反映的世界结构,与现实中的世界结构之间的不协调性日趋暴露,破绽日益明显。与此同时,作为一种思想理念,中国中心型世界地图也在近代西方文化的兴隆过程中退出了历史舞台。然而,这三种世界观念并没有因此而全部消失,而是被纳入到了其中唯一能够存续下去的利玛窦式日本中心型世界地图之中,成为从幕府时代末期至明治时代初期形成的日本人世界形象的一个组成部分。

《万国人物图绘》(见图16)可谓巧妙地刻画了这种世界观念的

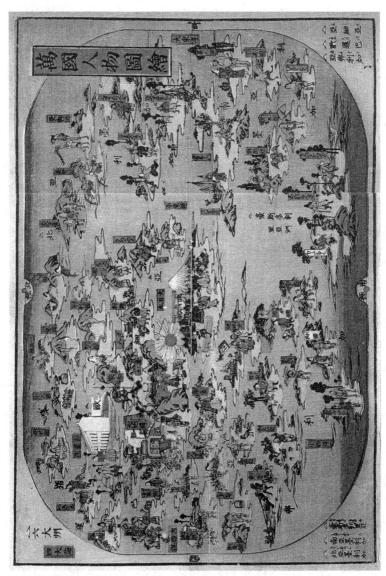

图 16：「万国人物图绘」，江户时代末期，选自前引织田武雄、室贺信夫、海野一隆编「日本古地図大成世界図編」

融合结果。这一类世界地图曾经出版过若干种,其中唯独这幅世界地图将世界观念融合的特征表现得最为鲜明。

这幅出版于幕府时代末期的世界地图,所采用的是木刻版印刷技术,集中反映了以日本为中心的世界形象理念,是一幅以利玛窦型世界地图为基本格局的日本中心型世界地图。日本位于地图的正中央,面积尺寸甚至大于印度和中国,富士山在背景太阳的映衬之下巍峨耸立,山前的陆地上画着武士、农夫和商人模样的人物画像,最左边还有一个手拿刨子的木匠。另外,在靠近山体的深处,还画有身着西洋式正装、站立在与神社遥相呼应的"鸟居"前面的日本妇女形象。它决不是一幅将中国中心型世界地图简单地解读成以日本为中心的世界地图,而是一幅有意识地将日本置于世界中心位置的世界地图。不仅如此,它在地图上加入人物画像的意识和做法,也是印度中心型世界地图和中国中心型世界地图中所不具备的。

关于印度的描绘如下:在旌旗翻卷的大门里面画有一座呈佛坛形状的塔,它的前面则有体型高大的神象和身份高贵的僧人。这种描绘方法在整个地图中极为引人注目。

中国被称为"汉土",所占的面积尺寸不小,还加入了山脉、宫殿和人物形象。这种做法确实是中国中心型世界地图的影响所致。然而,更加能够体现中国中心型世界地图影响的部分,则是这幅世界地图中所记载的 56 个国名。尽管在每一个国名之下都增添了各自的人物画像,但其中只有一半的国家是实际存在的,其余的一半国家都是诸如"羽民国"、"长脚国"等《山海经》里想象出来的国家名称。每个国家的陆地以红颜色涂抹,国名都用黑色汉字书写在红色陆地上,并以长方形黑框圈围起来。这种方式与李氏朝鲜绘制的《天下图》完全一致,只是《天下图》中没有加入人物画像。这幅世界地图里的人物画像,与《和汉三才图会》里的人物画像如出一辙。在一般情况下,与其作为"地图"的意义相比,这幅地图也许只是一幅面向孩子们的绘画地图。然而,在将迎接近代曙光时期许多日本人脑海中所想象的世界形象进行视觉化的作品中,它无疑是最巧妙的和最出色的。

九、日本人观念中"异类人"形象的形成过程

迄至 19 世纪下半叶,日本人有关"异类人"的观念几乎全部来自《山海经》。其中的主要原因,就是因为从 1630 年代至 19 世纪中叶,日本人与海外的接触非常有限。由于中国中心型世界地图将《山海经》里出现的人物名称全都作为国名标记在地图之中,因而我们有必要将《山海经》里所记述的"异类人"做一概述。 150

在东亚地区,最早对世界形象和各种人类形象进行描述的作品就是《山海经》。就结论而言,可以毫不夸张地说,直至 19 世纪之前,东亚的"异类人"形象基本上都出自《山海经》。《山海经》里所描述的"各种各样的人类及其所居住的国家",不仅仅出现在中国中心型世界地图之中,后来与佛教的世界形象相结合,作为想象中的国家,也被纳入到印度中心型世界地图之中。继而,16 世纪以后,这些国家和人类又被安排到了欧洲型世界地图之中。

《山海经》可以说是中国最早记述世界观念和居住在这个世界上的各种人类状况的典籍。相传这部书的作者是夏朝的伯益,确切情况不得而知。有一点可以肯定的是,该书在汉朝初年已经问世。现在一般认为,它的写作年代应该在公元前 500~公元前 300 年前后。全书共 18 卷,其中的 7 卷配有"他者的存在及其画像"。山海经插图的存在应当属实,因为 5 世纪的诗人陶潜曾提及相关情况,只是后来不幸佚失,现在人们所看到的插图是明代以后人们重新添加上去的。"图 17"所示,即 1895 年出版的《山海经存》中的插图。① 这幅插图就是 1667 年出版的《山海经广注》里的附图。时至今日,虽然从文献学的角度来看还无法断定《三才图会》里的"异人绘图"是否就来自《山海经》的插图,但是关于"异类人"的说明则确实来自《山海经》。在《山海经》里出现的"异类人",被分为"灵祇"、"异域"、"兽族"、"羽禽"、"鳞介"等 5 大类,插图则绘有 144 幅

---

① 参见『山海経存』(1895 年版)卷之六—卷之九。

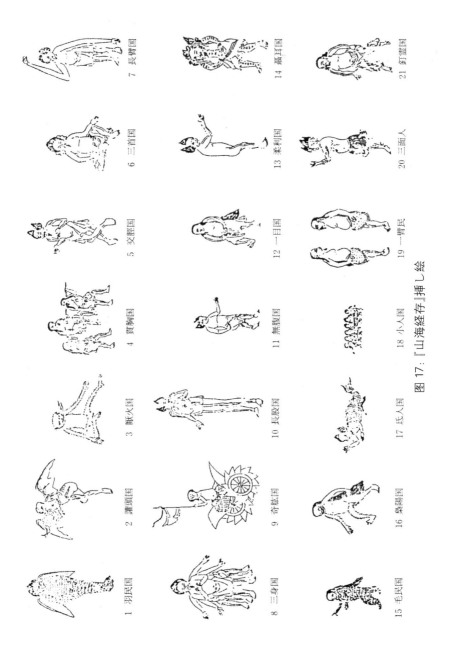

図 17：『山海経存』挿し絵

1 羽民国　2 灌頭国　3 厭火国　4 貫胸国　5 交脛国　6 三首国　7 長臂国　8 三身国　9 奇肱国　10 長股国　11 無腹国　12 一目国　13 柔利国　14 聶耳国　15 毛民国　16 梟陽国　17 氐人国　18 小人国　19 一臂民　20 三面人　21 釘霊国

142

"异类人"和 123 幅呈现出各种怪异姿态的动物、鸟禽以及鱼类的图像。①

在《山海经》的"别卷"里,仅附有居住在异域的"异类人"图像,在此先做一概述。书中记载着一百多个"异类人"的国家,其中的21 个国家的人物有附图。它们分别如下:羽民国(该国居民背上长羽毛)、谨头国(该国居民长有双翅和鸟嘴、善于捕鱼)、厌火国(该国居民兽身黑肤、口能吐火)、贯胸国(该国居民胸口开洞)、交胫国(该国居民双腿交叉)、三首国(该国居民一身而三首)、长臂国(该国居民臂长可及地面)、三身国(该国居民一首而三身)、奇肱国(该国居民只有 1 根肱骨,却长有 3 只眼睛,能乘飞车顺风远行)、长股国(该国居民双腿长达 3 丈)、无腹国(该国居民无腹[即无肠])、一目国(该国居民只有 1 只眼睛)、柔利国(该国居民只有 1 只手和 1只脚,而且膝盖弯曲)、聂耳国(该国居民双耳奇长,行走时必须双手托住)、毛民国(该国居民浑身长满毛发)、枭阳国(该国居民嘴唇长突,体肤乌黑且长满毛发)、氐人国(该国居民人面而鱼身)、小人国(该国居民身高只有 9 寸)、一臂国(该国居民只有 1 只手臂、1 个身体、1 只眼睛、1 个鼻孔)、三面人国(该国居民一头而三面,无左肘)、钉灵国(该国居民双脚长着马蹄,善于快行)。

在中国中心型世界地图中,共记载了包括这 21 国在内的 79 个国家,其中真实存在的国家只有日本、琉球以及西域诸国,其余均为想象中的国家。

这份附图因被《三才图会》收录而获得了更多的读者。王圻编纂的《三才图会》共分天文、地理、人物、时令、宫室、器用、身体、衣服、人事、仪制、珍宝、文史、鸟兽、草木等 14 大类,是一部图文并茂的百科全书。在其中"人物编"的第 12 卷至第 14 卷里,附有居住于异域的人类一览表。这些异域国家共有 176 个,《山海经》里出现的 21 个想象中的"异类人"国家全部名列其中。除此之外,书中还出现了新的想象中的国家名称,其中可以明确判定为"想象中国

152

153

---

① 参见『増補絵像山海経広注』(1786 年版)。

家"的国名有 23 个。众多实在的国家名称之所以能够出现在书中,是因为明代中国人的地理知识涵盖范围已经达到了亚洲、伊斯兰世界和非洲东海岸。然而值得注意的是,该书却对欧洲各国只字未提。

现在,让我们在上述背景之下,探讨一下日本"异类人"观念的形成过程。首先必须一提的,是 1712 年出版的《和汉三才图会》。此书由寺岛良安(大阪的一位医师)所编,共有 105 卷 81 册,涉及 180 个国家,其中 19 个是想象中的国家。在第 13 卷和第 14 卷中分别设有"异国"篇和"外夷"篇。所谓"异国",即指"使用中华文字并理解经典内容"的国家,东亚各国均在其列。寺岛良安在介绍"外夷人物"时开篇写道:"外夷使用横书文字而不懂中华文字,进食时不使用筷子。"这说明作者已经明确地意识到了汉字文化圈的存在,因而尤其值得重视。

在《和汉三才图会》的成书过程中,除了借鉴《三才图会》之外,还参考了包括《大明一统志》在内的 15 本著作。此书从《大明一统志》中,获得了尽可能丰富的地理知识信息。大约从此时起,多方面收集资料、互相参照佐证,进而完成自己的著述——日本人这种积累知识的习惯已开始形成。这一现象反映出锁国时代日本人的思维方式,即在无法亲身参加实际体验的条件之下追求尽善境界,这一点可谓意味深长。正如《和汉三才图会》的校订者在其"解说"中所言:"《大明一统志》所列约 50 国,《明史》所列约 120 国,其数虽异,二者所书国名却一致无误。"[1]因而此书所列国家基本上都是现实的国家和地区,其范围涉及叙利亚、桑给巴尔、中国西藏、伊斯兰世界等亚洲和非洲地区,而欧洲国家却只有西班牙和荷兰两国。

《头书增补训蒙图汇卷之四·人物》是江户时代普遍使用的教科书,其中在介绍外国人物的部分,列举了以下 19 个国家的人物,

154

---

[1] 参见寺岛良安『和漢三才図会』(平凡社東洋文庫,1985~1991 年)第 3 卷第 447 页竹岛敦夫による解说。

并配有图像。在这些国家中,既包括南蛮、中国、暹罗、东夷、朝鲜、蒙古、肃慎、琉球、天竺、吕宋、安南、东蕃、昆仑、占城等实际存在的国家,也包括小人国、长臂国、长脚国、长人国等想象中的国家。这些想象中的国家有一个共同的特点,即它们的国名都是以具有实际意义的汉字进行标记的。然而,对当时的人们而言,他们并不能明确地辨别出哪些是想象中的国家、哪些是实际存在的国家。譬如,该书在介绍勿斯里国的时候这样写道:"……在这个国家里,有些人活到70岁、80岁,甚至都没有看到过下雨。"对于这样一个国度,当时的人们真的能够区分其真假吗? 又譬如:"后眼国之人脑后有一眼",这样的人究竟存在与否? 当时的人们也是难以判断的。

　　直至幕府时代的末期,这些源自《山海经》的"异类人"形象和"异国"形象始终成为一种深深地根植于日本人脑海之中的观念。在反映这种观念的作品之中,平贺源内所著《风流志道轩传》(1763年)最具有代表性。该书的主人公志道轩在周游世界的过程中,凭借着仙人的羽扇和自身的力量,先后在大人国、小人国、长脚国、贯胸国、唐国等异域国度历经艰难险阻,最终平安到达了目的地。(见图 18)

155

十、明治时代之后日本的世界观念

　　进入明治时代以后,在日本人世界形象的形成过程中,日本中心型世界地图也并非始终保持着原貌原样。1872 年,明治政府宣布开始实行学校教育。在学校教育中,作为教学科目之一,"地理"占有一席之地。出于了解世界大势的需要,"地理"曾经是一门被寄予厚望的科目。然而,明治政府实行学校教育的基本方针,是要创造一个与江户时代彻底决裂、以西洋文化为背景的崭新的日本。于是,江户时代出版的书籍也就不能直接作为教材用于学校教育之中。

　　1869 年出版的福泽渝吉所著《世界国尽》一书,无论是作为学习世界地理的启蒙读物,还是作为教科书,都曾经得到广泛的使

图 18：『風流志道軒伝』挿し絵

用,堪称一部明治初年"开明教育"的象征性书籍。在该书的开篇
部分,刊载着一幅由东西两半球图组成的世界地图。(见图 19)在
这幅地图上,绘有南北美洲大陆的西半球被置于左侧,绘有欧亚大
陆、非洲大陆以及澳洲大陆的东半球被置于右侧。换言之,它直接
采用了近代西方的地图,是一幅将日本置于右侧一隅的世界地图。
在此后的地理教科书中,大多数都刊载着这类东西两半球图型世
界地图。

　　这一类世界地图都来自荷兰,属于所谓的"兰学系世界图"。
它们广泛流传于幕府时代末期,不属于前述 3 种传统型世界地图
中的任何一种。① 自 18 世纪末起,这一类手绘地图开始问世:1792
年司马江汉出版了他的《地球图》,落款时间为 1799 年的林子平手
绘《地球图》也流传至今。后来,这种地图就成为代表直接来自于

① 这类"世界图"之所以能够在江户时代传到日本来,是因为 1668 年德川幕府针对长崎
　进口商品发布限制令的时候,它被作为"重宝成物故"而获得了特别赦免的待遇。详
　情可参见木宫泰彦『日華文化交流史』(富山房,1955 年)第 691 页。

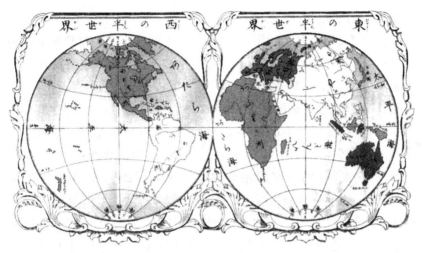

图 19：福澤諭吉『世界国尽』

荷兰的"新世界形象"的地图。这些出自日本人之手的兰学系世界地图，基本上都是将原版地图上的地名置换成汉字和片假名之后再出版而已。在这些兰学系世界地图中，最为引人注目的是高桥景保于 1810 年完成的《新订万国全图》。在这幅地图上，东半球和西半球的左右位置发生了变化：绘有南北美洲大陆的西半球被置于右侧，绘有欧亚大陆、非洲大陆和澳洲大陆的东半球则被移到了左侧。然而在此后的岁月里，这一观念似乎并未获得广泛的认可。

　　在《世界国尽》中，日本虽然被置于东半球的右侧一隅，但是在明治时代的学校教育中，这种东西两半球图一直是教学专用的世界地图。1880 年出版的文部省所编《万国地志略》的开卷所附地图，就是这种东西两半球图型世界地图，教科书中所附各种区域型地图也全部来自这种东西两半球图型世界地图。另外，无论是 1870 年出版的内田正雄所编《舆地志略》、1880 年出版的《小学地志》，还是 1893 年的国定教科书——《万国地理初步》，抑或 1903 年发行的第一期国定地理教科书——《小学地理》，为了展现世界的全貌，全都使用了东西两半球图型世界地图。尽管 1871 年出版的四方茂平所编《万国往来》，依然使用了利玛窦型日本中心世界地图,但是已经属于凤毛麟角了。

157　　就总体而言,世界地图本身作为附录而被纳入地理教科书的做法,在当时还是比较少见的。在大多数情况下,世界地图往往都是单独出版的。不仅如此,这些世界地图中的绝大多数都不同于学校教科书中的世界地图。譬如:1913年出版的《开成馆模范世界地图》、1920年出版的小山精一郎所编《最新世界大地图》(附有"参谋本部阅"字样)、1931年出版的《三省堂小学世界地图》、1933年出版的《金戈》(『キング』)第9卷第1号附录——《最新世界大地图》、1935年由贮金局出版的《世界地图》以及1941年伊林书店出版的《最新世界详密大地图》,这些地图所采用的全部都是将日本置于世界中心地位的墨卡托型世界地图,即利玛窦型日本中心世界地图。[①]

十一、现代日本人世界形象的原型

　　现在,在日本学校教育中广泛使用的《社会科地图册》的封面内页上,都附有利玛窦型日本中心世界地图,这种做法究竟始于何时?在第二次世界大战结束后不久的1946年出版的文部省世界地图上,刊载着采用等积投影法绘制成的日本中心型世界地图和东西两半球型世界地图。然而,1947年新教学科目——"社会科"被设立以后,作为其教材之一而随之问世的《社会科地图册》却采用了墨卡托型日本中心世界地图。虽然此后的《社会科地图册》中的世界地图都是根据墨卡托投影法或者埃克特投影法制作而成,但无一例外的都是将日本置于正中央的日本中心型世界地图。正如人们从1948年日本地图株式会社出版的学校专用悬挂式地图——《最新世界大全图》中所看到的那样,悬挂在教室里的学校专用世界地图,也是从此时开始采用利玛窦型日本中心世界地图

[①] 小川琢治的『最新世界现势地図帳』(新光社,1933年)虽然采用了东西两半球图型的世界地图,但是却将东半球置于左侧、西半球置于右侧,并将东亚与太平洋置于正中央。

的。另外，在 1947 年之后的学校教育中，教科书的配发是人手一册，因而《社会科地图册》也是个人独自使用的。向每一个儿童和学生配发教科书及其辅助教材，这种制度在世界上是不多见的。这本《社会科地图册》的封面内页上所刊载的日本中心型彩色世界地图，作为视觉化了的世界形象的原型，深深地刻印在孩子们的脑海里，成为每一个在日本的学校里接受教育的人们共有的世界地图，从而形成了日本人关于世界形象的共同常识。

十二、为何观念型世界地图是圆形的？

笔者在本节的开头部分就设定了这样的问题："日本人为什么会连续几个世纪都坚持使用日本中心型世界地图？"如果将其转换成更为一般化的说法，就可以这样设问："以自我为中心的观念型世界地图的存在究竟意味着什么？"

在回答这个问题之前，我们先就这个以自我为中心的观念地图问题做一探讨，因为这是展开议论的前提。与此同时，这也是为了解答笔者自己之所以会对这一课题感兴趣的原始而单纯的疑问。这个疑问就是："为什么观念地图会被绘制成圆形的？"

迄今为止，确实有不少哲学家、心理学家以及宗教学家曾经探讨过这个问题，但是他们都没有站在历史认识论的视角上去思考问题，与笔者的思考方式相去甚远。然而，通过迄今为止的讨论，有一个倾向日益显露出来，即关于这个"单纯的疑问"的思考越来越涉及到关于观念地图之存在理由的思考。接下来，笔者将在整理和介绍相关论点的基础上，引出自己的结论。

所谓的"观念地图"，是一种将世界形象视觉化了的地图，虽然自古以来基本上都被绘制成圆形图，但是在涉及某些地区的时候，也会根据具体情况而采取圆形和四方形相结合的形式。然而，从历史上的实际情况来看，在以平面的方式准确地再现现实世界的地图中，大多数都是四方形的。根据丹尼尔·布瓦斯汀的说法，随着印刷技术的进步，为了适合印刷机的工作要求，于是地图就成了四方形。① 虽然确实有这样的现象，但在多数情况下，都是圆形的地图被印刷在四方形的纸上或者四方形的布上。最令人不可思议的是，在世界的任何地方都能够看到圆形的地图。

在安利·福鑫看来，一旦有了意识，就会赋予形式。② 根据他的这一观点，人们头脑中的世界形象，就只能是一种将人们在黑暗之中点亮头顶上的蜡烛时所照射出来的圆形亮点，进行意识化处理之后的形状。

关于"观念地图为何呈圆形"这一问题，也存在着若干种说明。瑞士心理学家 C. G. 荣格曾经就"圆"与"方"的关系问题提出过颇具特色的解释。③ 他认为：圆是自我的象征，它显示了生命的终极整体性；至于圆与方的关系，就像从欧洲中世纪的炼金术里存在着的、"被方形化了圆"这一现象中所看到的那样，象征着整体性与对立物的合二而一。此外，荣格还对曼陀罗充满了兴趣，认为它作为"中心"、"整体"、"调和"的象征物，不仅仅属于佛教，而是代表了人类的普遍性。

多数观念地图都将其正中心，置于自己坚信不疑的世界中心所在之处。虽然这些地图都被称作"自我中心型"，但是设计者并不一定都将自己本身置于地图的正中心。基督教徒绘制的世界地图是以耶路撒冷为中心的，伊斯兰教徒绘制的世界地图是以麦加为中心的（参见"图 8"），而佛教徒绘制的世界地图则是以印度为中心的。继而，他们又分别以各自的中心为基点，将自己头脑中的世界形象逐渐建构成为一种观念。笔者此前将其称为"世界形象的原型"。之所以如此，就是因为这种被视觉化了的世界形象使他们的历史认识和世界认识具备了一种形态，使之变身为足以让第三者理解的的形态。"认识"是构筑"形"之前阶段的思考，因而"形"包

① 参见ダニエル・ブアスティン（鈴木主税・野中邦子訳）『大発見』（集英社、1988 年）第 320～327 页。
② 参见アンリ・フォシァン（杉本秀太郎訳）『形の生命』（岩波書店，1969 年）第 112 页。
③ 参见アニエラ・ヤッフェ（斎藤久美子訳）「美術における象徴性」、C・G・ユング（編）『人間の象徴』（河出書房新社，1975 年）下巻、第 145～162 页。

含了"认识"。这种"形"一经形成,人们就会以此为基础,即以此为
"世界形象的原型",在自我本体精神之中构筑起自己的世界形象。　160
如果借用皮亚杰的说法,这个过程可以被说成是"坐标体系一旦被
保存下来,空间认识即被结构化"的过程。①

　　另外,这些观念地图对"己方"与"他方"进行了明确的区分,其
中包含着对世界的结构所进行的分层式构想。加斯东·巴什拉尔
曾指出:"生长于内部而丧失其外在性的存在只能是圆。"他的这一
说法,也就是一种意在肯定人类存在的超主观主义意识的表现
形态。②

　　荣格的思维方法是将"圆"还原至人类心理。曼弗莱德·鲁尔
克则与其不同,企图从超越个人心理的层面去发现"圆"的象征性。
他对"世界的形态"做如下解说:"人类最初所想象的世界的形态,
是将人类置于中心地位的。立身于世界的正中央,关注着世界的
各个方向,自己本身就是一个小宇宙,只有这样的人类才能够拥有
中心、才能够居于中心。……被周围充满恐怖气息的异国所包围
着的故乡,具有保护和保障生命的意义。自己所在的内部空间与
外部的异国世界相互对立着的是家,它的周围居住着恶魔、龙、巨
人以及小人等等。在决定居住场所的时候,人们将对作为外部环
境的世界进行体验,于是圆形的地平线就成了世界的形态。"③

　　鲁尔克本人也许并不知道"印度中心型世界地图"和"中国中
心型世界地图"的存在,但是他的这种解释却与这类世界地图的状
况相吻合。不仅如此,它也最符合日本"被视觉化的世界形象"形
成的历史过程。

　　最后,有必要探讨一下东亚传统中关于"圆与方"的组合问题。

────────

① 参见J·ピアジェ(波多野完治、滝沢武久訳)『知能の心理学』(みすず書房,1960
　年)。
② 参见ガストン・バシュラール(岩村行雄訳)『空間の詩学』(ちくま学芸文庫,1993
　年)第392頁。
③ 参见マンフレート・ルルカー(竹内章訳)『象徴としての円』(法政大学出版局,1991
　年)第44頁。

在东亚地区,自古以来就存在着一种源自古代中国的"天圆地方"型宇宙观。古代中国人认为,"天"是圆的,"地"是方的。实际上,这就是他们关于天地结构的一种想象。

161　　作为在"天圆地方说"基础上形成的宇宙认识论,"盖天说"被视为中国最古老的宇宙理论。根据这一理论的说法,"天"与"地"是两个平行的平面,"天"像一个"盖",呈圆形;"地"像棋盘一样,呈方形。一般认为,该理论形成于西周初年,后来在"浑天说"的影响下,到西汉末年的时候,转而主张"天如穹顶"。另外,根据所谓"浑天说"的理论,宇宙恰似一个鸡蛋,"天"就像蛋壳一样包裹着像蛋黄一样的"地",持续不停地运转着。

如"图20"所示,李朝时期问世的《天地图》将天界描绘成圆形,而将世界(即地界)描绘成方形,就是一幅体现这种传统宇宙观的地图。该地图将"南"置于上方,在圆型"天界"处绘有星座,在方形"地界"处绘有东亚地图,只是未出现《山海经》里那些想象中的国名。

"天圆地方"这一宇宙观对东亚文化的各个方面都产生了巨大的影响。实际上,京都国立博物馆所藏"方格规矩四神镜"就是依据该宇宙观所制造的。这面镜子的边缘被制成圆形,象征着"天";镜面中央的抓钮(即穿绳子的孔)呈正方形,象征着大地。抓钮和边缘之间的空白处绘有青龙、白虎、朱雀、玄武等四大灵兽,象征着星座。一般认为,该镜是在与《天下图》同一宇宙观的指导之下制作出来的,作者则是希望以此将自己的世界观视觉化。如果借用一下荣格的修辞法,它们就可以被说成是"作为曼陀罗的地图,作为曼陀罗的镜子"。

这种宇宙观的影响甚至于延续至现代。1996年建成的上海博物馆,从其建筑外形上看,正是圆形屋顶覆盖着正方形房屋墙体,堪称是体现"天圆地方"观念的最新大型建筑。就日本的"古坟"而言,无论是"前方后圆坟"还是"上圆下方坟",这些由"圆"和"方"组合而成的古坟,都可以与"天圆地方"这一宇宙观联系起来。另外,

163　　从钱币的形状来看,恰如其"外圆方孔钱"这一称谓所指,外缘呈圆

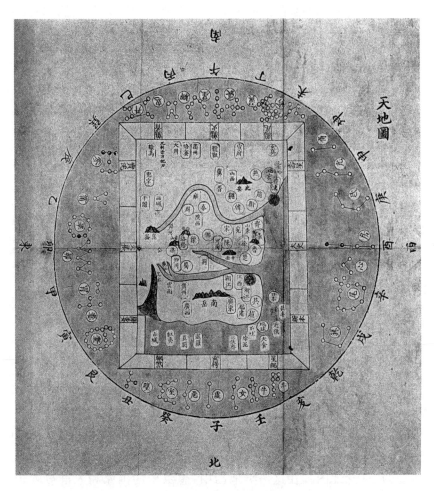

图 20：李朝朝鮮「天地図」（韓国図書館学研究会編『韓国古地図』、ソウル、
1977 年より

形,中孔呈正方形,其实这也是"天圆地方"说宇宙观的一种反映。

如此而言,图 20 所示由"圆"和"方"组合而成的《天地图》中的"方",与其说是来自"图 14"所示中国中心型世界地图,倒不如说是继承传统所致。根据荣格的解释,无论"圆"还是"方",它们都是人类内心同一性和统一性的表现方式。如果按照这种逻辑推论,上述所谓"观念地图"就不再是反映现实世界的地图,而是可以被说成为反映人类精神的地图。

十三、作为主观存在的人类

人们往往会认为,自我中心型世界地图的本来意图,与其说是为了将想象中的人物作为一种"否定的"存在而置于边缘地区,毋宁说是为了将自己作为一种"肯定的"存在而进行正当化。然而,就笔者的结论而言,这种地图的原意并非人类这一思维方式的反映。在地图上,越是边缘地区,越是被安置了凶猛的奇形怪兽,这同样也是为了凸显人类的优越性。也许,正是因为通过假设某些被以"未开化"、"野蛮人"、"阴影"、"黑暗"或者"外人"等词语称呼的"他者"的存在,我们才能够意识到"我们就是我们",我们必须要有两种互相关联的价值体系。人类创建一个中心,将自己置于这个中心,进而再假设边缘。如果没有"边缘"的存在,"中心"也就失去了存在的理由。

我们以上讨论过的 3 种互不相同的世界地图证明了一点,即为了人类的继续存在必须要有身份认同。这幅中国中心型世界地图虽然出自李氏朝鲜,但是它却原汁原味地将古代中国人的世界观念进行了视觉化,清楚地描绘出了"中心与边缘"的区别,堪称为最典型的"观念地图。在这一类地图中,想象中的国家和人群被置于边缘地区,而且这些国家的周围还布满了各种奇妙的动物和怪异的生物。

日本人在 18 世纪以后绘制出版的各种印度中心型世界地图中,增添了中国中心型世界地图中所想象的人群和国家,这是一个顺理成章的结果。佛教徒最初绘制的世界地图几乎都未涉及这些

164

边缘人群,这或许是由于自视为世界中心所在的佛教自身强烈的宗教力量所致。作为漂浮在波涛汹涌的东北部大海一隅的小岛,日本当然属于边缘国家。许多日本人在看到这样的地图的时候,一定会希望在印度中心型世界地图上,将日本和中国一起置于中心国家的位置上。为此,这就必须要有其他的边缘国家的存在。《山海经》里所描述的、起源于中国的众多想象中的国家,于是就被纳入地图之中。在日本人的世界观念中,世界就是由印度、中国和日本这3个国家组成的,因而将这3国纳入印度中心型世界地图之中并非难事。如果要将欧洲各国纳入印度中心型世界地图,虽然会大幅度改变世界的形状,但也并非不可能。然而,如果要将美洲大陆纳入印度中心型世界地图,那就是不可能的。

纵观印度中心型世界地图的变化过程可以发现:长期以来,日本人一直在致力于以合适的方式将自己最新认知的相关世界各国纳入到佛教型世界形象之中。在19世纪上半叶绘制出版的若干种印度中心型世界地图中,我们可以看到人类思维结构更新前夕的知识混乱状况。到了幕府时代末期,印度中心型世界地图突然销声匿迹。这也许就是某种世界观和世界形象即将走向终结的朕兆,因为将印度置于世界中心的世界地图已经丧失了其中心地位。最能反映这一现实的证据之一,就是"印度"这一称呼取代了原先的"天竺",成为人们广泛使用的国名。此时此刻,佛教徒心目中的"印度"已经不复存在。

17世纪以后,日本人接受了利玛窦型世界地图,这也反映出日 165
本人脑海里的"中心与边缘"观念。与此相似的观念同样存在于西方世界,它体现在13世纪绘制完成、现存于英国赫里福德大教堂的世界地图(见图21)之中。在这幅世界地图的最上端绘有耶稣基督像,伊甸园位于圆形世界的最上方,耶路撒冷则占据圆形世界的正中央。此地图以东方为上端,将世界分为"亚细亚"、"欧罗巴"和"阿非利加"三大部分,大洋奥凯伊亚斯环绕在世界的周围。[1] 从这

---

① 参见『二一世紀こども地球館』(小学館,1992年)第28页。

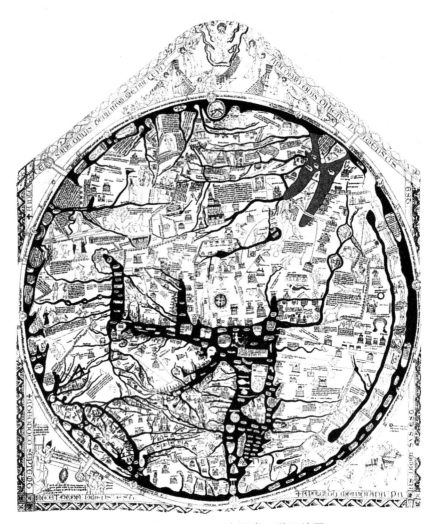

图 21：ヘレフォード大聖堂の世界地図

幅以圣经为依据、以耶路撒冷为中心绘制而成的世界地图中,人们可以看到一个典型的中世纪欧洲基督教型世界形象。为了观察作为世界中心的自身与周边世界之间的关系,自我中心型世界地图是十分必要的。无论是在西方还是在东方,都能够看到这类地图的存在,这是人类为了重新确认自身的存在、并将其正当化而创造出来的最为质朴、而且也是最为彻底的一大发明。人们观察事物都会有相应的视角和立场。

综上所述,我们此前讨论的这些地图都被称为"理念地图",因为它们根植于人类天性,所以是一种不能够用科学的地图进行置换的地图。近代地图学的发展方向,就是致力于制作更加准确、更加客观的地图。换而言之,就是在追求一种即使从地图中舍弃掉"中心"也依然能够成立的地图。作为一门学问,地图投影法的发展确实对促进人们客观地理解我们这个世界作出了巨大的贡献,然而却无法满足人们更深层次的、存在论式的要求。这种要求可以说就是被投影的人类精神。

以上所述,就是作为一种被视觉化了的、关于人类存在的观念意识的地图。周边的"否定性"事物的存在本身,恰恰衬托出我们作为"肯定性"事物的存在意义。所谓的"周边"不仅仅是地理意义上的,同时也是社会意义上的。人类现在正致力于开发新的"周边",并开始向宇宙探索地理意义上的"周边"。与此同时,我们也正在向自身开发新的社会意义上的"周边"。

我们无法从"作为主观存在的人类"（homo subjectives）中摆脱出来。早在 1600 多年以前,《山海经》的编者郭璞在其《叙文》中就曾指出过这种倾向。他写道:"何者? 物不自异,待我而后异,异果在我,非物异也。"①

---

① 参见郭璞(276～324 年)《山海经·叙》,日语译文引自高马三良的译本『山海経』(平凡社,1937 年)。

第二节　西洋的补充概念——东洋①

一、表示对应概念的词语——东洋和西洋

　　"东洋"和"西洋"这两个词语经常被作为对应概念使用。无论是哪一个,一旦被细究起来,都属于一种模棱两可的表达方式。"西洋究竟到什么地方为止?""东洋究竟到什么地方为止?"笔者在大学的课堂上每年都会向学生提出这样的问题,学生们的回答简直是五花八门。既有人将俄罗斯或美国纳入西洋的范围之内,也有人将阿拉伯各国或俄罗斯纳入东洋的范围之内。笔者认为,要明确地对这两个概念进行地理学上的定义是不可能的。更何况,笔者的这种提问本身并不带有这种含义。之所以这样说,是因为这本来就不是地理学上的定义,而是文化概念、历史概念,是"日本人的、由日本人创造的、为了日本人的思维概念"。如果借用美国物理学家 P. W. 布里奇曼的术语,将之称作"操作概念"的话,问题的关键点或许会变得更加明确。② 布里奇曼认为,概念与其相对应的一组操作同义。他的这一观点有助于我们理解东洋和西洋这两个对应概念。

168　　在日本和中国,还曾经有一段时期使用过"北洋"和"南洋"这两个词语,只是它们还没有演变成为可操作性概念就销声匿迹了。近年来,有人提议用"中洋"一词来指代中近东地区,③似乎也没有广泛地推广开来。一个词语,如果不能创造出与之相对应的概念,恐怕就不会成为一种普及度较高的术语而被固定下来。

---

① 1991 年,笔者曾在国际日本文化研究中心作主题演讲,本节即根据该演讲稿修改而成。

② 参见 P. W. ブリッヂマン(今田惠訳)『現代物理学の論理』(新月社,1950 年)。

③ 参见梅棹忠夫「中洋の発見」、『梅棹忠夫著作集』第 4 卷,第 275~440 页。

以下将要探讨的是："东洋"和"西洋"这对术语究竟是在怎样的过程中诞生的？它们又是在经历过哪些过程之后才像现在这样被广泛使用的？笔者之所以会考虑这样的问题，源自一个非常朴素的疑问：作为一个实体存在的欧洲大陆以及在此生成的文化，为什么会被人用"西洋"这一"海洋表述"的词语相称？

二、表示航路和海域的词语——东洋和西洋

最初，中国人用"西南"和"东南"将脑海中四海之一的南海一分为二，并以泉州或广州为起点，进而以通过这一点的南北子午线为界，对航路以及航路区域内的相关国家进行了划分，于是就开始有了"东洋"和"西洋"这种表述方式。①

明代的张燮在其《东西洋考》(1616 年)中写道："文莱即婆罗国，东洋尽处，西洋所自起也。"即以文莱为界，将其以西定为西洋、以东定为东洋。在该书的其他卷中，还有《西洋列国考》和《东洋列国考》卷目，分别列举了各种各样的国度。另外，书中又设置了"东洋针路"和"西洋针路"等项目，其中就用"东洋"和"西洋"这两个词语来表示航路。②

然而，最早使用"东洋"这一词语的文献并不是《东西洋考》，而是汪大渊的《岛夷志略》(1349 年)。在这部书中，同样也出现了"东洋"和"西洋"的字样。③ 另外，这两个词语似乎来源于宋代已被使用的"东南海"和"西南海"二词。④

从明朝末年起，原先只用以表示航路的"东洋"和"西洋"开始逐渐转变成为同时也用以表示海域的术语，这个过程始于此时来

169

---

① 参见坪井九马三「明代ノしな人が知りタルしな海いんど洋ノ諸国ニ就イテ」『東洋學藝雜誌』第 256 号。高桑駒吉「赤土国考」『史学雑誌』第 31 編。宮崎市定「南洋を東西洋に分つ根拠に就いて」『東洋史研究』7—4(1942 年 8 月)。

② 参见和田清「明代以前の支那人に知られたるフィリピン諸島」『東洋学報』12—3、第 381～408 頁。

③ 参见山本達郎「東西洋といふ称呼の起源について」『東洋学報』21—1(1933 年 10 月)，第 104～131 頁。

④ 参见宮崎市定前引论文「南洋を東西洋に分つ根拠に就いて」。

华传播基督教的先驱、意大利耶稣会士利玛窦绘制完成的《坤舆万国全图》(1602年,见图10)。这幅地图的历史意义,就在于它用汉语标示出了全世界的地理名称。与此同时,它第一次将中国置于世界地图的中心部位,成为现在日本普遍使用着的日本中心型世界地图的原始模板。17世纪初期,该地图就传到了日本,并作为日本人世界形象的原型,一直被沿用至今。

先看看这幅世界地图中的东洋:在日本的东北部海滩处标有"小东洋"、在北太平洋处则标有"大东洋"的字样;再看看西洋:在印度的西海岸处标有"小西洋"、在葡萄牙以西的海面上则标有"大西洋"的字样(见图22a和图22b)。与此同时,在秘鲁以西的海面上还标有"东南海"的字样。

另外,在南美洲大陆以南的海面上,标记着"宁海"的字样。到了清朝初年,这里又被标记为"太平海",现在的"太平洋"这一称呼即由此而来。

在日本人以利玛窦这幅《坤舆万国全图》为蓝本绘制而成的《世界地图》上,标示这些海域的"东洋"和"西洋"等词语被原封不动地保留了下来。由此看来,为海域本身冠以某种名称这一思维方式似乎为西方人所特有,日本人并不习惯于这种做法。

在日本,为海洋命名的意识,直至17世纪即将结束的时候似乎才刚刚开始萌芽。涩川春海的《世界图》(约1698年)在北太平洋处标记了"小东洋"、在美洲大陆以东的海面上标记了"大东洋"的字样。

172　　　　另一方面,该《世界图》却将印度洋标记为"小西洋",位于地图左端的葡萄牙海滩处则标有"大西洋"的字样。自涩川春海以后,"东洋"和"西洋"这两个对海域的称呼开始多见于世界地图之中。以"大东洋"一词指称现在的太平洋海域,始于长久保赤水的《地球万国山海舆地全图说》(约1788年)。然而,当时似乎还没有形成一种以"大东洋"来指称现在的太平洋全域的意识,因为该地图在加利福尼亚海滩处标有"大东洋"字样,而在赤道以南想象中的墨

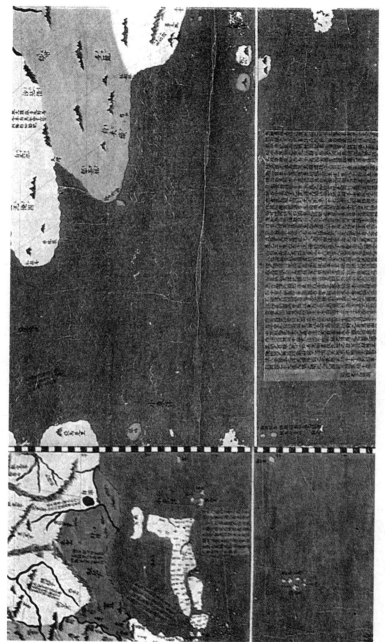

图 22a: 小東洋と大東洋

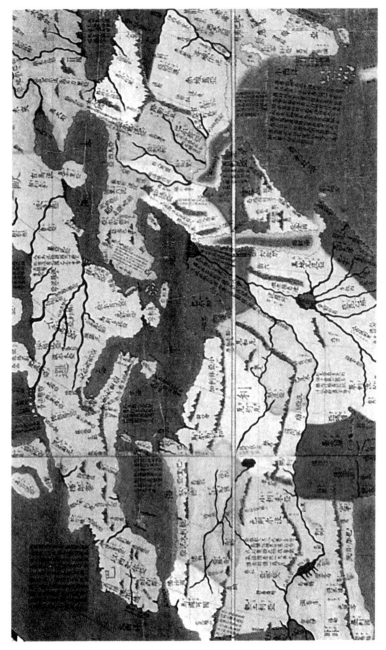

图 22b: 小西洋と大西洋

瓦腊泥加大陆的海滩处,却标有"南海"和"西南海"的字样。①

　　在司马江汉的《地球图》(1792 年)中,"小西洋"被改称为"印第亚海","小东洋"这一标记从地图上失去了踪影,留下了"大东洋"和"大西洋"的标记。这幅地图与其说是继承利玛窦的传统,倒不如说是以近世时期传到日本来的兰学系统的世界地图为蓝本。桂川甫周的《北槎闻略·附录地球全图》(1794 年)不再标记"大东洋",而以"太平海"代之。这幅地图是在参考了俄罗斯使节拉库斯曼带到日本来的一幅俄罗斯地图的基础上绘制而成的。然而,在桂川甫周《北槎闻略》的另一幅附图《亚细亚全图》中,却出现了"小西洋"的标记字样。另外,在高桥景保的《新订万国全图》(1810年)中,虽然尚未形成将当今太平洋视为一个海洋整体的意识,而是将之分别标记为"北太平海"、"南太平海"和"大东洋"三大部分,但是"小东洋"和"小西洋"的字样却不见了。

　　"东洋"和"西洋"的问题之所以能够引发人们的兴趣,因为它反映出"Pacific ocean"和"Atlantic ocean"这两个英语概念自幕府时代末期传入日本之后,日本关于海洋标记方式的变化过程。

　　首次完成地球环周航行的葡萄牙航海家麦哲伦,在西班牙国王的赞助下组成了舰队,1519 年从西班牙起航,穿过麦哲伦海峡进入太平洋,并于 1521 年横渡太平洋来到了马里亚纳群岛。由于在这次航行期间海面上风平浪静,于是将这片海洋命名为"Mare Pacificum",即"太平之海"。后来,1589 年奥尔泰利乌斯在出版其所著《地球的舞台》(Theatrum Orbis Terrarum)的修订版时,第一次以"太平之海"(Maris Pacifici)作为地图的标题,这一称呼由此而迅速地推广普及开来(图 23)。在幕府时代末期的日本,这种称呼一经传入,旋即取代了迄今为止使用着的"大东洋",并将其作为"Pacific ocean"一词的日语译词,统一标记为"太平洋"的字样。

173

---

① 在稻垣光朗绘制于 1708 年的《世界万国地球图》中,只有"小东洋"一词被标记在现在的印度洋处。另外,在制作于 1725 年前后的《本朝天文图解》中收录了一幅《地球之图》,其中只标有"小西洋"和"大西洋"。

图23：オルテリウス太平洋図

与这一称呼同时传入日本的,还有关于"Atlantic ocean"的标记。它原本是根据柏拉图在其《提迈奥斯》和《克里提亚斯》这两本对话录中提到的传说中的大陆——"亚特兰蒂斯"而命名的。然而,它却没有采用日语音译的标记方式,而是沿用了"大西洋"这一传统的标记方式。在永井则的《铜版万国方图》(1846年)和箕作阮甫的《新模欧罗巴图》(1851年)中,虽然出现了"亚太腊海"的标记字样(见图24),但是这一称呼却并未固定下来。

在这一时期,人们尝试过各种各样的标记方式。在中岛彭的《新订地球万国方图》(1852年)中,除了使用"大西洋"这个标记之外,仍然将太平洋标记为"大东洋"、"北太平海"和"南太平海"等3个部分。山路谐孝的《重订万国全图》(1855年)虽然开始将现在的太平洋和大西洋分别作为一个海洋整体进行标记,但是标记词语却是汉字"太平海"和"压澜的海"。武田简吾的《舆地航海图》(1858年)则采用了"大西洋"和"北太平海"、"南太平海"的标记方式。从上述关于海域标记方式的变迁可以看出,根据当时的通行做法,"洋"往往被用于标记比"海"更大的海域。

164

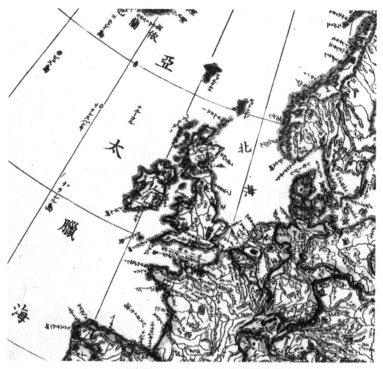

图 24：亜太臘海の地図

　　以"太平洋"取代"太平海"的标记方式始于 1858 年。这一年，
英国传教士威廉·麦里赫德（中国名字为"慕维廉"）所著《地理全
志》（上海，1853～1854 年）由岩濑忠震翻刻传入日本，其中所采用
的"太平洋"这一标记方式也随之流传开来。[①] 另外，在 1860 年出
版的大鸟圭介所译《万国总览》中，"太平洋"这一标记方式已被单
独使用。

　　进入明治时代以后，这样的标记混乱状态并未立即终结。福泽
渝吉在其 1869 年出版的《世界国尽》一书中，将"Atlantic ocean"译
作"阿多罗海"，而将"Pacific ocean"译作"太平海"（见图 19）。同
样，印度洋也不是"小西洋"，而是变成了"印度海"。然而，在第二

――――――――――

① 参见遠藤泰生「『大東洋』から『太平洋』へ」『比較文学研究』第 69 号（1993 年），第
　25～39 页。

年(1870年)由内田正雄编纂、大学南校出版的《舆地志略》中,"太平洋"和"大西洋"这种称呼得以全面使用,并由此而逐渐普及开来。自此以后,作为一种地理术语,这一失衡的标记方式一直被沿用至今。

三、表示被概念化的地域的词语——东洋和西洋

"东洋"和"西洋"最初是用于表示海域的词语。然而,自幕府时代末期以来,"大东洋"和"小东洋"这样的称呼却被"太平洋"所取代,从世界地图中失去了踪影;"小西洋"则被改称"印度洋";只有"大西洋"被坚持使用到现在。

另一方面,进入明治时代之后,"东洋"和"西洋"这一对应概念逐渐地不再被用于表示海域,而是被转用于表示地域。与此同时,这种"地域"不仅仅是地理学意义上的地域,而且是指包括政治、经济、历史、科学技术、文化、社会等在内的人类活动整体的总和。

进入明治时代以后,"东洋"一词有时也被作为"orient"或"east"这两个英语单词的译词使用。一般情况下,这时的"东洋"一词基本上表示与"亚洲"相同的地理范围。然而,有一点不容忘却:"亚洲"是表示地理实体的词语,"东洋"却是与"西洋"这一词语相对应的先验型概念。

这里值得注意的是,在进入明治时代之前,"东洋"一词除了被用于称呼海域以外,几乎别无他用。相比之下,"西洋"一词倒是被作为一种文化概念而使用。

新井白石的《西洋纪闻》自标的发表日期为1715年,其中"西洋"一词被首次用于表示实体概念。[①] 尽管这部著述作为书籍印刷出版的时间是在进入明治时代以后,然而从新井白石之后,"西洋"一词在江户时代逐渐流行开来。根据《国书总目录》的记载,作为明治时代之前的出版物,凡书名中冠以"西洋"字样的竟有230部之多。

---

① 该书的正式出版时间为1882年,由大槻文彦完成。

仅就西洋历史类著作而言,虽然本田利明是在"西域"的名义之下介绍了欧洲的地理以及文化等状况(《西域物语》,1798 年),但是在 3 年之后的 1801 年,山村才助出版了以《西洋杂记》为书名的著作,从诸多方面介绍了欧洲的历史和世界各地的趣闻。1808 年,佐藤信渊的《西洋列国史略》出版,叙述了欧洲的历史概况。自此之后,直至幕府时代末期,在"西洋"的名义之下介绍欧洲的著作频频问世。[①]进入明治时代以后,以福泽渝吉的《西洋事情》为代表,"西洋"一词成了时代的宠儿。除此之外,此时还派生出诸如"泰西史"、"极西史"、"万国史"、"欧罗巴史"、"欧洲史"等各种各样的词语。然而,在这些词语中,一直沿用至今的却只有"西洋"一词而已。

　　与此形成对照的是,明治时代以前的出版物中含有"东洋"一词的图书,在《国书总目录》中一本都没能找到。说起"东洋"这个 177 词语,能够让人想起来的只有两个人名,一个是在日本最早进行医学解剖的山肋东洋(1705～1762 年),另一个是幕府时代末期的土佐藩的藩士吉田东洋(1816～1862 年)。虽然川路圣谟(1801～1868 年)曾写过题为《东洋金鸡》的著作,但是该书名是后人所起,并非出自他本人之手。翻开太田为三郎所编《日本随笔索引》(岩波书店,1926 年)和《续日本随笔索引》(岩波书店,1932 年),能够找到以"西洋"为标题的条目,却没有"东洋"条目。

　　"西洋"早于"东洋"成为表达实体概念的词语,这一点值得引起注意。实际上,作为"正"概念的"西洋"诞生以后,与其相对应的、作为"负"概念的"东洋"才得以产生,笔者以为这种说法可以成立。换而言之,日本的近代化实际上就是西洋化,作为这一过程的副产品,表达实体概念的"东洋"才得以产生。

四、作为思考概念的东洋和西洋

　　一般认为,进入明治时代以后,"东洋"一词之所以能够被推广使用,是因为它最初是作为"orient"或者"east"译词而被人们所接

---

① 参见酒井三郎『日本西洋史学発達史』(吉川弘文館,1969 年)第 27～28 页。

受的。① 如上所述,明治时代以前,"东洋"几乎不曾被作为一个具有实体概念的词语使用过,而是作为欧洲人所创造的"orient"(东方)一词的日语译词,即指代日本、中国、印度、中近东等地区的政治、文化、历史、社会等综合内容的词语登上历史舞台的。

然而,欧洲人创造的"orient"这一概念,包括了从伊斯兰世界到印度、中国以及日本在内的广大区域,是当他们自称为"occident"(西方)的时候,作为"非 occident 世界"的"occident 的补充概念"来使用的。可以这样说,"东洋"这一甚至可以被称作"负概念"的词语,日本人却不得不将其作为"正概念"来使用。之所以如此,这是因为"负"的概念往往被用于指向他者,而原本作为"他者"的日本人却要使用这个词语来指代包括自己在内的地域。

178 为了规避这样的混乱,日本人发明了一种将日本从"东洋"排除出来的使用方法。换言之,日本虽然属于"东洋"的一部分,但是却将自身从"东洋"这一"负概念"中分离出来,并以此将"东洋"转化为"正概念"再加以使用。然而,"东洋"这一词语的混乱也正是由此开始。

这种混乱在历史研究中体现得最为典型。这就是"东洋史"的发明。1894 年,那珂通世呼吁将中学的外国历史教学分为西洋史和东洋史两部分进行。继而,在日清甲午战争之后的 1897 年,日本的历史研究开始实行由东洋史、西洋史、日本史组成的所谓三柱体系,并一直延续至今。与此相呼应,1898 年,桑原陟藏出版了《中等东洋史》一书。然而,东洋的指代对象却因人因时而千差万别。最初的时候,有人只是将《支那史》之类的书名改成《东洋史》而已。所谓的"东洋史"著作,有时只涵盖中国史,有时也包括印度史,有时甚至连伊斯兰世界的历史都包括在内。它们的共同之处,就是将日本排除在外。换言之,通过这种自我排除的方法,日本得以将暧昧模糊的"东洋"这一概念,作为一个指向他者的概念继续沿用下去。日本急于实现西洋式的近代化,以至于在认识包括自

---

① 参见「平凡社世界百科大辞典」中的"东洋"条目。

身在内的地域的过程中,都过于依赖"外来之眼",这确实是历史的事实。然而,事情却又不那么简单。①

从以上论述中可以得出这样的结论:"东洋"是一个思考概念,而不是一个实体概念。它是我们思考事物时不可或缺的词语。让我们先以"西洋"一词为例考察一下。也许有人会说,这是一个可以与"欧洲"一词互换的词语。实际上,这也是因时因地而有所差异的。日本人所使用的"西洋"这一概念并不仅限于欧洲,有时也包括美国和俄罗斯;在有些人眼中,甚至还包括加拿大和澳大利亚。无论是从地理学的角度,还是从实体的角度,我们都无法给"西洋"下定义。可以说,在明治时代开始以来的 150 年间,"西洋"已经成为日本人思考事物时不可或缺的思考概念。笔者以为,这个"西洋"可以被命名为"invented west(虚构的西洋)"。无论是英国人还是德国人,抑或是法国人,如果他们得知日本人所使用的"西洋"这一概念,一定会大吃一惊。因为那样的实体是不存在的。换而言之,所谓的"西洋"大概可以这样来定义:它是"为日本人所有、为日本人所创造、为日本人所用的虚构的西洋"。日本人在默许自认之中、以暧昧含糊的态度去理解"西洋"这一概念,明治时代以来的日本在使用"西洋"这一词语的过程中,设定了自己的样板模式,创造了自己的文化。"西洋"这一词语对近代日本的形成所发挥的作用,可以说是不可估量的。

同样也可以这样说,日本人用"东洋"这一词语创造了现在的日本。日本人有时为了强调自己的本体个性而使用这个词语,有时为了表示相对于"西洋"的自卑感而使用这个词语,也有的时候为了表达相对于"西洋"的自我主见而使用这个词语。然而,当被问及"何为东洋"的时候,我们却依然拿不出现成的定

① 青木富太郎在其《东洋学的形成与发展》(『東洋学の成立とその発展』,萤雪書院,1940 年)一书中写道:"值得注意的是,正如以上所推测的那样,东洋史一词产生于日清战争之后,这标志着我们日本人地位的提高和日本人的关注点已从中国扩大到了亚洲全境。"(第 148 页)然而,有一个事实是不能忘记的,即正是由于将日本史从东洋史中分离了出来,才有了"东洋史"。

义。东洋是一个在地理学上无法定义的词语。我们仅仅只是自己认定以默许自认的方式正在理解、或者说已经理解了这个词语。笔者之所以使用了"思考概念"这种表达方式，正是出于这样的原因。

对于我们而言，作为思考概念的东洋和西洋已经成为不可或缺的词语，因为我们现在还没有掌握能够取代西洋和东洋的思考概念。欧洲和美洲等词语不能取代"西洋"，中国、印度和伊斯兰同样也不能取代"东洋"。

类似这样被作为思考概念而使用的词语，在其他文化中也同样存在。譬如"east"和"orient"这两个词语，它们就是西方人铸造出来的思考概念，西方人由此而形成了"west"和"western"这样的自我认同。这种思考概念是极其主观性的东西，西方人将中国、印度和阿拉伯世界视为一个整体，这种观念的奇妙之处，与我们将俄罗斯、美国和欧洲视为一体的奇妙之处是完全相通的。

180

最近以来，"东洋"和"西洋"这两个词语的使用频率越来越低。事实证明，信息的日益丰富，使得当今社会已经进入了无法用"东洋"或者"西洋"等某一个词汇进行概括的时代。与此同时，我们也已经到了这样的时期：有必要从"思维框架的变迁史"这一角度，重新回顾"东洋"和"西洋"这一对曾对近代日本的历史认识的形成做出过巨大贡献的词语。

第三节　西方古地图中关于日本的认识①

一、肉豆蔻和胡椒的国度——日本

进入近代以来，人们对世界地图的唯一要求就是它的精确性。

---

① 本节原为笔者发表在《山梨县史研究》创刊号（『山梨県史研究』創刊号，1994 年）第4～18 页上的论文，原标题为《西洋古地图中所描写的甲斐国》（「西洋古地図に描かれた甲斐国」），经过修改后充作本节。

然而，在近代以前，世界地图就是一种美术品，一种装饰品，而且首先就是一幅绘画。

客厅里挂一幅世界地图，能够激发人们对尚未见识过的国度产生憧憬；书房里摆放一个地球仪，能够提醒人们不要忘记在这世界上尚有许多自己未知的地方。

此情此景在日本同样存在。桃山时代的世界地图，往往以葡萄牙人和西班牙人带来的地图为基调，套画在以金银粉混合着色的色彩鲜艳的屏风上。当这种屏风地图被放置在房间里的时候，人们得知大海的那边也有人居住之后，可能就会遥寄遐思，并以好奇的目光凝视着那些被添画在地图上的各国人物图中身姿怪异的人物形象（见图 9，选自織田武雄、室賀信夫、海野一隆編『日本古地図大成世界図編』［講談社、1975 年］）。这一时期传入日本的地球仪，也被改造成用日本纸糊裹起来的和制地球仪，当它们出现在人们面前的时候，面对这椭圆形的世界模型，大部分人即使将信将疑，也一定不会扭头离开的。

对西方人而言，日本是他们长期以来闻所未闻的国度。自从马可·波罗将日本作为一个位于与中国隔海相望的彼岸的黄金国度介绍给西方以来，由于缺乏直接的接触，未曾成为西方各国殖民地的日本，甚至可以说至今仍然是西方人未知的国度。至少到 19 世纪中叶为止，西方人所绘制的日本地图还依旧只是一个"神秘之岛"而已。

使日本第一次出现在欧洲人绘制的地图之中的，当属弗拉·莫罗于 1459 年绘制成功的世界地图。[①] 然而，就对后世所产生的影响这一点而言，出现在 1492 年制作完成的贝海姆地球仪上的日本更为重要（见图 25）。在此后迄至 16 世纪末的 1 个世纪之中，这个地球

181

182

---

① 在弗拉·莫罗（Fra Mauro）的世界地图中，日本被标记为"isola de Zimpagu"，是一个位于泉州附近的小岛。这幅地图现藏在威尼斯的图书馆里，是一幅直径为 2 米的圆形地图，整个图面色彩鲜艳。其中最为引人注目的地方，就是以南方为上端。一般认为，这是最后一幅西欧中世纪的圆形世界地图。详见 M. Jomard, *Les Monuments de la Geographie*, Paris, 1858—1862。

仪上的日本被反复不断地复制。在这个地球仪上，日本被标记为"Cipangu"，位于新大陆的附近，岛上画有"王"居住的帐篷，北面还有肉豆蔻植物林（moscat nuʃwalt）和胡椒植物林（pfeffer walt）。根据地图中的介绍，日本盛产黄金，是东洋地区最为高贵和富裕的国度。在当时的西方人眼中，黄金和胡椒都是财富的象征物，可以说他们将自己的富裕观直接投射到了"日本"这一想象中的国度。[1] 对西方人而言，日本就是位于比"远东"更"东"方位上的

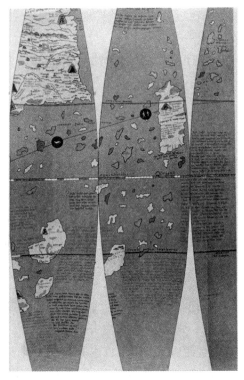

图 25：ベハイムの地球儀

一座岛，而且是一座从未有人亲眼目睹过的、想象中的岛。

亲眼见到日本并将日本介绍给西方世界的，是耶稣会的传教士。1549 年，方济各·沙勿略满怀着使日本成为基督教国家的终生理想，从鹿儿岛登陆来到了日本。虽然他的理想最终未能实现，但是他作为一个先驱者，在西方人绘制日本地图的历史上发挥了具有划时代意义的作用，这一点是毋庸置疑的。

进入江户时代以后，荷兰人逐渐成为西方绘制日本地图的主体。到了幕府时代末期和明治维新时期，随着到日本来的西方人越来越多，西方人制作的日本地图逐渐演变成了我们现在所见到

---

[1] E. G. Ravenstein, *Martin Behaim*; *His Life and His Globe*, London，1908. 一书对这幅地图进行了出色的解读。

的模式。

本节所要叙述的主要内容,就是通过对在西方印刷出版的日本地图中所描绘的甲斐和富士山形态的考察,了解西方人日本观的形成过程,进而揭示他们外国观的形成过程。[①]就时间范围而言,基本上限于16世纪至19世纪中叶。之所以如此安排,这是因为在16世纪之前制作的日本地图中,日本仅仅只是一座"想象中的岛",而19世纪中叶以后的日本地图却已经成为我们现在所见到的地图。笔者在本节中使用了"甲斐"或者"甲斐国"这样的名称,实际上完全可以将它们置换成"山梨县",因为直到1871年废藩置县的时候,山梨县和此前的甲斐国在地理构件上几乎没有变化,这在全国范围内也属于例外。[②]

二、奥尔泰利乌斯地图册

在西方人绘制的日本地图中,第一次提及甲斐国的是1595年在安特卫普出版的《地球的舞台》一书(见图26)。[③]根据编纂者的名字,这本书通常被称作"奥尔泰利乌斯地图册"。这本地图册所收录的日本地图,出自葡萄牙的耶稣会传教士泰修伊拉之手,他于1569年被任命为西班牙王室的地图绘制员。[④]这幅地图第一次完整地将日本收纳在一张地图之中,因其被收录在奥尔泰利乌斯的地图册中,所以成为1655年马尔蒂尼的日本地图出版之前被广泛使用的地图。

奥尔泰利乌斯是葡萄牙的地图绘制员。他从泰修伊拉手中得到这幅地图之后,1595年出版地图册的增补版时就将它收录其

---

① 关于本节中所介绍的地图详情,可参见南波松太郎・室賀信夫・海野一隆(編)『日本の古地図』(創元社,1969年)、織田武雄・室賀信夫・海野一隆(編)『日本古地図大成世界図編』(講談社,1975年)等文献。

② 参见拙稿「なぜ山梨県と呼ばれるのか一山梨県誕生の一側面一」、『甲斐路』第53号,1985年、第1～16页。

③ 参见 A. Ortelius, *Theatrum Orbis Terrarum*, Antwerp, 1595。

④ 参见 Luis Teixeira, *Iaponia Insulae Descriptio*, Antwerp, 1595。

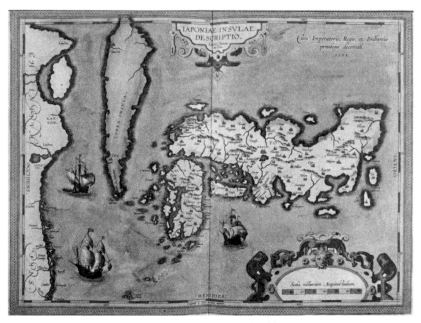

图 26：オルテリウス地図帳

184　中,开始向欧洲广泛地介绍日本。在这幅地图上,日本被描绘成
一个东西横亘的岛国,所在位置的纬度是 30—37 度,经度是
147—159 度,可谓相当准确。地图本身也用颜料彩绘而成。有趣
的是朝鲜也被描绘成岛国,而不是半岛。朝鲜以半岛的形象出现
在欧洲人的地图之中,要等到半个世纪以后马尔蒂尼的日本地图
出版之时。另外,北海道在日本地图中的出现,那可是更加后来
的事情了。

　　接下来,让我们看看甲斐国吧(见图 27)。甲斐被标记为
"Cay",画作一个类似城堡和教堂的建筑物。周围还有一些国家,
其国名分别被标记为"Muʃaxi"(武藏)、"Segemy"(相模)、"Hizu"
(伊豆)、"Surunga"(骏河)、"Vlloari"(尾张)、"Mino"(美浓)、
"Rinano"(信浓)、"Hiechigo"(越后)等等,反映了 16 世纪当时的日
本格局。拉丁文的标记方式之所以会出现一些拼写错误,可能是

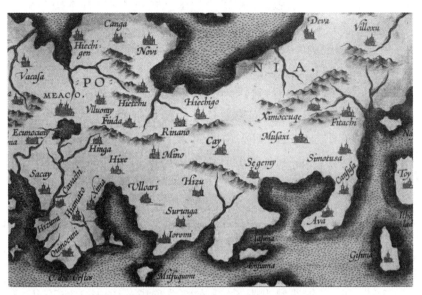

图 27：オルテリウス地図帳のCayの拡大図"

由于泰修伊拉所参考的地图经过了反复转抄的缘故。[1]

　　京都作为"Meaco"（都城）被置于地图的中央，但这绝非有意为　　185
之。在尚未知晓北海道的当时，即使从地理位置上看，京都确实就
位于日本的中心。笔者也是在仔细端详这幅地图的时候才发现这
个现象的，的确耐人寻味。

　　自此之后，Cay 就开始出现在西方的古地图之中，情形大致相
同。[2] 1650 年，布里埃的日本地图出版，这是一幅不同于泰修伊拉
地图的另一类型的地图，我们将在以后详细介绍。

　　如果将临摹图也算上的话，甲斐国首次出现在西方古地图中的

---

① 关于这幅泰修伊拉地图的研究，自 E. W. Dahlgren, "Les débuts de la cartographie du
Japon", *Archives d'Etudes Orientales* Vol. 4 (Upsal, 1911)以来，迄今已积累了相当
的成果。

② 譬如，Barent Langenes, *Iapan* (Middleburgh, 1598), Mercator-Hondius, *Iaponia*
(Amsterdam, 1606)等都属于这一类。另外，在 Mercator-Hondius 的地图中，北海道
尚未出现，而且在朝鲜究竟被标为半岛还是岛国的问题上也曾遭到人们的质疑。

最古老的文献，当属现藏于佛罗伦萨国立档案馆的《日本图》。[1] 这幅地图绘制于 1585 年，比泰修伊拉地图还要早 10 年。在该地图中，甲斐被标记为"Cay"，只是将南北方向进行了对换，虽然单纯，却极为引人注目。从地图中拉丁文标记的谬误（如将"山阳道"标为"Sandoyo"等等）来看，可以得出以下推论：佛罗伦萨人以九州三侯的遣欧使节 1585 年访问佛罗伦萨时所携带的《行基图》为底本，用拉丁文将日方人员的口头说明记录下来，再一起汇总到这幅地图上。[2] 正如奥尔泰利乌斯的日本地图中所描绘的那样，在当时的各诸侯国的位置上，都画有插着旗帜、类似城堡和教堂的建筑物，而且这些旗帜和建筑物的形状又都与西方相同。从这一点就可以推定，这张地图至少不是出自日本人之手。

三、布里埃与赖兰德

1646 年，卡尔迪姆出版了《日本殉教精华》[3]一书。1650 年，耶稣会的神父布里埃（1601～1668 年）以这本书为依据，在巴黎出版了以下我们将要介绍的这幅地图（见图 28）。[4]

这幅地图也与以前的一样，以九州为中心的日本南部描绘得比较详细，越往北则越粗略。之所以会呈现出这样的格局，就因为它也是以耶稣会传教士的地图为蓝本绘制而成的。然而，有一点值得注意的是，该地图中出现了北海道，被标记为"虾夷"。另外，这幅地图虽然显得朴素简约，不像泰修伊拉的地图那样色彩鲜艳，但是却有一个十分引人注目的独特之处，即开始用虚线来标示国境线。[5] 甲斐国的国名"Cai"用大号字母标记，而在一座用

188

---

[1] 参见冈本良知『十六世紀における日本地図の発達』（八木書店、1973 年）第 43～45 页。

[2] 参见中村拓："Les Cartes du Japon qui servaient de modèle aux cartographies européens au début des relations de I' Occident avec Japon. 1539,"*Monumenta* Nipponica Vol. Ⅱ，1965。

[3] A. F. Cardim, *Faciculus e Japponnicus Horibus*，Rome，1646.

[4] Philippe Briet, *Royaume du Iapan*，Paris，1650.

[5] Nicolas Sanson, *Description des Isles du Japon*，Paris，1652 也继承了这种在地图中标明国境线的做法。

图28: ブリエの日本地図

红色画成的类似欧洲城堡的建筑物旁边,还有用小号字母标记着的"Cai"字样,这也许是为了标明甲斐国的都城,即现今的甲府。

与泰修伊拉地图一样,这幅地图上也标明了山岳地带。一般推测认为,它也是以日本人绘制的地图为底本绘制的。据织田武雄的考证,它依据的原图可能就是现藏于福井市净得寺的《日本图屏风》系统的日本地图。[1]

这幅地图出版 5 年以后,耶稣会的神父又在阿姆斯特丹出版了新的日本地图。这就是马蒂尼(1614~1661 年)的日本地图(见图29)。[2]

马蒂尼日本地图的特别之处,就在于它第一次将朝鲜标为半岛。在处理日本国内格局的时候,它也与布里埃一样,以虚线标示国境线。直至 18 世纪,这幅地图成了欧洲日本地图的标准蓝本。即使后来它的权威地位被赖兰德和肯普福尔的地图所取代,但是在 19 世纪之前出版的地图中,它所呈现的日本形态始终最为正确。[3]

1715 年,荷兰的东方学家赖兰德(1678~1718 年)出版了他的日本地图(见图 30)。[4] 一看就知道,这幅地图是以日本人的地图为蓝本绘制而成的。根据织田武雄的推断,它的原图可能是浮世绘画师石川流宣所绘的日本图。[5] 石川流宣 1687 年出版的《本朝图鉴纲目》中的日本地图,仅仅只是一幅浮世绘画师的作品,以鲜艳的色彩绘制而成。在这幅作品中,日本呈东西长带形。赖兰德的地图虽然在所显示的日本形状的正确性方面不及布里埃的地图,但是在标示日本与周边国家的地理方位等方面却要准确得多,

189

---

[1] 参见織田武雄『地図の歴史―日本編―』(講談社、1974 年)第 151 页。

[2] Martino Martini, *Iaponica Regnum*, Amsterdan, 1655.

[3] 虽然从继承了马蒂尼地图传统的 Jan Jannsson, *Nova et Accurata Iaponiae* …, Amsterdan, 1659 中的处理方式来看,国境线和"Cai"标记都已消失,但是在 Nicolas Sanson, *Les Isles du Japon*, Paris, 1683 中却依然出现了"Cay"标记。

[4] Adrien Reland, *Imperium Japonicum*, Amsterdan, 1715.

[5] 参见織田武雄『地図の歴史―日本編―』(講談社、1974 年)第 153 页。

图 29：マルティニの日本地図

图 30：レランドの日本地図

尤其是它的画面美感十分引人注意。在 18 世纪中叶,这幅地图曾被多次刊印出版。

在赖兰德的日本地图中,甲斐国被标记为"CAAY",国境也接近现实状态。尤其值得注意的是与邻国的地理方位比较准确,而这又要归因于它所依据的原图的准确性。

四、肯普福尔与泽博尔德

肯普福尔因其《江户参府旅行日记》[①]而为日本人所熟知。与此同时,他还留下了一张日本地图(见图 31)。肯普福尔生于德国,原是一名医生。从 1690 年起,他作为荷兰商馆的医生,在日本生活过 3 年;回国以后开始撰写有关日本方面的书,却因早逝而未能

---

① ケンペル『江戸参府旅行日記』(斎藤信訳,平凡社,1977 年)。

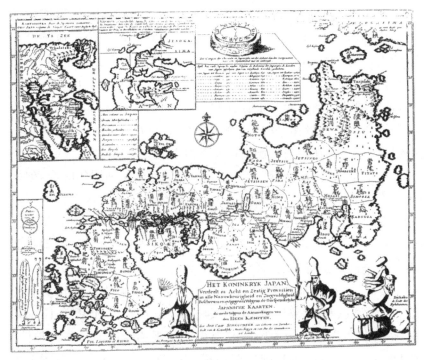

图31：ケンペルの日本地図

完成凤愿。他去世以后，遗稿以《日本志》为题出版。他留下的这　　190
幅日本地图，也是在他去世后由肖伊泽尔翻刻出版的。①

　　在这幅地图中，甲斐国被标记为"KAI"，并在标音上端标有"甲
斐"二字。与赖兰德的地图相比，该地图所呈现的日本形状虽然更
加接近实际，但是笔者对它总有一种异样的感觉。之所以如此，就
是因为这幅地图总体上让人感受到一种西方人所建构出来的、至
今仍在继续着的日本观的气氛。

　　笔者总在思考着一个问题：这个时期，西方人的日本观和东亚
观真的已经形成了吗？换言之，这一时期可以说是西方人建构出
来的、想象中的世界形象逐渐形成过程中的草创期，他们所想象的

---

① 参见 E. Kaempfer & J. C. Scheuchzer, *Het Koninkryk Japan*, 1740。

191 亚洲并非真实的亚洲,而是实际上不存在的"orient".① 泽博尔德 (1796~1866年)是一位无法与日本地图割舍的人物。他是一个 德国人,1823年,作为长崎荷兰人居住区的医生来到日本,并开设 了众所周知的"鸣瀑塾",向日本人传授西方的科学知识。1826 年,他随同荷兰商馆馆长前往江户拜谒幕府将军,在那里结识了幕 府的天文官高桥景保,并从高桥手中得到了伊能忠敬的《大日本沿 海舆地全图》。在当时,无论是从政治上还是从军事上说起来,地 图都属于国家的最高机密。1828年,当泽博尔德回国的时候,他托 运行李的荷兰商船不幸触礁,这幅严禁携带出境的地图被检查人 员发现。于是,赠送这幅地图的高桥景保在江户被捕,第2年在狱 中身亡;泽博尔德也在长崎的荷兰人居住区被软禁1年,随即被驱 逐出境。这就是所谓的"泽博尔德事件"。

192 然而,在这幅地图被没收之前,泽博尔德就已经将其复制完 毕,后来得以秘密带回欧洲。1840年,他在荷兰出版的日本地 图——《日本人绘制的原图以及根据天文观测绘制的日本国地图》 (见图32)②即以此为基础绘制而成。1851年,他又在该地图上增 补了"虾夷"、"千岛"、"桦太"等北方的地图,以《日本国陆海地图 册》的标题出版。③

由于泽博尔德的这幅地图是以伊能忠敬的地图为底本的,因而 甲斐国的状况被描绘得极其准确。然而,其中有些地名的标记方 式却也颇为有趣,特归纳如下:

Kai/Nodasiri, Futsiu, Kuribara, Iwasa("石和"之误), Ohotsiki, Tsuruse, Kuronoda, Nakayama, Tsusaki, Taigavara,

---

① 爱德华·萨义德的《东方主义》(日文译本为:エドワード·サイード『オリエンタリ ズム』,平凡社,1986年)一书虽然没有专门讨论西方人的日本观,却对理解这个问题 很有启发性。

② Philipp Franz von Siebold, *Karte vom Japanischen Reiche nach Originalkarten und astronomischen Beobachtungen der Japaner*, Leiden, 1851.

③ Philipp Franz von Siebold, *Atlas von Land-und Seekarten vom Japanische Reiche*, Leiden, 1851.

图 32：シーボルトの日本地図

Nirasaki，Sirane/Kokusit？ge，Kinbosan，Fowodake，Tenmokusan，
Sitsimensan，Minobujama，Fusijama，Kamanasigawa，Tsurugawa，
Fusigawa．

五、从"Cay"到"Kai"——地名标记方式的变迁

　　以上所述，即西方古地图中关于甲斐国的概况。除了本文中
所提及的地图之外，仅笔者目力所及，由欧洲人绘制的日本地图
竟有将近50幅。就这些地图的基本格局而言，以上所介绍这几
幅最具代表性。正如迄至泽博尔德的地图所反映出来的那样，
此后的地图都以实测数据为基础，不再有掺入人们想象因素的
余地了。

　　从泽博尔德的地图算起，在不到半个世纪的时间里，"甲斐"的
国名就改成了"山梨"。就笔者所见，西方第一幅将"甲斐"标记为
"山梨"的地图，当属哈森斯泰因的1887年版日本地图。在其1885
年版的地图中依然标记为"甲斐"，而在1887年版中则采用了"3府

39 县"的名称,将"甲斐"改成了"山梨"。①

193　　1871 年的废藩置县直到十年以后才在地图上反映出来,很难判断这究竟是快还是慢。甲斐的国名是否要改成"山梨",这对于外国人而言并没有多大的必要性。即使是那些居住在山梨县的人们,在废藩置县已经过了十多年之后,也仍然使用着"甲斐国"、"甲洲"之类的词语。②

另外还有一个饶有趣味的问题,即"甲斐"是如何用拉丁字母标记的? 如前所述,其变化经历大致如下:"Cay"(泰修伊拉,1595 年)→"Cai"(布里埃,1650 年)→"CAAY"(赖兰德,1715 年)→"KAI"(肯普福尔,1740 年)→"Kahi"(泽博尔德,1840 年)。

在 18 世纪以后的地图中,作为郡名的"山梨"和"八代"分别被标记为"Jamanassy"和"Jaatsyto",③或者"Jammanassiro"和"Jaatsiiro"。④

值得注意的是,在肯普福尔 1790 年版的日本地图中,没有出现"Kai"的标记,只是在"Sinano"的东侧标记着"Jamana∫siro"和"Jaatsiiro"。

在当今时代,英语几乎已成为"外语"的代名词,甲斐的拉丁字母标记方式被统一为"Kai"。然而,就笔者而言,出于对历史的兴趣,反而对"Cay"和"Cai"这一类标记方式更有亲近感。这种标记方式的演变历史,实际上也就是对日本表现出极大兴趣的西方各国自身演变的历史,也反映出他们自己的兴衰历程。面对所有用拉丁字母标记的名称,现在的人们都理所当然地根据英语发音进行

---

① 参见 Bruno Hassenstein, *Atlas von Japan*, Leipzig, 1885(和 Leipzig, 1887)。另外,通览西方古地图中的日本地图,即使在进入江户时代以后,标记地名的时候也没有采用当时的藩名,而是仍然采用之前的诸侯国名,这一现象值得深思。

② 参见前引拙稿「なぜ山梨県と呼ばれるのか―山梨県誕生の一側面―」,『甲斐路』第 53 号,1985 年,第 1~16 页。

③ 譬如:J. N. Bellin, *Carte de L'Empire du Japon*, Paris, 1764。

④ 譬如:Zatta(Antonio & Sons), *L'Impero del Giapon*, Venezia, 1785。

拼读,其实这种习惯的形成时间甚至还不足半个世纪。上述标记方式演变的历史,再次让人们切实地感受到了这一现代习惯的短暂性。

除此之外,笔者面对着这些地图又想到了另一个问题,即判断某一种地图正确与否的标准,并不仅限于其与实际地理状况之间的误差程度。随着人类知识的进步,地图会变得越来越准确。如何发现每个不同时代的地图所要求的具体内涵,反而显得更为重要。人们只需将耶稣会传教士的地图与肯普福尔以及泽博尔德的地图稍作比较,就能十分明显地体会到这一点。与此同时,这还应该根据地图的绘制方法进行逆向推测。现在,人们在日常生活中频繁地使用着名目繁多的地图,譬如从车站到百货商店的路线图、以大型建筑物为标志的区域图、公共汽车的行驶线路图等等。从是否正确地反映实际地理状况这一点而言,这些地图都是不靠谱的。然而,这种"不靠谱"的结论,是在"地图必须以正确反映实际地理状况"这一前提下引导出来的;如果站在这些地图使用者的立场上来考虑问题,它们就是非常"正确"的地图。

迄今为止,我们在对待地图的问题上,是否过于死板地强调所谓的"科学主义"了呢？如果从这样的视角来审视地图的话,我们就可以从各种各样的地图中,清楚地看到这些地图之所以被绘制出来的目的和动机。

六、西方古地图中为何不见富士山的踪影

在以上论述中,笔者介绍了甲斐国在西方古地图中的定位历程。实际上,其中还有一个非常重要的事实值得关注,即富士山不见了踪影。通览这些古地图,人们会产生一个相同的疑问:为什么都没有"富士山"呢？

毋庸置疑,在地图上绘制什么内容,这其实完全取决于绘制者的主观意识。在欧美国家中,富士山几乎已经成为日本的代名词。笔者本人的实际经历充分证实了这一点。即使是在日本人的心目中,也将富士山与樱花一起视为日本的象征。然而,至少在明治时

代以前,西方人绘制的日本地图,几乎都与富士山无缘。这种现象与现代西方人关于日本的常识之间差异明显。

无论是泰修伊拉的地图,还是布里埃的地图,它们都各自在"Cay"和"Cai"的以南区域绘有起伏的山峦。可见,他们知道甲斐国是山区,然而也仅限于此。以笔者目力所及,最早触及富士山的,是金纳洛于 1641 年出版的日本地图。[①] 它在"Cai"的南边画了一座格外显眼的高山,并标有"Fujiyama"的字样。根据笔者的调查,金纳洛之后,迄至 1740 年肯普福尔的地图问世之前,没有任何地图触及富士山。在肯普福尔的这幅地图中,也只是在位于"SURUNGA"和"SANGAMI"的边界线上,画了一座标有"Fusyama"字样的小山。然而,在肯普福尔 1790 年版的日本地图中,却不见了富士山的踪影。[②] 在 1764 年贝朗的地图中,虽然有一座大山位于"Suruga"(骏河)的南侧,但是却没有标写名称。作者能够绘制出如此正确的地图,却在标示富士山的位置时显得如此不靠谱。

在笔者看来,之所以会出现这种状况,基本上可以归于以下原因:迄至幕府时代末期,到日本来的西方人大多都在九州登陆上岸,他们中的多数人即使来到京都,也往往不再继续东行。换言之,他们心目中的日本就是西日本,富士山则是一种遥远的存在而已。

到了江户时代,在被允许居住在长崎荷兰人居住区的西方人中,只有极个别人能够在前往东京拜谒幕府将军的途中,才能有幸获得看到富士山的机会。肯普福尔之所以会在那幅 1740 年版地图中史无前例地画上富士山,正是因为他本人有机会看到了富士山。人们一旦亲眼目睹了富士山的倩姿,绝对不可能再忍心将它从地图上删除掉。肯普福尔在其《江户参府旅行日记》中对富士山

① Bernardino Ginnarro S. J. , *Saverio Orientale o vero Istorie de' Cristiani illvstri dell' Oriente*, Napoli, 1641.

② Kaempfer and the Portuguese, *The Empire of Japan*, 3vols. , London, 1790.

如此描述道：

> 其形如圆锥，左右均等，庄重威凛，虽草木不生，亦当属世
> 上最美山峰。①

不仅如此，在肯普福尔的 1740 年版日本地图中，虽然出现了
众多山峰，标注山名的却只有富士山。正因为如此，即使这幅在他
去世半个世纪以后的 1790 年在伦敦再版的日本地图中不见了富
士山，只要我们将其视为不曾到过日本的作者们重新绘制的一幅
原版地图，一切也就变得理所当然了。他们的这幅地图确实是以
日本人绘制的地图为蓝本而制作完成的，然而绘制过程中的取舍
和增减，却是取决于作者们自身的经验，这一点也颇为令人深思。
由于这个缘故，在未曾到过日本的地图绘制专家贝朗的地图中，也
许根本没有提及山峰的名称。

根据笔者的经验，日本人对于富士山的爱恋，应该说仅限于在
面对外国人的时候。在国内，充其量也就是甲洲人或骏河人到外
地去的时候显示故国豪情的资本而已。即便如此，在不允许人们
自由往来的江户时代，能够显示这种故国豪情的人数也是十分有
限的。对日本人而言，"森林石松的富士豪情"和"骏河豪情"等流
行语可谓耳熟能详，不过这是直到幕府时代末期才出现的。毋庸
置疑，从遥远的平安时代开始，富士山就作为"灵峰"而被日本人所
熟知。然而，如果我们就此断定富士山已是日本的代名词，从历史
的角度看来，是否有过度解读之嫌呢？

在笔者看来，富士山成为西方人印象中的日本代名词，应该是
始于德川幕府的末期，因为从那时起西方人进出日本的通道已经
转为以江户为中心的区域。遥立于江户城西方的富士山，不仅吸
引着日本人的眼球，一定也引起了外国人的关注。

196

---

① 参见 Kaempfer and the Portuguese, *The Empire of Japan*, 3vols., London, 1790，第
158 页。

伊莎贝拉·伯德在其《日本腹地纪行》中,记载了她 1878 年春天在东京湾第一次看到的富士山美景:①

197

> 在甲板上,对富士山的赞美声不绝于耳。于是,我环顾四周不停地寻找富士山,可是没有找到。当我猛然把目光从地上移到了天上,一座耸立在高空之中的圆锥形巨峰突然映入眼帘。海拔 13080 英尺,顶部白雪堆积,美丽的曲线一展无遗。皎洁的身姿飘浮在淡蓝色的天空中,山麓和周边的山丘被笼罩在淡灰色的山雾之中。

换而言之,作为日本代名词的富士山,就是幕府时代末期和明治时代以后的产物,它伴随着西方人的来日通道由西而东的转变,同时也伴随着富士山由信仰的对象向作为体育运动项目中登山对象的转变。总之,人们观察富士山的目光发生了变化。现在,笔者正在关注张伯伦的《日本旅行记》。② 这本书首版于 1881 年,其后连续出版至 1913 年,代表了西方人在进入了由东日本(尤其是横滨)入境的时代之后的新型日本观。我们有理由相信,无论是从思想史的角度,还是从社会史的角度,关于富士山的研究是值得期待的。

---

① 参见 Isabella L. Bird, *Unbeaten Tracks in Japan*,1885. 高梨健吉訳『日本奥地紀行』
（平凡社,1973 年）第 3 页。

② Basil Hall Chamberlain et all, *Handbook for Travellers of Japan*, Yokohama/London, 1881 - 1913.

第四章　历史叙述的规范与认识

第一节　认识的历史学与规范的历史学①

　　历史叙述的特性并非取决于其要素的结合方式,恰恰是历史叙述在一种文化整体中的地位和作用,决定了历史叙述的部分特性及其要素的结合方式。即使历史叙述的一部分性质发生了变化,其整体性质仍然能够得以保存。

---

① 本节内容最初以"Cognitive Historiography versus Normative Historiography"为题,于 1995 年 7 月 19 日在德国比来菲尔特(Bielefeld)大学跨学科研究所举行的历史哲学国际研讨会上正式发表。这次国际研讨会的会期为 7 天,由当时比来菲尔特大学教授(现任艾森[Essem]高等研究所所长)约恩·吕森主持筹划召开。剑桥大学的彼得·伯克教授首先以"全球视野下的西方历史认识"为题,做了具有挑战性的主题讲演,接着来自世界各国的 40 位历史学家在对伯克讲演展开批评的基础上,围绕着历史认识问题各抒己见。迄今为止,笔者应邀参加各类国际研讨会达 50 次以上,然而像此次这样辩论如此激烈、知识信息如此丰富的研讨会实属罕见。在整个会议期间,甚至每天晚餐之后与会者们还会继续讨论到深夜,不得不承认这次研讨会筹划的成功。研讨会结束以后,筹委会选取 20 篇参会论文,组织出版了德语版论文集:Jörn Rüsen (Hg.), *Westliches Geschichtsdenken：eine interkulturelle Debatte*, Vandenhoeck & Ruprecht, 2000, 320pp。不久之后,论文集的英语版随即问世:*Western Historical Thoughts：An intercultural debate*, Bergaham Book, 2002, 206pp。本节即在对被这两本论文集收入其中的拙稿("Kognitive Geschichtsschreibung-Normastive Geschichtsschreibung"和"Cognitive Historiography and Normative Historiography")进行增补之后而成。

一、历史理论的区域性与时间性

一般而言,关于历史叙述的研究有两种方法。一是纯粹理论化的表述方法,二是以文化差异性为出发点的表述方法。

关于历史的理论性探究,在传统上属于历史哲学领域,近年来还出现了分析的历史哲学。这是一种抽象度极高因而也是纯理论性的讨论。然而,就其传统而言,却是极为西方式的,这是谁也无法否认的事实。说它是"理论性的",也就意味着其中并不包含文化的断面因素或者泛文化因素。

所谓理论性的即是普遍性的——在这种惯性思维方式的大背景中,就有了始于 17 世纪欧洲的科学革命。随着西方科学在世界范围内的传播而被过度解读,人们越来越习以为常地接受了这样的观点,即凡是西方的学问和知识都具有普遍性。如果从科学社会史的视角来审视历史学的历史,现代历史研究模式走向全世界的开始时间,比科学革命晚了近两个世纪。

19 世纪下半叶在德国诞生的实证主义史学,伴随着作为学术研究基地而诞生的新型学术体制——大学——取代原有的科学院向全世界的普及,在世界各国催生了职业历史学家。即使在非欧世界里,这种起源于西方的历史研究方法也逐渐普及开来,那些在大学里获取薪金生活的历史学家们运用这种研究方法,将各自心目中的人类过去写成历史著作。甚至在具有 2000 年以上领先于世界的独特历史叙述传统的中国,也同样转向了西方式历史叙述,这不能不让人感叹。

从 19 世纪开始走向世界的西方式历史研究方法,实际上是一种比较高超的历史叙述技法。伯伦汉的《何为历史?》①一书曾经在

① Ernst Bernheim, *Einleitung in die Geschichtswissenschaft*, Berlin, 1905. 日语译本以『歴史とは何ぞや』为题,首版于 1922 年。在此之前,Ernst Bernheim 的另一部著作 *Lehrbuch der historischen Methode*, Berlin, 1889,也曾经在日本的历史学家中间广泛流传。

东亚地区发挥过核心作用,然而与其说这本书是对历史叙述的理
论思考或者哲学思考,倒不如说是关于历史研究方法的探讨。东
亚的历史学家们,对该书的第 2 章"历史学的工作领域"和第 3 章
"历史学的研究手段"的兴趣尤为浓厚。譬如,坪井九马三和梁启
超除了将书中的具体事例分别置换成了中国的和日本的内容之
外,几乎是原封不动地将伯伦汉的第 2 章和第 3 章内容写进了他们
自己的史学概论之中。① 在日本的大学里,这一类史学概论著作一
直流行到 1970 年代上半期社会史研究的兴起为止。

　　在东亚地区,作为世界上第 1 本真正的历史理论著作,中国的
刘知几(661～721 年)所著《史通》一书早在 8 世纪就已经问世。
然而,除了进入明治时代之后的个别历史学家②之外,这本书的重
要性似乎并未引起重视。究竟为什么人们对历史理论的兴趣如此
淡薄?

　　每当笔者想到这个问题的时候,总是会将拉·波普利尼埃尔与
刘知几做比较。在笔者看来,就"历史叙述的理论化"这一点而言,
刘知几的《史通》在将"历史"进行理论化梳理方面所达到的高度,
远远超过拉·波普利尼埃尔的《完善的历史思想》(1599 年)。譬
如,拉·波普利尼埃尔关于历史之客观性的理论,仅仅只是为了突
破"罗马教廷对胡格诺派"这一欧洲固有的"关于历史现实的历史
叙述模式"而诞生的。相比之下,刘知几的理论则将着眼点置于历
史学家本身的存在意义之上,因而其内容更为全面和完善。刘知
几在论述中所使用的"品藻(＝分类和评价)"、"直书"、"曲笔"、"鉴
识"等概念,就相当于西方式概念术语中的"客观性",直接涉及到
历史叙述的实际内涵。③

　　有一点必须引起人们注意的是,正如《史通》一书的各章标题

205

---

① 参见坪井九馬三『史学研究法』(早稻田大学出版部,1903 年)和梁启超《中国历史研
　究法》(商务印书馆,1922 年)。
② 参见内藤湖南『支那史学史』(弘文堂、1949 年)和田中萃一郎「劉知幾の史学研究法」
　(『田中萃一郎史学論文集』所收,丸善,1900 年)。
③ 参见刘知几《史通》第 7 卷。

本身所显示出来的那样,所谓"理论"实际上是一种在某种文化约束之下的存在。笔者在阅读《史通》的过程中有一种感觉,即刘氏历史理论的普遍性,仅仅只是一种被限定于"接受了中国式传统史学的东亚世界"这一时空范围之内的普遍性而已。换而言之,人们即使对这种"普遍性"进行了理论化抽象,也无法克服它的地域性和时间性的局限。所谓"地域性",就是指历史术语本身受制于其历史社会状况这一事实;所谓"时间性",就是指作为构成《史通》产生的时代背景的世界体系现在已经不复存在这一事实。[①]

笔者在此重申以下事实:19 世纪以后,随着被称为"西方体系"的政治、文化、社会、思维、生活方式等在全世界范围内的普及,西方的历史叙述也同步走向了世界。于是在世界各地,人们有必要以这种新型体系为基点,重新构筑自己的历史框架。第二次世界大战之后,日本以及中国的历史学家们关于封建社会的大讨论,就是其中一例。[②]

这种世界体系由东亚型向西方型的转换并非一帆风顺,其间夹杂着一些值得特别注意的文化上的摩擦和瓜葛,甚至延续到了 21世纪的今天。如果针对历史意识和历史认识进行深查细究,结果就只能够诉诸人类学的方法。

二、文化核心的多样性

迄今为止,许多学者习惯于将东亚历史学家的鼻祖司马迁与欧洲历史学的开山祖希罗多德或修昔底德进行比较,开展了比较史学史的研究。然而,他们虽然都使用了"历史"这个词语,却并没有思考过这样一个根本性问题,即东亚社会里的"历史"所具有的地位及其所发挥的作用是否与西方社会的"历史"相同?

笔者以为,我们首先必须考虑历史叙述在各自文化中的地位和

---

① Burton Watson, *Ssu-ma Ch'ien*, *Grand Historian of China*, New York, 1958, p. 104
(今鹰真訳『司馬遷』,筑摩書房,1965 年)。
② 参见鈴木俊·西嶋定生編『中国史の時代区分』(岩波書店,1957 年)。

作用,然后才能对各种文化之间的历史叙述进行比较研究。

东亚社会的历史叙述采取了"历史编纂"的形式,大部分都作为国家工程而展开,由此编纂而成的"正史"构成了历史叙述的核心。在东亚社会中,文化上的"通力协作"工程就体现在历史叙述领域里。那么,在其他的文化圈里,相当于东亚社会中历史叙述的"通力协作"工程究竟是什么呢? 这是笔者提请人们思考的一个问题。①

就从中国说起吧。在过去的两千年间,中国的历史叙述始终以作为国家工程而编纂的"正史"为核心展开。司马迁的《史记》被后世列为正史之首,迄今已有 24 部正史问世。从这些作品所反映出来的特点来看,正史可谓具备了百科全书式特色。司马迁创建的纪传体,其实就是将一个完整的世界(包括政治、经济、社会、文化、技术等等)汇总在一个统一的框架之内。可以这样说,历史叙述作为一种全面记述世界体系的手段而被延续至今。② 这样的事实不容否认:在日本、朝鲜、越南等其他东亚国家,尽管存在着程度上的差异,历史编纂也都是被作为国家工程而展开的。

207

在西方社会中,这种文化上的"通力协作"被用于圣经和罗马法方面。从"记述的神圣性"和"伟大的注释"这一传统来看,"圣经注释"无疑就相当于西方文化中的"通力协作"工程。由查士丁尼皇帝集大成的《民法大全》(529～534 年),其内容涉及社会生活的所有方面,实际上超越了法典的范围,成为记述整个罗马社会的百科全书。就这一点而言,它完全能够与中国的正史相提并论。

在印度,大约与司马迁的《史记》同时问世的《摩奴法典》的地位,似乎也应该相似于中国的正史。之所以这么说,就是因为它全面地记述了作为一种体系的印度社会,内容涉及古代印度严格的种姓制度、婆罗门的生活准则、国王的作用、赎罪及解脱等等各个

---

① 1970 年代,笔者曾师从金泽大学名誉教授增井经夫先生研读《史通》,这个主题就是从当时的讨论中归纳出来的众多题目之一。
② 参见增井経夫『中国史―そのしたたかな軌跡―』(三省堂,1981 年)。

方面。它与其说是一部法典，倒不如说是一部人生的百科全书。

伊斯兰世界里的"通力协作"工程当属《古兰经》，这一点毋庸置疑。它的记述始于神的观念，却涉及到婚姻、继承、交易等等人世间的所有方面。与此同时，在这些《古兰经》式规范的基础上形成的伊斯兰法律，最全面而充分地显示出了"伊斯兰"体系的特质。

如以上所述，在许多文化圈和国家中，"通力协作"整合的载体是法律；而在东亚世界，历史却成了"通力协作"整合的载体，这是一个值得注意的特点。另一方面，在 19 世纪以前的西方社会里，文化上的"通力协作"整合的载体不是历史叙述，这也是无可争议的事实。17 世纪西方的"史学革命"，从质疑罗马法与日耳曼习惯法的关系开始发端，这本身就暗示着历史学作为学问的应有地位，不能不说是一件意味深长的大事。[1]

三、作为"通力协作"的历史

19 世纪之后席卷全球的西方式历史叙述究竟具有怎样的特征？彼得·伯克列举了 10 个关键性概念，认为正是它们之间各种不同组合的独特性造就了西方的历史叙述。这 10 个关键性概念包括"进步与发展"、"历史的观点"、"历史主义"、"作为行为主体的集团"、"认识论与历史知识"、"原因与结果"、"客观性"、"量化研究"、"作为文学形式的历史叙述"、"时间与空间"。除了"量化研究"一项之外，在东亚世界传统的历史叙述的基本要素中，也同样可以发现与伯克列举的这些关键性概念相当或相似的概念。[2]

在彼得·伯克看来，这些概念的组合方式比各个概念本身更为重要。这个说法非常中肯，因为人们不应该忘记，从这些概念的组合中能够一窥过去对现在所发挥的作用。

[1] F. Smith Fussner, *The Historical Revolution: English historical writing and thought*, 1580–1640, Greenwood Press, 1976.

[2] Peter Burke, "Western Historical Thinking in a Global Perspective-10 Theses", in Rüsen (ed.), *Western Historical Thoughts*, pp. 15–30.

然而,如果将这个问题放在东亚的表述传统中,或者更确切地说是放在日本的表述传统中来讨论的话,在组合的背后还存在着另外一个大问题。譬如,关于审判与历史学的关系问题,在日本的历史文化中,这两者的邂逅并没有产生任何新的东西。如果人们要探究一下为什么会是这种结果,无外乎就会得出这样的结论:这与历史叙述在日本社会文化中所发挥的作用有很大的关系。

209

笔者的观点可以概括如下:"历史叙述的特点并不取决于其要素的结合方式,相反,历史叙述的部分特点及其要素的结合方式,往往取决于历史叙述在一种文化整体中所占的地位和所发挥的作用。即使它的部分性质发生变化,然而它的整体性质却能够得以保存。"

历史叙述在各自的文化中究竟发挥过什么样的"社会的"、"文化的"和"政治的"作用呢?这是我们首先必须探讨的问题。说起"过去"所发挥的作用,即使是相同的"过去",处在各不相同的文化中,其差异十分显著。历史叙述的个别概念,应该被运用于对这一现象有了明确理解之后。"历史"或者"过去"在日本或者中国社会中的地位和作用,完全不同于西方社会,明确这一点是我们继续展开讨论的第一步。

作为东亚历史叙述的原型,中国传统史学具有两大特征,我们的探讨将由此展开。特征一,历史叙述主要是国家工程,众多历史著述都是在政府的史馆内完成的。每个王朝史馆的首要任务就是收集和保存史料。每逢新旧王朝交替,新王朝的史馆都会继续担负起前任的责任,并根据前任存留下来的史料编纂前朝的正史。这种传统始自公元前1世纪问世的《史记》,延续至今从未间断,正史的数量已经达到24部之多。

特征二,是关于"为什么撰写历史"的问题。这个问题涉及到人们的这样一个观念:只有历史的事实才是人类所有活动的记录。人类活动的记录之所以重要,就因为它是人类做决断的时候唯一可供参考的依据。一般认为,在儒教占统治地位的中国社会,不像基督教世界那样存在着绝对无谬的唯一神,因而只有历史事实成了人类进行一切是非判断的唯一依据。① 实际上,这也是一种以儒教为国家意识形态的东亚各国共有的思想观念。正因为如此,历史叙述就必须是正确的和客观的。刘知几在其《史通》的"外编·史官建置第一"明确地写道:

210

> 夫人寓形天地,其生也若蜉蝣之在世,如白驹之过隙。犹且耻当年而功不立,疾没世而名不闻。上起帝王,下穷匹庶,近则朝廷之士,远则山林之客,谅其于功也名也,莫不汲汲焉孜孜焉。夫如是者何哉?皆以图不朽之事也。何者而称不朽乎?盖书名竹帛而已。向使世无竹帛,时阙史官,虽尧、舜之与桀、纣,伊、周之与莽、卓,夷、惠之与跖、蹻,商、冒之与曾、闵,但一从物化。坟土未干,则善恶不分,妍媸永灭者矣。苟史官不绝,竹帛长存,则其人已亡,杳成空寂,而其事如在,皎同星汉。用使后之学者,坐披囊箧,而神交万古,不出户庭,而穷览千载,见贤而思齐,见不贤而自省。若乃《春秋》成而逆子惧,南史至而贼臣书,其记事载言也则如彼,其劝善惩恶也又如此。由斯而言,则史之为用,其利甚博,乃生人之急务,为国家之要道。有国有家者,其可缺之哉。②

211

由此可见,历史在东亚社会中占据了极为重要的地位。根据中国和朝鲜的通常做法,史馆将前朝的正史编撰完毕之后,之前所收集的史料都将被废弃。之所以如此,是由于正史一旦以政府的名义出版发行,其本身就会带有神圣性,因而就能避免后人进行重写或改写等。为了确保正史的神圣地位而废弃史料,这是最有效的手段。在李朝时代的朝鲜,史料都是被烧毁处理的。

---

① 参见吉川幸次郎「東方における人と歴史の概念」,『吉川幸次郎全集』(筑摩書房,1973年)第1卷,第170~180页。
② 参见刘知几(增井经夫訳)『史通』(研文出版、1981年)第178~179页。(原文引自[清]浦起龙著、王煦华整理,《史通通释》,上海古籍出版社,2009年,第280~281页。——译注)

　　然而,日本却在保存原始史料方面表现出了极其强烈的执着,这看上去与上述情况完全相反,也是一个有趣的现象。最为著名的事例,就是始于塙保己一编辑的史料集《群书类从》(1779 年至今),堪与《德意志史料集成》(*Monumenta Germaniae Historica*,1819 年至今)相媲美。在东亚世界中,唯独日本具有这种重视保存原始史料的观念,可谓一大特征。

　　日本为什么能够在东亚世界中率先接受近代德国实证史学?虽然学界对此有各种见解,但是依笔者之见,产生这种现象的背后有一个被人忽略的前提,即日本在引进近代西方史学之前就编辑了规模宏大的"史料集",并且还有西方人所说的"古文书学"传统。[①] 就这一点而言,日本即已具备了与近代西方史学极为相似的史学经验。德国近代实证主义史学在海外的销售特色就是"史料运用的技艺",它与日本固有的数量庞大的古文书和古文书学的遭遇,使得它在欧亚大陆东端的岛国上找到了预期之外的销售伙伴。

212

四、历史研究与审判

　　在以上确认了东亚文化中历史叙述的地位与作用之后,我们将从东亚,尤其是日本的角度继续探讨一下彼得·伯克提出来的几个关键性概念。

　　正如伯克也曾指出的那样,历史研究和审判制度之间的相似性,应该是西方人的突发奇想。[②] 假设在明治时代引进西方史学之前,日本的历史学家看到了卡尔洛·金兹博克(Carlo Ginzburk)的《审判官与历史学家》(『裁判官と歴史家』,平凡社,1992 年)一书的标题,肯定会产生一种不可思议的眩晕感:难道历史学家的地位就那么卑微吗? 紧接着,也许脑海中就会闪过这样一个念头:"所谓历史学家,可能就是从政府手里获得了裁决历史人物的特别权

---

① 参见伊木寿一『日本古文書学』(雄山閣,1995 年)第 18～37 页。

② 参见 Burke, "*Western Historical Thoughts*"。

限的审判官。"

虽然在表现程度上不如中国,但是在日本同样也存在着这样的观念,即历史学家的重要性远远超过审判官,这一点毋庸置疑。在东亚世界人们的心目中,所谓"历史"就是创造"过去"。比起对与某个特定事件相关的个人或集团进行审判这种行为来,历史学家的工作更加伟大。即使在日本近世时期历史学家的著作中,也丝毫看不出任何有关历史叙述与审判之间相似性的内容。

假设历史研究包含了像追溯因果线索那样的探秘要素,东亚世界也会与西方世界一样,理所当然地产生有关历史叙述与审判之间相似性的观念。然而,无论是在日本还是在中国,都未曾发现审判与历史的相似性。

西方的读者们或许会感到惊讶,日本从 7 世纪以来就有了进行司法审判的传统。12 世纪的时候,鉴于当时伪造古文书的泛滥,甚至开启了通过辨别古文书的真伪对土地诉讼进行司法判决的传统先例。然而,这种传统并没有与历史研究相结合。①

213　　在笔者看来,1868 年的明治维新以后,日本的历史学在完成了由传统的中国史学模式向以德国兰克史学为范例的西方史学模式的转换之后,才开始产生"作为过去之审判官的历史学家"这种意识。素有"抹杀博士"之称的重野安绎,堪称其中的典型代表。他将审判官式历史研究的方法运用于日本史研究之中,通过研读《太平记》,证实了日本历史上著名武将——14 世纪的儿岛高德是一个虚构的人物。②

这种历史研究模式始自西方史学导入以后,这一事实与以下两个倾向有关:一是历史叙述中国家作用的逐渐弱化,二是作为新兴学术机关的大学逐渐缩小为单纯的学问领域。换言之,历史学家为了在大学这一新型的职业岗位上生存下去,每一个人必须掌握

---

① 参见佐藤进一『古文書学入門』(法政大学出版局,1971 年)第 4～5 页。

② 参见重野安繹「儿岛高德考」『重野博士史学論文集』中卷(雄山閣,1938 年),第 577～590 页。

专业技能,于是就开辟出诸如史料学、因果关系、史料批判等专业领域,以显示自己与非职业历史学家之间的差异性。作为历史研究一个组成部分的古文书学,也是在西方范型的历史学进入日本之后首先出现在受雇于大学的历史学家之中。

在西方,由于历史研究的职业化,历史学史无前例地成了独立的学术领域。相反在东亚,由于近代西方历史学的到来,以对过去世界进行总括性叙述为宗旨的东亚式历史叙述逐渐弱化,并迎来了终结。

五、作为"创造过去的学问"的历史

如果从"分析的"和"思辨的"这一两元对立的模式观察历史学,东亚的历史学也许能够被列入"分析的"范畴,更确切地说,实际上应该属于创造过去的学问。

由近代西方史学的概念范畴衍生出来的"历史学或是分析的、或是思辨的"这一模式,无法恰如其分地适用于东亚的传统史学之中。在东亚世界,历史学居于与创造规范相关的崇高地位,因而"创造过去的学问对分析的学问"这一模式,也许能够更加准确地描述出东亚的历史文化。可以这样说,历史叙述是创造过去的学问,也就是确立过去的学问,而将其传承下去的"历史学习"则就是分析的学问。

笔者将以日本的历史叙述传统为例,对此稍加说明。日本与中国一样,历史书的编撰工作也是在政府的主导之下进行的。这个撰史传统从 720 年成书的《日本书纪》开始一直延续不断,甚至连作为日本近代政府而于 1868 年成立的明治政府,最初也在太政官设立了修史局,企图继承这一传统。①

作为分析学的传统,可以举"日本纪讲筵"为例。这是自 8 世纪初至 10 世纪下半叶,日本宫廷里举办的一种正式的定期集会活动,内容是讲读《日本书纪》,出席者包括太政大臣以及所属众

214

---

① 参见大久保利谦『日本近代史学の成立』(吉川弘文館,1988 年),第 70 页。

多公卿和高级官僚。3 卷本的《日本纪私记》就是这一讲筵的全部记录,人们可以从中一窥其具体真相:讲读活动的主要重点并不在于对《日本书纪》进行批判性检讨,而是像西方的"圣经注释"那样,将《日本书纪》视为一种圣典、致力于对其本义进行理解和解释。①

六、普遍性

在东亚的历史叙述传统中,不偏不倚的中立性和客观性是史家追求最为强烈的目标。历史叙述的方式受制于各自不同的文化类型,客观性也就以与其历史叙述相应的方式而得以实践。

以东亚的正史里所采用的"传记"为例,史家往往都是先记述尽量不夹杂自己个人价值判断的"公认事实",最后再加上史家的评语。这在《史记》中被称为"评",在《大日本史》中被称为"赞"。可以说,这样的叙述方式是保证东亚型历史叙述中最具特色的中立性的方法。

在讨论"偏见"的时候,首先必须从"偏见"的定义开始。在西方近代社会,所谓"从偏见中解放出来"云云,往往指从宗教的和政治的党派性中获得解放。然而,在东亚社会中,似乎不曾有过将历史叙述当作政治斗争工具的意识。中国的正史基本上都是记述业已灭亡的王朝事迹,日本的历史叙述也不会涉及现实问题。

在东亚世界里,所谓的"客观性"更多的是对历史学家本人的人格要求,而不是针对历史叙述本身而言的。流传于中世纪朝鲜的一则故事,非常贴切地反映出了在关于这种客观性问题上的东亚精神。

1413 年,朝鲜的《太祖实录》即将完成之际,世宗提出想要提前阅读一下。这时有一位大臣劝谏道:"这部史书所写的内

① 参见大田晶二郎「上代における日本書紀講究」『本邦史学史論叢』上卷(富山房,1939年)第 367～422 页。

容是为了以当时之事劝诫后世,全部都是事实,不会因殿下的阅览而改写。如果后世的君王继续有这样的行为,史家将无法如实直书。如此一来,又该如何将事实传诸后世呢?"于是,世宗最终放弃了这个念头。①

七、历史叙述与历史小说

日本的历史学家究竟如何看待日本文学中的"高贵的失败"这一主题? 这是与日本的历史叙述相关的热门课题之一。这个主题出自伊凡·莫里斯的《失败的高贵》一书。②

在对这个问题展开讨论之前,先探讨一下历史叙述的文学形式问题。在日本,说起历史与文学的关系,大致有这样一种基本倾向:历史著作是用古汉语写成的,而文学作品则是用日语写成的,这个传统一直持续到19世纪。在文学领域中,自从世界上最古老的长篇小说《源氏物语》诞生以来,日本有多种小说接连问世,其中被称作"军记物语"和"战记物语"的众多历史故事作品,就是取材于历史的小说。值得注意的是,这些作品用现在的眼光看起来都不失为优秀的历史叙述,但是在当时它们并不属于历史学家所从事的"历史"的范畴。在人们的传统观念中,"历史"仅仅只是指记载那些值得记录的国家大事的著述。当时的人们所认为的历史叙述,就是由理所当然的权威所撰述的"正史",而且有固定的叙述形式。在这样的历史叙述之外,历史故事作品本身也构成了日本历史文化的一个门类。

接下来,让我们进入关于"高贵的失败"这个话题。即使在现代的日本人中间,对失败者大加赞许的情绪依然普遍存在。在日语中有一个专门用来形容这种心态的词组,叫做"判官赑屃",意为

216

① 参见田中萃一郎前引书,第510~512页。
② Ivan Morris, *The Nobility of Failure*, London, 1975. 斎藤和明訳『高貴なる敗北』(中央公論社,1981年)。

"偏爱弱者"。此处的"判官"是日本古代的一种官职,具体而言,就是指曾经担任这一官职的悲剧英雄源义经,关于他的历史故事现在仍然广为流传。① 源义经的兄长就是在 12 世纪时统一日本、并建立镰仓政权的第一代幕府将军源赖朝,由于他被其兄追杀而死,因而博得了广泛的同情。伊凡·莫里斯在其《失败的高贵》一书的第 5 章中,专门介绍了源义经的悲壮事迹。

日本有一种赞扬失败者和幸存者甚至为其建神社进行供奉的传统。作为日本具有代表性的剧种净瑠璃和歌舞伎的三大杰出剧目——"义经千本樱"、"假名手本忠臣藏"和"菅原传授手习鉴",在日本已经上演了两个多世纪,它们全都涉及"高贵的失败"这一主题,这决不是偶然的。它说明了一个事实:"失败美学"已经在日本人心目中深深地扎下了根。

令人感到有趣的是,在大学里任教的历史学家所撰写的著作中,仅仅只有几本传记作品涉及到源义经。在另一方面,以源义经为主人公的"义经千本樱"却久盛不衰,成为最能招揽观众的歌舞伎剧目之一。

为什么会出现如此大的差异? 从历史认识问题的视角出发进行一番考察,是有深远意义的。历史叙述、历史故事以及军记物语,这三者之间的差异问题,从史学的职业化开始发端的 19 世纪下半叶以后一直存在。

以德国史学为范本的实证主义史学,让历史学家将注意力集中于确定被认为的"事实"之上,其结果就是将无法从史料中获得证实的所有东西全部割舍掉,于是在大学里任教的历史学家确立了这种历史研究的模式。

这些职业历史学家最为鄙视的,就是关于个人传记的研究。这种倾向后来随着马克思主义的兴盛而得以强化,人们越来越迷信这样的信条,即学术性历史研究是在废除专有名词的基础上形成的。大学里的职业历史学家极度轻视人物研究,这已成为近代日

① 参见佐藤忠男『日本人の心情』(三一書房,1976 年)。

本历史学的一大负面特征。

那么,两者之间又是如何达到平衡的呢?应该说,这是由所谓"大学之外的历史学家"们完成的。许多关于日本史学史方面的著作,都用"学术型历史学对史论型历史学"这一表述来概括19世纪下半叶的历史叙述状况。所谓"史论型历史学家",即指以基佐和巴克尔等人的历史叙述为楷模的历史学家团体。由于他们几乎都不是靠领取大学的薪津生活的,因而史论型历史学又被歧视性地称为"民间史学"。第二次世界大战结束以后,这种传统被那些所谓的"历史小说家"们所继承。然而,像奥维尔巴赫在其《写实描述》中所分析那种现实描写,曾经是历史小说家独领风骚的舞台。在日本人的感觉中,像米什莱《法国大革命史》那样的历史叙述就是历史小说。日本的历史小说家的叙述宗旨,就是比米什莱更加忠实于历史事实。可以毫不夸张地说,几乎所有日本人的历史意识和历史感,都是在这些历史小说和学校的历史教育的影响之下形成的。

八、作为认识的历史学与作为规范的历史学

上述各种相关理论有一个共同的指向,那就是历史叙述一直承担着的政治的、社会的以及文化的作用。在试图对东亚的历史叙述和西方的历史叙述进行比较研究的时候,这是一个无法回避的问题。

在考察某一文化背景之下历史的作用的时候,正如马克·布洛赫所说的那样①,在现实中就会还原到"历史究竟有什么用"这一终极疑问上来。笔者曾经以126名历史专业的日本大学生为对象做了一次问卷调查,问题就是"为什么要学习历史?"有38名学生的回答是"从历史中学习",而且更令人感到有意思的是,其中的19人在回答时还引用了孔子的"温故知新"这句格言。该格言出自

---

① 参见 Marc Bloch, *Apologie pour l'histoire ou Metier d'historien*,1949 中的序论。讚井铁男訳『歴史のための弁明? 歴史家の仕事』(岩波書店,1956 年)。

《论语·为政篇》，全句是"温故而知新，可以为师矣"，意思就是说，反复温习过去学过的知识而能获得新的理解和体会，这样的人可以成为教师。换而言之，这句格言在告诉人们："分析"应该是学者的本分。然而有趣的是，孔子这句格言的本来含义早已从日本学生的头脑中消失殆尽，他们的理解就是"通过学习过去而从中发现指导未来的途径"。这种认识上的特征，同样也体现在日本出版的各种日英词典之中。

219   在此值得深思的是，日本那些历史专业的学生们将"嘉惠未来"这一认识，作为学习历史的意义而提了出来。19世纪下半叶以来，日本大学里的历史研究在摆脱道德史观和推崇科学史观的基础上，确立了历史研究作为一门独立学问的地位。尽管如此，大学生们却依然通过引用两千多年以前的格言，来证明自己所学专业的存在意义，这究竟是为什么？毋庸置疑，无论是在东亚世界还是在西方社会，"过去"都曾经被理解为"镜子"。这种认识形成为一股异常强大的潮流，因而人们就不得不思考这种意义上的历史。然而，西方社会拥有作为启示性宗教的基督教，将它们"作为人类镜子的历史"这一定位，照搬到东亚世界来的做法确实极其危险的。① 这是因为：在西方文化的传统中，历史基本上只是位居第二的重要学问；相比之下，在东亚世界里，历史成了所有的人事判断的唯一依据，即"唯一的人类镜子"。② 可以毫不夸张地说，在19世纪中叶之前的日本传统社会中，那些被称为知识分子的人90%以上都是历史学家。

    笔者试图提出一种能取代原有的道德史观框架的新型框架，并以此对上述关于东西方历史学的比较以及各种相关论点做一个小结。概括地说就一句话，即"作为认识的历史学与作为规范的历史

---

① 譬如：J. H. Plumb，*The Death of the Past*，London，1969，鈴木利章訳『過去の終焉』（法律文化社，1975年）。

② 参见 J. Huizinga，"Over Historische levensidealen"，*Verzamelde werken* Ⅳ. pp. 411 - 432. 里見元一郎訳『文化史の課題』（東海大学出版会，1965年）第83～115页。

学"。换而言之,历史在西方是一门认识的学问,在东方则是一门规范的学问。

在东亚世界里,所谓的历史创造了政治的、社会的和文化的规范。正因为如此,"纪传体"、"编年体"等历史撰述的模板一旦形成以后,立刻就形成了对这种模板的执着和忠诚,此后历代的史书都是依照这个模板撰写而成。遵守这些形式、并以政府的官方名义编纂史书,正是由于这些做法变成了一种规范的缘故。笔者在本节的开场白中曾经说过"即使一部分性质发生了变化,其整体性质依然能够得以保存"这句话,就是指这一事实。在日本,由官方机构主导历史编纂的传统可谓连绵不绝,现在甚至已达到了顶峰。

与此不同的是,16 世纪以后,西方的历史研究在与当时各种学问的对抗过程中,逐渐地创造了自我。不仅如此,力求在时间的转机之中理解和把握同时代的事件,这一新型的"认识方法"在 19 世纪的德国迎来了盛期。历史理论和史学史的著作得以出版这件事本身,可以被视为"历史是一种认识方法"这一意识的萌芽。如果是这样的话,拉·波普利尼埃尔的研究工作就是一个事例;与此同时,德国的历史理论著作在 19 世纪以洪水激流般的势头大量发行,这也反映出历史作为一个独立的学科门类已经形成。

东亚文化是文字的文化,其核心是历史叙述。然而尽管如此,与其庞大的历史叙述的数量相比,除了刘知几和郑樵等个别人物之外,在东亚迄今为止很少有人就历史认识论展开研究。其原因何在? 笔者在过去的 30 年间,一直思考着这个问题。"规范崇尚形式,形式排斥认识论"——这就是笔者现在的答案。19 世纪以后的东亚历史学,恰恰就像作为规范的历史叙述与作为认识的历史叙述之间互相责难的舞台。从历史理论的角度对作为规范的历史叙述进行探讨,将为我们开辟出一片历史认识的新天地。

220

第二节　东亚历史学的原型①

一、历史叙述的客观性

　　在考察东亚历史叙述的特征的时候，长期以来，源自孔子语录的三句格言始终萦绕在笔者的脑海之中。② 它们都涉及到叙述的客观性和不偏不倚的中立性。

221 　　　　（一）"子曰：述而不作，信而好古，窃比于我老彭"（《论语》卷四"述而"第七—一）。

　　　　（二）"子不语怪力乱神"（《论语》卷四"述而"第七—二十）。

　　　　（三）"我欲载之空言，不如见之于行事之深切著明也"（《史记》"太史公自序"第七十）。

　　在笔者看来，这三句格言所表达的精神，铸就了东亚历史学家传承了两千多年的"叙述事实"这一根本精神，并逐渐创造出历史叙述的原型。那么，这种历史叙述精神的源头又在哪里呢？

　　如果借用西方关于历史叙述的表达方式，这三句表达"叙述"精神的格言都涉及到"历史叙述的客观性"问题。在西方历史学的
222 传统中，关于历史叙述客观性的意识萌发于 16 世纪的法国，在 19 世纪的德国全面开花，并在向世界各国推广的过程中，进入 20 世

---

① 2001 年 11 月 29 日至 12 月 1 日，在德国的埃森高等研究所召开了由亚希姆·米塔克教授主办的"中国与西方历史思想比较研究国际会议"，笔者曾以"The Archetypoe of History in the Confucian Ecumene"为题做了大会发言，本节内容即为该论文的日语增补版。在大会讨论过程中，曾蒙埃森高等研究所所长约恩·吕森教授以及复旦大学朱维铮教授赐教，在此表示感谢。

② 原文中（一）和（二）的日语译文来自金谷治訳注『論語』（岩波書店，1991 年）第 90 页和第 98 页。

纪之后逐渐形成为全世界历史学的根本精神。这种新兴的学问之所以能够在20世纪被推广到全世界，是因为它摆脱了以往历史作为政治宣传的一种工具的境遇，并能打出"如实记述过去"这一全新的理念。① 在接受近代西方史学的世界各国之中，东亚国家堪称最为顺利的地区。之所以如此，是因为尽管两者的规则各异，但是在东亚史学的传统之中，从两千多年以前就已经开始实行"如实记述"这一客观的历史叙述方法了。

　　在本节中，笔者将以东亚社会的"历史叙述的客观性"由何而来这一问题为突破口，考察一下东亚地区历史叙述的起源。古代中国的"史"的起源，是专门记录"巫"所传述的圣言之人；自公元前后起，这种"如实记述"的精神即被国家的历史编纂者所继承，直至20世纪初年，始终成为中国及东亚地区历史叙述的基础。历史学家这种关于"客观的叙述"的强烈信念有一个哲学基础，即认为只有过去发生的事才是唯一不可动摇的存在。难道这就是没有启示宗教的中国文化中的"知识布局"吗？难道就是因为它而造就了完全不同于西方的知识体系吗？这些正是笔者试图探讨的主题。另外，由于本节的意图在于揭示出东亚历史学的原型，因而也许会涉及到某些一般性讨论的内容。

　　与此同时，在关于东亚精神世界的讨论中，不可避免地会涉及到孔子（公元前551年～公元前479年）。笔者在此重申一点：所谓的"孔子思想"，与其说是孔子本人所具有的思想，不如说是后人在"孔子"这个人物的名义之下，将以前的思想理论进行概括和整理之后所形成的思想理论体系。尤其是《论语》这部书，最好被理解为那些同时代的或者后世的人们假托孔子之名所创作出来的。就这样被以孔子之名义概括而成的思想，后来开始被当作孔子本人的思想，作为知识达人的"孔子"这一人物形象也逐渐形成，这就是东亚文化的发展流程。② 可以这样说，孔子作为智识的霸主所发

223

① 参见ゲオルク・イッガーズ（早島瑛訳）『二十世紀の歴史学』（晃洋書房，1996年）。
② 参见 Masayuki Sato, "*KONG-ZI*（*Confucius*）", in Lucian Boia（ed.），*Great Historians from Antiquity to* 1800，Greenwood Press, N. Y. , 1989，pp. 62 - 66。

挥的作用,与古代希腊的亚里士多德相类似。

二、作为圣言记录人的"史"

与西方史学始终将关注焦点置于"既成的历史著作是否能够做到客观叙述"这一传统相比,东亚的历史认识,尤其是关于历史客观性的探讨有一个特点,那就是始终关注历史学家的精神和态度。

在现在的东亚地区,用以指代 History 一词的是"历史"这两个汉字,而在 19 世纪中叶以前却只用"史"这一个汉字。"史"这个字原本是指史家,后来作为它的派生词义,逐渐演变为指代史家的实践,即历史著述。在西方的传统中,"历史"的派生词是"历史学家",东西方文化传统的差异,又多此一个例证。

关于"史"字的起源,学界有若干说法。[1] 迄今为止,关于"史"字的语源研究,都是以对后汉时期的许慎《说文解字》一书中的表述进行注释的方式展开的。在《说文解字》中有这样的表述:"史,记事者也。从又持中。中,正也。"至于史官,则是记录中正之人。在内藤湖南(1866~1934 年)和王国维(1877~1927 年)看来,史官在大射仪上统计中靶的箭支数量的时候,都是一边将箭支放进"中"(收纳箭的容器)里一边计数的,因而"史"字就是手持那个容器的形状。换言之,记录中靶箭支的数量这一行为,应该就是史的初始形态。另外还有人认为:"史"这个字"由又(手)和计数的木棒组成,指计算天体运行和制定历法的人,进而又指掌管历史记录的人。"[2]

然而,如果认定这就是"史"的起源,我们就会面临一个难以理解的问题:在本节开篇所引用的孔子的三句格言,为什么会以如此强烈的语气来表述呢? 简而言之,我们只能这来理解:因为那种表述是为了强调客观叙述的必要性。仅从上述几种论述中,并不能

---

① 参见内藤湖南「史の起源」『内藤湖南全集』(筑摩书房,1969 年)付录第 15~37 页。
　杜维运、黄进兴编《中国史学史论文选集·1》(华世出版社,1976 年)。
② 参见杜维运和黄进兴前引书。

发现严重阻碍客观记录的因素。

迄今为止,中国和日本的历史学家们曾对"史"的起源问题展开过多种研究。然而,即使在杜维运和黄进兴所编《中国史学史论文选集·1》(华世出版社,1976年)所收录的7篇关于"史"的起源的研究论文中,探讨的核心问题仍然是"史"的语源和史官的设立,都没有涉及"孔子关于叙述之客观性的强烈信念究竟由何而来"这一问题。

1997年,正当笔者满脑子思考着这个问题的时候,埃拉诺斯大会计划在瑞士的阿斯科纳召开,筹委会邀请笔者参会并作大会发言。在出席会议期间,笔者有机会遇见了出生于荷兰的汉学专家鲁道夫·利泽马(Rudolf Ritsema),当面聆听了关于《易经》的高见。利泽马不仅将《易经》译成了英语、德语和意大利语,而且在继承了因翻译《太乙金华宗旨》一书而闻名的里夏尔特·威尔海姆(Richard Wilhelm,1873～1930年)的学术传统的基础上,将"易"传承到了现代。笔者因此而与"史巫"一词不期而遇。与此同时,一种感觉油然而生:这岂不就是考察"史"之客观性的由来问题的一个关键所在吗?

《易经》之五七、"巽"之爻辞九二有言:"巽在床下,用史巫纷若。吉,无咎。"译成现代语言的意思就是:"如果能以谦逊的姿态蜷伏在地,时常仰赖史巫以领受神谕,将会吉利而无咎错。"[①]在这里,"史"与"巫"为什么会同时出现? 二者之间究竟是什么关系? 笔者在翻阅各种关于"史"和"巫"这两个字的语源,及其相互关系的研究资料的过程中,被白川静的解释深深地吸引住了。[②] 225

笔者以为,白川静对"巫"与"史"的关系的解释可以归纳如下。根据他的解释,如果从文字进行推测,"巫"字由"工和两手"组成,

---

① 参见 Rudolf Ritsema and Stephan Karcher (tr.), *I CHING*, Element, Shaftsbbury, 1994,p. 610.
② 参见白川静『孔子伝』(中央公論社,1991年)第82～91页。白川静『字統』(平凡社,1984年)第361～362页。

"工"指祭器,两手捧着祭器、口中念叨祝祷辞的人,应该就是"巫"。他是伴着舞乐祈求神灵降临的人。从字形来看,"史"字由"中和又"组成。"中"的字形是绑在木头上的祭器,是一种手持祭器向神灵祭献的祭奠仪式,被称为"史祭",实际上就是指祭奠祖灵的仪式。"史"之所以后来转义为史官或者掌管记录之人,是因为他们原来就是负责保存史祭过程中的祭辞、并通过对祖训先例的记录和效法来延续传统的,因而后来才演变成为掌管和记录文献的专职人员。在关于"巫"与"史"的关系问题上,藤野岩友在其《巫系文学论》一书中,也曾就"史是如何掌管与祭祀以及其他宗教性事务相关的文辞的"这一专题展开过探讨。①

"巫"与"史"都是侍奉神灵的人员,然而却只有"巫"能够听到神灵的声音。在笔者看来,也许可以这样理解二者的区别:当"巫"处于恍惚状态之下、充当神灵的传声媒介之时,"史"负责将其传言的内容记录下来。之后,记录下来的东西将作为祭辞保存起来,"史"则在相应的祭奠仪式上,代替能听到神谕的"巫"诵读祭辞。总之,"史"本身并不具备直接聆听神谕的能力。由此可以推断,"史"最重要的职责就是如实地记录和保存通过"巫"之口所转达的神谕。在英语中,"史"被译作"chronicler",这应当是后人所为。就其本来的含义而言,他就是由"巫"之口所转达的神谕的记录者,诵读这些记录内容,并主持祭奠仪式的司仪执行者,最终成了记录和传承与祭奠仪式相关的诸神故事的人员,以至于成为神话的保存者。

换而言之,"史"的初始职责就是保存关于祭奠仪式上的祭辞等事项的记录、依照祖训先例保持和记录传统,后来才演变成为负责保管档案文件和文献记录的官职。孔子一再强调的"述而不作,信而好古"云云,可以被理解为"史"对"巫"的态度,显示了"史"的理想状态。所谓"述而不作",即意味着"无中生有"的行为只有能够听取神谕的"巫"才可以做到,"史"只能如实地记录下来;所谓

226

---

① 参见藤野岩友『巫系文学論』(大学書房,1969 年)第 31～35 页。

"信而好古",则意味着记录和保存迄今为止通过"巫"所领受的神谕这种行为,就是表明"史"对自身的严格约束。在一般人们的心目中,"史"的起源是计算箭支和制定历法。这种共识所缺乏的说服力,我们可以从"史"对"巫"的谦虚态度中获得。

这难道不正是孔子本人的亲身经历吗?在《论语》所涉及到的人物中,周公可谓最能代表孔子理想人格的偶像。他是与古代神巫相关的神职人员,也许就是职位最高的祈祷师、能够聆听神谕之人,或可称作大贤人。"梦见周公"云云是《论语》中的名句之一,它被视为孔子对周公的一种跨越时空的拜谒,反映出身为"史"的孔子对"巫"所表现出来的谦逊态度。另外,孔子亲自校订被称作"五经"的古代经典文献这一举动之所以能够流传至今,也意味着这是"史"在"述而不作"精神的指导下将自身能力发挥到极致的典型。

中国的历史学家,在如实地记述过去所发生的事情方面所表现出来的坚定和执着,其根源之一也来自这种对祭祀过程的记录,因而他们的专心致志就是可以理解的。因为是从超越人类智能之处传来的圣言,当然必须要被如实地记录下来。

进而言之,后世留存下来的却只有如实地记录"所言和所行"的态度。后来,作为忠实记录的历史被提升到了中国文化关键概念之一的高度。在中国的历史上,皇帝是唯一能够与"天"进行沟通的、地位最高的祈祷师。据说他的身边总是有两名历史学家——左史和右史相伴,左史负责记录天子的行为,右史负责记录天子的话语。① 这是一种变换了表现形式的古代"巫"与"史"的关系,它与中国式统治机构相适应,忠实地履行着"史"的本来职责。

实际上,"史"在这里已经超越了单纯的记录者的职责范围,同时也发挥了作为历史学家的作用。相传孔子是《春秋》的编纂者,他不正是最早期的一名"史"吗?在孔子看来,人类行为的结果是知"天命"的唯一途径。他抱着异常慎重的态度,对《春秋》的内容进行删减和增补,应该说正是他这一世界观的反映。

227

---

① 参见杜维运和黄进兴前引书。

　　鲁襄公 25 年,"齐崔杼弑其君光。"这是《春秋》中记载的一段关于历史学家的轶事,《春秋左氏传》的解说则将其上升到了这样的高度:记录事实是历史学家的使命。

　　　　……大史书曰:"崔杼弑其君。"崔子杀之。其弟嗣书而死者,二人。其弟又书,乃舍之。南史氏闻大史尽死,执简以往。闻既书矣,乃还。[①]

　　虽然记录君王话语的《尚书》和记录君王行为的《春秋》都属于历史叙述,但是在中国文化的背景之下,后世的学者们却将历史学的起源追溯至记录行为的《春秋》,而不是记录话语的《尚书》,这与将"最初有言曰"奉为金科玉律、以"所述"为出发点的西方文化形成鲜明的对照。

三、以历史为核心的文化之形成

　　对于人类而言,如果认定历史就是知"天命"的唯一途径,那么它就不再是个人的私有物,而是整个文化的所有物。这种观念能够被东亚地区的人们所接受,具有深远的意义。

　　东亚地区的历史编纂大多数都作为国家工程而展开,所编纂的"正史"形成为历史文化的核心。在东亚社会中,文化上的"通力协作"就体现在历史叙述方面。正如我们在本章第一节"认识的历史学与规范的历史学"中所论述过的那样,这不仅与将文化的通力协作集中体现于法律方面的欧洲、印度以及伊斯兰世界形成明显的对照,同时也远远地超越了我们现代所理解的"历史"的范畴。

　　为什么要撰写历史? 这是我们接下来要讨论的问题。只有历史事实才是确定无疑的、不可动摇的存在,这可是撰写历史的哲学基础。正如以"易"为代表的那样,中国人的形而上学不以设定唯一神的启示性宗教为基础,而是将整个世界视为一种无穷变化的

228

---

① 原文中的日语译文参见竹内照夫訳『春秋左氏伝』(平凡社,1972 年)第 280 页。

存在,因而就从历史中寻求"绝对不动的存在"。之所以如此,就是因为后世的人们对已经发生的事情是无法进行更改的,因而历史叙述必须是正确的和客观的。可以说,这种观念促使以历史为核心的中国文化的诞生。后来,它与儒教一起传播到东亚各国,催生了东亚世界共同的历史文化。所谓"我欲载之空言,不如见之于行事之深切著明也"云云,正是这一哲学的宣言。

那么,究竟怎样才能创造出不可动摇的过去呢?就中国和朝鲜的一般情况而言,史馆在"正史"的编纂工作完成之后,基本上都会将之前为此所收集的史料全部毁弃。因为在王朝的权威之下编纂出版的"正史"本身具有一种神圣性,这样做的目的是为了避免重写或改写。为了确保"正史"出版的权威性,最有效的方法莫过于毁弃史料。如此一来,"历史是人类社会中唯一不可动摇的依据"这一历史精神就得以持续保存下来。229

当今东亚社会的人们使用"历史"二字来指代"history"之意,实际上这个词语在日本的近世时期就已经被频繁地使用,只不过当时的含义是指"史记·汉书等中国历代的正史"。由此而言,所谓的"学习历史"云云,其实就是"通晓中国历代正史"之意。在这里,追溯和探讨"历史事实本身是什么"这一作为历史叙述更深层次问题的意识尚未产生。尽管刘知几在其《史通》中也曾表述过与皮埃尔·贝尔(1647~1706年)相似的历史批判精神,但这仅仅是一个例外。换而言之,在东亚世界,针对历史叙述本身的质疑性思维方式并没有发展起来。不仅如此,当出现互相矛盾的叙述内容的时候,人们往往会对其进行合理的调整,以期达到全面的理解,从而使其转变成为"解释"的问题。在西方社会中,关于基督教圣经的诠释也曾是一大显学,两者之间真有异曲同工之妙。

历史认识行为由历史事件、史料、历史叙述、历史学家和读者这五大要素组成。现在的历史学家们,以史料为媒介、研究隐藏于其中的历史事件,并将研究结果作为历史向读者进行叙述,当今的我们称之为"历史性思维"。不仅如此,根据历史学家对史料的解释,一些与以前不同的历史事实被不断地明朗化,成为历史叙述的新对象。这可谓近代历史学的活力所在。

如果以此为近代历史思维，那么在东亚传统历史思维的模式中，其着眼点并不是借助于史料来阐明历史事件；过去的事实一旦通过史料得以确立，这些史料必须要被毁弃，被确立起来的"过去"即成为得到国家认可的"正史"，这次历史叙述本身也随之成了过去。至于对"过去"的再检讨、或者揭示"过去"的多面性等等，一概都不在考虑范围之内。概而言之，所谓"历史"就是"正史"中所写的事实。

与此形成鲜明对比的是，在近代西方社会中发展兴盛起来的历史，总是围绕着历史事件、史料以及历史叙述三者之间的关系展开，尽可能地使之协调到最合适的状态。可以这样说，正是这三者之间的相互关联促进了西方历史学的发展，而且使之最终变为可能的恰恰就是因为史料的存在。在中国和朝鲜（日本的情况与之稍有差异），或许是由于作为第一手史料的文献资料被故意毁弃的缘故，史料的缺失使得他们的历史认识呈现出与西方明显不同的发展态势。然而，值得注意的是，相对于第一手史料的欠缺，在中国存在着卷帙浩繁的历史书籍。这种情况似乎也在向世人表明，他们创造出了以自己的方式与过去保持密切联系的文化。

东亚与西方在对于"过去"的态度上所表现出来的根本差异，导致了迄今为止双方在对待"过去"的态度上的巨大差异。在东亚地区，以国家为主导进行历史编纂的传统甚至延续到了今天。创立于1946年的大韩民国"国史编纂委员会"，实际上就是官方正式的史料编纂机构，它在从事史料收集工作的同时，于1973年至1979年间编撰出版了25卷本的韩国通史——《韩国史》。可以说，这是自《三国史记》(1145年)、《高丽史》(1451年)以及《东国通鉴》(1484年)以来历史编纂传统的延续。

日本同样拥有国家主导历史编纂的传统，进入明治时代以后也依然得以继续。1869年，明治政府设立了"史料编辑国史校正局"，并任命三条实美为总裁。后来，这个国史编纂机构经历了几次体制性变化，1895年变身为文科大学史料编纂科。在这一过程

230

中,它不再承担国史编纂任务,转而专事史料编纂工作。① 日本的
"正史"编纂工程由此终结。然而有趣的是,日本却至今依然保持
着由地方政府主导编纂县史和市、町、村历史的传统,而且盛况空
前。迄至 1996 年 9 月,在日本的 47 个都道府县中,已有 33 个县
编纂出版了各自的县史,8 个县已完成编纂并付梓,不久即可发行,
只有 6 个县尚无出版预期。

　　世界上的许多国家都曾将史料收集作为公共工程推行实施,中
央政府和地方政府也都设立了图书馆或档案馆。然而,由中央政
府和地方政府直接主持编纂出版历史著作的意识却极为罕见。据
笔者所知,这种现象仅存在于东亚各国和社会主义国家之中。有
一点必须提醒读者注意,即史料的收集、保存以及印刷出版与历史
的著述——这两种行为之间存在着巨大的差异和区别。②

　　东亚世界对于历史叙述的这种传统意识,竟然与兰克史学的历
史理念不谋而合,这是最能吸引笔者的地方。兰克史学的要义可
以被概括如下:

　　　　根据传统的范型而言,历史学是客观的。历史学家的工作就
　　是为读者提供历史事实。或者就像经常被人们引用的兰克那句
　　名言所表示的那样,揭示出"那件事实际上是怎样发生的"。他
　　历来主张要谦逊地敛藏自己的哲学见解,这一点被后世的史学
　　家视为不偏不倚的历史学引以为自豪的宣言。1902 年之后出版
　　发行的《剑桥近代史》的主编阿克顿勋爵,在那封写给旅居海外
　　的共同撰写人的著名信函中这样写道:"我们关于滑铁卢的叙
　　述,必须要让法国人以及英国人、德国人,还有荷兰人都满意。"
　　与此同时,叙述者还应该让读者无法知道以下事实:某一个撰写

① 详见『東京大学百年史』部局史四、第 19 编史料编纂所(東京大学,1987 年)。
② 参见 Masayuki Sato, "The Two Historiographical Cultures in Twentieth Century Japan",
　　in Rolf Torstendhal (ed.), *Assessment of the 20ʰ century Historiography*, Stockholm,
　　2000, pp. 33 - 42。

人是在哪里搁笔的？另一个撰写人又是从哪里接下去写的？①

232

在西方,阿克顿关于历史叙述的理想不久以后就被人们遗忘了。然而,在东亚世界,他所倡导的历史叙述的精神实际上已经延续了两千年之久。如果阿克顿知道了这个事实,他又会做出什么样的反应呢？

不仅如此,这种规范的历史学同样也根深蒂固地体现在东亚的历史教育模式之中。东亚社会的历史教育,基本上就是提供本国历史的标准知识,其目的是为了形成国民的自我认同意识,因而历史教科书发挥着准"正史"的作用。在日本,只有经过文部省教科书检定合格的教科书,才能在学校教育中使用。在中国和韩国,历史教科书是国定教科书。可以这样说,中国、韩国和日本的历史教科书,其实就是"正史"的一种变体形式。孩子们学习历史不是在学习观察历史的方法,而是在学习一种由国家筑造的故人往事。这种现象与西方国家的历史教育形成了十分鲜明的对照。譬如,在英国的历史教育中,根本不存在类似于东亚各国那样的、由国家干预的历史教科书,历史教师都使用自编教材进行历史教学。西方的历史教育不是要给学生灌输故人往事,而是要培养学生通过解读史料来掌握历史思维方法。

两种历史教育模式之所以会呈现出如此鲜明的对照,其原因并不仅仅在于教育观念的不同,双方背后延续了两千多年的历史文化的差异,才是更深层次的根本原因所在。向过去谋求什么？双方在这个问题上的根本不同,导致了历史教育过程中的似是而非。②

233

四、东亚世界的知识布局

中国人为什么如此执着于"客观地叙述过去"这一理念？笔者

---

① 参见ピーター・バーク『ニュー・ヒストリーの現在』(谷川稔他訳,人文書院,1996年)第11页。
② 关于历史教育问题,笔者将在本章第3节"历史教育中的知识与思考"中详细论述。

在思考这个问题的时候,脑海里总是会联想起以下几个事实。

第一是"古代中国为什么没有将历史戏剧化"这一问题。世界上的许多民族都拥有像荷马的《奥德赛》、印度的《摩诃婆罗多》和《罗摩衍那》那样赞美祖先业绩的长篇史诗,即叙事诗。然而,中国却没有叙事诗。[①] 在日本,除了阿伊努人的《尤卡拉》之外,同样也没有出现过叙事诗。也许会有人指出,司马迁的《史记》实际上就相当于一部叙事诗。然而,它毕竟不同于可以吟唱的叙事诗。作为一种"严格的客观事实之集大成者"的既成形式,历史著作从未擅自变换过自己的应有面貌。

第二是在中国几乎未曾有人撰写过从思辨的或哲学的角度对历史进行解释的著作,这一现象也颇为引人深思。正如奥古斯丁的《上帝之城》和伊本·赫勒敦的《历史绪论》那样,许多民族都曾孕育出历史哲学。然而,中国人却从未用自己文化中固有的传统术语、以通俗易懂和欢快晓畅的故事形式来叙述自己的历史过程。有人认为:迄至 1750 年,中国境内出版的书籍数量,超过了同一时期世界各地印刷出版的、汉语以外所有书籍的总数,而历史书籍又是其中数量最多的一种。[②] 即便如此,其中却没有历史哲学方面的书籍。据笔者目力所及,有 3 个可归入历史哲学范畴的"例外":一是将历史的一个周期设定为 129600 年的柏拉图数字,二是在易经理论的基础上形成了历史哲学体系的邵雍(1011~1077 年)及其所著《皇极经世书》,三是用"势"和"理"这两个概念阐述历史运动原理的王夫之(1619~1692 年)及其所著《宋论》。另外在日本,尽管存在着以"道理"这一概念对历史进行思辨性考察的慈圆所著《愚管抄》(1221 年),还有北畠亲房的《神皇正统记》(1339 年),但必须承认数量少之又少。

234

第三必须一提的就是,与历史著作相比,历史理论著作明显偏少。在古代中国,只有 3 位学者写过被称作历史理论的作品,即刘

① 参见增井経夫『中国の歴史書』(刀水書店,1984 年)第 36 页。

② 参见『平凡社百科事典』(1998 年)「中国」条目。

知几的《史通》、郑樵(1104～1162年)在其长达200卷的《通志》开篇部分所写的"总序"中的某些段落、章学诚(1738～1801年)的《文史通义》。这种现象意味着什么？为什么没有培育出历史认识论？

中国为什么拒绝历史的戏剧化？为什么不把历史作为思辨的对象？为什么对历史认识的理论探讨没有兴趣？

这些问题的答案只有一个，即文化传统使然。如上所述，中国文化中有一种将关于人类过去行为的叙述(即历史事实)视为唯一依据的传统，这就是原因所在。在东亚社会里，从未建构过像启示性宗教那样设定绝对神的文化。在许多文化中，往往都将绝对神设定为一种"绝对不变"的、"全知全能"的、"无谬误之存在"的象征。与此相对应的是，东亚文化却将过去的人类行为本身设定为"绝对不变的存在"，因而一切将历史戏剧化或概念化的行为都将成为对他们哲学理念的否定。崇尚"如实直书"的哲学理念，理所当然地要排斥那些歪曲历史事实的历史哲学；历史叙述不允许对既往史实进行揣测，因而也不需要任何理论。像过去那样进行描述，这种行为本身就具有重要的意义。历史是每一个人类个体行为的集大成者，只有通过历史才能够认清这个世界的真相，可以说这就是东亚文化培育出来的哲学理念。

根据上述论理逻辑推导出来的当然结果，就是对已被叙述过的人类既往行为的神圣化，也就是权威主义历史叙述的产生。可以这样说，任何对"正史"中所记史实本身表示怀疑的冲动，都是不可想象的。正因如此，对于后世的学者来说，最重要的工作就是对"正史"的叙述内容进行考证和解释。与此同时，他们还要赋予这些叙述的词句一定的意思，或者从这些词句中引伸出某种意思。有关"正史"注释的数量之多，确实令人瞠目而视。泷川龟太郎所著《史记会注考证》一书，可谓迄今为止关于史记注释的集大成者，其中不乏在10个字的原文之下附加50行注释文字的现象，或许这才是东亚世界"对于历史的态度"。换言之，人类在面对未来的历史著作的时候，必须正襟危坐、诚惶诚恐，而在面对神灵的时候

235

却未必如此,这就是东亚人对于历史的基本态度。

如果要设定一个超越人类智慧的存在,它的意志和行为的结果只能是作为历史事件显现出来,而且只有通过记录这些历史事件的集大成者——"历史",人们才能够切身地感受到这种超越人类智慧的存在。可以说,中国人创造出了这样一种哲学,即人类只有通过"历史"这一实际存在才能接近这个世界的本质。从人类过去的行为中寻求绝对的存在,这种意识使得他们的文化表现出了与西方文化截然不同的特质。

至此,有些读者或许会提出以下这样的疑问。在中国,"天"是一种与启示性宗教中的"神"极为相近的存在,在许多情况下被译为"Heaven"。由于这个词在英语中含有"绝对的存在"之意,因而这个"天"是否就等同于启示性宗教中的"神"呢?

然而,值得注意的是,中国人的"天"这一概念并不是无谬误的和绝对的存在。在以下对中国"天"的概念进行说明的过程中,为了进一步明确历史所承担的作用,笔者将着重介绍一下历史学家对"天"的疑问,以及作为天的科学的天文学上对"天"的疑问。

对"天"提出疑问的,其实就是被誉为中国"历史之父"的司马迁,他这样写道:

> 或曰:天道无亲,常与善人。若伯夷、叔齐可谓善人者,非 236
> 耶? 积仁洁行如此而饿死。且七十子之徒,仲尼独荐颜渊为好
> 学。然回也,屡空糟糠不厌而卒蚤夭。天之报施善人,其何如
> 哉? 盗跖日杀不辜,肝人之肉,暴戾恣睢,聚党数千人,横行天
> 下,竟以寿终。是遵何德哉? 此其尤大彰明较著者也。[1]

这段文字出自《史记·伯夷列传第一》,也可以说是司马迁关于为何要撰写历史著作的宣言。司马迁的这种感慨超越了单纯的"天人感应说"(这种学说认为:"天"能够感应人世间政治的善恶、

---

[1] 原文中日语译文参见司马迁『史記』「伯夷列伝第一」。

并降下相应的祸与福），主张必须要究明每一个事情的真相。他想告诉人们这样一个事实：世界上的真理并非完全都归于"天"，而是存在于每一个人的生活状态之中，历史学家的任务就是将这种真理记录下来并传诸后世。由此看来，这也可以说是司马迁在为自己所承担的使命提供正当化的依据。"天道是耶？非耶？"司马迁的这一质问实际上又是他的哲学宣言，他要表达的真实意思就是：在这个世界上，最为真实可靠的东西是过去已经发生了的事件，而过去既已发生的事情是无论如何也改变不了的，人们只有通过它们才能获得世界上的真理。

接下来，笔者将以作为天的科学的天文学为例作进一步说明。[1] 从古希腊时代开始，西方的天文学就具有强烈的探索规律的倾向，在处理被观测的现象与规律的关系问题上，一般说来规律总是处于优先地位。众所周知，亚里士多德坚信"天"遵循着一条永恒不变的规律。

237 然而，在东亚人看来，支配着这个世界的"天"也会出现无规律性的反应，因而在东亚的天文学中就有"规律性"和"天变"这两个原理概念。一旦出现了像日食那样无法用规律性原理解释的现象，人们就用"天变"的原理加以处理。与此同时，天体之所以会出现不遵循规律的现象，不是因为人类总结出来的规律本身有缺陷，而是由于"天行不齐"——即"天"的运行不固定的缘故，从而将其归结于"天变"。

与东亚不同的是，在西方文化中只有"规律性"这一个原理概念，因而一旦与其不相符的非正常现象成为主流，人们就会寻求更大范畴的原理概念。这种做法过去被称为"科学革命"，现在则被称作"范型转换"。[2] 西方的科学正是因为拥有了比牛顿的原理概念更高次元的爱因斯坦的原理概念，才实现了更高层次的发展。史蒂芬·霍金的宇宙大爆炸理论，则是当今最新的和最大的原理概念。

---

[1] 文中所列举的天文学方面的例子都出自中山茂『日本の天文学』（岩波書店，1972 年）。
[2] 参见トマス・クーン『科学革命の構造』（中山茂訳，みすず書房，1971 年）。

现代西方文化具有两个文化渊源,即古代希腊-罗马文化和希伯来文化。在古希腊的绝对理念看来,"天"遵循着一条永恒不变的法则;诞生于希伯来文化的基督教,设定了一个无谬误的、唯一的、绝对的神;双方的共同之处,就是"绝对"这一观念。人们在思考具有强烈的追求"规律性"和"规则性"倾向的、近代欧洲科学之所以兴起的原因之际,这种共同点可谓意味深长。

东亚世界的"知识布局"与西方恰好相反,这一点值得深思。西方文化从"神"中寻求绝对,从历史中探索变化;与此形成鲜明对照的是,东亚文化从历史中寻求绝对,从"天"中探索变化;可以说,两者之间在"知识的布局"方面存在着十分有趣的反差。我们也可以用这样的方式来表述:人类知识领域中"绝对"和"变化"这两大要素之间的互补关系,在东亚与西方呈现出相反的态势。

如果黑格尔有机会了解东亚世界关于历史的原生态方面的知识布局,他也许就不再会做出以下判断,即"中国人的历史没有任何判断和理论,只是如实地记录了各种史实而已。"① 238

第三节　历史教育中的知识与思考②

一、圣彼得中学的历史课

1991 年 10 月 31 日的英国亨廷顿市,寒风摧枯拉朽,冷肃之气

---

① 参见ヘーゲル『歴史哲学』(武市健人訳、岩波書店、1952 年)上卷第 196 页。

② 本节内容曾以"欧美的历史教育理论"为题,刊登在《历史学与历史教育之间》(三省堂、1993 年)的第 252—268 页,本次出版之际笔者又做了增补和修正,并改了标题。另外,本节的一部分内容曾于 1994 年 1 月 8 日举行的美国历史学会大会(旧金山)的历史教育分会上,以"Historical Understanding and Knowledge of Japan Children"为题公开发表。另外,1994 年 9 月 22 日～25 日,笔者与剑桥大学教育系的马丁·布斯博士在剑桥大学鲁滨逊学院共同主办了以"Japan and the World: Images, Attitudes and Understanding in History Teaching"为主题的国际历史教育学会,其间笔者以本节的部分内容做了主旨发言。

氛充斥全城。这是一座位于英国中部地区的小城,以克伦威尔的诞生地而闻名遐迩。城内的圣彼得中学是一所公立学校,在校学生为 12 岁至 18 岁的孩子,每个班级的学生人数为 30 人,在英国处于平均水平。

这一天,学校像往常一样正在上课。该校的历史教研室共有 5 名教师,42 岁的彼得·霍雷担任教研室主任,统筹安排整个学年的历史课。他不仅负责在国家标准(National Curriculum)的基础上制订出符合自身实际的全年授课计划,还要收集史料、编排单元,并根据课时单元编纂教科书。直至 9 月份新学期开学前夜,整个暑假期间他一直忙得不亦乐乎。

上午 9 点 20 分,学生们进入历史课教室。在英国的中学里,每一个教学科目都有各自的专用教室,学生们根据课程表的安排奔走于各个教学楼之间,这种方式与大学相似。挎着大号手提包的孩子们全部入座以后,教师立即开始上课。

239　这天上历史课的班级都是 13 岁的学生。教师首先复习了一下昨天以前的教学内容,是关于诺曼底公爵威廉的故事。接下来,学生们要学习有关封建制度的内容。教师向学生们分发了学习材料,上面印有以下文字内容:

> 时代正值 11 世纪,我们成功地实施了对外国的侵略。然而,有一件难以处理的事情:许多地方豪族纷纷与我们兵戎相见,国内已有几处发生了叛乱。你们的国王因对外侵略已经支出了高额的费用,目前正苦于财政困难。许多士兵被杀,剩下的士兵或者受伤、或者处于疲惫不堪的状态。然而,国王必须要削弱反叛豪族的势力、壮大自己的势力。国王虽然需要许多士兵,但是又无法雇佣很多人。作为国王,他已经平定了全国。请你们作为国王顾问团中的一员,考虑以下两个问题:一是让豪族到国王身边来任职的方法,二是恢复全国秩序的方法。

学生被分成 6 组,每组 5 人,大家一起讨论。教师突然意识到自己有一句话忘记提醒学生了:"注意了,大家听我说。这些不是数学题,没有标准答案。你们自己考虑,说出自己的想法就可以了。"

让我们听一听学生们的讨论发言吧。欧文说:"要保证全国的秩序,可以雇佣士兵日夜巡逻嘛。"爱德华质疑说:"那样的话,拿什么来雇佣士兵呢?国王可发不出工资啊。"西门回应说:"没钱的话,从豪族那里征收不就行了嘛?"裘丽娅又质疑说:"那怎么做才能让豪族听国王的话呢?"……

讨论得还真热闹。时间不知不觉地过去了,下课之前必须要总结一下讨论的结果。教师先让各组汇报一下自己的观点。……最后,教师做总结发言。

240

看来大家对上述两个问题提出了不少的想法。我这里有一本书,里面介绍了当时的情况。现在发给大家,请翻到第 12 页和第 13 页,这里描述了威廉设法使豪族成为自己的支持者,并且平定全国局势的的措施及其过程。安迪,请你把这一段内容读一下好吗?……

好吧,同学们,威廉当时采取的方法就是所谓的"封建制度"。请大家根据这本书上写的内容,思考一下老师之前发下去的学习材料中第 7 页和第 8 页上的问题。那上面对封建制度问题做了系统的整理。这是本节课的回家作业。

二、知识与思考

通过这堂课,笔者颇有感触。日本人习以为常的历史课情景是这样的:教师站在讲台上,手上拿着历史教科书,不断地对教科书内容进行说明;学生们在书桌上翻开同样的教科书,旁边放着历史年表,一边听教师讲课,一边做笔记。然而,在圣彼得中学的课堂上没有出现这样的情景。

　　像日本中学里使用的那种历史教科书,在英国是没有的。换言之,英国的历史教育不采用通史式教学。虽然政府也要求各地学校遵循国家制定的概略性教学纲要,但是历史教学的上课内容和方法却都是由各个学校酌情而定。

　　英国中学历史课教学的主要形式是课堂讨论,重点在于培养和训练学生们对事物的见解和思维方法。换而言之,他们的历史教育主要不是让学生记历史事实,而是学习一种以过去为依据进行思考的方法,因而教学班的人数都比较少。另外,由于在课堂讨论式教学中无法对教科书做全面的解说,所以教师的个人素质就成为课堂教学的主导因素。①

241　　在英国的中学历史课上,教学的重点是设法帮助学生理解相关概念,而不是记住史实。在此前所介绍的那堂历史课上,学生们学习的是封建制度的历史。然而,他们学习的不是仅仅作为知识的封建制度,而是通过对其功能的理解,掌握"封建制度"这个历史概念。

　　由于历史教学的重点并不是具体的历史过程,因而在高年级的历史课堂上,主要就是让学生实际体验一下与历史学家同样的工作流程。具体而言,就是解读史料、做读书笔记、提出观点、讨论、以短文的形式进行归纳等等。②

　　通过对以上历史教学方式的分析,本节将从"历史教育是教授

---

① 在英国,大多数成为初、高中历史教师的人从大学历史系毕业之后,必须再花 1 年时间进行教育实习和修读教师专修课程,最后才能取得教师资格。与此同时,即使是在公立学校中,教师的招聘工作也都是由各个学校的校长全权负责,但是必须经过公开招聘和面试等程序。另外,在许多情况下,教师也往往会为了谋取更好的职位而跳槽转校。教育杂志 *The Times Educational Supplement* 中的一半篇幅都是登载教师招聘广告的。

② 由于英国的历史教育是让学生学习历史研究的方法,所以就不会像日本那样出现中学和大学之间在历史教育方面形成的巨大断层。在日本,如果中学生因喜欢历史而考入大学的历史专业,往往会由于大学历史专业课上所学习的内容与此前自己头脑中业已形成的概念完全不同而感到困惑。这是因为日本的学生在中学阶段接受的是知识教育,而在大学阶段接受的是思考教育,于是才会出现教育断层的现象。

历史事实,还是培养历史性思维"这一视角出发来考察历史教育的问题。虽然考察的主要对象是英国的历史教育,但是最终的着眼点还是希望通过对英国历史教育的讨论,来反思日本的历史教育。本节的目的并不是要在"历史教育究竟是知识教育还是思维教育"这种二选一的命题之间做出选择,也不是要对它们进行优劣判断。毋庸赘言,这两种要素在历史教育中都是不可或缺的。然而,就日本的历史教育现状而言,对知识教育的重视可以说已经达到极端的程度。与此相反,英国的历史教育却顽固地坚持着思维教育的方针。在历史教育方式的问题上,日本和英国恰好处于两个极端。通过对双方的比较研究,重新审视一下"何谓历史教学"以及"如何学习历史"等问题,这才是本节的意图。

三、历史理论与历史教育

对于学习历史的人而言,E. H. 卡尔的《历史是什么?》一书应该是至少读过一遍的吧。当有人提出"历史是什么"这一问题的时候,许多人脑海里首先想到的书也许就是这本书。它诞生在英国,至今仍然拥有众多英国读者,应该说这与英国的历史教育方式有密切的联系。然而在日本,迄今为止却从未有人提及这种内在关系。或许,"日本没有人提及"这一现象本身,直接反映了日本的历史教育方式。

242

当人们以"知识教育还是思维教育"这种二选一的思路来审视历史教育的时候,如果像英国那样,将历史教育视作一门训练学生们对事物的见解和思维方法的学科,诸如"历史是什么"、"为什么学习历史"等等提问就变得重要起来。之所以这样说,因为以过去为素材进行思维训练这种做法本身,归根结底就是在提出"历史是什么"这一质问。

在历史哲学或者历史理论研究的领域里,诸如历史的因果关系、价值判断以及客观性等等之所以会成为话题,全都是人们在进行具体的历史研究之后、根据自己的实际体验而能够感觉得到其重要性的议题。

举例而言,在学校的历史课上,当学生们通过阅读史料,并在课堂上对自己的理解结果展开讨论的时候,他们就会发现:针对同一个历史现象的理解方法、解读视角、问题的归纳方式等等都会因人而异;与此同时,他们还能够在自己实际体验的基础上,切实地把握好诸如"客观的历史认识是什么"、"历史判断是什么"等问题。

事实上,我们翻阅一下英国的历史参考书就可以发现,即使是面对初中学生的参考书,它们也没有涉及到诸如讲授"史料学"的课时与教案、或者讲授"历史的视角"的授课案例等关于具体历史事实的内容,全都是与历史认识相关的内容构成。[①]

在日本的大学里,历史专业的学生只有在 4 年级写毕业论文的时候,或者在完成了毕业论文之后,才会自主地意识到"历史是什么"这个问题。通过历史研究这一实际体验之后,才获得的这种质疑和发问,是名副其实的作为"元史学"的历史哲学。即使在大学的历史教育中,像历史哲学、历史理论、史学史之类的课程,几乎都不在设置之列,这种现象真实地反映出日本的历史研究和历史教育在这方面认识上的缺失。

243　　不仅是在英国,实际上在整个欧美世界出版的历史教育杂志中,关于历史哲学、历史理论以及历史方法论的论文俯拾即是。譬如,英国的杂志 *Teaching History* 就是其中一例。这本杂志不仅十年如一日地介绍各种历史方法论,而且经常性地对当下历史学家们所采用的历史研究方法展开讨论。从 1980 年代开始,社会史逐渐进入了学校的历史课堂;近年来,医学史也开始成为学校历史课的内容之一。医学史研究从 1990 年前后开始兴起,现在已经成为历史研究中最时髦的领域。在英国,这些历史研究的新动向,都已经被纳入到了学校的历史教育之中。究其原因,就是因为它们都

---

① 譬如 Carolyn May, *Evidence and Investigation*, London, 1990,就是一本面向 12 岁至 14 岁学生的、总共只有 48 页篇幅的彩色版参考书。在英国,这样的参考书小册子有很多种,历史教师在课堂上都能够将这些参考书有效地纳入自己的上课环节之中。

拥有丰富的材料和绝好的专题,有利于让学生利用第一手史料对相关问题展开讨论。

这表明了一个事实:历史研究的最新趋势,已经直接转化成了学生们历史学习的内容。更为重要的是,这种转化并不是单纯地将社会史和医学史领域里的研究成果纳入学校历史教学的计划之中,而是在学校的历史教学课堂上,实践社会史或者医学史领域观察历史的方法。这种实践的前提条件,就是必须要从根本上树立这样的教育理念和信念:历史教育并非让学生记住作为历史知识的史实,而是要培养学生观察历史的方法和理解历史的思维方式;进而言之,历史学家们不断地开拓出来的观察历史和理解历史的新方法和新理念,正是现代社会所必需的新方法和新理念,是学生们作为未来社会的主人所应有的必备素质。

人们千万不可忽视这一点:关于"历史是什么"的讨论,其实就是建立在历史教育这种深厚的积累之上的。每5年召开一次的国际历史学大会,是世界上规模最大的历史学会议。每次大会召开期间,在参加历史教育分会的学者中,许多人同时也都参加历史理论与史学史分会的活动。这种现象表明,在多数历史教育工作者看来,历史教育的第一要义就应该是思考教育。换而言之,我们教历史不是要让学生们满脑子记住一些作为历史知识的史实,而是要让他们明白对于历史可以有各种各样的理解和观点,进而通过这样的学习去掌握历史的观察方式。上述这些参会者的举动,恰好反映了这样的教育观念。历史教育是"元史学"的重要组成部分,而"元史学"又是历史教育中不可或缺的一个领域。

244

在日本有关历史教育的杂志上刊载的大多数论文,都是介绍学习指导教案的具体事例和课堂讲授实践的记录报告,与英国的情况形成鲜明的对比。从中可以看出,英国和日本在历史教育问题上所存在着的根本差异。产生如此巨大差异的原因之一,就在于日本历史教育的"二阶段分工模式"。具体而言,历史学家负责教科书的编写,以编出尽可能详细而全面的、"客观的"教科书为己任;历史教师负责设法让学生们理解历史学家所编写的教科书内容,专注于如何改善课堂教学法和编写更有效的学习指导教案。千万不可忘记的是,只有在"历史是知识教育"这一前提下才会导致这种教育模式的产生。如果以"历史是思维训练的教学科目"为前提,历史教师的培养反而成了问题的关键所在,而不再是教科书。只有在大学里专攻历史专业的人,实际体验过找资料、写论文等历史研究的全过程,才可以说具备了成为一名本来意义上的历史教师的基本资格。在此基础之上,再经过教师培养课程的专门训练,才能获得成为真正的历史教师的资格。

四、史实教育的陷阱

如上所述,如果站在将历史教育视为培养观察事物和思考事物之方法的教学科目这一立场上,又该如何发现以教授历史知识为目标的历史教育的问题所在呢? 笔者之所以会提起这个问题,其实与本人的个人经历有关。

笔者有一位相识多年的美国朋友,是研究日本近世史的历史学家。三十多年前,笔者曾经听他说起过一段轶事,至今记忆犹新。每当日本人问起他的研究课题是什么的时候,他总是回答说是江户时代的日本外交史,于是提问的人无一例外地会在瞬间做出一副奇妙的表情来。之所以会这样,也许是因为这些人在心中暗想:这个美国人根本就不了解日本的情况,江户时代实行锁国政策,根本就不可能有什么"江户时代的外交史"之类的东西。当然,笔者也曾经是这些日本人中的一员。

然而,听说这位美国人不得不对抱有那种想法的日本人表示了同情之心。因为现在所有的日本人在学校接受历史教育的时候,都被告知说江户时代实行锁国政策,所以都理所当然地对此深信不疑。

他继续诉说着自己的感受:因为自己是美国人,是在美国接受的教育,学习日本历史的时候没有使用日本的历史教科书,所以从一开始就没有用"锁国"这一"给定的有色眼镜"去看待江户时代;与此同时,研究日本历史的美国学生都要学习全体东亚的历史,任何一个历史时期都没有像近世时期的东亚国际关系那样丰富和有意思;正因为如此,自己才选择了江户时代的外交和海外贸易。

他就是罗纳尔德·托比,美国伊利诺伊大学的教授。10 年以后,他的专著 *State and Diplomacy in Early Modern Japan* 一书问世。该书的日文版以《近世日本的国家形成与外交》[1]为题也已经出版,值得一读。人们可以从这本书中看到,"江户时代＝锁国时代"这一思维定势在后世的历史学家手中逐渐形成的过程。时至今日,他的观点可以说在日本的历史学家中找到了知音,因为已经有人主张要对"江户时代＝锁国时代"的定论进行重新评价。

如果我们考察一下"锁国"一词的来源,又可以发现一个有趣的事实。1801 年,长崎的荷兰语翻译志筑忠雄以《锁国论》为题,将长崎荷兰商馆医生 E. 肯普福尔所著《日本志》附录中的一章内容翻译成日文出版,于是就有了"锁国"这个词语。换而言之,"锁国"一词在开始实行锁国政策的时候并不存在,直至江户时代末期才被铸造出来。进入明治时代以后,新政府为了显示自我存在的合理性而故意抹黑江户时代,继而又为了抬高明治一朝的威望,于是就开始在学校的历史教育中频繁地使用这个固定用语。[2]

246

由此可以清楚地看出,日本学校中的历史教育就是贯彻"知识教育"理念,而且是将一种具备强制权威的历史见解作为知识向学生推广。

五、具有神圣性的历史教科书

我们必须通过这个话题来考虑以下两个问题,即大家所推崇的那种"客观的"和"普遍的"历史著述究竟是否可能存在? 或者说,

---

[1] Ronald P. Toby, *State and Diplomacy in Early Modern Japan*, Princeton U. P., 1984 (速水融他訳『近世日本の国家形成と外交』,創文社,1990 年)。

[2] 参见海後宗臣編『日本教科書大系』(近代編)第 18 巻～20 巻、「歴史」1—3(講談社,1962～1963 年)。

在历史教科书中,是否能实现那样的叙述?

正如上述"锁国"问题所显示出来的那样,就连日本史教科书中所叙述的内容,在历史的看法上都无法达成一致,更不用说涉及到世界历史的部分了。人们应该都能感觉到,在世界史教科书中,根本就没有关于"西洋史"与"东洋史"的交互穿插式叙述。不仅如此,实际上连"何为西洋史"、"何为东洋史"这样的问题,都没有一个固定的说法。所谓的"西洋史"框架,只是明治时代以后日本的独特发明,甚至连美国和前苏联都被纳入其中。与此同时,将伊斯兰世界、印度和中国一起纳入到"东洋史"之中,这种做法说起来也让人感到不可思议。西方人曾经发明过"orient"这一概念,用以笼统地称呼"非西方"地区,日本历史学界不仅仅沿袭了这个概念,而且还依旧亦步亦趋地继承着这一传统做法。无论是谁,都无法在伊斯兰、印度、东亚以及东南亚等地区的社会历史中,发现诸如共同性之类的东西来。然而,人们却至今仍然将这些地区笼统地概括为"东洋"。如果一定要从中找出什么共同之处的话,那就是它们拥有一个共同的名称——"非西方",仅此而已。

在英国的历史教育中,亚洲并没有被纳入历史的范畴之中。然而,成为英国殖民地之后的印度和非洲却被视为历史的一部分,其他的亚洲地区只是单纯地被当作地域研究的对象。[①] 尽管如此,这并不意味着亚洲各国没有历史。只是因为这些国家与英国没有关系,所以没有被纳入他们的历史范畴。所谓历史,主观性就是如此强烈。

对于英国人而言,有英国人自己的世界史,它只是英国人所想象的世界史。对于法国人而言,有法国人自己的世界史,它只是法国人所描绘的世界史。日本人的世界史,当然只属于日本人,并不具有普遍意义。

---

① 这一点从英国大学历史系的课程一览表中可以看得很明显。英国人印象中的"历史"范畴涵盖了美国、澳大利亚以及前苏联的历史,日本当然也不包括在内。因为日本被纳入到了"日本学"的范畴之中,仅仅只是"地域研究"的对象而已。

笔者意在强调：要求历史学追求"真实的过去"这只"蓝色小鸟"的态度本身，已经到了必须反思的时候了。

"历史教科书里的著述并不是普通的平凡之作，而是由那些了不起的历史学家们在仔细斟酌一字一句的基础上、通过齐心协力的合作才最后完成的。一位历史学家一生的研究成果，在我们的历史教科书中或许只能占一行一句的篇幅啊。"这是笔者在高中时代听历史老师说过的话，至今仍然不曾忘却。仔细想来，这难道不正是日本人对于学校教科书所持态度的真实写照吗？换言之，不就是日本人眼中"具有神圣性的历史教科书"吗？①

即使在现在的学校教育中，历史教科书对于学生而言仍然具有无可置疑的"权威"，因而他们往往容易产生这样的想法，即世界史教科书上所记述的内容就是"世界上所有人都认可的世界史"。当这些学生们长大之后与外国人交往的时候，如果他们依然坚信自己所接受的"世界史"就是这个地球上所有人都承认的世界历史、并在此基础上与他人进行交流的话，就会不可避免地产生许多误解和龃龉。

248

六、为什么要进行关于"历史性思维"的教育？

那么应该怎么做呢？笔者的结论就是：历史教育的核心必须围绕着"所谓的认识过去究竟是一种怎样的知性行为"这一主题展开。

我们以"锁国"为例展开讨论吧。"锁国"一词产生于幕府时代的末期。明治时代以后，历史学家们逐渐地将这个词语作为一种历史概念加以推广使用，并由此而习惯性地将过去某一时代的某一个方面定格为一种具有内在逻辑性的概念。然而，在学校教育的过程中，教师教给学生的只是这种最终成果（即概念），并不涉及

---

① 在笔者看来，电子计算机的普及将会给这种教科书神话带来极大的变数。笔者得出这种结论的原因如下：在日本人的心目中，用铅字刊印出来的出版物具有某种权威性，而这种长期形成的信念恰恰就是教科书神话赖以存在的基础。

这个概念被人为地创造出来的过程。当我们将"锁国"这一概念作为知识传授给学生的时候,就只可能使用这个概念来观察事物。如果我们同时对"锁国"这一概念的形成过程加以说明的话,学生也就能够学到历史的看法以及历史学家的思考方法,也就是说能够学到历史性思维。换而言之,学校不是教授"锁国"这一历史学家的产品,而是教授历史学家将"锁国"进行概念化的思考过程,即历史性思维的过程,这一点尤其重要。笔者在圣彼得中学的历史课上所看到的,正是这个过程。"封建制度"这一概念也是由后世的历史学家所创造出来的,他们也是试图以此概念来概括和把握历史上的某个时期。

当我们考察过去的时候,历史术语和历史概念就是我们的"眼镜"。如果没有这种"眼镜",我们将无法像我们现在这样来观察过去。举例而言,如果没有"封建制度"这副"概念·眼镜",我们就不能系统地综合观察过去的某一时代或某一方面。换而言之,本来或许只是一些单纯的事实积累的往昔旧事,历史学家通过铸造相应的历史概念、将其分类归纳成为各种具有一定意义的知识系统,历史教育必须要让学生学习掌握这样的知性认识行为。

249

七、尊重思维胜于知识的教育特色

英国的历史教育之所以能够呈现出与日本如此明显的差异性,根本原因在于英国的教育环境。接下来,我们将从宏观的角度探讨一下有关英国教育环境的一些问题。

就结论而言,一言以蔽之,英国学校教育本身的观念不同于日本,或者也可以说是教育哲学的不同。从根本上来说,无论是在历史课堂上还是在理科的课堂上,教学的核心必须是让学生根据课堂上教师所发的材料进行思考和讨论,这是英国学校教育所奉行的基本理念。根据这种教育理念,学校教育的重点应该是"学习方法的学习";在此过程中必须要让学生们相互进行知识上的争论,因而课堂上可以使用任何教材。① 这一点充分反映在英国的大学入学考试之中。下面我们就介绍一下历史卷的基本情况。

入学考试的方法决定着考生们所接受的教育方法和内容，这种情况无论在哪一个国家都基本相同。GCSE 的 A 类考试就相当于英国的大学入学考试，在其科目中有一道"现代史"试题。这是一道论述题，要求考生从 61 个题目中选做 4 个，每题都要求用 A4 纸写一篇 2—3 页篇幅的随笔短文，时间总共是 40 分钟。②

下面我们选择介绍几个题目。譬如："1945 年以后逐渐形成的'冷战'，其原因是什么？经过了怎样的历程？最终结果又是什么？"又譬如："有人认为'马歇尔计划'从经济崩溃中拯救了欧洲，你赞成这样的观点吗？"还有："为什么工党在 1945 年的选举中获胜，却在 1951 年的选举中失败？"③

因为大学的入学考试以这种方式进行，所以高中阶段的教学就必须与其相适应。那么，他们又是怎样上课的呢？在笔者看来，诺森普顿学校针对历史科 A 类考试"现代史"试卷的上课情况颇具代表性。1992 年 1 月 10 日和 13 日，该校历史学科组主任安德鲁·科根为我们提供了两次观摩课堂教学的机会。这两堂课都围绕着"两次世界大战之间的英国：1918～1939 年"这一主题而展开，每次上课时间为 2 课时，当然没有教科书。第一次上课的时候，老师先就本次课堂教学的大致内容做一个简单的说明，然后把当时报刊上所登载的报道文章以及照片的复印件作为资料发给学生。学生们一边做笔记，一边阅读这些资料。老师一边在课堂里巡视学生的学习情况，一边随时回答学生们的提问。第二次上课的时候，

250

① 详见拙稿「社会科の受容と変容（一）—イギリスと日本—」和「社会科の受容と変容（二）—イギリスと日本—」（『山梨大学教育学部研究報告』第 35 号和第 38 号，1984 年和 1987 年，第 82～96 页和第 81～93 页）。
② 英国的 GCSE 的 A 类考试不同于日本的全国统一考试，它并不是在全国统一时间内同时进行，而是由全国 10 个考试机构分别主持举行的。
③ 参见 D. Weigall & M. Murphy（ed.），*A-Level Modern History*，London，1988，pp. 103，110，215。

老师直接让学生根据之前所做的阅读笔记发表自己的看法,开始进行课堂讨论。接下来,老师把自己所整理出来的关于这一时期英国社会史的要点资料发给学生,要求他们根据所发材料进行必要的补充,并整理出问题所在。当这些作业全部完成以后,老师就在参考以往考试题目的基础上提出论文的题目,布置学生当场写小论文。上课结束以后,老师将学生的小论文收上来进行批改,并给予适当的建言和建议,等下次上课的时候再发还给学生。为了这次课堂教学,老师给学生开列的参考书是 A. J. P. Taylor, *English History*,1914 – 1945(Penguin Books, rep. 1982),学生除此之外还要根据需要而阅读 T. O. Lloyd, *Empire to Welfare State*(O. U. P. , 1970)和 L. C. B. Seamen, *Post-Victorian Britain*(Methuen,1966)等专业历史书籍。

以上即英国高中历史课的上课概况。这样的课堂教学没有老师的讲课,而是学生学习史料阅读方法和展开课堂讨论的时间。这种课堂教学模式,与日本的大学里所进行的历史专题研讨课几乎一模一样,却与日本高中历史课的教学气氛完全相反。凡是赞赏和推荐"思考的历史教育"的人们,应该都会对英国的这种历史教育给予高度的评价。这是一种与大学历史教学同一性质的教育方法,目标也是培养小历史学家。然而,英国这样的历史教育之所以能够实施,是因为它得到了英国现行的大学入学考试方式的支持,我们千万不要忽视这一个事实。与此同时,英国固有的教育理念历来强调"学校乃训练头脑之所"这一点,包括入学考试方式在内的英国历史教育模式实际上与这种理念密不可分,我们也绝对不要忘记这个事实。

八、历史认识教育的陷阱

读者阅读至此,也许会产生这样的印象,即英国的历史教育似乎什么都好。然而,英国的历史教育中也存在着很大的问题。

首先是教育制度上的问题。英国的孩子们 16 岁的时候,就必须早早地确定自己将来的学习专业,并为此而努力学习。这样做的结果,固然有利于学生掌握与某一种特定领域相关的专业知识和认识能力,却失去了获得更多不同学科知识的机会。对于有志于学习像包括历史学在内的经验科学的学生而言,缺乏宽泛的知识面将是一种很严重的先天性不足,这一点不言而喻。①

　　其次是历史认识教育的课程教学效果,90%以上取决于教师的能力。如果遇上一位优秀教师,这个班级的学生将会很幸运;如果情况相反,教学不得要领,这个班级的学生将会很可怜。在迄今为止的 10 多年间,笔者观摩过很多英国公立学校的历史课教学,优秀的教师绝对属于少数。相比之下,日本学校的历史课教学,基本上都能够保持在一定的水准上。究其原因,恰恰就是历史教科书的存在。可以这样说,正是由于日本的历史教育必须借助于历史教科书而展开,所以教师本身的能力对课程教学效果的影响,就不像英国那样绝对,无论学生居住在日本的什么地方,只要使用同样的教科书,就能够获得相同的历史知识。

　　最后是教学内容的问题。如前所述,英国学校里的历史课教学是通过史料进行的,因而只能选择细碎的历史现象作为历史教学的内容。譬如:历史学科 A 类考试的内容即由"英国历史及欧洲历史:1450～1760 年"、"英国及欧洲历史:1760～1980 年"、"美国历史:1783～1934 年"、"世界历史的各个侧面:1945 年之后"等 4 大类所谓"时代学习"板块和 5 大类所谓"深化学习"板块构成。换而言之,对于英国学生而言,无论是在小学阶段和初中阶段,还是在高中阶段,几乎都没有机会学习历史发展的整体脉络。②

　　1991 年,英国进行了历史教育改革,强调要在历史教育中增加史实教育,就是因为迄今为止的英国历史教育太偏重于思维教育。然而,如果站在日本人的角度来看,这次制定出台的英国关于历史

252

---

① 不仅如此,英国的大学里没有设置公共教养课程。笔者认为,就扩大学生的知识面这一点而言,日本的学校教育有自己的优势。
② 对于那些不选择 GCSE 的 A 类考试项目的学生而言,他们所接受的历史教育就只能停留在 14 岁之前的所学水平上。迄至 1991 年,在英国的很多学校里甚至根本不设历史课。

教育的新国家课程标准（History in the National Curriculum）与日本历史教育过程中现行的知识教育体系相比，仍然是相距甚远。

仅就培养目标（Attainment Target）而言，它由（1）历史的知识与理解、（2）历史的解释和（3）史料的运用等3部分所组成，其中最为重要的是第一项。为了检验学生学习的达标程度，新课程标准列有相应的思考题，譬如"具体指出工业革命对各个不同地区和不同社会阶层所带来的影响"（初中生），又譬如"为什么说各个国家对于国际联盟的态度难以一概而论？请试做评述"（高中生），难度由此可见一斑。[①] 在笔者看来，这份新课程标准只是在以思维教育为前提的课程基础上，稍微添加了一些知识教育的点缀成分而已。1991年9月以后，笔者也观摩过几次以这个新课程标准为指导的中学历史课，却丝毫看不出与执行旧课程标准时期的历史教学之间的区别。

九、主观内容的相对化

英国和日本都在使用着"历史教育"这一同样的词语，而实行的历史教育却有如此大的差异。尽管英国的历史教育改革是战后的一次重大改革，然而说到底也仅仅是一次他们原有框架允许范围之内的改革。即便就是这样的一次改革，依然在历史教育工作者中间出现了巨大的反对之声。英国的教育工作者往往喜欢用一个词语——"传统型"，来概括日本的知识中心型历史教育，这种做法我们表示可以理解。然而，这真是用一个词语可以概括得了的问题吗？我们首先介绍了历史课教学的现场情况，然后就"所谓历史教学究竟是什么"、"所谓历史学习究竟是什么"、"所谓历史教育究竟是教授知识还是教授思维方法"等一系列问题进行逐项解说，最后提出了作为历史教育之基础的知识体系理论。

253　　　到了亮出自己结论的时候了。在笔者看来，日本和英国在历史

---

① 参见 Department of Education and Science，*History in the National Curriculum* (*England*)，London，1991，pp. 3 - 5。

教育问题上的差异,实际上就是双方在关于作为历史教育之基础的"知识"本身的认识上的不同。双方都使用"历史教育"这个名称,实行教育的内容却大相径庭,这就是导致这种结果的原因所在。

只要这种认识上的差异存在一天,无论是试图将类似于日本式历史教育的史实教育引入英国,还是试图将英国式思维教育引入日本,都将是徒劳的。事实上,战后50多年来,日本进行过大规模的教育实验,结果都以失败告终,在这方面既有经验,也有教训。

具体而言,那就是1947年创设的社会科。最初,它是美国占领军为了将"讨论式教学以及培养学生观察事物和思考事物方法的教学"引入日本的学校教育而进行的一种尝试。后来,随着日本独立地位的恢复,它也就被迅速地"日本化",从思维教育逐渐地转变为知识教育。稍加比较即可发现,初期的社会科与1950年下半年之后的社会科,完全属于两门不同的课程,这是一个不可否认的客观事实。①

如上所述,所谓历史教育具有两种功能,即教授历史的史实性知识和教授观察·思考历史的方法。对于从明治时代以来急欲进入国际社会的欠发达国家日本而言,了解和掌握历史的史实知识,尤其是有关西方历史的知识,是不可或缺的国际化要素。在经过了一个多世纪之后的今天,日本人已经能够申明自己的主张,并与对手平等地讨论问题,成为被追求的国际化的对象。

现在,我们在历史教育中能够身体力行的工作,就是在将世界历史的史实作为一种知识教授给学生的同时,引导学生学会将在课堂上学到的知识进行"相对化"的理解。从本质上而言,对历史的看法是一种主观的东西,只有从自己的视角出发才能够看得到,因而日本的历史教科书仅仅只是日本人为了日本人而编写的。问 254 题的关键在于,我们不能将这种本质上属于主观的东西伪装成客观的东西,而是要明确地告诉学生:这只是其中的一种观点,还存

---

① 详见拙稿「社会科における『生活のしかたとしての民主主義』の位置」(『山梨大学教育学部研究報告』第41号、平成二年、第150～161页。

在着其他不同的观点。笔者认为,这样的做法可以被称为"主观内容的相对化"。所谓历史教育的客观性,说到底就是这种"主观内容的相对化"。这是我们的结论。

譬如:在关于印度的现代化问题上,英国人和印度人的解释完全不同。英国人认为是英国促使印度走上了现代化的道路,印度人则认为恰恰是是英国阻碍了印度的现代化进程。直至今日,英国和印度两国的国民依然各执己见。

以此为例,我们必须将英国人和印度人双方的观点同时告诉学生,即"主观内容的相对化",以此来培养学生观察历史和思考历史的方法。与此同时,这并不是单纯的罗列史实式的历史教育,而是通过这种对同一历史事件存在不同看法和解释的事例,引导学生走向历史教育所期待的历史学的深层次,即"历史认识"。①

---

① 详见拙稿「なぜ歴史意識を教えねばならないのか」,『歴史学研究』第 619 号,1991 年 5 月,第 27～34 页。

第五章　关于历史学中既成 认识的再认识[①]

第一节　欧美学术界的两种历史哲学

一、欧美学术界关于历史认识论的谱系

作为系统地研究史学理论的大学者,J. G. 德罗伊森及其大作《史学纲要》(*Grundriss der Historik*),我们已经耳熟能详。然而,我们却很少有机会接触到 1867 年他在柏林科学院的就职演讲。[②]正是在这次演讲中,德罗伊森阐述了自己的理论核心。首先,他断定历史学在本质上是暧昧模糊的,并没有建立在确实可靠的基础之上。继而,他进一步在此前提之下展开了自己关于历史学本质的理论。在他看来,即使历史学尽力追求自己的科学性,高举史料批判、可信性批判和文献学批判的大旗,然而它既不能止步于此,也不能还原其本来面目。之所以如此,他认为有两方面的原因:一是由于历史学往往致力于探究历史事件之间的各种关系,势必要

---

① 本章内容曾以《关于历史学中既成认识的再认识(1—3)》为题,发表在《山梨大学教育学部研究报告》第 30 期(1979 年,第 100~109 页)、第 31 期(1980 年,第 90~98 页)和第 32 期(1981 年,第 167~176 页)上,纳入本书之际笔者又增补了一些内容。

② Johann Gustav Droysen, *Antrittsrede in der Berliner Akademie*, Berlin, 1867.

进行相应的解释;二是由于关于历史学本质的理论本身就属于"诠释学"(Hermeneutik)范畴。换而言之,正如 J. 弗莱恩德所指出的那样,德罗伊森所关心的核心问题并不在于如何确定历史运动的各种规律,而是在于如何客观地确立历史认识的各项法则。①

262　　德罗伊森所提出的关于历史学中既成认识的再认识(Erkenntnis des Erkannten)这一问题,后来逐渐引起了盎格鲁·撒克逊裔历史学家和哲学家们的兴趣,成为他们热衷于探讨的内容。可以这样说,德罗伊森继承了 F. 施莱赫尔马赫和 A. 贝克等人的"诠释学"传统,他的历史学本质理论意在客观地确立历史认识的各项法则,最终却作为一种具有浓厚的经验论色彩的历史学本质理论,在英国生根、发芽。

德罗伊森在柏林科学院发表就职演讲的数年之后,F. H. 布拉德雷出版了《批判的历史学的若干前提》一书。他在此书中根据英国经验哲学的传统,对上述德罗伊森提出的问题展开了专项研究。布拉德雷认为,构成历史学实体的因素既不是孤立的特殊,也不是抽象的普遍,而是作为历史存在的每一个具体事实。在此基础上,他进一步指出:历史认识不能仅仅满足于被动地接受证言,而是要对证言展开批判性解释;这种批判包含了准则,而这种所谓准则又是历史学家本身在解释证言之时所具备的,也就是历史学家本人。从布拉德雷的这些言论中,人们已经可以看到作为"诠释学"的历史认识论的萌芽。② 后来,以 R. G. 柯林武德为代表的后世学者们进一步发展了这一理论,历史学本质理论与 20 世纪初以来被称为"分析哲学"的哲学运动相映成趣,逐渐呈现出当今百花争妍的局面。

人们在探讨这些问题的过程中,尽管都以"历史哲学"的名义进行,然而它所涉及的内容及其所代表的涵义,与 19 世纪德国人所谓的"历史哲学"完全可以说是似是而非。之所以会出现这种现

---

① J. Freund, *Les théories des sciences humaines*, Paris, 1973, p. 66.

② F. H. Bradley, *The Presupposition of Critical History*, Oxford, 1874.

象,毫无疑问是基于以下这样一个事实:随着"哲学"这一词语的涵义内容的不断变化,人们的关注对象已经由"先验性的"事物转变为"经验性的"事物、由"思辨性的"事物转向"分析性的"事物。正如"元科学(metascience)"这一称呼所显示的那样,这种哲学意在从方法论的角度对各种科学进行反思,并将其设定为自己的核心课题。在这样的前提之下,所谓的"科学"一词往往就带有浓厚的"经验哲学"的色彩。

在19世纪的德国学术界,人们关于历史方法论的研究是在"历史科学"与"自然科学"相互对应的学术框架之内展开的。然而,进入20世纪之后,随着"历史学乃经验科学之一分支"这种认识的产生和发展,历史哲学也逐渐地由"关于历史的哲学解释"转变为"关于历史的哲学反思和理论反思",并被分别命名为"思辨的历史哲学"和"分析的历史哲学",一直延续至今。

在此值得注意的一点是,以英美学术界为中心的、从事历史哲学研究的学者们坚持认为,只有分析的历史哲学才真正无愧于"历史哲学"之名。① 事实上,这是由于他们迄今为止将自己的研究重点仅限于分析的历史哲学的缘故。正因为如此,才会产生一个带有根本性的基本问题:在他们看来,只有分析的历史哲学才是真正的学术研究,而思辨的历史哲学只是一种处于即将逝去的命运之中的哲学。事实确实如此,分析的历史哲学之所以获得大发展,离不开这种观念的支撑。时至今日,当人们对此进行反思的时候,我们不禁要反问这样两个问题:这两种历史哲学之间究竟具有怎样的关系? 它们各自又有怎样的特性?

然而,就是这些最基本的问题,长期以来并未受到应有的关注。只有M.曼德尔鲍姆的《迄今为止被忽视的关于历史的若干哲

———————

① 详见 P. Gardiner, *The Nature of Historical Explanation*, Oxford, 1952。譬如,加德纳在本书的《序言》就指出:思辨的历史哲学"是从19世纪形而上学的深海中打捞上来的海底怪物,它的口中时常会使用已经死亡了的语言(至少是外国的语言),即以黑格尔的辩证法语言吐露一些预言"。

学问题》①一文,可谓最早正式涉及这个问题的研究成果。为了与传统的历史哲学划清界限,推崇分析的历史哲学的研究者们,现在都致力于揭示"分析的历史哲学"与"思辨的历史哲学"之间的不同之处,因而都认定这两者之间的差异应该是一种自明之理,于是也就无意针对这些问题展开专门的研究。正因为如此,曼德尔鲍姆才不得不在其论文的开篇,就明确地断定这些问题属于"历史哲学"的范畴,并以很长的篇幅为此进行了论证。事实上,这些研究者先在脑子里预设了一个历史研究的应有状态,继而再从理论上对其进行哲学分析,因而所得出的结论往往与历史学的实际情况
264 相距甚远。就其初衷而言,这样的研究方向难以让人接受。无论怎么说,有一个事实毋庸置疑:虽然分析的历史哲学号称是对历史学各种理论问题展开分析的学问,但是它却极少涉及到作为存在的历史学、或者作为存续至今之学问的历史学。究其原因,就是因为这些研究都是出自哲学家之手。

　　"分析的历史哲学",即关于历史学的理论性探究,与史学史、史学方法论、历史哲学、历史理论以及历史教育理论等等有关历史认识的研究之间有着密切的关联。如果忽略了这一点,就会迷失研究的方向。

　　实际上,关于上述两种历史哲学的问题,不仅存在于欧洲的史学理论研究领域之中,中国的史学理论界同样也出现过。在本章中,笔者希望从比较史学理论研究的立场出发,通过对相关学术论点的整理和探讨,就历史学的理论研究问题提出自己的相应看法。

二、思辨的历史哲学与分析的历史哲学

　　从发生学的视角来看,"分析的历史哲学"产生于对"思辨的历史哲学"展开批判性检讨的基础之上。就其具体内容而言,可以说是研究的对象从"过去发生的事情(res gestae)"向"关于过去发生

---

① M. Mandelbaum, "Some Neglected Philosophic Problem Regarding History", *Journal of Philosophy*, 49, No. 10, 1952, p. 317.

的事情的记载(historia rerum gestarum)"的转变。正如众多史学概论著作都会在其开篇所提及的那样,"历史"一词具有两个含义,一是过去发生的事情,二是关于过去发生的事情的叙述与说明。具有讽刺意味的是,这种词义上的暧昧催生了历史哲学,并由此而产生了众说纷纭的理论。然而,从近年来的研究状况来看,学者们尚停留在尽可能地对这两种含义进行识别的水平上,各自都从哲学和理论的高度对其进行了重新解读。

在国际学术界,盎格鲁·撒克逊裔历史哲学家们对这个问题表现出了最大的兴趣。对于他们这些在经验主义传统的熏陶下成长起来的学者而言,迄今为止的历史哲学因过于偏重于思辨性而令人难以接近。① 于是,他们遵循"可理解性的准则(criteria of intelligibility)"对历史哲学展开重新研讨,将分析哲学的思维方式引入了以普拉德莱和柯林武德等人为代表的"批判的历史研究"传统之中,从而使得历史哲学转变成为更加严密的学问。② 接下来,笔者将从他们关于两种历史哲学的定义入手,对他们的研究理论展开全面讨论。

这种研究倾向主要由 W. H. 沃尔什、W. 德雷、M. 怀特、A. 丹托、P. 加德纳、K. 阿哈姆等人的学术实践所代表。③ 在他们看来,所谓的"思辨的历史哲学"以关于历史现象本身的解释为目的,其关注点主要集中在两个方面:一是分析和解释在有关历史的含义

265

---

① W. H. Walsh, "History and Theory", *Encounter*, 18(1962), pp. 50 - 54.

② W. H. Walsh, "The Intelligibility of History", *Philosophy*, 1942, pp. 120 - 143. 堪称这种研究模式的最初成果。

③ 参见 W. H. Walsh, *An Introduction to Philosophy of History*, London, 1951, pp. 11—29(神山四郎訳『歴史哲学』創文社、1978 年、第 3~28 頁);W. Dray, *Philosophy of History*, N. J., 1964, pp. 1 - 3(神川正彦訳『歴史の哲学』,培風館,1968 年,第 1—5 頁);M. White, *Foundations of Historical Knowledge*, New York, 1965, A. Danto, Analytical Philosophy of History, Cambridge, 1968, pp. 1 - 16(河本英夫訳『物語としての歴史』,国文社,1989 年);P. Gardiner, *The Philosophy of History*, Oxford, 1974, pp. 1 - 15; Karl Acham, *Analytische Geschichtsphilosophie*, München, 1974, pp. 18 - 42.

（或意义）、历史观以及价值观等问题上存在着怎样的特定见解？二是分析和解释究竟是怎样的基本规律决定着历史的发展和变革？换而言之，它所关注的是各种有关历史现象的理论的可信性和说服力。迄今为止，以此为研究对象的历史哲学家，包括维柯、赫尔德、黑格尔、孔德、马克思、巴克尔、斯宾格勒以及汤因比等人。之所以只有这些人备受世人的关注，就是因为他们在自己的著作中对这些问题做了绘声绘色的描述。① 尽管历史本身超出了历史学家所研究的范围，但是历史学家的研究却只能局限于某一特定的地域或者某一特定的时代。于是，他们企图创造出一种能够使"作为整体的"历史现象成为可知的、而且在伦理上可接受的概念。不仅如此，他们同时还致力于寻找一种能够恰当地说明人类历史普遍性的原理，并希望以此来预测人类社会发展的未来前景。

266 另一方面，所谓的"分析的历史哲学"被赋予了明确的定义。正如德雷所言：它"是从理论上、概念上、认识论的特征上对历史学家从事的工作所进行的分析"②，"是关于历史叙述概念的各种前提、推论的理论及其方式的探讨"③。换而言之，分析的历史哲学的核心课题，在于探讨对历史叙述进行科学验证的可能性问题。如果以更为通俗的表述方式，甚至可以这样说："在这个意义上的历史哲学，其目的不是为了探讨历史事务的过程，而是将其关注的焦点置于作为一种学术门类或者知识领域的历史之上"。④实际上，它的研究对象就包括以下内容：历史研究的目的、历史学家收集和甄别史料的方法、历史学家提出论点或者假说的方式、通过研究方法所反映出来的历史学家的信念、历史与其他学术门类之间的相互关系等等。

---

① 另有学者主张应该以更加宽泛的视角来重新评价这种倾向。譬如，沃尔什在其 1962 年的论文中就指出：英国史学中的纳米尔主义同样具有这种倾向。
② W. Dray, "Philosophy of History", *The Encyclopaedia of Philosophy*, New York, 1967, pp. 247-254.
③ W. Dray, *Philosophical Analysis and History*, New York, 1966, p. 1.
④ P. Gardiner, "Philosophy of History", *International Encyclopaedia of Social Sciences*, New York, 1968, p. 429.

在此必须要指出的一点就是,思辨的历史哲学与分析的历史哲学之间的差异,并不在于研究对象本身,而是在于观察这种研究对象的历史哲学家身上。从表面上来看,思辨的历史哲学似乎在从事"历史哲学家的工作",而分析的历史哲学则在从事"一般的历史学家的工作"。实际上,这样的分类也只是一种权宜之计。迄今为止,分析的历史哲学家们在为思辨的历史哲学进行定位的时候,总避免不了对这一点产生误判。

三、思辨的历史哲学

尽管分析的历史哲学家为思辨的历史哲学做了如上定位,但是由于"思辨的历史哲学"这一概念本身是分析的历史哲学家铸造出来的,因而它也就成了作为"分析的历史哲学"的一个重要组成部分的研究领域。

从关于思辨的历史哲学的研究历史来看,分析的历史哲学家并没有对自己的历史哲学进行正面解析,而是热衷于从各种不同的视角,对以往形形色色的思辨的历史哲学进行分类整理。实际上,现代历史哲学的一个大问题,就在这一过程之中逐渐显现出来。他们怀疑思辨的历史哲学或者思辨哲学的实际意义,却又不得不在这种怀疑哲学的氛围中,展开对思辨的历史哲学的研究。譬如,A. J. 艾耶尔曾写道:

> 如果问题的命题不能满足这个原则(验证原则),同时也不属于同义反复,那就认定它属于形而上学。不仅如此,既然属于形而上学,那它就无所谓真伪,而是名副其实的无意义。……即使有人信誓旦旦地宣称所谓"存在着非经验性价值的世界"、"人类拥有不灭的灵魂"、"存在着超越性的神灵"等等,也都是毫无意义的。①

① A. J. Ayer, *Language, Truth and Logic*, London, 1946(吉田夏彦訳『言語・真理・理論』,岩波書店,1955 年,第 2 页)。

267

　　然而,在这样的知识环境中致力于历史哲学研究的人们,即使在面对过去思辨的历史哲学的时候,也无法保持像艾尔那样"保留态度"的立场。究其原因,就是因为他们尽管能够自觉地与思辨的历史哲学划清界限,却不能无视思辨的历史哲学的客观存在这一事实本身。于是,他们为了证明自己所从事的学术活动的正当性而采用的方法,就成为一种既不新颖也不成体系的东西。具体而言,那就是"在关于历史的意义这一问题已经引起人们关注的当今社会,如果仅仅采取一种旁观者的态度,这是非建设性的"。L. 赖尼希写道:

　　　　人类在这个问题上没有完美的答案。人类有各种各样的设问,关于历史的意义的设问就是其中之一。许多人据此而得出这样的结论:提出这一设问毫无疑义。这看起来似乎很合乎逻辑,然而问题却并非因此而得以解决。……无论在哪一个时代,促使人们去追问历史的意义的动力,恰恰就是这种"misterium inequitatis(非法的神秘力量)",是一系列人类自以为毫无意义的祸殃和不幸。我们即使只能获得暂定的、不完全的、不满足的,甚至已经包含着新设问的答案,也无法从关于生、死、创造的意义的设问中脱身。与此同理,从人类的自我意识来看,我们同样也无法从关于历史的意义这一设问中脱身。不仅如此,我们却能够在面对这一设问的时候将自己封闭起来。然而,那将是人类放弃自己的可能性,在社会领域中是丧失人道,在个人领域中是丧失实现自我。①

接下来,我们将要具体地分析一下,他们以这样的基本态度对思辨的历史哲学展开研究的基本情况。他们有一个共同之处,就

① Leonhard Reinish, *Der Sinn der Geschichte*, München, 1961(田中元訳『歴史とは何か』,理想社,1967 年,第 5~6 頁)。

是将过去的历史哲学视为对历史的意义的不懈追求,并对各种致力于发现(在致力于"发现"而不是"发明"的努力之中体现出了其特点)和确定历史的意义的尝试进行整理。就他们所采取的方法而言,大致可以归纳为以下两种。

第一种方法是将思辨的历史哲学进行模式化分类处理。这是早期研究者惯于使用的方法,在 W. H. 沃尔什、P. 加德纳、W. 德雷等人的研究中表现得比较突出。由沃尔什率先提出来的分类方式,在德雷的手里逐渐得以完善。[1] 德雷对思辨的历史哲学所做的分类如下。[2]

1. 形而上学的探索路径。这种模式以黑格尔为代表,企图通过所谓"世界精神"这一形而上学的概念来探索历史过程的意义,接受这种模式就等于认可黑格尔的哲学立场。

2. 经验主义的探索路径。这种模式以汤因比为代表,认为历史就是经验性数据资料所做的诉说,并将历史规律视为客观事实。

3. 宗教性探索路径。这种模式以尼布尔为代表,认为超越理性思维的基督教信仰可以将意义赋予毫无意义的事件之上。

然而,如上所述,采取了这样的探究方法之后,思辨的历史哲学实际上就只能取决于对象本身的特性。现在的历史哲学家已经不再热衷于确定"历史的规律",而是致力于确定"历史认识的规律",因而就应该尝试一下其他的研究方法,不必继续拘泥于这种哲学史式的传统路径。

第二种方法由 M. 曼德尔鲍姆和 A. 丹托所倡导。[3] 在他们二人看来,思辨的历史哲学的作用是向历史的过程"赋予意义",这对

———————————

[1] W. H. Walsh, *An Introduction to Philosophy of History*, London, 1951, pp. 117 - 150.

[2] W. Dray, *Philosophy of History*, pp. 61 - 63(神川正彦訳『歴史の哲学』,第104～108頁)。

[3] M. Mandelbaum, "Some Neglected Philosophic Problems Regarding History", *Journal of History*, 49, No. 10, 1952, p. 317; A. Danto, *Analytical Philosophy of History*, Cambridge, 1968, pp. 1 - 16.

269

作为赋予价值一方的人类而言,堪称最为重要的课题。换而言之,当某一事件发生的时候,为了对它进行解释并确定对它的态度,就必须提供相应的"解释原理",而这正是思辨的历史哲学的重要任务。不仅如此,曼德尔鲍姆还进一步将思辨的历史哲学分为两大类:一类热衷于探究历史规律,另一类致力于提供终极性解释原理。后来,丹托将前者命名为"叙述理论",将后者命名为"解释理论",以更为明确的方式对曼德尔鲍姆的这一分类思路做了概括性表述。他认为:前者力求发现存在于过去各种事件之中的不同模型,进而将这种模型投射到未来,坚信这些从过去的各种事件中总结出来的模型也可以在未来得以重现;与此相应的是,后者则力求用因果式逻辑语言对这种模型进行解释。

与沃尔什和德雷相比,曼德尔鲍姆和丹托的研究,可以说更能体现出分析的历史哲学家的风格。然而,在他们迄今为止的所有表述中,尚未就自己之所以将思辨的历史哲学作为研究对象的理由作出明确的解释。他们既然热衷于上述内容分析,因而就已经设定了与类型区分相关的问题。以思辨的历史哲学为研究对象这一点,从表面上看起来似乎显示出他们研究视野的宽阔。实际上,他们仅仅只是将思辨的历史哲学视为已成过眼云烟的往事而已,并不打算使它起死回生。他们之所以将抛开了现实关怀的思辨的历史哲学纳入自己的研究视野,只不过是出于罗列学术史的需要而已。为了设定自己的研究课题领域,他们强调自己与思辨的历史哲学家之间的不同之处。如此一来,他们就不得不任由人们给自己戴上"思辨的历史哲学的否定论者"的帽子。

如果不克服这一点,他们就无法找到自己必须要涉及思辨的历史哲学的理由。那么,他们究竟出于什么目的一定要将思辨的历史哲学纳入研究对象的行列呢? M. 默里在其《现代历史哲学的起源与终结》一书中做出过明确的表述。① 在他看来,历史哲学应该

① Michael Murray, *Modern Philosophy of History: Its Origin and Destination*, Hague, 1970, pp. 13 - 57.

是一个复合概念，包括历史性（historicity）、历史叙述
（historiography）和历史本身（history）；所谓"历史性"，即指由作为
时间性（通时性）世界、自我和存在的人类所构成的基本结构；所谓
"历史叙述"，即指以书写下来的历史为对象的学问；所谓"历史本
身"，即指显示和隐藏实际存在（或者存在和精神）的过程。不仅如
此，历史叙述只有建立在历史存在基础之上的时候才能成为可能。
另外，默里还认为：这种历史存在所具有的历史性是以作为历史的
实际存在为基础的，因而它就成为最重要的因素。正因为如此，默
里将关注的焦点设定在这个"作为历史的实际存在"之上，将"约希
阿姆→黑格尔→海德格尔"这一传统脉络，视为现代历史哲学的
"起源→鼎盛→完成"这一过程的真实写照，并力图对其进行具体
论证。

　　另一方面，G. 怀斯在其《美国人的历史解释》一书中，以美国历
史学家的解释方式为依据，全面地分析了历史研究的形态。[1] 他在
借鉴科学史、社会史、文艺批评等领域的研究成果的基础上，将自
己关注的焦点置于历史学的类型上，而不是内容上。在他看来，历
史学有 4 种类型：一是理想型，即对观念的"状况分析"和"战略分
析"；二是现实型，即对历史的实际存在的"鸟瞰式"考察；三是史料
型，即对史料的"战略性"解读；四是解释型，即对"解释与变异"和
"解释与变更"的"关键要因"进行分析。实际上，这 4 种类型也是
怀斯自己展开研究的 4 个层面。从这些方法中也可以看出，他并
没有将历史学的历史当作"思想"的历史，而是当作"思维行为"的
历史。20 世纪的美国历史学经历了一个从"进步史学"到"反进步
史学"、再到"新左派史学"的变化过程，怀斯的最终目的是为了探
究美国史学在这一过程中发生的深层次结构性变化。然而，他的
研究成果却与默里的结论一样，成为对现代历史哲学的有力批判，
而且这种批判恰恰就是对他们之所以要涉及思辨的历史哲学这一
问题的回答。

271

[1] Gene Wise, *American Historical Explanation*, Illinois, 1973, pp. 3 - 110.

四、分析的历史哲学

就其本质而言,分析的历史哲学是从理论上、概念上以及认识论的特征上,对历史学家所从事的工作进行分析。然而,它并未止步于史学评论的水平上。分析的历史哲学家们在为自己存在的必要性进行辩护的时候,都会异口同声地坚称这一点。这种做法说明,他们将历史学定位为经验科学的一个分支。因此,"历史学真的能够成为科学探索吗"、"历史研究真的能够做到客观不移吗"等等问题,自然而然地就被视为无法跨越的前提条件。换言之,在他们看来,分析的历史哲学不仅要展开对历史叙述的分析,还要通过对历史叙述与深藏于其背后的科学理论之间的关系的考察,来回答以上这些问题。另外,正如经验科学理论需要分为实质性问题和结构性问题进行研究一样,分析的历史哲学也应该由实质性问题和结构性问题组成。

这里所谓的"结构性问题"实际上是所有的科学研究领域里共同面对的问题,它具体包括解释或者预测、科学理论的结构与作用、典型、概率、归纳逻辑等等。然而,仅仅对这些项目展开理论上的研究,并不能完全解决被称为"元科学"研究领域里的所有问题。所有这些科学项目中的每一个具体门类,在展开研究的过程中都要面对各种各样的具体困难,这是因为每一个具体的科学项目都存在着自己特有的问题,即技法问题。然而,有一点特别值得注意的是,那种认为各个学术领域之间在方法论上存有差异的观点,实际上还包含了一些比有关技法上的差异的观点更为重要的基本问题。具体而言,正因为各种研究领域都采用不同的研究技法,所以就不能在这些科学项目中简单地比较和鉴别孰优孰劣。另一方面,那种认为各个研究领域之间存有结构性方法的差异的观点,与有关研究技法的观点相比,更加涉及到带有根本性的内容,因为它属于正当化的理论逻辑问题。举例而言,历史学家所做的解释与物理学家所做的解释,虽然双方的研究对象和采用的技法全然不同,但是他们进行解释的逻辑结构,即正当化的理论逻辑却完全相同。在这个问题上,迄今为止曾经存在过不少误解。[①] 尤其是在被称为脆弱科学中最软弱的科学项目的历史学的方法论领域里,这个问题显得最为突出。

这些争议对史学方法论领域的影响最为明显。以往的史学方法论都具有浓厚的史学研究指南的色彩,相比之下,现如今它已经转变成为研究历史认识本身的平台。围绕着这个问题,学界以对"解释"这一科学活动而言最为基本的问题为核心展开了讨论。譬如,"历史学中的解释"这个问题就是揭示历史学家现行的解释方式,不能仅仅止步于"历史学的解释应该如何"这样的规范性讨论。关于"历史学中的解释"这个问题,我们将在第六章中详细讨论。

简而言之,分析的历史哲学可以说是这样一个研究领域:它将历史学视为经验科学的一个组成部分,进而试图解决历史学固有的研究技法问题。

273

五、对于两种历史哲学的批判

对于"思辨的历史哲学"和"分析的历史哲学"这种分类的做法本身,尽管曾有人表示过疑问,却没有人表示过否定。分析的历史哲学家们为构筑现代历史哲学而进行的理论探索可谓尽心尽力,然而当这种探索到达一定程度的时候,就开始出现针对这一基本问题的批判,其中 H. 费恩的《历史与哲学之间》可谓开此先河之作。[②]

费恩从以下视角出发对这个问题展开了批判。[③] 现在,我们想要对思辨的历史哲学与那些被称作历史学家的人们所撰写的历史进行明确的区分,却没有掌握任何进行区分作业的标准。历史学

---

① 最早指出这一点的是 C. G. Hempel, "The Function of General Laws in History", *Journal of Philosophy*, 39, 1948, pp. 35 - 48。

② Haskell Fain, *Between Philosophy and History*, N. J., 1970.

③ *Ibid.*, pp. 207 - 332.

家所撰写的历史究竟是什么？为了解答这个问题，费恩认为：就所谓历史叙述而言，要叙述某一历史事件必须首先确立一个主题。继而，他以黑格尔的历史哲学为例，详细地阐述了自己的观点。在他看来，从黑格尔讲授历史哲学课程时的德国史学界的状况来看，虽然正处于德意志国家史研究的全盛时代，但是当时的历史学家对"国家"这一概念的理解却非常模糊；黑格尔撰写《历史哲学》正是为了将这个概念明确化，同时也是为了将其主题正当化。如果这个观点成立，那么黑格尔的历史哲学课程又为什么能够被称作"思辨的"呢？费恩解释道：黑格尔的历史哲学是对历史学家设定的主题或标题的正当化，也可以说是从本体论的角度对主题的考察，甚至就是理应被称为"叙述的推理单位"的历史叙述的基础理论。尤其值得一提的是，作为与国家和自由的发展相关的主题，黑格尔的历史哲学提出了"道德进步"的概念。这里所谓道德的进步具有两层含义：其一是指检验主观性道德判断妥当与否的客观标准的进步，其二是指人们对待这种客观标准的态度的进步。与此同时，作为相对于人类自由行动的外部压力，道德构成了历史的底基，必须小心翼翼地对它进行发掘，而其中最为重要的工作就是对国家存在本身的探讨。在这里，黑格尔实际上将国家看成是抽象的道德原理的具象化实体，因而一国的法律也就成了适用道德概念时的裁决手续。换言之，历史学家致力于政治史研究才是正道。

274

在费恩看来，历史哲学是为了概念的可理解性而进行的研究活动和设定标准的作业，[①]因而黑格尔的历史哲学当然也就是为国家和自由之概念的可理解性所做的标准设定。由于这种概念随着时代的变迁而不断地变化着，因此他呼吁人们在叙述人类历史发展历程的时候，要以这种概念的变化为主线而展开。黑格尔的历史哲学就是考证概念的学问。作为具体的实际问题，诸如"文艺复兴"以及"宗教改革"等历史学家所使用的基本概念，难道

---

① Haskell Fain, *Between Philosophy and History*, pp. 54 - 67.

不能被称为"叙述函数"吗？另外，兰克在其《1494—1514年罗曼与日耳曼诸民族的历史》一书的《序言》中，不是也表述过同样的意思吗？

费恩还从另外一种角度对两种历史哲学的问题进行了批判。[①]一般认为，思辨的历史哲学家企图发现历史的意义，而历史学家则不以为然。然而，这难道不正是所有致力于历史研究的人们心中怀抱着的志向吗？因为考据并不等于历史研究。换言之，考据并非历史研究本身，仅仅只是其必要条件的一部分而已。可见，分析的历史哲学家将黑格尔的历史哲学课程说成是历史学的变异，这是毫无根据的。另外，如果将黑格尔的历史哲学视为思辨哲学而不是历史学的话，那就没有分析的历史哲学家插嘴的余地了。由此而言，区别历史哲学和历史研究的行为不仅毫无根据，同时也毫无意义。

综上可知，费恩否定了存在着两种历史哲学的观点，认为历史哲学的任务就是探求历史之可理解性的标准（criteria of historical intelligibility）。[②] 根据费恩的观点，正如以上所引述的那样，思辨的历史哲学与历史学家所撰写的历史之间不存在可被区分的标准，分析的历史哲学家却以这种区分作为默许的前提而展开讨论，从根本上就是一个错误。

275

被命名为"思辨的历史哲学"的研究领域，以历史观和世界观为分析对象，而这两者又是统摄以"作为存在的历史"为对象的各种历史研究的核心。费恩的批判对象是沃尔什，然而却只有沃尔什对过去的历史哲学所进行的公式化分类，不属于分析的历史哲学家的职责范围。如前所述，这是早期分析的历史哲学家所要解决的问题，并非分析的历史哲学本身固有的问题。费恩的观点至少向我们指明了原本应该探讨的问题所在。

---

① Haskell Fain, *Between Philosophy and History*, pp. 230 - 232.

② *Ibid*., pp. 54 - 67.

第二节　元史学在中国的发展

一、比较史学理论的必要性

20 世纪中叶以降,在以英美为中心兴盛起来的、关于历史学的哲学研究和理论研究中,围绕着"对历史的哲学考察"和"对历史的认识论考察"而展开的论争,已呈现出莫衷一是的态势,其中暴露出来的问题点也颇能引人深思。如果变换一下表述语言,这种论争可以说也就是围绕着思辨的历史哲学与分析的历史哲学互相确定概念而展开的论争。然而,随着人们要求双方概念明确化的愿望日益强烈,这两者之间的关系却变得越来越复杂。如果从历史的角度回顾一下这个过程,就可以发现这样一个不容否认事实:思辨的历史哲学是 19 世纪的产物,分析的历史哲学家之所以将其纳入研究视野,实际上是为了在设定自己的学术领域的时候找到一个切入点。正如上一节所述,分析的历史哲学家为思辨的历史哲学设定了学术领域,而他们利用思辨的历史哲学的目的,就是为了确立自己的研究领域在学术界的地位。那么,如果我们将思辨的历史哲学置于其他文化背景之中加以考察,是否能够在关于它本身的天然性质方面有新的发现呢?与此同时,思辨的历史哲学与分析的历史哲学之间的关系究竟如何?它们两者概念的明确化是否真的有必要?这些都是我们接下来要讨论的问题。

中国拥有比欧洲更加悠久的历史研究的传统,我们在本节中将要探讨一下历史哲学在中国的存在状况。实际上,这样的混乱状况并不仅限于西方的历史学传统之中,中国的史学理论中同样也包含了这个问题。然而,要从历史的角度对此进行探讨,势必要对中国的史学理论史和历史哲学史进行概要性回顾。鉴于本节篇幅所限,我们将以这个问题最引人注目的时期,即清代到民国这一时

276

期的状况为中心展开考察。

　　也许会有人对我们在此引出中国历史学的做法感到疑惑。[①]
毋庸置疑,东亚的历史研究与欧美的历史研究分别承担着各自不
同的功能和任务。然而,我们既然将回顾和叙述自己过去经历的
行为称作史学行为,那么这种行为本身就具备了带有普遍性的特
质。我们在本章中要将各种各样的史学行为的特征和性质本身设
定为首要议题,因而不会产生任何问题。相反,通过我们的比较研
究,历史学的功能和任务反而会比过去更加明确。

二、中国历史认识论的谱系

　　在考察中国传统史学中既成认识的再认识的时候,最为有效的
途径是从了解历史书籍的分类制度入手。[②] 自公元 1 世纪成书的
《汉书·艺文志》以来,中国的书籍目录有多种流传于世。然而,历
史书籍被作为一个单独的分类项目而出现,始于 7 世纪问世的《隋
书·经籍志》。它首次采用了中国传统的经、史、子、集这四大分类
法,成为此后中国书籍分类的经典模式,并一直沿用至今。虽然在
"史"部之下又分设了若干小项,但是其中相当于史学理论、史学史
和历史哲学的分类项目,却始见于 12 世纪出版的《遂初堂书目》所
设《史评类》。

　　现在我们换一个视角,从唐代刘知几的《史通》在这种分类法
中的归属问题出发,考察一下中国的书籍分类制度。[③]《史通》在成
书于 11 世纪的《崇文总目》中被归入《杂史类》,而在这部《遂初堂
书目》中第一次被归置到它应有的位置上。本节的目的并非要对
这个《史评类》的变化过程进行全面梳理,而是要通过完成于清朝

277

---

① 关于最近对这个问题提出质疑的具体详情请参阅 J. H. Plumb, *The Death of the
　　Past*, London, 1969 中的第三章《历史学的作用》。
② 关于这个问题的研究,详见西嶋定生「中国における歴史意識」(『岩波講座世界史』別
　　巻 30,1971 年)。
③ 关于这个问题的研究,详见増井経夫『史通—唐代の歴史観—』(平凡社,1966 年)中
　　的解说。

乾隆时期、素有中国书籍目录集大成者之称的《四库全书总目提要》，详细地考察一下中国的历史认识问题。

《四库全书总目提要》于 1782 年问世，其"史部"之下共分设 15 个子类项，而最后一项就是《史评类》，其中所集历史书籍共计 108 部、867 卷。编撰者在《史部总叙》中对书籍收录的原则做了如下表述：

> 古来著录，于正史之外，兼收博采，列目分编，其必有故矣。今总括群书，分十五类。……史评，参考论赞者也。①

由此可见，在中国传统的历史叙述中，"论赞"极具鲜明特征，《史评类》的设置即以此为目的。然而，此处所收录的书籍全都是仅仅只能满足于这个目的的吗？为了解开这个疑惑，我们再了解一下《史评类》的序言内容。编撰者在序言中首先列举了《春秋》、《史记》和《汉书》，指出了各自对历史叙述的不同理解，分析了史论之所以繁冗的原因，最后写道：

278

> ……此史论所以繁也。其中考辨史体，如刘知几，倪思诸书，非博览精思不能成帙，故作者差稀。至于品骘旧闻，抨弹往迹，则才翻史略，即可成文。此是彼非，互滋簧鼓。故其书动至汗牛。又文士立言，务求相胜。或至凿空生义，僻谬不情。如胡寅读史管见，讥晋元帝不复牛姓者，更往往而有。故瑕类丛生，亦惟此一类为甚。②

这篇序言关于《史通》的评价，在所有对刘知几的批判中堪称至甚。在当时那种崇拜名教的年代里，他甚至被斥为"僻谬不情"。尽管如此，编撰者却依然不得不将《史通》奉为《史评类》的主角，这

---

① 详见《四库全书总目提要》第 45 卷《史部总序》。
② 详见《四库全书总目提要》第 88 卷，《史部》第 44，《史评类》。

一点才更为重要。①

　　这篇序言论及刘知几的《史通》和胡寅的《读史管见》。实际上，这两部著作所涉及的论题，恰恰与我们在上一节中探讨过的两种历史哲学的问题有关。具体而言，《史通》共有 49 篇，分为《内篇》和《外篇》两大部分；在《内篇》中，作者从各种视角论述了历史叙述的形式、史体、叙述方法等；在《外篇》中，作者论述了史家的历史、史书的历史、史料、史观等。由此可见，此书论及历史编纂中不可或缺的所有理论问题，堪称为一部史学理论与史学史的专著。另一方面，从"讥晋元帝不复牛姓"这一内容可以看出，胡寅的《读史管见》也是一部史论著作，因为此书以《资治通鉴》中的记载为依据，对历史上的所有事件都从道德的角度进行了评判。

　　换言之，"史评"之中同时收录了关于历史叙述理论和如何解释史实的书籍。除此之外，《史评类》中还收录了其他多种书籍。可见，编撰者的意图似乎是想把所有难以归入"史部"其他各子类项的著作全部都归置于《史评类》之中。这可是名副其实的"元史学"（meta-history）。

279

三、梁启超与近代西方史学理论的引进

　　在中国史学界，直到民国时期的梁启超出现以后，才开始有意识地将"历史学的理论反思"从"历史的哲学解释"中区分开来。梁启超深受近代西方史学尤其是近代德国史学的影响，站在近代西方史学理论的立场上，于 1922 年出版了《中国历史研究法》一书，极力倡导用近代西方史学的方法重新审视中国历史，力主在中国建立近代史学体系。《中国历史研究法》中的大部分内容，都是在分析中国历史进程的同时介绍西方近代史学理论，只有其中的第二章《过去之中国史学界》，以作者独到的眼光另辟中国史学史研

---

① 问题似乎出在刘知几对孔子的批判上。关于这个问题的研究，详见增井经夫「清代史通学」（『東方学会十五周年記念論集』，1961 年）。另外，也可参见四库全书馆总纂官纪昀所作《史通削繁》的"序言"（1772 年）。

究的蹊径,最富于独创性意义。

在这第二章的后半部分,梁启超对在《史评类》中被混为一体的两种历史著述进行了准确的分类。在他看来,迄今为止,中国学者虽然在历史分类之中设置了"史评"这一类项,但是在史评中却存在着原本性质各异的两种议题,一是关于历史现象的评判,二是关于历史书籍的评判。前者是对历史上曾经发生过的事件进行评论,在《左传》、《史记》等史书中既已初现端倪,此后问世的正史以及通鉴类史著均与其一脉相承。不仅如此,后来甚至出现了一种仅以事件评论成专篇的作品,诸如贾谊的《过秦论》、陆机的《辩亡论》等等。宋明以后,浮议空谈之风日盛,专门撰写史论著作逐渐成为学界时尚,吕祖谦的《东莱博议》和张溥的《历代史论》等均属此列。这种追逐时尚之风的极端表现,就是只求有助于帖括和剿说之用,而与历史学全然无缘。① 然而,梁启超也承认在这种著述之中不乏有价值的作品,其中王船山的《读通鉴论》和《宋论》堪称佼佼者,只是认为这类专注于对历史现象进行评论的著述有误导读者趋于空谈之嫌。他写道:

> 此类书无论若何警拔,总易导读者入于奋臆空谈一路,故善学者弗尚焉。②

后者是关于历史书籍的评判,梁启超将其视为历史研究法的一个组成部分,认为历史学正是以此为基础才得以确立,评价不可谓不高。在他看来,唐代刘知几的《史通》、宋代郑樵的《通志》(其中

---

① 参见梁启超《中国历史研究法(附补编)》(台北,1936 年),第 21~24 页(日语译文详见小长谷達吉訳『支那歴史研究法』,改造社,1938 年)。本节中所引用的该书内容的日语译文均出自小长谷达吉的译本。此外,文中所谓"帖括",指一种为参加科举考试者提供方便的参考书。在唐代,随着参加帖经考试的人数不断增加,在主考官所出的考题中难解的语句越来越多,于是考生们就将经文中的一些重要语句编成歌谣的形式以便于记诵,并以"帖括"相命名。文中所谓"剿说",则指盗袭他人之说为己论的行为。
② 参见梁启超《中国历史研究法》第 24 页。

的《总序》、《艺文略》、《校雠略》、《图谱略》等）、清代章学诚的《文史通义》等，不仅是在中国史学史上占有重要地位的名著，更是这一领域中的杰出代表。①

在《通志·总序》中，郑樵表达了一个非常明确的观点。在他看来，各个历史时期之间存在着互为因果的关系，因而历史著述都应该成为通史著作，不应该是断代史著作。正因如此，他才成为中国史学史上抑班固、扬司马迁的第一人。② 不仅如此，郑樵在其《通志》中创设"二十略"，充分显示了自己的史学精要。在《艺文略》中，他采用了只记述书名和卷数的独特手法；在《校雠略》中，他论述了书籍分类的重要性，并追加了自己的评论，从而确立了目录学作为一门学问的地位；在《图谱略》中，他揭示了"图"的重要性，认为只有当"图"与"书"这两者互相结合起来的时候，真正的学问才能被确立起来。虽然此前学界对郑樵的评价一直不高，但是梁启超却将他奉为历史学家，并给予高度评价，可谓独具慧眼。章学诚曾写道："吾于史学盖天授，自信发凡起例多为后世开山，而人乃拟吾于刘知几，不知刘言史法、吾言史意，刘议馆局纂修、吾议一家著述。"③他在其《文史通义》中不仅明确了自己与刘知几的根本差异，而且还通过《易教》、《书教》、《诗教》、《原道》、《原学》、《博约》、《言公》等篇章，表明了自己对历史学的理解。

281

在此三人之中，梁启超尤其对刘知几和郑樵二人在中国史学理论史上的贡献给予了高度评价。在他看来，刘知几"事理缜密、识力锐敏，其勇于怀疑、勤于综核，王充以来，一人而已"；郑樵相较于"刘章惟有论史学之书，而未尝自著成一史，郑氏则既出所学以与吾人共见，而确信彼自有不朽者存矣"。

由此可见，梁启超将此三人看作是已经开始思考历史叙述本身

① 参见梁启超《中国历史研究法》第 24 页。
② 关于郑樵的研究，详见内藤湖南『支那史学史』（『内藤湖南全集』第 11 卷、筑摩书房、1969 年）第 228～232 页；增井经夫『アジアの歴史と歴史家』（吉川弘文館、1966 年）第 114～124 页。
③ 参见章学诚《家书·二》。

所内含的各种具体问题的大学者,指出了他们在历史学上的重要地位,强调了他们在中国近代史学继承传统史学过程中的桥梁作用。以下所引文字 表明了梁启超对"历史书之批评"的异常关注。

> 要之自有左丘、司马迁、班固、荀悦、杜佑、司马光、袁枢诸人,然后中国始有史。自有刘知几、郑樵、章学诚,然后中国始有史学矣。①

282　　　迄今为止,在史评部中收录了概念不甚明确的两大类著作,一是以"作为认识的历史"为对象的著述,二是以"作为存在的历史"为对象的"思辨"类著述。梁启超在这两者之间划出了一条明确的界线,这一点非常重要。就这种区分的必要性而言,它既关系到自己所著《中国历史研究法》的定位问题,同时也显示出他对自己这部著作定能成为"作为认识的历史"研究之新起点的自信心。无论如何,梁启超在这一时期格外重视"作为认识的历史"的研究这一点,值得我们予以特别关注。西方近代史学理论中关于历史研究的基本态度可以归为两点:其一,充分意识到以黑格尔为代表的思辨的历史哲学的存在;其二,提倡展开完全忠实于史实的历史研究,极力避免与史料的脱节。梁启超的《中国历史研究法》以介绍这种西方近代史学理论为己任,其基本特征恰好体现在他重视"作为认识的历史"的研究之中。然而,在此尤其值得注意的一点,就是梁启超从"历史学"这个中国学术的主要支柱之一的领域中,抽象出了"思辨的历史哲学"。欧洲的分析的历史哲学,在与思辨的历史哲学这个 19 世纪的重要知识遗产进行了长期的抗争之后,终于在 20 世纪末确立了起来。相比之下,两者之间形成了鲜明的对照。人们或许会说,梁启超之所以能够如此早地指出这两种历史哲学的问题,完全是其所处的时代状况使然。实际上,两者之间的这种差异仅仅停留在是否"指出"这一水平之上,它剥夺了人们就

---

① 参见梁启超《中国历史研究法》第 25 页。

"这种区别将会引发何种认识论问题"展开讨论的机会。

梁启超本身并未就这种区别所具有的价值做出明确的表态,而且从他后来撰写的《中国历史研究法补编》①来看,他的立场有所变化。章学诚曾在刘知几"史家三长说"(即史才、史学、史识)之外增加了"史德",梁启超在《中国历史研究法补编》的第二章《史家的四长》中,对章学诚的这一做法予以高度重视。他在论及章学诚的时候,这样写道:

283

> 我们看《文史通义》有四分之一或三分之一是讲哲学的,此则所谓历史哲学,为刘知几、郑樵所无,章学诚所独有,即以世界眼光去看,也有价值。最近德国才有几个人讲历史哲学;若问世界上谁最先讲历史哲学,恐怕要算章学诚了。②

重视章学诚的历史哲学理论,推崇章学诚的"史德"(即"史家心术的重要"性)概念,由此看来,作为历史学家的梁启超的思想,后来似乎发生了变化。他不再像刘知几那样,尽管怀着十分矛盾的心情,却依然试图在史学理论范围内解决问题。具体而言,他通过提出"史德"这一概念,将所有理应理解而尚未被理解的问题,以及所有引发矛盾的理论全都囊括于其中,作为"探究"(historia)的历史学因此而扎根于他的思索之中。

四、罗光与余英时的历史认识论

梁启超提出的这些问题后来的遭遇又是怎样的呢?梁启超之后,中国学术界确实有许多关于史学史和史学理论的著作问世,也翻译出版了不少西方史学理论和史学史的作品。然而,这些著述几乎都未曾涉及这个问题。

就中国的史学传统而言,人们关注的重点是历史学,而不是所

---

① 该书于 1933 年作为"未完成稿"出版。
② 参见梁启超《中国历史研究法》第 358~359 页。

谓的历史哲学。也许正是这个原因,中国近代以来出版发行的著作,几乎全都是有关史学史和史学方法论的,大致可以分为三大类:史学史、西方史学方法论和新中国史学方法论。其中的第一类著作,都是关于中国史学史方面的,全部都以传统手法论述中国史学史,试图通过对刘知几和章学诚的比较概括出中国传统史学的特质。① 第二类著作主要是介绍以伯伦汉、朗格诺瓦和瑟诺博司等人为代表的西方史学方法论。在第三类著作中,作者们试图在与刘知几和章学诚进行比较的基础上理解西方史学理论,这一点与日本史学界接受西方史学时的情景不同。即使从近年来的动态来看,依然有人将刘知几和章学诚的方法论纳入关于西方史学理论体系的研究之中。②

在中国史学界,虽然学者们对思辨的历史哲学本身的关注度并不大,③但是其中也不乏有价值的研究成果。我们在此将介绍两部具有代表性的著作,通过它们了解一下梁启超之后中国学人的思考过程。

第一部是罗光于1972年出版的《历史哲学》,从中可以看到站在思辨的历史哲学的立场上展开探索的基本情形。作者罗光似乎对西方历史哲学很有兴趣,试图在与西方历史哲学的比较之中,找出中国的历史哲学元素。具体而言,虽然他在关于正统论问题的讨论过程中,尝试着从《易经》和《春秋》等经典中寻求其内在的历史哲学思想,但是从他力求在刘知几的《史通》之中探求刘氏的历史哲学思想这一点来看,这部《历史哲学》一书的概念,是在吸收了西方学界关于思辨的历史哲学研究的最新成果的基础

① 譬如金毓黻《中国史学史》(石家庄,1964年)、李宗侗《史学概要》(台北,1967年)等等。
② 譬如何炳松《通史新义》(台北,1928年)、徐文珊《中国史学概论》(台北,1967年)、周简文《史学通论》(台北,1976年)等等。
③ 牟宗三《历史哲学》(台北,1955年)一书堪称为数不多的论述思辨的历史哲学问题的专著。另外,该书的附录中所收录的两篇论文,即唐君毅的《中国历史之哲学省察》以及牟宗三为回应唐文所写的《关于历史哲学》,对近代历史哲学观进行了概括,值得人们关注。

上形成的。① 罗光在分析《史通》的过程中，虽然认为该书以讨论史学方法论见长，但是仍将刘知几认定为中国展开历史哲学研究的第一人，肯定刘氏理论已经涉及多种历史哲学问题，详细地介绍了其于《论赞》、《言语》、《叙事》等各篇中所体现出来的历史哲学思想。② 在关于"正统论"的问题上，罗光以欧阳修为例进行探讨，认为这是中国史学的固有问题，其他国家的史学中并未出现过此类问题。在论及王船山的时候，罗光将王氏的本意归于"史论"，并以"义理"为核心概念，对其所谓"仰古以治今"的思想、历史变迁理论以及道统论进行了剖析。另外，罗光称章学诚为"史学哲学思想家"，将他与倡导历史研究理论的刘知几相比肩。③

罗光通过与西方历史哲学思想的比较，考察了中国史学中所包含的历史哲学思想，将研究的重点置于蕴藏在历史著作之中、并统领全局的历史学家们的哲学观和世界观之上。由此可见，罗光已经充分认识到了对"作为存在的历史"的研究和对"作为认识的历史"的研究之间的差异。

285

与此同时，也有人从不同于罗光的视角出发，对这个问题展开了研究。《历史与思想》的作者余英时，在兴起于英美学界的分析的历史哲学的基础上，将这个问题放在中国史学之中展开了研究。他的观点明确地体现在作为该书一部分的《章学诚与柯林武德的历史哲学》一文中，因而我们就从这篇论文开始分析。④

余英时方法论的依据就是分析的历史哲学。他将思辨的历史哲学和分析的历史哲学分别译为"玄想的历史哲学"和"批评的历史哲学"，并在介绍了它们的历史起源及其在中国鲜有问津的遭遇之后写道：

---

① 参见该书第一章中的(一)"中国古代历史思想"和(二)"中国中古历史哲学思想"。
② 关于这个问题，田中萃一郎曾在其「劉知幾の歷史研究法」(最早发表于 1900 年，后被收入「田中萃一郎史学論文集」丸善、1932 年)中专门展开过讨论。
③ 参见该书第一章中的(三)"中国近代历史哲学思想"。
④ 根据该书的《引言》可知，该论文写于 1957 年。

由于中国过去所谓的"历史哲学"只是指着玄想派的哲学而言,此一引言尤为必要;不然读者必然会责难我所讨论的问题根本就不属于"历史哲学"的范围了![1]

在指明了确定"历史哲学"概念的重要性之后,余英时又对关于章学诚与柯林武德如何解释历史理论的问题进行了比较研究,并与中国史学做了对应性思考。他写道:

一般地说,西汉公羊派的历史观和北宋邵雍的"皇极经世"论勉强可算是玄想的历史哲学;倘以批评的历史哲学而言,刘知几与章学诚可为代表。[2]

286 　不仅如此,余英时还对刘知几和章学诚做了区别。在他看来,刘知几阐述了史籍的不同体裁所具有的利害得失及其历史方法论,对历史学的本质以及与历史学相关的各个领域,进行了系统的和哲学的考察,而章学诚则是专门研究历史哲学的学者。

在关于中国传统史学中的"史评"问题上,余英时认为它"主要都是根据某种'应然'的观点来评论历史的'实然',相当于西方史学中的 moral judgement。"[3]具体而言,它属于那种从历史上的"理应如此"(sollen)出发来评论历史上的"事实如此"(sein)的著述。

尽管余英时以分析的历史哲学为理论依据、对史评的问题进行了重新考察,然而正如以上所述,他依然未曾涉及到史评之中所包含的两种元史学,仅仅只是从英美式分析的历史哲学的原则出发、对章学诚的历史哲学进行了探讨而已。

无论是罗光还是余英时,在面对一般所谓"历史哲学"领域中存在着两大不同分支这一现状的时候,罗光在与思辨的历史哲学

---

① 余英时《历史与思想》(台北,1976 年),第 171 页。
② 余英时《历史与思想》,第 172 页。
③ 余英时《历史与思想》,第 172 页。

进行比较的过程中指出了这种现状,余英时也在与分析的历史哲学进行比较的过程中指出了这种现状。然而,他们只是停留在"指出现状之存在"的水平上,并没有对这种区分所具有的学术价值做任何评价。比起梁启超在《中国历史研究法》中的超前论述来,这不得不说是一种倒退。

毋庸置疑,关于对"历史哲学"进行如此明确区分的观念,并非中国历史学家们的共识。在大多数人的眼中,所谓的"历史哲学"这一概念,基本上就是指"思辨的历史哲学"。最具有代表性的一个例子,就是嵇文甫的一段表述:"什么是历史哲学?历史哲学乃是对于历史事象的一种哲学的探讨。简单说,也就是一种'史观'。"[①]换而言之,"历史哲学"这一词语本身实际上处于独步天下的状态,人们在使用它的时候并没有形成一个明确的定义。

287

五、历史认识论的展开方式

在以上篇幅中,我们以梁启超为中心,从中国传统史学中"史评类"的解释问题入手,概要地考察了中国关于历史认识研究的展开方式。我们由此可以确认一个事实,即关于提出历史学中既成认识的再认识这个课题的问题,绝非仅限于欧洲史学。当我们在理解和解释"过去"的时候,它往往是一个最基本的问题。具体而言,即使尚未对与这两种历史哲学相关的诸多问题进行充分的研究,却已经将它作为历史认识论方面的课题提了出来,这一点是毋庸置疑的。重要的是,提出这个课题的方式不同于欧美式分析的历史哲学,并且还为此增加了新的视角。

分析的历史哲学最早诞生于"哲学"这一学术领域之中,虽然后来引起了历史学家们的兴趣,但是它所强调的主要内容,仍然是历史认识论和历史知识论的特性。另一方面,史评类,尤其是刘知几和章学诚等人在中国的地位,却与历史学本身具有密切的关系。

正因为如此,中国人关于历史认识方面的讨论,总是受到当时

---

① 嵇文甫《王船山学术论丛》(北京,1973 年),第 212 页。

历史研究状况的影响,由一时性的解释而形成的认识论方面的价值因素往往被忽视,结果只能被视为一种形式逻辑的东西。刘知几的《史通》之所以被说成是一种单纯的形式主义理论,原因就在于此。

如果换一个视角来看,由于分析的历史哲学被定位为一种作为在西方学界展开对历史的哲学解释的基础上兴起的最新课题,因而它的特性及其所涉及的核心问题,必然容易成为哲学式的理论研讨。另一方面,正如孔子所言:"我欲载之空言,不如见之于行事之深切著明也。"①换言之,考量历史的时候决不能脱离事实本身。在中国,这一传统可谓根深蒂固,因而与此相关的探讨必然就有了一种因历史叙述之实际状况而异的倾向。

就中国的情况而言,关于诸如"论赞"、"正统论"以及"历史评论"等课题的探讨,决不能脱离上述这一基本前提。总之,"中国学术"既包括历史学家的历史认识,也包括思辨的历史哲学,我们必须要在这一更广泛的学术传统之中,考察其历史认识论的展开方式,并为其中的各个组成部分进行合适的定位。

第三节 历史理论的形成依据

一、作为认识的历史

德罗伊森、梁启超以及当今分析的历史哲学家们所提出的关于历史认识的课题,究竟意味着什么呢?

德罗伊森认为,与致力于确定历史运动的各种规律相比,客观地确立历史认识的各种规律显得更为重要。他这样写道:

所有的研究活动都要受制于自己所面对的材料依据,而且

———————————
① 参见《春秋繁露俞序篇》和《史记·太史公自序第七十》。

它只能够面对能使自己产生感性认知的直接材料。

历史研究所需要的材料依据不是过去。之所以这样说，就是因为它们正在消失。无论是曾经有过而又产生的回忆，还是曾经存在过和发生过的事物遗迹，那都是此时此地不曾从过去之中消失的存在。[1]

289

在德罗伊森生活的 19 世纪，历史研究完成了由兴趣爱好向专业学术门类的转变，他的目的就是要为专业的历史研究提供存在依据。在当时的德国学术界，实证主义史学正处于全盛时期，却几乎无人从根本上赋予历史学以存在的价值。要说有，也只是希望通过将历史学还原成为"因为那里有座山，所以要攀登上去"这样的现实存在主义状况，让历史学成为一种学术性的东西。德罗伊森的《历史学纲要》深受黑格尔哲学的影响，在这样的现实状况之中，它是第一部立足于解释学的传统之上、有系统地对历史认识论展开讨论的力作。

在梁启超看来，重要的不是对历史现象的批评，而是关于历史书籍的批评。在其《中国历史研究法》一书的开篇，他就将"客观的资料之整理"和"主观的观念之革新"视为新史学最重要的两大特征，并明确地指出道：

> 史为人类活态之再现，而非其僵迹之展览；为全社会之业影，而非一人一家之谱录。……欧美近百数十年之史学界，全向于此两种方向以行。……我国史界浩如烟海之资料，苟无法以整理之耶？则诚如一堆瓦砾，只觉其可厌。苟有法以整理之耶？则如在矿之金，采之不竭。[2]

---

[1] J. G. Droysen, Grundriss der Historik , Leipzig, 1882, p. 8. 原文中的日语引文出自林健太郎、澤田昭夫『原典による歴史学の歩み』(講談社，1974 年)，第 625 页。

[2] 参见参见梁启超《中国历史研究法》第 1～2 页。

290　　由此可见,梁启超认为:对于当时的中国史学界来说,最重要的任务就是开展对历史的认识论研究,即对所谓"批评史书者"的研究。为了确立堪与近代中国相称的历史学,梁启超为引进西方实证主义史学的方法论真可谓殚精竭虑。

现代的历史哲学家已经逐渐地将研究的重心由"作为存在的历史"转向了"作为认识的历史"。P. 加德纳这样写道:

> 正因为如此,哲学家考察历史,虽然从理论上说有这种现实的可能性,但是未必会发出与历史学家相同的质问。这种质问也许可以分为两类,即在历史中(within)发出的质问与关于(about)历史发出的质问。历史学家回答前者的质问,哲学家则回答后者的质问。因此,历史学家将要回答以下问题:"16、17世纪新教徒的宗教改革与资本主义经济的出现之间是否存在某种关系?"哲学家并不在乎历史学家关于这个问题的回答是否正确,却非常关注历史学家为证明自己的观点所引证的论据,以及历史学家在断定这两者之间是否存在某种关系的过程中所采用的标准。
>
> 很明显,在关于(about)历史的问题上确实存在着许多难题,而且都是同时指向历史学家和哲学家双方的。譬如:"历史是科学吗?""我们怎样才能够知道历史事实?""真的有可能对历史进行客观解释吗?""所谓历史'理论'或者历史解释——如马克思主义者的历史解释——的本质是什么?""究竟是否存在历史规律?"等等。这些问题确实难以回答。然而,只有哲
>
> 291　学家站在了最适合于回答这些问题的立场上。因此,无论我们对于哲学家的资质抱有多大的质疑,至少有一点非常明确:他们在这里应该有所作为。①

上述文字描述了这样一个事实:进入20世纪以后,在19世纪

----

① Gardiner, *Philosophy of History*, pp. x-xi.

曾是思辨性的哲学变身为分析性的哲学,关注的重点逐渐转向被称为"科学哲学"和"科学方法"的各种学科的方法论研究和理论研究;与此相呼应,历史哲学也从致力于对"作为存在的历史"进行哲学的解释,逐渐地转向致力于从理论上和方法论上对"作为认识的历史"进行探讨。

　　他们的共同之处,就是认识到了对以历史叙述(historia rerum gestarum)——而不是以历史事实(res gestae)——为对象的、"作为知识的一种形态的历史"展开研究的重要性,大力宣扬这种研究的必要性,并且一直在追求进行这种研究的可能性。也正因为如此,他们在各自知识传统的背景之下,以与其传统相应的方法展开了研究。

　　接下来,我们将尝试着以他们所提出的问题为切入口,为这个被称为"历史理论"的研究领域确定基本视角。

　　另一方面,本节虽然以欧洲和中国的历史研究为考察对象,但是在伊斯兰史学中也能看到与此相同的现象。其中既有以伊本·卡尔敦为代表的关于历史的哲学解释,[1]也有像阿尔·伊吉、阿尔·卡菲亚吉、阿特·萨哈维等人的著作[2]那样对历史叙述的理论考察,另外还有就历史研究的目的和史料学展开讨论的成果。虽然我们在本节中会在需要的时候引述一些伊斯兰史学家关于历史叙述的理论,但是它们并非我们的主要考察对象。[3]

292

二、"作为知识的历史"的存在方式

　　我们在此以"既成认识的再认识"这一修辞性表现手法,来概括致力于 historia rerum gestarun(历史叙述)的研究。那么,所谓的"作为知识的一种形态的历史"——即作为认识行为的历史——究

①　参见 Ibn Khaldun, *al-Muqaddimah*(森本公誠訳『歴史序説』,岩波書店,1979 年)。
②　参见 Franz Rosenthal, *A History of Muslim Historiography*, Leiden, 1968。其中录有这 3 人著作的英译本。
③　关于伊斯兰的历史理论,可参见罗森塔尔的前引著作。

竟是什么？我们接下来的考察将从这个问题的概况开始。

所谓历史的事实（即过去发生的事件）是什么？因为它就是以记录或者遗物的形式流传于世的，因而只不过就是一种单纯的幻影而已。我们对这种怀疑论式的质疑暂且不论。如果将这种关于过去的认识和叙述视为历史研究的目的，那么我们了解过去的途径只能就是记录和遗物，并根据它们重构过去。以这种史料为基础的研究就是历史学，就其学术领域而言，大致包括以下三类学者的研究：一是某些像所谓的历史哲学家那样，致力于从历史过程中寻找价值、或者追求历史规律、或者赋予历史一定含义的人们；二是某些像所谓的历史学家那样，在史料所提供的信息范围之内、以不超越与此相应的逻辑推理框架为原则而对过去进行研究的人们；三是某些仅仅以史料本身的可信性为研究对象，专门进行史料批判的人们。

然而，我们并不能简单地认为，史料（无论是第一手史料还是第二手史料）本身和以这些史料为依据而进行的关于过去的研究，就是此处所谓历史理论的研究对象。之所以这样说，就是因为这些研究本身在有的时候会转变为史料。

在面对史料的时候，历史叙述一般处在与其相对的位置上；在面对被断定为真实存在的"过去"的时候，史料和历史叙述则被共置于同一立场之上。正因为如此，我们称其为"被叙述的过去"。这种被叙述的过去就是 historia rerum gestarum，它的性质与特征就是我们所谓的历史认识研究的对象。具体而言，如果相对于"被断定为真实存在的过去"而设定一个"被叙述的过去"，那么我们的研究对象就是这个被叙述的过去，获得这种知识的过程就是历史理论的研究对象。

被叙述的过去是什么？这个问题是历史理论的研究对象，因而与这个被叙述的过去有关的各种问题也就相应而生。譬如：思辨的历史解释具有怎样的特征？一般被称为历史学家的人们的研究究竟是什么？那些被称作年代记的作品究竟属于什么性质？然而，仔细想来就可以发现，在现实之中能够被明确区分开来的历史

293

叙述并不多见,因而这样的分类并没有实际意义。实际上,这些历史叙述作品都兼具多种体裁和特征。

不仅如此,在某一时间点上关于史实的完备叙述,只不过是一种观念性的产物。作为一种现实问题,历史叙述要想完整地记述被选定为叙述对象的过去的事实,无需等到沃尔塔·罗利故事的出现,即使在理论上可行,但是在实际上可能性几乎为零。笔者无意从怀疑论和不可知论的视角出发进行任何推理,只是希望根据历史认识的这种特点,强调一下历史理论研究的重要性和必要性而已。与此同时,由这样的历史知识的性质又引发出下列一些问题。譬如:什么是历史的事实? 什么是史料? 什么是历史叙述? 什么是历史说明? 什么是历史理解? 什么是历史解释? 如何理解历史叙述中由思辨型到叙事型的转化倾向? 简而言之,关于这些问题的探讨,大致上可以被认定为作为元科学的历史理论研究。我们迄今为止的研究所涉及到的诸多问题的基本着力点由此而形成。

接下来,我们将从若干不同的侧面,分别就"这样的研究究竟是什么样的"以及"这样的研究为什么是重要的和必要的"等问题展开讨论。在此之前,我们以历史教育为例,探讨一下"为什么说确定这样的历史认识的特性是重要的"这一问题。尽管历史教育中最本质的部分实际上也离不开历史认识论,迄今为止却几乎不曾成为人们讨论的话题,这就是我们之所以要先从这个问题入手的原因。

294

从上述讨论可以看出,我们所谓的历史事实,实际上是作为"被记述下来的内容"的历史事实。因此,在历史教育中,如果不将"究竟经过了怎样的认识过程才获得这种历史事实的"这个问题说明清楚,受教育者就有可能将作为"被叙述的过去"的"事实",理解成作为"被断定为真实存在的过去"的"事实"。随之而来的问题是,我们的历史观和世界观也据此而形成。换而言之,对于历史教育而言,不仅要教授关于这种"事实"的知识,而且必须同时教授获得这种"事实"的过程。

W. H. 博斯敦在其《关于历史教学的若干原理》一书中指出：确定教育技术和授课计划必须要以所教科目的性质（即历史解释的原理、历史的目的、历史的价值等等）为前提，而且"成为批判型教师的方法，就是要意识到这些包含在各式各样的实践技术之中的各种前提。"①博氏的这段话可谓一语中的。

我们以历史分期问题为例稍作说明。历史分期可以说为历史教育提供了极大的方便，②同时它又是一种将"非连续"这一观念性操作，强加于原本为"连续性"事物之上的历史认识行为。所谓的历史分期，就是认识主体为了解释和理解作为原本只是无目的性事实堆积的各种历史事实，而创造出来的一种认识手段。③ 在历史教育领域中，历史分期的问题往往被作为一种不言自明的常识而几乎不被提及，现在一旦被作为一个历史认识的问题提及讨论，就会引发一系列哲学方面的问题。具体而言，教授历史过程中的各种实践性问题与关于学术历史之本质的各种理论之间，存在着密切的关系。由此一来，各种关于历史教育的问题就成为广义的历史认识论的一个环节，如果看不到这一点，历史教育理论就将沦落成为单纯地传授教学技术的理论。

295 对作为知识的历史之存在方式提出质询，这一点十分重要，这种重要性在历史教育的实践过程中也表现得很明确。在这里，主要的目的不是讲述历史知识理论，而是探讨作为质问"历史知识是什么"这一研究领域的历史理论的可能性问题。接下来，我们将对这个问题做进一步详细的讨论。

三、元史学的概念构成

对作为认识行为的历史展开研究的基点，即历史学的元科学具

---

① 参见 W. Burston, *Principles of History Teaching*, London, 1963 一书的序言部分。
② 参见 G. Nadel, "Periodization", *International Encyclopaedia of Social Sciences*, New York, 1968, pp. 581-585。
③ 参见大岛康正『時代区分の成立根拠』(理想社，1967 年)。

有怎样的概念构成？我们的讨论就从这个问题开始。①

　　首先必须讨论的问题，就是思辨的历史哲学与分析的历史哲学之间的关系。分析的历史哲学家们通过对迄今为止的历史哲学——19世纪曾大放异彩的关于历史的哲学考察——的否定，提出了自己所想象的历史哲学。然而，正如我们以上所述，思辨的历史哲学并非仅仅通过单纯的否定就能被抹杀得了的。实际上，问题就出在这里。迄今为止，学界普遍认为：思辨的历史哲学所涉及的对象，是那些以解释历史现象本身为目的的历史哲学家的任务，而分析的历史哲学家则以一般的历史学家的任务为研究对象。正如以上所述，只要考察一下历史的认识过程就可以发现，这种将两者的差异视为研究对象本身之不同的观点，是经不起推敲的。应该说，思辨的历史哲学与分析的历史哲学之间的区别，在于观察对象的主体本身。换言之，两者所追求的目标并非相互对立，只是特性不同而已。即使被分析的历史哲学家判定为毫无价值而遭到否定，无论到什么时代，思辨的历史哲学依然还是会受到追捧。弄清楚这两者所追求的目标之差异所在，这才是至关重要的。

　　如上所述，思辨的历史哲学所关注的对象，在于是否赞同或者认可关于某种历史现象的解释理论，分析的历史哲学则可以被归结为一句话，即对这种历史现象的可验证性感兴趣。正如费恩所指出的那样，对历史现象的某种解释理论的赞同或者认可，是一个历史学概念的妥当性问题，它始于我们在认识历史的时候所使用的、诸如"中世纪"以及"文艺复兴运动"等概念的妥当性等等，有时甚至还涉及到关于历史的意义所在的质问。这是一种企图通过历史研究来把握深藏于历史表象背后的因素的行为。相比之下，分

296

① 本节所使用的术语均借用当今分析的历史哲学家们的语言。"作为认识的历史"、"作为知识的历史"、"元史学"、"历史的元科学"等等，除了它们相互之间语感上的微妙差异之外，笔者基本上都作为同义语使用。大致情况如下：使用"作为认识的历史"的时候，重点在于"认识"行为本身；使用"作为知识的历史"的时候，重点在于作为"被获得的事物"的历史认识。至于"历史理论"一词，则被用于表示包括这些词句在内的总括性含义。

析的历史哲学家所关注的是历史现象的可验证性，即认识过程本身。[①] 我们通过实例就这一点进行说明。

意大利历史学家 C. 奇博拉的《火炮与航海》一书，论述了15至18世纪期间欧洲向全世界扩张的情况。作者在解释该书主题的时候这样写道：

> 正如巴尼卡教授所言："从瓦斯科·达·伽马到达加尔各答（1498年）开始，到英军撤出印度（1947年）和欧洲军队撤出中国（1949年）为止，这450年间基本上构成了一个时代。这一时期也可以被称为涵盖亚洲大部分地区的海洋国家的统治时代，或者支配着海洋的欧洲人的统治时代。""瓦斯科·达·伽马时代"已成过去。我们这一代人见证了该时代的终结和新时代的开始。我们不知道今后将会变得怎样。然而，我们却站在这样一个绝好的立场上——可以回顾"瓦斯科·达·伽马时代"的性质及其在人类历史上的意义。究竟是什么因素造就了这个时代？笔者尝试着在本书中就此展开讨论。[②]

297   奇博拉在提示了"瓦斯科·达·伽马时代"这一主题之后，又以"不为史料的烟海所埋没、不为个人的好恶所拘泥、揭示火炮与航海的重要性"[③]的姿态，追究这个时代所具有的意义。与此同时，该书也是以散藏于欧洲各国博物馆和图书馆的丰富史料为依据、通过严密的史料批判而完成的研究专著。如果站在思辨的历史哲学的立场上，它的关注点在于从本体论的角度、对奇博拉所揭示的"瓦斯科·达·伽马时代的价值"这一主题展开考察。如果站在分析的历史哲学的立场上，它的关注点则在于考察奇博拉的史料分析法和论证方法；不仅如此，研究者们在进行分析的过程中，还必

---

① 参见 Haskell Fain, *Between Philosophy and History*, pp. 207 - 332。
② 参见 C. Cipolla, *Guns and Sails*, London, 1965，序言。
③ 同上。

然会涉及到所谓的科学方法这一认识的结构性问题。就多数情况而言,这两个问题往往具有有机的关联性,会同时体现在同一个历史学家的身上,奇博拉也未能例外。思辨的历史哲学和分析的历史哲学虽然各自的关注点不尽相同,却同时又有密切的关系。

这两种分别被称作"思辨的"和"分析的"历史哲学,就是为此而存在着的。作为一个现实问题,甚至可以这样说,历史叙述实际上就建立在这两者之间的紧张关系之上。

四、历史文脉的重要性

我们在以上的论述中,从概念之框架结构的视角出发,考察了历史理论的研究对象。现在,我们将站在另一个视角上,就是在历史的文脉(即历史理论史或者史学理论史)之中来考察这一问题。

迄今为止,关于历史理论的研究和从历史的角度对历史理论的研究,基本上都是分别独立展开的,两者之间几乎没有相互交集之处。究其原因,正如前所述,就是因为分析的历史哲学专属于哲学研究领域,而史学理论史则又仅仅被视作史学史的一部分。① 有一个不容忽视的事实,就是现代的分析的历史哲学家们在进行相关研究的时候,都缺乏这种历史的眼光。然而,在进行历史理论研究的过程中,并不是所有的问题都能够在纯粹的逻辑推理的世界中解决的。在以下的篇幅中,我们将以"历史的客观性"这一命题为例,就思辨的历史哲学和分析的历史哲学双方的考察、在历史理论研究中的不可或缺性这一问题展开讨论。

法国历史学家拉·波普利尼埃尔(1541~1608 年)可谓近代欧洲就历史的客观性这一命题正式展开研究的第一人。他是一名胡格诺教徒,在宗教战争期间曾经多次参加战斗,或者参与外交斡旋,甚至还在战斗中负过伤,可以说亲身经历过战争的洗礼。战争

298

---

① 在这一点上,J. W. Thomson, *A History of Historical Writing*, New York, 1942 一书堪称饶有趣味的史学史研究之力作。参见 H. Butterfield, *The Origins of History*, London, 1981 一书的第 7 章。

结束以后,他有感于当时出版的许多关于战争的著述有失偏颇,经过了缜密的思考和精心的准备,写下了《关于最近各种纷争的真实无误的历史》(*La vraye et entire histoire de ces derniers troubles*,1571 年)这部历史名著。10 年以后,该书又改名为《法国史》(*L'Histoire de France*,1581 年)而重新出版,受到广泛好评。他尽管是一名胡格诺教徒,却在书中充分考虑到天主教一方的立场和观点,在整个叙述过程中力求避免个人好恶和本集团的偏见。正因为如此,他不仅受到了来自胡格诺方面的猛烈批判,而且接受了宗教裁判,最终不得不被迫做了自我批判。尽管如此,他依然坚持主张历史叙述的客观性,并进一步发展了自己的观点,终于在 1599 年出版了题为《各种历史的历史和完整的历史观念以及新法国史的构思》(*L'histoire des histoires avec l'Idée de l'Histoire accomplice*,*Plus le dessein de l'Histoire nouvelle des Françcois*)的历史理论专著。①

波普利尼埃尔关于历史的客观性的观点,可以归纳为以下一句话:人类的思想是复杂多样的,具有隐瞒真正动机的倾向性;史料也是多种多样的,历史学家身上也存在着不自觉的偏向。在指出了这些妨碍历史之客观叙述的各种原因的基础上,他列举出撰写历史著作的时候必须引起注意的三种情况。②

299 首先是要克服政治方面和意识形态方面的偏见。他从自己的亲身经历出发,主张应该避免来自于教会或者国家等方面的干预。其次是要克服来自于历史学家本身所处的阶级、国家和宗教的偏见。最后是要克服历史学家本身的偏见。一方面,波普利尼

---

① E. & E. Haag, La France Protestant, 10 vols. , Paris,1846 - 1859,1x pp. 528 - 533; A. de Chateigner, "Lancelot de la Popelinière, historien poitevin", *Revue de Bretagne et de Vendée*. Ⅲ (1858) pp. 510 - 521,Ⅳ (1858) pp. 73 - 80; G. W. Sypher, "La Popelinière's Histoire de France", *Journal of the History of Ideas*, 24(1963), pp. 41 - 54.

② *L'Idée de l'Histoire accomplie*, p. 86; *Le Dessein de l'Histoire nouvelle des François*, pp. 321 - 322,p. 370; *L'histoire des Histoires*, p. 6.

埃尔承认人类确实是一种不完美的存在;另一方面,他没有因此
而陷入虚无主义的泥潭,而是一再强调道:只要历史学家克服了
这种弱点,就能够如实直书地进行历史著述,从而接近历史的最
终目标。

这场发生在 16 世纪的关于历史的客观性的大讨论,尽管其中
的大部分内容现在仍然受到分析的历史哲学家们的关注,但是现
代学者在探讨这些问题的时候,却无视相应的历史文脉,仅仅停
留在缜密的理论推理和论证的层面上。[①] 然而,当有人追问诸如
"为什么必须坚持历史的客观性"等这类问题的时候,现代那些分
析的历史哲学家们能否做出像拉·波普利尼埃尔那样的出色回
答呢? 无视历史文脉的历史理论研究,总好像丢掉了什么重要的
东西。

历史理论最初并不只是纯粹的逻辑思维的结果。它是一种为
了克服与历史叙述相关的各种难点、在长年累月的抽象化过程中
逐渐形成起来的成果。即使从这个意义上来说,无视历史文脉的
历史理论研究,实际上已经失去了这种理论的本意。

五、刘知几的历史客观性理论

如何才能做到客观地叙述历史? 关于这个问题的讨论并非只
发生在西方史学之中。譬如刘知几,在其《史通》的诸多篇章中都
曾谈及这个问题。在《曲笔》篇里,他列举了历代史书中的"曲笔"
实例之后,这样写道:

300

　　盖史之为用也,记功司过,彰善瘅恶,得失一朝,荣辱千载。
苟违斯法,岂曰能官。但古来唯闻以直笔见诛,不闻以曲词获
罪。是以隐侯《宋书》多妄,萧武知而勿尤;伯起《魏史》不平,
齐宣览而无谴。故令史臣得爱憎由己,高下在心,进不惮于公
宪,退无愧于私室,欲求实录,不亦难乎? 呜呼! 此亦有国家

[①] 参见 W. H. Walsh, *An Introduction to Philosophy of History* 第 5 章。

者所宜惩革也。①

这里所谓"直笔"和"曲笔"的问题,如果改用现代语言来表述,实际上就是历史的客观性问题。如果以这样的视角重新审视一下即可发现,这个问题在《史通》的诸多篇章中都有明确的表述。毋庸置疑,这些表述的方式及其与作为历史背景的社会和文化之间的关系等等,都是值得讨论的大问题。与此同时,历史研究需要这样的讨论,那么历史研究本身的要求又源自何方?这个问题的重要性丝毫不逊于前者。另外,类似这样的问题也存在于伊斯兰史学理论之中,只是变换了形式而已。譬如:A. 萨哈维在其《反驳对历史学家的恶评》一书的第 9 章——《历史学家的必备素质》中,从公正、准确、判断等三方面出发,讨论了历史学家应该具备的基本素质这一问题。②

到现在为止,我们都是在所谓"西方"或者"东亚"等人为地划分出来的文化区域的壁垒之内,探讨了以上这些问题。然而,作为叙述人类自身过往经历的学问,历史学的本质究竟是什么?如果我们想要揭示出历史学的本质,那就必须打破这种壁垒的束缚。这种打破壁垒的跨区域研究方法可以被命名为"比较历史理论",也可以被命名为"比较史学理论",都无碍大局。问题在于历史认识本身。毫无疑问,这样的研究视角并不仅限于历史的客观性问题。譬如:B. 沃森在关于历史叙述之体裁问题上的激烈言论,③以及捷克史学家 J. 普鲁塞克等人关于西方与中国在历史叙述的时间标准问题上的比较研究④等等,都明确地提出了我们迄今为止未曾

301

① 参见刘知几《史通·卷七曲笔》。原文中日语译文转引自增井経夫『アジアの歴史と歴史家』第 18 页。
② Franz Rosenthal, *A History of Muslim Historiography*, pp. 358 – 378.
③ B. Watson, *Ssu-Ma Chien: Grand Historian of China*, New York, 1958(今鷹真訳『司馬遷』,筑摩書房,1965 年)。
④ J. Prusek, "History and Epics in China and in the West", *Diogenes*, No. 42, 1963(西川長夫訳「中国と西欧における歴史と叙事詩」,国際哲学人文科学協議会編『ディオゲネス』,河出書房新社,1967 年,第 90～109 页)。

意识到的、作为知识的存在方式的历史意识所拥有的各种问题。

六、历史是文化对其过去进行探究的精神形式

正如约翰·赫伊津哈所说："历史是文化对其过去经历进行探究的精神形式"。[①]

作为一种探究和叙述自己过去经历的行为,历史自古以来就普遍存在于世界各地。然而,关于这种知性行为自身之本质的研究,却是直至最近不久才有人站出来大声呼吁的。[②] 本章就开辟这种研究领域的可能性问题,详细地论述了广义的历史哲学研究(即包括思辨的历史哲学和分析的历史哲学双方在内)中不可或缺的"关于历史认识之本质的考察"、"关于史学理论史的研究"以及"关于史学理论之比较研究基础上的历史认识之展开方式的研究"这三大基础性研究的必要性。关于历史认识这一研究领域的构想,不正是应该建立在这些研究的综合之上吗?

[①] 参见 J. Huizinga, "Over een definitie van het begrip geschiedenis", *Verzamelde Werken* 7, p. 102(原文中的这句日语译文出自兼岩正夫訳『ホイジンガ選集 3』,河出書房新社, 1971 年)。

[②] P. Burke, *The Renaissance Sense of the Past*, New York, 1969, pp. 145 – 150.

第六章 历史学中"解释"的构造①

第一节 历史认识研究中的"解释"问题

一、历史是科学吗？

也许有人会这样认为：在科学哲学的形成这一推力的作用之下产生的分析的历史哲学这一领域，尤其是占据其研究主题之核心地位的"历史解释"这个问题，只不过是 19 世纪末 20 世纪初发生在德国史学界的那场史学方法大论战变换了外表之后的重新登场而已。这种观点确实值得人们的关注。然而，通过对"历史解释"这一问题的考察，却彻底改变了历史哲学研究的状况，这一变化结果也确实存在。本章的主题就在于揭示出这种变化发生的具体过程。关于"分析的历史哲学"，我们在第五章中已经做过详细的介绍，因而在本章中我们将对分析的历史哲学中最为重要的课题——"历史解释"进行考察，从"解释"的角度出发探讨历史认识问题。

所谓"分析的历史哲学"就是指历史学的元科学，即元史学。所谓"元史学"，是专门分析历史学家所从事的研究工作的逻辑特征、概念特征和认识论特征的。因此，分析的历史哲学家与传统意

---

① 本章内容曾以《历史学中"解释"的构造》为题，发表在《史学》(1974 年，第 46 卷第 2 号第 29～55 页)，本次出版之际又进行了必要的增补和修订。

义上的历史哲学家——诸如奥古斯丁、维科、黑格尔等等不同,他们并不试图演示自己的历史哲学。

　　贯穿于这个领域中各种问题的一个主题,就是所谓"历史是科学吗"这一质问,从某种意义上说它已经成为一个经典之问。然而,最值得注意的是分析的历史哲学家——作为方法论的基础从事科学哲学研究的人们,尤其是固守重构派视野的人们——对于这个问题的基本立场。他们始终尝试着从科学一元论的观点出发,分析历史学作为科学的可能性。这种研究活动以 C. G. 亨普尔发表于 1942 年的论文《一般法则在历史学中的作用》为发端,不仅问题意识更为明确,而且形成了"历史学中的解释能否科学地进行解释"这一全新的核心主题。直至今日,盎格鲁·撒克逊系统的哲学家们依然围绕着这个议题,就历史的理论问题展开不懈的探讨。

二、方法论与技法论

　　所谓方法论的基础是什么? 要解决这个问题,首先必须对"方法论"一词的含义作清楚的界定。它是一个应该比一般用法的使用范围限定更加严格的词语。此处所谓方法论的研究对象是关于经验科学的逻辑结构性问题,即验证、概率、归纳逻辑等等。针对解决个别的经验科学诸领域中所出现的各种各样的难题,譬如"界限效应的理论如何才能被公理化"、"革命如何进行定义"等等实体性问题而展开的讨论属于技法性探究,它应该区别于这里的方法论。因此可以这样说,如果发现两种学术领域之间存在着方法论上的差异,那就说明与技法论上的差异相比,它是带有根本性的。

　　之所以这样说,就是因为某一经验科学的方法论并不是一个单纯的技法问题,而是正当论证的逻辑问题。换言之,科学的方法论,是人们在决定是否接受某种假说或理论之际所依赖的逻辑依据。譬如:当人们谈起历史学与自然科学在方法论方面存在着差异这一话题的时候,不仅会谈到历史学要采用不同的研究技法,而且还会强调历史学必须要拥有不同的研究逻辑。与此同时,一旦具备了这样的认识,也就自然而然地会对那种"所有的经验科学都

309

建立在所谓假说验证这一正当论证的逻辑之上"的观点采取否定态度。迄今为止,我们唯独只有这个正当论证的逻辑。之所以如此,就是因为所谓经验科学"是这样一种研究:最终致力于揭示关于世界的某种观点,进而论证与我们的经验是否具有某种明确的逻辑关系,因而是否可以进行客观性实验。"①因此,各种各样的经验科学在技法方面存在的差异,都不如方法论方面的差异那样具有根本性特征。另外,在考虑技法性问题的时候,必然也会涉及到方法论方面的问题,即不得不与逻辑结构方面的问题发生关联。

从以上立场出发,我们有必要从以下 3 个层面,对围绕着作为经验科学的领域之一的历史学中的"解释"(即所谓"历史解释")而产生的若干问题展开考察。②

第一,"解释"的逻辑结构层面

所谓"解释"的逻辑结构是什么?是否有一种能为所有经验科学通用的"解释"模式?抑或每一个经验科学领域都有自己固有的、不同逻辑的"解释"类型?能够使得"解释"圆满进行的条件是什么?"解释"这一科学活动,与"预测"或者"确认"等等其他的科学活动之间存在怎样的相互联系?

第二,"解释"的经验科学层面

譬如:在对物理学中进行的"解释"与经济学中进行的"解释"进行比较的时候,双方所进行的"解释"——即使是同一个术语、同一个定律——的性质完全不同。这样的差异应该怎么理解?

第三,"解释"的实践层面

譬如:现实中历史学家所作的"解释",与被称为"科学解释"的解释形式不同。其中既有单纯地提供信息的,也有追踪事态推移的。能否因此而认为这样的"解释"不配冠以"解释"之名,从而采取简单的否定态度呢?或许,在这样的事实之中包含着该学术固

310

————————

① C. G. Hempel, *Aspects of Scientific Explanation*, Free Press, 1,965 , p. 333.

② "第一"和"第二"是关于经验科学的一般问题,"第三"是以"第一"和"第二"中的分析结果为基础而展开的、关于历史学作为经验科学的一个领域所面临的问题的分析。

有的问题。

第二节 解释的逻辑结构

一、"科学解释"的逻辑

解释的逻辑结构由覆盖定律理论（covering-law theory）所提供。[①] 这个理论可以分为两部分，一是"演绎性解释"的理论，二是"概率性解释"的理论。

（a）演绎性解释

J.吉姆所进行的演绎性解释被定式化为以下模式。假设在日常生活中遇到了这样的经验：将房间里的照明设备由电灯泡换成荧光灯，墙壁的颜色就从白色变成了黑色。这是为什么？针对这个问题的解释如下：

$C1$……房间的墙壁上涂着油漆。

$C2$……油漆中含有铅碳元素。

311

$C3$……用于房间照明的荧光灯中含有硫磺气体。

L……铅碳元素与硫磺气体相混合，产生铅硫化合物。它是黑色的。

E……房间墙壁上涂的油漆变黑。

从逻辑形式上来说，这种解释是演绎推理。即 $C1$、$C2$、$C3$ 是初始条件，L 是一般规律，E 是被解释项。某种现象只有当它被置于某种法则之下的时候，或者被某种法则所涵盖的时候，才被视为解释。这基本上就是演绎性解释的逻辑。因此，解释的逻辑结构可

[①] 这个术语由 W. 德雷首先使用。参见 W. Dray, "The Historical Explanation Reconsidered", in S. Hook (ed.), *Philosophy and History*, New York University Press, 1,963, p.106. 本章中用以表示"演绎模型"和"概率模型"，即"解释"的文章结构。详见 Hempel, *Aspects*, p.345。

以简化为下列图式：

解释项由两部分组成：一是记述相关基本条件的单一前提 $C1\cdots\cdots Cn$ 的集合，二是一般法则 $L1\cdots\cdots Ln$ 的集合。被解释项 E 记述应该被解释的现象，根据逻辑规则、通过演绎的方式、被从解释项中引导出来。

一般这就被称为亨普尔＝奥本海姆所创之解释的演绎模型。[1] 根据这个模型，所有的解释必须以某种一般法则为前提。换言之，演绎推理必须要有以下这样的逻辑请求：被解释项 E 必须是来自于 C 和 L 的逻辑结果，不能只是来自于 C 的逻辑结果。[2]

312

---

[1] Hempel & Oppenheim 的模型可简约归纳如下：

某科学语言 L 的句子顺序体 (T, C) 在满足以下条件的时候，而且只有在那个时候，才能成为 L 的单一句 E(真)的解释项。

（1）T 是理论。

（2）C 是单一。

（3）$\{T, C\} \vdash E$

（4）基础句 $K(L$ 的)存在着等级，即 $K \vdash C', \sim K \vdash E, \sim K \vdash \sim T$。（$K \vdash C$ 可以读作"C 可以从 K 中导出"）。

[2] 然而，这个模型不得不承认以下这样明显的反例：

$$\frac{(x)\left[(Fx \& Gx) \to Fx\right]}{Fb \& Gb}$$
$$Fb$$

如果采用只包括 Gb 句子的集合的话，即可满足上述"注释5"中的（3）和（4）两项条件。然而，为了进行充分的解释，就不能承认这个推理。这是因为：一旦这个推理得到认可，为了解释由 Fb 所记述的事项而提出的要求，无论 b 是不是 G，就要找出 $(x)(Gx \to Fx)$ 作为规律的其他术语 G。因此在逻辑上，这种推理的规律是与这个规律等值的。另外，单一前提是假定为"真"的被解释项的逻辑结果，因而就是"真"。为了弥补这个缺陷，吉姆提议增加以下两个附加条件，即：

（5）E 在逻辑上不能含有 C 的连接语的意思。

（6）E 在逻辑上不能含有 C 的任何成分的意思。

（转下页）

在演绎模型中,一般法则被作为前提。只是除了物理学,尤其是力学之外,那样的法则并不多见,因而就要导入概率性法则和统计性法则。然而,在科学解释的过程中,如果概率性法则和统计性法则能够发挥作为法则的作用,那就必须要考虑演绎模型以外的模型了。

（b）概率性解释

最基本的统计性法则被定式化为以下模式。在某种条件(F)下发生现象(C)的统计概率为 r。$p(G, F) = r(0 < r < 1)$譬如:18世纪(F)的女性出生比率(G)是 $0.4878(r)$。统计概率 r 接近于 1 的时候,该法则就将被运用于对在 F 这一条件下发生 G 这一现象的解释之中。因此,基本的概率性解释可以简化为下列图式:

$$
\begin{array}{ll}
\text{归} & \text{Fb} \\
\text{纳} \rightarrow & \dfrac{p(G,F)=\gamma}{\text{Gb}} \quad [\gamma]
\end{array}
\left. \begin{array}{l} \\ \end{array} \right\} \text{解释项}
\quad
\left. \begin{array}{l} \\ \end{array} \right\} \text{被解释项}
$$

在这里必须要注意的是,概率性解释的解释项在逻辑上不包含被解释项。解释项只是在不同程度上向被解释项提供高度归纳性的支持或者验证,因而即使解释项是"真",被解释项也可能是"伪"。从这个意义上说,概率性解释在满足"与解释相关的要求"方面不如演绎性解释。[1] 譬如,我们讨论一下用碳十四法（$C14$）测定历史年代的情况。现在,碳十四法被广泛运用于测定考古文物的历史年代方面。这就是利用了"碳十四中的某种原子在 5600 年中的衰变概率为 1/2"这一统计性法则。然而,根据年轮测定的结

313

（接上页）详见 J. Kim, "Discussion on the Logical Conditions of Deductive Explanation", *Philosophy of Science*, Vol. 28, 1, 961, pp. 286 - 291。另外,吉姆虽然试图在逻辑和文章结构的层面上解决这个难题,但是依笔者之见,这个问题最好还是从意思表述的角度来解决。

[1] 另外,统计性规律也许会有一天成为普遍规律吧——这样的议论属于哲学上的思辨问题。

果却得到了这样的信息：大气中碳十四的变化幅度非常显著。在这种情况下，根据碳十四确定年代的做法就不能被继续作为确定无误的测定手段了。① 具体而言，正如亨普尔所指出的那样，概率性解释必须要求我们的全能知识。解释项必须包含对被解释项的概率产生影响的一切信息。在演绎性解释中，这样的要求能自动地得到满足。究其原因，这就是因为：在演绎性解释那里，只要解释所使用的信息为"真"，问题现象的发生就表明了演绎的确实性。

作为解释的逻辑结构，一般都会想到演绎性解释和概率性解释这两种模型，而且也只能想到这两种。之所以这样说，原因就在于：为了保持解释的科学性，除了与解释相关的要求之外，还必须要满足"能够检验的要求"，即构成科学解释的命题必须是能够通过经验进行检验的。另外，在这种情况下，解释项的命题必须与被解释项的命题进行独立的验证。之所以如此，就是因为如果在解释项的命题之中包含了只能由被解释项提供确认的内容，那么这种解释就成了一种专项服务，也就不能再被称为"解释"了。

二、解释、预测、验证

我们接下来要面临的问题就是：解释、预测、验证这 3 项科学活动相互之间存在着怎样的逻辑关系？另外，为了使讨论思路明白清晰，我们在此要考虑一下演绎推理过程中的情况。

解释的图式被表示为 $Pa \,\&\, (x)(Px \rightarrow Qx) \rightarrow Qa$ 的形式。其中包含了普遍法则 $(x)(Px \rightarrow Qx)$，以及"某对象 a 具有性质 P"这一含义。继而，由这两项作出了"a 具有性质 Q"这一演绎推理。同样，预测也依据这个图式而展开，所不同的只是双方获得知识的过程。就解释而言，事实 Qa 是已知的，它的职责在于揭示出 Qa 由被解释项演绎出来的过程。就预测而言，Qa 是未知的，只要有了法则和事实 Pa，它的职责在于作出"即使未经观察 Qa 也一定是事

314

---

① 详见渡辺直経「縄文及び弥生時代のC14 年代」（『第四紀研究』5—3、4 号，第 157～168 页）。

实"的推理结论。反过来说，对 Qa 进行预测，或多或少也是对 Qa 进行验证。

这种过程如下图所示。[1] 另外，图式中画○的部分表示已经验证完毕，"1"、"2"等数字表示获得知识的时间顺序。可见，解释、预测、验证等 3 项科学活动拥有同一个逻辑结构，即相同的覆盖定律模型。

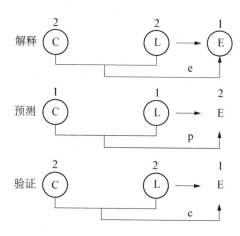

最后一个问题就是：在科学解释中，成为"法则"的条件是什 315 么？也就是所谓"偶然的一般化"与"法则"之间的区别是什么？为了使论点清楚明晰，我们在此还是要考虑对演绎性解释中所使用的法则，即普遍法则的范围进行限定。

一开始我们必须明确地将单纯的演绎推理与演绎性解释区别开来。如果只是进行演绎推理，不使用法则也可以做到。在 $Pa \&$ $(x)(Px \rightarrow Qx) \rightarrow Qa$ 中，$(x)(Px \rightarrow Qx)$ 不必一定是法则。然而，一旦演绎推理要成为解释，就必须要有法则。$(x)(Px \rightarrow Qx)$ 这一普遍形式的命题，即使这个命题是"真"，在科学解释中也并不一定被赋予"法则"的资格。试以下列推理为例进行分析。

---

[1] 以下图式的绘制依据是下列论文：黒崎宏「説明・予測・確証の同型性について」（『科学哲学年報』1965 年，第 13～20 頁）。

C……A 君在这个教室里。

L……这个教室里的人都打着领带。

E……所以 A 君打着领带。

L 这一命题确实采取了普遍的形式。然而,并不能因为这个命题采取了普遍的形式,也不能因为这个命题是"真",它就能被作为"法则"。这仅仅只是单纯的"偶然的一般化"而已。换而言之,具有普遍的形式的"真"命题,虽然是成为此处正在讨论的"法则"的必要条件,但并不是充分条件。

我们在这里必须要有一个明确的标准,用来严格区分"科学的法则"和"偶然的一般化"。作为这个区分标准,我们可以列举以下 3 条。[①]

(1)"法则"可以用于支持反事实条件命题(counterfactual conditional),与此相反,"偶然的一般化"做不到。

(2)"法则"可以支持假定条件命题(subjunctive conditional),与此相反,"偶然的一般化"做不到。

(3)"法则"可以作为解释的依据,与此相反,"偶然的一般化"做不到。

反事实条件命题采取"如果是 F 的话,那就是 Q 吧"的形式。譬如:"要是使用荧光灯的房间墙壁涂了白色油漆的话,那就变黑了吧"这一命题,就是得到了"油漆中所含的铅碳元素与荧光灯中的硫磺气体相混合产生铅硫化合物,它呈黑色"这一法则的支持。然而,从"这个教室的学生全都打着领带"这一命题中,就不能够制定出"要是我进入了这个房间的话,我会打着领带吧"这一反事实条件命题。

假定条件命题采取"要是 P 发生的话,Q 就发生吧"这一命题的形式。对于这个命题的叙述,与 P 实际上是否真的发生毫无关系。"要是真的有公元前 2500 年采伐的木材的话,该木材的碳十

---

① Hempel, *Aspects*, pp. 338 – 339;M. Chisholm, "Law-Statement &. Counterfactual Inference", *Analysis*, 15 - 5 , 1955 , pp. 97 – 105.

四的放射能比值就是 7.15($\pm$0.5)吧"这一命题是正确的。然而，却不能制定"要是我进入这间教室的话，我会打领带吧"这一假定条件命题。

关于第(3)条，就没有必要赘述了。

317

第三节 经验科学中的解释

一、经验科学中的法则

在第二节所讨论的"解释的逻辑层面"中，我们只是关注到了关于经验科学领域内已经实行（或者应该实行）的理想状态的解释的文章表述或句子结构方面。然而，在经验科学中具体实施的解释却因各自学术领域的不同而呈现出丰富的多样性。具体而言，诸如动机性解释、目的性解释、理由性解释、因果性解释等等，形式和性质各异的法则都在覆盖定律的通力协助下发挥着作用。在解释的逻辑层面上所进行的分析，都是将这种丰富多彩的解释抽象化之后所作的研讨。接下去，我们将就经验科学各个领域中所实施的解释的形式与形态展开具体分析。因此，这里的中心主题如下：就经验科学各个领域中的解释形式而言，只要它能够对在解释的逻辑层面上探讨过的两种解释类型——演绎性解释类型和概率性解释类型——进行重新定式化，而且在这个过程中所运用的法则只要还能满足解释的逻辑层面上所需要的条件，它就可以被称为"科学解释"。

另外，关于在解释的逻辑层面上的分析，也可以作如下思考。作为成为"科学解释"的必要条件，被解释项与解释项之间必须要存在某种法则命题。这个法则命题反映着前项与后项之间一定的关系。因此，只要从逻辑结构的层面上来看，解释过程中所运用的法则就只能反映出"要是前项成立的话，后项也就成立"这样的内容。于是，在解释的逻辑层面上的分析，不会涉及任何有关条件项 318

289

与结论项之间在时间上的前后关系。然而,如果站在经验科学的立场上去思考这个法则命题,又会得到怎样的结果呢?在经验科学的领域中,"时间"的概念必须被纳入到"考虑"的范围之中,因而法则命题也就根据前项与后项之间时间的前后关系而分为以下3类。在此暂且对它们命名如下:①

(1) 继时法则(law of succession)

(2) 共时法则(law of coexistence)

(3) 溯时法则(law of precedence)

继时法则是指前项在时间上先于后项发生的法则,共时法则是指前项与后项在时间上同时发生的法则。溯时法则则是指前项晚于后项发生的法则。

作为分别与这3类法则相对应的解释,我们可以列举以下各项:

(1′) 因果性解释(causal explanation)

意向性解释(dispositional explanation)

(2′) 理由性解释(explanation by reason)

(3′) 目的性解释(teleological explanation)

功能性解释(functional explanation)

合理性解释(rational explanation)

动机性解释(motivational explanation)

鉴于(1′)和(2′)已被频繁地论及,②我们只就此指出以下3点。然后,我们将对涉及问题较多的(3′)展开详细讨论。

首先,我们要对(1′)中出现的"因果性"这一概念稍加说明。K.波帕在对"科学解释"下定义的时候写道:

319

---

① 关于此处的名称由来,可参照以下论文:黒崎宏「科学の説明の特質」(岩波講座『哲学』Ⅻ科学の方法,第337页)。

② 关于涉及到历史学的情况,可参见 *History & Theory* 杂志的 Beiheft 1(1,961),3(1,964),7(1,967),10(1,970)。

给予某事件的因果性解释,就是意味着在进行某种可以被称作初始条件的、个别的或者特殊的陈述的同时,将某种普遍法则作为演绎的各项前提,演绎出记载该事件的陈述。[1]

然而,在现实中非因果法则的法则——根据上面的分类叫"共时法则"——不仅存在,而且发挥着作用。换言之,波帕的定义方法中存在矛盾。因此,必须先要对同时包容因果法则(或者继时法则)和共时法则的演绎类型的论证结构进行规定,否则就无法克服这种矛盾。即使在经验科学的领域里,时间上的前后关系问题也是初次出现。

其次,意向性解释就是以所谓"糖之所以在水里溶化,是因为它的可溶性"这种大白话所代表的解释类型。由于"糖是可溶性的"这一法则命题难以定式化,因而 G. 赖尔将其称作"类法则陈述"(law-like statement)。[2] 然而,即使这是一种难以被定式化的法则命题,[3]其逻辑结构依然可以还原为覆盖定律理论——尤其是概率性类型。

最后,鉴于在(2′)中可能出现的若干难点,也为了让这一点更加清晰易懂,我们在此将以几何学为例进行说明。因为几何学不属于经验科学,所以严格地说起来这种做法并不合适,但是为了使得问题点更加明确,暂且借用一下而已。

根据毕达哥拉斯定理,在直角三角形 ABC 中,

320

$$L: AB^2 = BC^2 + CA^2$$

在这种情况下,如果分别设 BC 和 CA 的值为 b 和 c,那么 AB 的值就是 a。此时,作为推理形式就是:$(BC=b) \& (CA=c) \& (AB^2 = BC^2 + CA^2) \rightarrow (AB=a)$。

---

[1] K. Popper, *The Open Society and Its Enemies*, London, 1,945 , Vol. Ⅱ , p. 262.

[2] G. Ryle, *The Concept of Mind*, *London*, 1949 , pp. 117 - 124.

[3] Herbert Hockberg, "Dispositional Properties", *Philosophy of Science*, Vol. 34 , 1967, pp. 10 - 17.

然而，如果用语言来表述这个公式的意思，那就成了"正是因为 $(BC=b) \& (CA=c) \& (AB^2 = BC^2 + CA^2) \rightarrow (AB=a)$，所以 $AB=a$" 句式，这也就是用日常语言表述因果关系的形式。然而，这样的法则不能被称作"因果法则"。这是因为 a、b、c 是同时存在的。具体而言，b 和 c 被设立的时候，a 同时也已存在。如果将它视作"因果性"的关系，就会导致以下两个错误。① 一是"正是因为……所以……"这种表述方式。这并不是在叙述从 b 和 c 到 a 的发生过程，而是显示了我们获得知识的顺序，绝不是在表示"a 本身是作为 b 和 c 的结果而产生的"这种意思。这是因二者的混淆而产生的误解。

二是会引起"此种论证不能被视作解释"这样的反论。其理由可归纳如下：所谓"解释"，在本质上必须是因果性的，而且"原因"这一概念在根本上包含着时间性连续，因此这样的共时法则不是因果性的，因而也不是科学性论证。然而，波义耳定律、欧姆定律，还有关于价格决定理论中供需曲线的交点均衡的瓦尔拉斯定律，以及马歇尔理论等等，这些也都不能被作为法则吗？ 这种反论之所以存在，是因为在根据因果性解释或者共时法则而展开"解释"的基础之中，没有纳入"法则式规则性"这一观念。换言之，除了只包含无时间性法则（相关法则）之外，关于满足解释的逻辑结构层面中所有条件的"解释"，都能够冠以"科学解释"之名。作为"科学解释"的一部分，我们既接受根据因果法则所进行的解释，也接受根据共时法则所进行的解释。

二、目的性解释

在这经验科学的层面上，最大的问题存在于"（3）溯时法则"之中。在广泛地运用于生物学、社会学以及历史学等领域，而且又各自取得了相应成就的解释形式之中，存在着被分别称为"目的性解释"、"功能性解释"、"动机性解释"的几种形式。这几种解释（以下

---

① R. Rudner, *Philosophy of Social Science*, N. J., 1966, pp. 97 - 98. 黑崎宏：前引论文，第 338 页。

统称为"目的性解释")所运用的法则就是"溯时法则",因而都被排除在亨普尔＝奥本海姆的解释模型之外。[1] 譬如：

他为了获得银表而拼命学习。

我们对这样的解释并不感到有什么不合适。但是，

太阳为了维持地球上的生物而存在。

面对这样的解释，恐怕没有人会不感到别扭的。现代科学就是在克服这种目的性分析的过程中发展起来的。因此，根据以此为基础形成的重构派的科学解释逻辑，这样的"目的性解释"也被认定为是非科学性解释。那么，目的性解释与科学解释（与非目的性现象紧密相连）之间究竟存在着怎样的根本性差异？难道不能还原回去吗？

322

解决这个问题有两种方法。一种是 M. 贝卡提出的思路，[2] 即通过对其演绎模型进行某种程度的重新陈述的方式，设法克服这一难点。另一种是 E. 奈格尔或者 R. 拉特纳提出的思路，[3] 即目的性解释总是能以"非目的性"的形式出现。然而，前者犯了一个将逻辑性问题偷换成为经验科学性问题的大错，即科学解释的逻辑结构本身将会被歪曲。[4] 正如我们站在解释的逻辑结构层面上所

---

[1] Hempel, *Aspects*, pp. 297 - 330.

[2] 参见 M・ベッカー「生物学理論における説明の問題」（『現代の科学哲学』，誠信書房，1967 年，第 133～147 页）。另外，贝卡理论的逻辑思路可以归纳如下：

　　(1)所谓解释，在某种意义上，必须是对被解释项 E 得以成立的必要条件和充分条件的阐述。但是，此时的必要条件和充分条件并不一定是同一内容。

　　(2)解释命题 P 必须与 E 保持一致。此时 P 可以是对 E 的演绎，也可以不是。

　　(3)解释可以根据表述方式的需要而呈现出灵活性。

　　(4)对 E 进行预言即使从原理上说是不可能的，但是对 E 进行解释是可能的。

　　(5)P 必须具备能够保证 P 和 E 至少不完全相等的某种一般性特质。

　　(6)我们具有关于能够去除包容之时所产生之反论的包容关系的形式体系 S，也允许包容依存于表述方式的需要。

[3] E. Nagel, "Teleological Explanations and Teleological Systems", in S. Ratner (ed.), *Vision and Action*, New Brunswick, 1,953. Rudner, *ibid*. 第五章。

[4] 上文注释[2]中的定义(4)只是在实用性的意义上才得以存立。从逻辑性的角度来看，(4)必然只能是"伪"。详见以下论文：M. Scriven, "The Temporal Asymmetry of Explanation and Prediction"；C. G. Hempel, "Explanation and Prediction by Covering law", *Philosophy of Science (The Delaware Seminar)*, New York, 1963 , pp. 97 - 136。

讨论过的那样,就逻辑性而言,只能接受演绎性解释和概率性解释
这两种解释类型,因而这种方法不能采用。既然如此,我们接下去
就以后者的思路为切入点展开探讨。

上面的例子已经表明,在关于我们日常生活以及生物体的解释
中,目的性解释占据着重要的地位。从理论上说,经验科学绝不要
求设定目的或者目标之类的东西。我们在列举肝脏或者心肺等物
体的各种机能及其作用的时候,可以将这种解释说成是目的性的,
但绝不是理论上所要求的,因为被解释对象本身并不具有目的或
者目标。然而,当我们说"肺的功能是向血液中输送氧分"的时候,
这种说法就被视为目的性解释。换言之,目的性解释既不是在陈
述所要解释的事物的目的、计划、目标等等,因而在理论上也没有
被要求。

由此,我们决定将使用"以……为目的"、"……的功能"、"为了
要……"这样的陈述语句的行为当作"目的性解释"的特征来把握。
接下来的问题就是:这样的目的性解释能否被还原为非目的性解
323 释?[1] 我们在此将以普通经验科学的形式来展开讨论,为了使问题
明确清晰,因而决定借用生物学中的例子。让我们考虑一下这样
的陈述:[2]

植物叶绿素的功能是为了让植物能够进行光合反应。

这句可以被理解为下列陈述句的省略形式:

如果有了水、二氧化碳和阳光,植物就会生成淀粉;要是植物
不含叶绿素的话,即使有了水、二氧化碳和阳光,它也不会生成淀

---

[1] 或者也可以作如下思考:在目的性解释被原封不动地定式化了的情况下,作为其中所
运用的规律,必须被假定为溯时法则。然而,由于我们手头并没有现成的所谓"溯时
法则",这种解释就成为"伪"。因此,作为解决的办法,就必须将其中所运用的规律命
题置换为继时法则或者共时法则的命题。此时,前者与后者的命题能否相等就会成
为问题所在。

[2] 以下的讨论来自奈格尔。关于这一例句的详细讨论可以参见下列著述:E. Nagel,
The Structure of Science, New York, 1,961, pp. 404 - 405; Hempel, *Aspects*, pp. 297 -
330; W. Isajiw, *Causations and Functionalism in Sociology*, London, 1,968, pp. 103 -
105。

粉。所以,植物含有叶绿素。

如果将其重新改写为一般性陈述句,即为:

拥有有机组织 C,处在环境 E 中,所有组织体 S 就会实施过程 P;要是拥有有机组织 C、处在环境 E 中的 S 不含 A 的话,S 就不会实施 P。所以,拥有有机组织 C 的 S 必须含有 A。

由此可见,目的性解释在其逻辑结构层面上,可以还原为覆盖定律模型。如上述例子所示,定式化的形式并不包含被称作为目的性解释之特征的"以……为目的"这样的语句。具体而言,当某种有机体的某种构成要素之中存在某种功能的时候,其目的性陈述的内容,完全可能被以根本称不上是"目的性解释"的解释形式、况且只是表述促成该有机体的特征或者发生活动的必要条件(或必要充分条件)的某种其他解释,即非目的性解释所置换。

就两者的区别而言,前者(即目的性解释)是在叙述某有机组织 C 所带来的结果,而后者(即非目的性解释)则是在叙述某有机组织 C 得以维持自身生命的条件。因此,针对某种现象的目的性解释与非目的性解释之间的区别就在于:一个旨在说明"Y 是 X 的结果",另一个则是要说明"X 是 Y 的原因或者条件"。

另外,如果设定目的性解释与非目的性解释是不同之物,那么所谓"非目的性解释"就会采取不同的手法、或者进行不同的验证,而且也应该有其相应的证据。遗憾的是,那样的证据实际上并不存在。

我们由此可以得出以下结论:在某个目的性解释中,为了进行验证而使用的证据,如果也能同样被用于置换了该解释的非目的性解释的话,那就说明这两种解释虽然在形式上不相同,而在内容上却是相同的。由此可知,目的性解释是无害的。然而,说到底这是在可能存在着其他等值且无害(从方法论的角度看来)的表述方法的条件下才会出现的情况,目的性解释只不过是单纯的表述方法和省略方法的问题。换言之,这个问题归根到底属于经验科学层面的问题,不属于"逻辑结构层面"的问题。

以上所讨论的目的性解释也可以被用于历史学。鉴于其中所

324

325 使用的基本概念的模糊性（如"体系"、"状态"、"社会结构"等概念），历史学中所使用的目的性解释未必能够充分地发挥作用。具体而言，当我们想要对某个社会体系中各种现象维持着其体系的功能进行解释的时候，在其中维持着的状态如果不是被明显地定式化表现的话，在内容上也就是没有结果的东西。这样一来，就无法判断那种针对被称为社会整体或者社会体系的"有机统一体"所进行的目的性解释或者功能性解释的正确与否。之所以这样，就是因为如果对其中使用的术语不进行明确定义的话，其结果就会导致该术语适用于所有状态，以至于不再能够凭借经验进行调节。

　　另外，必须要补充说明一点的是：正如亨普尔所言，目的性解释直接作为科学解释只有消极的作用。① 尽管如此，它在某些方面仍然发挥着重要的作用，譬如在发现性文脉结构（我们现在讨论的是正当化文脉结构中的问题）中的"操作假说"这一作用就应当被视为积极作用。

第四节　历史学中的"解释"

一、历史解释的逻辑

　　迄今为止，我们以规范的方式就经验科学中的"解释"问题展开了讨论。然而，在作为经验科学一个分支的历史学中，却存在着无法被纳入我们已经讨论过的解释范畴之中的"解释"形式。毫无

326 疑问，这样的解释可以简单地被认为与"解释"之名不符而舍弃。然而，问题依然是存在着的，不思考这个问题就无法弄明白历史认识。因此，我们将对历史学家实际上所进行的"解释"展开分析。这种"解释"就是对"什么"（what）或者"如何"（how）等问题的回答，不同于回答"为什么"（why）这一问题的科学解释。我们将此称

---

① Hempel, *Aspects*, p. 329.

为"解释的实践层面"。

"什么"解释　我们先从对于"什么"这一问题的解释开始分析。人们在日常生活中会频繁地遇到以下这样的解释：

（1）"这是什么?"——"这是圆珠笔。"

"你在干什么啊?"——"我在模仿指挥的样子啊。"

在历史书籍中，同样也会遇到被视为针对"什么"这一问题的回答。最早提及这种"什么"解释的历史学家是 W. 德雷。他从 R. 缪尔的《英国小史》中列举出圈地、工业生产的开端、交通工具的进步等等 18 世纪下半叶英国社会发生的各种变化，并以缪尔在记述了这些现象之后所作的以下解释为例，分析了"什么"解释的具体形式。①

（2）"由此开始的并不只限于经济上的变化。这是一场社会革命。"②

上述（1）和（2）的解释可以被视为对"什么"这一问题的回答。这个问题是带有普遍性的，从某种意义上说，也是人们知性活动的出发点。那么，这种关于"什么"的解释与我们在上面讨论过的科学解释之间究竟存在什么样的关系呢?

对于"什么"解释的两种回答　对于"什么"这一问题的回答，大致可以分为以下两种，③而且它们与以上两个例子相对应。

（1′）是提供某些信息，即只向那些不懂得如何对某种现象进行分层处理或者记述的人们提供详细的信息。

（2′）是被称为"借助于概念的解释"，即借助于已知的十分明确的概念、对被解释现象展开分析。或者也可以称之为"借助于分类的解释"。

（1′）不是可以满足人们理论方面或者科学方面的兴趣的类型，

---

① W. Dray, "Explaining 'What' in History", in P. Gardiner (ed.), *Theories of History*, New York, 1957, p. 403.

② *Ibid.*, p. 406.

③ 与此相似的观点还可参见下列著作：D. M. Taylor, *Explanation and Meaning*, Cambridge, 1970, pp. 32 - 39。

却是可以满足人们的好奇心、向人们提供对日常生活中的实践活动有决定性影响作用的相关信息。我们将根据自己感受到的状况采取相应的行动。让这种状况得以明确化，也能够引导我们适当地修正自己的行动计划，因而在此范围内需要有这种"提供信息的解释"。换言之，在"为什么"这一问题之前，存在着"什么"这一问题。因此，在我们迄今为止所考虑的意义上，它无法被纳入"解释"的范畴之内。

借助于概念的解释 （2′）的问题涉及与覆盖定律解释之间的关系。我们在此仍然以德雷所引用的例子为切入口展开讨论。德雷所提倡的"什么"解释、或者"借助于概念的解释"，基本上都是针对"到底发生什么了"这样的问题，提供"那是这么这么回事儿"这样的解释。德雷在对所引例子进行分析的过程中指出道："这种事态为什么会发生？这种事态是如何发生的？历史学家并不是要对这些问题作出解释。然而，他所说的'这是一场社会革命'这样的话本身就是解释，因为它将这个事件作为社会革命进行了解释。"①

解释是通过将要求解释的内容实行分类的方法进行的——德雷以此为理由，将这种解释定为借助于一般概念（而不是一般法则）的解释。他进而认为，如果"一般化"成为这种解释中的本质性东西的话，它就不会采取"一般法则"的形式。之所以这样，"因为应当被解释的东西是事件或者事态的汇合体（x、y、z）。与其相关联的一般化采取以下模式：'x、y、z 总之要成为 Q'。这种解释的一般化是归纳性的。它将 x、y、z 汇集成为'这个这个'。历史学家满足于将作为研究对象的事件或者事态表现为如此有关联的东西。"②

然而，并不是说这样的表述方法都可以被作为解释。其原因就在于：如果将 x、y、z 表现为 Q 这种做法有意义的话，那么就可以认定它将自己的情形与具备 Q 这一特征的一般类型进行比照或者

---

① 参见 D. M. Taylor, *Explanation and Meaning*, Cambridge, 1970, p. 403。
② 参见 D. M. Taylor, *Explanation and Meaning*, Cambridge, 1970, p. 406。

使其一致这样的做法有意义。换而言之,借助于这样的概念图式进行的解释,也可以被认为是在 Q 这个一般性假设的基础上去想象被解释事项。这与覆盖定律的概念完全一致。

在(2′)意义上的"什么"解释,与科学解释所发挥的作用密切相关。问题是这里所使用的"概念"是否能够被置换成与科学理论相对应的术语。正如 R. 拉特纳所言,如果在没有进行准确而严密的定义的情况下使用那些表述各种社会状态的术语,其结果就是使得这些术语适用于所有的状态或者状况,进而导致"解释力"的丧失。

"如何"解释　德雷将对于"如何"这一问题的解释归入历史学固有的解释之列,并将其命名为"连续系列型解释"(continuous series explanation)。为了说明这个连续系列型解释的具体情形,德雷列举了以下事例。[1]

> 我们作如下思考。我的汽车发生了故障。修理工检查后对我说:"这个故障是因为供油管上的漏洞引起的。"这可能就是关于发动机停止工作的解释吧。这取决于谁对谁说。换而言之,取决于是否以其他什么东西作为前提,或者在表现手法上被赋予了其他什么东西。因为修理工旁边的助理懂得发动机装置,所以这种说法完全可以成为解释。然而,对于不了解发动机结构的我而言,却不是解释。……我为了能够理解发动机停止工作的原因,就要让他们告诉我一些关于发动机功能的若干知识和润滑系统的基本结构。汽油从油管上的漏洞中漏掉了,使得润滑活塞的汽油无法流到汽缸之中。活塞在干涩的汽缸壁上的运动使得汽缸壁发热,发了热的金属无法伸缩滑动。发动机因此而停止了工作。这样一来,我终于能够对发生在漏油与发动机停止工作(两者都可以分别理解)之间的现象

329

---

[1] W. Dray, *Law and Explanation in History*, Oxford, 1957, pp. 66-72.

进行连续系列的理解。①

在德雷看来,这一类型的解释就是不运用任何理论的、历史学中最典型的解释模式,也是在逻辑上不同于覆盖定律理论的解释模式。

连续系列型解释　这种连续系列型解释能够被视为科学意义上的解释吗? 迄今为止,我们暂作如下考量。为了成为科学解释,无论采取哪种形式,"解释"的逻辑结构必须基于 L1……Ln & C1……Cn →E 这一图式。具体而言,无论是全称命题,还是以统计形式标写的法则,能够通过法则的中介得到解释的现象必须被连结起来,而且在其经验科学的层面上必须还原为先前所提及的诸解释形态中的任何一种。为了能够通过反复运用该解释中所运用的法则而满足这些条件,所给予的解释必须被重构。或者,至少必须要向那样的方向努力。

德雷所提出的连续系列型解释的模型,如果考虑到它的推理形式,又将如何被定式化呢? 接下来,我们既要以德雷的模型为基础,又不能完全拘泥于这种模型,力求以更为一般的形式展开对这种连续系列型解释的探讨。

二、历史解释的特性

根据以上事例,我们可以将历史学领域中所进行的解释假定为下列两种类型:

(1) A→B →C→……

(2) A & B & C & ……

(1)是指在其中进行某种推理的情形,(2)是指单纯地罗列现象的情形。仅从以上事例来看,德雷的连续系列型解释可以被视为(2)。之所以这样说,是因为如果被视为(1)的话,德雷的模型

---

① W. Dray, *Law and Explanation in History*, Oxford, 1957, pp. 67 – 68.

就要被认为是属于"被省略的解释"或者"发生学解释"①中的一种，于是就要与他本人所提出的"逻辑上不同的解释类型"这一观点产生矛盾。然而，由于（2）是词语（term），不是形式（form），因而不能被视作陈述（statement）。② 换言之，因为（2）不能揭示真伪，所以就根本不能被视作解释，更不要奢望被纳入"科学解释"之列了。

然而，如果我们仔细地分析一下德雷所列举的事例，倒是可以发现这个（2）竟然是以下形式的省略形：

（3）〔A→B〕&〔B→C〕&〔C→D〕& ……

即以连环的方式将一个一个的推理互相连结起来的形式。"汽油从油管上的漏洞中漏掉了"&"润滑活塞的汽油无法流到汽缸之中"&"活塞在干涩的汽缸壁上的运动使得汽缸壁发热"& ……这其中的每一个句子确实都是运用了某个法则的解释，并非单纯的事实罗列——历史学上叫作"年代记"。③ 然而这些句子之间的关系并没有什么必然性，仅仅只是依据某些笼统的观念被罗列起来而已。

当然，这种模型并非如此单纯，也能够采取更为复杂的形式，即现象 A 或者 B 可以记述为更加详细的（读为"a 处于 t 时为 P 状

331

---

① 发生学解释（genetic explanation）被如下定式化：

$$\begin{array}{c} S_2' \\ S_1+D_2 \end{array} \bigg\} \nearrow \begin{array}{c} S_3' \\ S_1+D_2 \end{array} \bigg\} \nearrow \quad \cdots\cdots \nearrow \begin{array}{c} S_{n-1}' \\ D_{n-1} \end{array} \bigg\} \; S_{n-1}' \rightarrow S_n$$

箭头从左向右指示，表示根据被作为前提的逻辑进行演绎性推理。它不根据任何法则或者定义行事。S_1……S_n 是表示发生学解释向 1……n 阶段提供信息的文句的汇集。除了第 1 阶段和第 n 阶段之外，其信息被分为两部分。S_2、S_3……S_{n-1} 所表达的内容，记述着通过先行阶段的诉求得到解释的、关于给予阶段的事实。D_2、D_3……D_{n-1} 所表达的内容，是在无解释的情况下被附加的信息，即可以被视为根据法则所进行的解释的连续体。关于这个问题，可参见 C. G. Hempel, *Aspects*, pp. 447 – 453。

② A. Zulauf, *The Logical & Set-theoretical Foundations of Mathematics*, Edinburgh, 1969, p. 19.

③ W. Dray, *Philosophy of History*, N. Y., 1967, p. 75.

态")形式。因此,这种模型可以采取以下 5 种形态:

$$(3-1)\ \left[P_{1a}^{t-1}\xrightarrow{L_1}P_{2a}^{t-2}\right]\&\left[P_{2a}^{t-2}\xrightarrow{L_2}P_{3a}^{t-3}\right]\&\cdots\cdots$$

$$(3-2)\ \left[P_{1a}^{t-1}\xrightarrow{L_1}P_{2b}^{t-2}\right]\&\left[P_{1b}^{t-2}\xrightarrow{L_2}P_{31ca}^{t-3}\right]\&\cdots\cdots$$

$$(3-3)\ P_{1a}^{t-1}\&\ P_{2b}^{t-1}\&\ P_{3c}^{t-1}\&\cdots\cdots$$

$$(3-4)\ P_{1a}^{t-1}\&\ P_{2b}^{t-2}\&\ P_{3c}^{t-3}\&\cdots\cdots$$

$$(3-5)\ P_{1a}^{t-1}\&\ P_{1b}^{t-2}\&\ P_{1c}^{t-3}\&\cdots\cdots$$

其中,a、b、c 代表人物、场所、国家;P1、P2 ……代表革命、制度、国家形态等等;$t-1$、$t-2$……代表时间系列;$L1$、$L2$……代表法则。

(3-1)根据法则 $L1$ 解释了这样一种现象:a 在 $t-1$ 的时候处于 P_1 状态,而在 $t-2$ 的时候则变成了 P_2 状态。具体而言,它就是以个人传记、或者诸如英国史以及法国史等国别史、法制史、经济史、某一地区的人口史等等历史解释为特征的。

(3-2)根据法则 L_1 解释了这样一种现象:在 $t-1$ 的时候 P_1 这一状态是 a,而在 $t-2$ 的时候,P_1 这一状态则处于 b。具体而言,它就是比较史。它是以关于诸如文化传播史、或者各种革命史的解释为特征的。

(3-3)的特征是旨在解释这一现象:在 $t-1$ 的时候,a 是 P_1 状态,b 是 P_2 状态,c 是 P_3 状态。具体而言,它就是同时代史。譬如,以"法国大革命时期周边各国的状态"为题的研究课题就属于这一范围。

(3-4)和(3-5)就是所谓年代记的叙述形式。

其中最重要的是(3-1)和(3-2)。作为获取 $t-1$ 和 $t-2$ 时间间隔的状态,可以考虑以下两种情况:

(a) 获取常数性时间的状态,即获取物理时间的状态;

(b) 获取非常数性时间的状态。

作为(a)状态的典型代表,可以列举出年表或者年代记。那么,在(b)状态下,这个时间间隔应该如何确定呢?如果考虑到(3-1)的状态,应该存在以下两种情况:

（1）P_n 和 P_{n+1} 取决于连续系列中的推理之一〔$P_{na}^{t-n} \to P_{n+1a}^{t-(n+1)}$〕的 P_n 和 P_{n+1} 如何获取。

（2）相反，P_n 和 P_{n+1} 取决于 $t-n$ 和 $t-(n+1)$ 的如何获取。

P_n 是 a 在 $t-n$ 时的状况。为了详细地叙述这个 P，有必要将 P 在下位水平上的状态列举如下：

$$P_{na}^{t-m} = S_{1a}^{t-m} \ \& \ S_{2a}^{t-m} \ \& \ S_{3a}^{t-m} \cdots\cdots$$

333

S 是在下位水平上的状况。为了移向 $P_n \to P_{n+1}$，P 在下位水平上的状况 S 必须至少有 1 个以上向 $S_n \to S_n'$ 变化。譬如，我们考虑一下将"革命"一词代入 P 时的情形。此时，$S_1 \cdots\cdots S_n$ 就被分别对应为政治状况、经济状况等等。如果将 a 对应成法国、将 tn 对应成 1789 年 7 月 14 日的话，就可以导出下列式子：

$$P_{na}^{t-n} = S_{1a}^{t-n} \ \& \ S_{2a}^{t-n} \ \& \ \cdots\cdots$$

另外，所谓向 $P_n \to P_{n+1}$ 变化，即指法国大革命的状况 $S_n \to S_n'$ 中至少有 1 个以上发生了变化的状态。如果继续以此为例的话，即由于发生了"8 月 26 日颁布《人权和公民权宣言》（人权宣言）"这一政治状况的重大变化，$P_n \to P_{n+1}$ 就从"革命"这种状况转向了"新政府的成立"的状态。如果变换一个视角来看，这个 S 依存于各个时代的学术状况，即 S 的数量随着学术的深入发展而增加。譬如：随着学术的进展，被设定为 S_2 的经济状况会被详细地分成经济发展 $(S_{2-1})'$、人口变动 $(S_{2-2})'$、劳动市场的变化 $(S_{2-3})'$、生活水平 $(S_{2-4})'$ 等领域加以叙述。于是，在刚才提到的下位水平上，就可以导出下列式子：

$$S_2 = S_{2-1} \ \& \ S_{2-2} \ \& \ S_{2-3} \ \& \ \cdots\cdots$$

与现代史相比，我们所掌握的关于中世纪史和近世史的历史资料少之又少，即 S 的数量少，因而 $P_n \to P_{n+1}$ 的变化就少。与此同时，这里的时间间隔也不得不变长。另外，在这样的情况下，人们往往也会借用许多现代被详细论述的 S 来考察中世纪史或者近世史。[1]

---

[1] 譬如：速水融・安元稔「人口史研究における Family Reconstruction」（『社会経済史学』34〜32,1968 年）。

334　　由此可见,从德雷提出来的这个解释形式出发,我们就可以掌握现在所使用的各种史学研究技法类型的派生形态。

在思考"历史学中的解释"这一问题的时候,我们明白了这样的道理:仅仅以"科学解释"这一概念,无法涵盖历史研究中所进行的"解释"的各种形态。与此同时,我们也明确地看到:在解释的逻辑结构层面和经验科学的层面上所讨论的"解释"问题,与"历史解释"的实践层面上所涉及的问题,从根本上说,各自探讨的内容是不相同的。然而,迄今为止,这样的问题主要只是在哲学家之间展开讨论。关于历史学的方法论的讨论,仅仅是在专业历史学家不参与的领域内,而且又是在完全不被纳入专业历史学家研究工作范围之内的情况下,才得以规范地展开。不仅如此,这个问题尽管已经由众多哲学家作出过解释,其讨论的结果却从未越出哲学的领域。

作为今后的任务,我们必须将迄今所讨论的内容置于历史叙述的实践之中进行验证。这样的研究在 H. 费希尔所著《历史学家的谬误》一书中已经登场亮相。[①] 他在分析的历史哲学家迄今为止所取得的研究成果的基础上,将从专业的史学著作和史学论文——其中很多来自他本人所专攻的美国史研究领域——中挑出来的叙述错误,分成 11 种类型加以评述。由于他本人不是科学方法论方面的专家,因而在评述的过程中也犯了若干错误。然而,他却证实了分析的历史哲学家以前的工作能够成为分析历史叙述时的坚实基础,这一点必须值得引起我们的重视。

如果换一个角度来看,为了使关于历史解释的讨论进一步发展成为更加细致严密的学术领域,本章也可以说是将作为纯粹逻辑性论证的科学哲学成果,分为若干能适用于分析历史叙述的理论步骤进行了考察。

---

① H. Fischer, *Historian's Fallacies*: *Toward a logic of historical thought*, London, 1970.

第七章　日本的历史认识之特征

第一节　中国史学与西方史学在近代日本的邂逅[①]

一、作为邂逅场所的近代日本

　　数千年以来,西方文化和中国文化这两种不同质的文化,始终

[①] 本章内容为笔者于 1990 年 8 月在西班牙马德里大学召开的第 17 届国际历史学大会上向史学史分会递交的研究报告的日语译稿,原标题为"Historiographical Encounters: The Chinese and Western Tradition in Turn-of-the-Century Japan"。在翻译的过程中,为了尽量保持原文的表述意思,因而有些词句的日语表述难免显得生硬。当年史学史分会所规定的总标题为"西方历史学与非西方历史学的邂逅"(The Encounter between Western and Non-Western Historiography),于 8 月 29 日和 30 日分"中国与日本"、"拉丁美洲"、"非洲与阿拉伯世界"以及"印度与东南亚"等 4 个专题小组展开交流讨论。8 月 29 日上午 9 时至 11 时,"中国与日本"专题小组的讨论会在米兰大学比安卡·瓦罗塔·卡瓦罗提(Bianca Valota Cavalotti)教授的主持下进行。笔者之后的发言者是台湾东海大学的胡昌智教授,他的发言题目是"西化的辩证法:论中国新历史文化里的中华认同危机"(Dialektik der Verwestlichung: Zur Krise der chinesischen Identität in der neuern Geschichtskultur Chinas)。胡教授试图从历史文化这一脉络中,来把握 20 世纪上半叶西方文化进入中国社会的历史背景。哥伦比亚大学的卡洛尔·格拉克(Carol Gluck)教授担任这一时段的评论人,并就如何把握东亚社会中历史研究的关键要点问题做了说明。东京大学的西川正雄教授从不同于笔者的视角出发,对近代日本史学进行了评论。就本届大会而言,与总标题"与西方史学的邂逅"相符的文化现象,实际上是一种只在东亚地区和阿拉伯地区发生过的现象。其他专题小组交流讨论的焦点,基本上都集中在"西方史学在各国各地区传播的历史过程",或者"本国在摆脱外国殖民统治之后的历史研究的新动向"这样的话题上。另外值得一提的是,(转下页)

存在于欧亚大陆的东西两端,这种现象足以引发我们无限的好奇。这两种文化都孕育出了各自独具特色的历史学传统,据此回顾着自己的过往历程。然而,这两种史学传统的最初邂逅既不是在中国,也不是在欧洲,而是在 19 世纪下半叶的日本,这一事实往往不为人们所知。

在两者邂逅之前,西方的历史学和中国的历史学处于各自独立发展的状态,无论是在"质"的方面,还是在"量"的方面,都达到了堪与比肩的高水平。众所周知,日本的历史学基本上是在中国史学的基础上发展起来的。

自 7 世纪起中国历史学开始传入日本,在此后的大约 1 千年的时间里,日本的历史学也在相当程度上获得了独自发展的空间,并达到了相应的高度,这一点也是毋庸置疑的。

340 可以这样说,19 世纪的日本成了人类历史上最新的文化实验场所,中国文化与西方文化就在这里邂逅。日本总是先向外国寻求文化的模板,然后再根据自身的需要对其进行改造,最终形成自己的文化。除了从 17 世纪上半叶开始的排斥基督教运动和第二次世界大战之前的国粹主义时代,日本在接受外国文化的过程中,几乎未曾出现过排斥反应,这一点值得注意。与此同时,日本在接受和改造外国文化方面具有明显的选择性。尽管在接受外国文化的过程中也曾有过"消极的时代",但无论是现在还是过去,这种选择性已经形成了日本文化中不变的特征。

(接上页)尼日利亚波特·哈科特大学的 E. J. 阿拉戈亚(E. J. Alagoa)教授因飞机航班的原因而未能赶上当天的会议,第二天他送给笔者一篇题为"1800 年之前非洲史学与西方史学的冲突"(The Encounter between African and Western Historiography before 1800)的发言稿。该文论述了非洲人关于希罗多德之后西方史学家所撰写的非洲历史著作的感受,以及非洲史研究过程中口头传承所具备的巨大作用,充满了新鲜感,笔者深受启发。

这篇日文译稿曾以"中国史学与西方史学在近代日本的邂逅"为题,刊登在『歴史学研究』第 618 号(1991 年 4 月)第 53～59 页上。英文原稿则为"Historiographical Encounters: The Chinese and Western Tradition in Turn-of-the-Century Japan", *Storia della Storiografia*, No. 19, 1992, pp. 13 - 21。

　　在长达一千多年的历史过程中,日本将中国文化视作自己的榜样而认真接受。① 然而,当 19 世纪中叶看到了西方在物质力量方面的压倒性优势的时候,日本当即不再以中国作为自己在文化上的模板。1868 年的明治维新之后,转而将欧洲和北美奉为楷模。迄至 19 世纪的下半叶,日本已经决意要将自身从以中国为中心的文化圈转向以西方为中心的文化圈。②

　　日本试图将自己置身于中国文化和西方文化这两大文化圈之中,结果导致日本体验了一种异常激烈的蜕变历程。作为其中的一个组成部分,历史学也将自己的典范由中国转向了西方。在日本,西方与中国这两种历史研究传统的邂逅,实际上是以这样的方式展开的:以在中国史学这一母体之上独自发展起来的近世日本史学为底盘,然后引进西方史学的概念、形式和方法。

　　笔者将讨论的主题设定如下:为什么日本的历史学要从中国式传统转向西方式传统? 我们之所以要这样设定问题,是因为以中国史学为基础的日本史学,包括与历史研究相关的各种辅助学科在内,丝毫不逊色于当时仍处在萌芽时期的近代西方史学。然而,日本却义无反顾地完成了向西方史学传统的转轨。

　　这样设定的问题,不仅对于诸如“所谓文化变迁是什么”以及“所谓西方文化落户于日本是什么”等意义设问而言是重要的,而且对于考察东亚地区历史学的西方化问题也具有重大的意义。之所以这样说,就是因为当时有很多中国和朝鲜的历史学家都通过日本人的研究和翻译接触到了西方的历史学。

341

────────────

① 关于这个问题的研究,可参见以下论著:David Pollack, *The Fracture of Meaning*, *Japan's Synthesis of China From the Eighth through the Eighteenth Centuries*, Princeton, 1986; Kate Wildman Nakai, "Naturalization of Confucianism in Tokugawa Japan", *Harvard Journal of Asiatic Studies*, 40: 1, Spring 1980, pp. 157 - 199。
② 关于日本与欧洲文化的际会问题的研究,可参见以下论著:Donald Keene, *The Japanese Discovery of Europe*, 1720 - 1830, Revised edition, Stanford U. P., 1969; Bob T. Wakabayashi, *Antiforeignism and Western Learning in Early Modern Japan: the New Theses of 1825*, Harvard U. P., 1986。

二、近世日本史学的特征

在笔者看来,中国传统史学的特征可以从以下两个方面来把握。① 首先,历史编纂主要是官方行为,多数历史著作都是出自政府的历史编纂机构,这与以私人撰史为主的西方传统形成了鲜明的对照。② 中国历代王朝的历史编纂机构的主要任务之一,就是保存本朝的史料。该王朝灭亡以后,下一个王朝就根据这些史料,以官方的名义编纂前朝的历史,即正史。这种传统从公元前1世纪成书的《史记》问世以来从未间断,正史的数量已达24部。③

其次,为什么要撰写历史? 因为历史是所有人类行为的记录。为什么人类行为的记录那么重要? 因为它是人们进行是非判断的依据。与基督教社会相比,作为儒教社会的中国没有唯一神的存在,因而只有历史事实成了所有人判断可否的唯一依据,这个事实值得注意。东亚各国都将儒教作为国家意识形态,因而这也成了它们的共同认识。④ 这种认识构成了东亚社会历史叙述的基色,同时也揭示出"历史"在东亚社会的文化中所占地位之重要性远甚于西方社会的原因所在。与此相应,我们认为有必要梳理一下西方与中国关于历史概念的不同之处。在中国,由于以上所述原因,所谓"历史"就是立足于时间和空间的外延之上叙述整个人类社会,说得绝对一点,也就是要立体地描述一个时代的风貌。在西方,历史叙述的任务是根据时间的先后顺序描述发生过的事件,而不是

342

---

① 参见吉川幸次郎「東方における人と歴史の概念」(『吉川幸次郎全集』第一卷,筑摩書房,1973年、第170~180页)。

② 这并不意味着中国、朝鲜和日本缺乏私人撰史或者非官方撰史的传统。实际上,私人撰史的传统对这三国而言非常重要。司马迁的《史记》是私人撰史的作品,却成为后世"正史"的楷模,也被后世纳入"正史"之列,这个事实千万不能忘记。

③ 司马迁《史记》的英译本以 Burton Watson, *The Records of the Grand Historians*, 2 vols., Columbia U. P., 1958 为代表。

④ 此处所谓东亚,即指由包括现在的中国、日本、韩国、北朝鲜和越南等国在内而形成的文化圈。过去都曾经使用汉字,共同享有古代中国的文学、哲学和历史,崇奉儒教意识形态,盛行大乘佛教,所有这些构成了东亚各国共同的文化要素。

整个世界。J.普鲁塞克在其关于修昔底德和司马迁的比较研究中，对这种差异做了精辟的分析。①

从 7 世纪初开始，日本就接受了这种中国式历史叙述的方法。与其他东亚国家一样，就传统的日本社会而言，历史在文化中同样占有极为重要的地位。关于历史的重要性问题，荻生徂徕（1666～1728 年）曾做如下说明：

> 夫古今殊矣。何以见其殊？唯其物。物以世殊，世以物殊。……有物，必征诸志而见其殊。以殊相映，而后足以论其世。不而，悬一定之权衡，以历诋百世，亦易易焉耳。是直己而不问其世，乃何以史为？故欲知今者必通古，欲通古者必史。史必志，而后六经益明。②

不仅如此，还有一点必须指出，即在日本的近世时期，以考证史学、国学家们所展开的古典研究、史料批判学、古文书学为代表的历史辅助学科蓬勃兴起，进一步强化了历史研究的学术基础。日本从《日本书纪》（720 年）以来，就形成了一种如实传授异本和异说的传统，当时的这种局面与这一学术传统密切相关。在这一点上，日本与很早就开始制定标准版史书来传授历史的中国极为不同。对此，只需列举出塙保己一（1746～1821 年）自 1779 年开始出版《群书类从》（"正编"1270 种 530 卷 666 册，"续编"2103 种 1150 卷 1185 册）这一壮举就足以说明问题。③ 他这样做的目的并不是为了通过树立标准版本来抹杀异本，而是为了让后世有可能

343

---

① 参见 Jaloslav Prusek, "History and Epics in China and the West", *Diogenes*, 42, 1963, pp. 20-43. 自西方历史学东渐以来，历史在东亚文化中的优越地位不可避免地日渐丧失，这种变化后来在各个方面都产生了影响。
② 参见荻生徂徕「学则」（『日本思想大系』，岩波书店，1973 年、第 193 页）。
③ 关于作为历史学家的塙保己一，可参见拙稿 "HANAWA Hokiichi", in Lucian Boia et al. (ed.), *The Great Historians from Antiquity to* 1880, Greenwood Press, 1989, pp. 282-283。

利用所有的异本。换而言之,日本历史学家在研究方法上比中国历史学家更加接近西方历史学家。墙保己一作为现实的历史学家的一个代表,尤其值得关注。在这一点上,朝鲜的历史学家与中国历史学家更为相似。

三、接受近代西方史学过程中的特征

在东亚诸国中,日本是最早为了自身的近代化而吸收西方文明的国家。作为其中的一个组成部分,日本也接受了西方的历史学。然而,日本的这种"接受"与其说是西方历史学的移植(transplant),倒不如说是一种兼并(incorporation),只是将西方的历史研究与本国已经高度发展成熟的历史研究传统进行了嫁接(graft)而已。日本之所以能够接受西方的历史研究并使之生根结果,就是因为有了接受它的基础,即自己坚实的历史研究传统。举例而言,重野安绎(1827~1910 年)以及久米邦武(1839~1931 年)等最早引入西方近代史学的历史学家们,都是因为接受过考据学传统的教育,才具备了理解和接受兰克实证史学所必需的知识素养。正因为如此,兰克的弟子路德维希·里斯(1881~1928 年)在 1887 年至 1902 年应日本东京帝国大学之聘,来日担任历史学教授期间所倡导的该学派关于历史研究的基本信念——对史料的严格批判态度和避免主观价值判断的客观立场,才得以在日本史学界获得响应。[1]

日本在接受西方历史学的过程中,将其作品全部翻译成了日语。我们在此指出这个令人感到惊异的事实,具有重要意义。之所以这样说,是因为当时只有日本是以这样的方式接受西方文化的。实际上,能够将西方著述全部翻译过来这个事实本身,足以显

344

---

[1] 参见沼田次郎 "Shigeno Yasutsugu and the Modern Tokyo Tradition of Historical Writing", E. G. Beasley and E. G. Pulleyblank (ed.), *Historians of China and Japan*, Oxford U. P., 1961, pp. 264 - 287,以及拙稿 "SHIGENO Yasutsugu", in Lucian Boia et al. (ed.), *The Great Historians of the Modern Age*, Greenwood Press, 1991, pp. 448 - 449。

示出当时日本历史学的高水准。通过这种翻译式跨文化交流，那些不擅长西方语言的人们也能够直接了解其中的理念，西方近代史学的思维方法也就能够成为全体日本历史学家（包括致力于日本史和中国史研究的学者在内）共有的知识财产。[①]

另外，有一点绝对不容忘却的是，为了实现近代化（即西方化）这一举国期待的目标，日本的历史学家们在接受和介绍真实的西方历史知识方面倾注了大量的心血。几乎所有重要的西方历史著作都被翻译成日语出版发行，这一事实虽然除了日本之外很少有人知晓，但是作为近代日本的学术近代化及其迅速普及的基础，理应受到应有的关注。

从史学史的角度看日本是怎样接受西方近代史学方法的，这一点更为重要。[②] 19 世纪之后，在日本翻译出版的有关史学方法论的著作，全部都是伯伦汉、朗格诺瓦、瑟诺博司、弗里曼、德罗伊森等人关于西方近代史学方法论的作品。[③] 实际上，当时日本新建的大学本身就是仿效西方的结果。1880 年以后，这些大学纷纷设立史学科，独尊新的西方式历史研究方法。就当时的学术氛围而言，那个时代的日本历史学家们的学术基础虽然是固有的知识传统，但是他们在接受这种新式史学方法的过程中却是西方一边倒，似

---

① 1000 多年以来，日本在接受外国文化的时候，文献翻译始终是居于主导地位的方法。关于文献翻译在 19 世纪日本文化中所发挥的作用问题，可参阅柳父章的『翻訳語成立事情』（岩波書店，1982 年）一书。另外，中国当时接受此处所谓西方历史学的方法论，也是通过这些日本的翻译才得以完成的。即使在今天，中国学界所使用的许多源于近代西方历史学的学术词语，也都来自日本人的翻译。关于这一点，可详见梁启超的《中国历史研究法》（1922 年）一书。

② 迄今为止，作为史学史研究的一个视角，史学理论发挥了重要作用这一事实往往容易被忽视。作为以下讨论的前提条件，笔者认为有必要在此强调一点，即历史学家工作的理论化是历史研究传统的一种必然成果。举例而言，在中国，唐代的刘知几所著《史通》堪称魏晋南北朝以来历史研究之理论上的集大成者，也是世界上第一部成体系的史学理论著作。在西方，直到 16 世纪拉·波佩里尼埃尔所著《诸历史之历史与完全的历史观念以及新法兰西史之构想》一书的问世，才出现了堪与比肩的成果。

③ E. Bernheim, *Lehrbuch der Historischen Methode*, 1889; C. V. Langlois et C. Seignobos, *Introduction aux études historiques*, 1886; E. A. Freeman, *The Methods of Historical Study*, 1886; J. G. Droysen, *Grundriss der Historik*, 1867.

乎将原有的学术传统抛到了九霄云外。

　　然而,历史学家要向前辈历史学家学习的,是他们的研究过程,而不是作品。作为当时那种学术氛围中的例外,内藤湖南(1866～1934年)和田中萃一郎(1873～1923年)值得一提。尤其是田中萃一郎,始终致力于将西方的史学方法与中国的史学方法融合为一体。他通过以西方历史学的概念和词汇重新研读刘知几的《史通》(710年)以及王鸣盛的《十七史商榷》(1787年)等中国的史学理论著作,最终发现了其中在史料选择、价值判断、历史的客观性和因果性等方面与西方史学方法理论共通的要素。尽管田中萃一郎在伯伦汉以及朗格诺瓦和瑟诺博司的史学方法理论的基础上,构建了自己的历史研究方法论体系,却并未止步于此,而是积极呼吁学术界关注中国史学在历史叙述领域中的贡献,尤其是杨钟义在其《雪桥诗话》(1913年)中所采用的"诗话"这一历史叙述方式。即使在现今学术界关于历史叙述的研究中,他的这种观点也是不容忽视的。①

　　这种现象不仅存在于史学领域,也存在于整个日本文化领域。说到底,它涉及如何与传统进行决裂这一带有普遍性的问题。以社会史为例,在现代的日本历史学界,追随法国年鉴学派的社会史研究颇为盛行。另一方面,日本早在江户时代就已经盛行与现在的所谓"社会史"极为相似历史研究,这是一个不容否定的事实。②然而,现在的社会史研究者却没有对这一传统表示出一丝一毫的关注,一副毫不相干的态度。在江户时代,日本已经存在着由官方机构组织实施的历史编纂和社会史式的历史叙述,如果换一种称呼,就是"严肃的历史"和"轻松的历史",或曰"僵化的历史"和"灵活的历史",抑或"官方的历史"和"私家的历史"。换言之,当时日本的历史研究可谓双管齐下、平衡发展。举例而言,德川幕府的历

① 参见田中萃一郎「支那学問研究上の一特色(『雪橋詩話』を読みて)」(『田中萃一郎史学論文集』丸善,1932年,第101～126頁)。
② 现在可以利用的丛书有『日本随筆大成』(吉川弘文館,1977年～現在)。

史学家们,如林罗山(1583～1657年)和林鹅峰(1618～1680年)父子,已经对社会史领域的诸多问题产生了广泛的兴趣,并留下了众多著述。现在,这些事实尽管很少有人提及,却是决不能被忘却的。①

在近代日本的大学中,由于全面地接受了以政治史为中心的兰克史学,因而以此为楷模的官方学院派史学成了日本历史学的主流。这种学院派历史学,当然也包括此后兴起的马克思主义史学和其他起源于西方的各种史学流派。在日本近代历史学的形成和发展过程中,"严肃的历史"总是将"轻松的历史"逼迫至边缘一隅,并将多种多样的历史研究模式扼杀在萌芽之中,这也是无可争辩的事实。② 兰克史学、马克思主义史学以及随之而形成的学院派历史学,几乎将日本近世时期曾兴盛一时且又丰富多彩的历史观念之根脉消除殆尽。如果对这样的事实有了清楚的了解,就能充分理解现在日本学术界流行社会史研究这一现象——实际上,它是作为对过去那种历史研究潮流的对立面而出现的。之所以这样说,是因为这种现象简直与近代西方的历史研究趋向如出一辙。③ 从这个意义上说,当今学术界流行社会史研究这一状况固然可以理解,然而它只是单纯地对西方历史研究模式的照搬和模仿,与传统的社会史的视角并无关联。也许,只有当现代的日本社会史学家们重新发现本国近世时期的社会史研究的先驱者的时候,才能跨

346

---

① 参见『鵞峯先生林学士文集』(江戸,1689年)、『林羅山文集』(大阪,1930年)。
② 在本届国际历史学大会上,史学史国际委员会决定将讨论的重点集中于"本世纪非欧地区职业历史学(professional historiogriphy)的形成"这一主题。本文虽然不涉及这个话题,但是笔者认为有必要指出以下事实:在19世纪下半叶的日本,曾经出现过以福泽渝吉、田口卯吉以及德富苏峰等人为代表的历史叙述流派;它声势浩大、具有丰富多彩的历史研究新萌芽,被称为日本的启蒙史学,却被进入20世纪伊始确立起统治地位的"大学历史学"所取代。详见拙稿"FUKUZAWA Yukichi","TAGUCHI Ukichi","TOKUTOMI Soho", in Boia, *Modern Age*, pp. 438 - 440, pp. 450 - 451, pp. 453 - 454。
③ 关于兰克史学阻碍欧洲历史研究多样性发展进程的具体情形,可参见 Peter Burke, "Ranke the Reactionary", *Syracuse Scholar*, 9. 1, 1988, pp. 25 - 30。

出填埋这种断层的第一步。[①]

四、与传统型历史意识的诀别

在近世时期的日本,朱子学的道德史观占据着史坛的主导地位。西方史学的引入在消除这种影响方面做出了巨大的贡献,它的这种开放性和正面意义是不可抹杀的。通过对基佐和巴克尔等人著作的翻译介绍,使得日本的历史学家们开始认识到不应当继续将研究视角局限于英雄伟人,而是要将关注的目光转向文明的发展进程上来,从而促进了对日本历史的重新审视和撰写。[②] 出于消除传统史观影响的需要,全面而彻底地引入西方的历史学,也许是一种必要的选择。现在的日本史学家们,几乎都将本国史学研究传统的源头上溯至希罗多德和修昔底德,而不是司马迁和班固。从这一现象中,我们足以看出日本在引入西方历史学方面的彻底程度。

然而,我们必须看到:即使在接受了西方历史研究模式,并由此而构建起学术型历史学体系的现代日本,源于中国传统史学的观念依然根深蒂固,在地方史研究领域里表现得尤其突出。举例而言,在日本的 47 个都道府县中,已有 42 个都道府县完成或者正在进行各自地方史的编纂工作,其中多数府县在过去的 120 年间已经编纂完成了数种本地区的地方史。[③] 另外,在如今的日本,甚至每一个市、町、村等各级行政单位,都完成了各自乡土历史的编纂工作。尽管人们探究"过去"的重心已经由"历史编纂"转向"历

347

---

① 笔者在此强调一点:在这样的氛围之中,柳田国男(1875~1962年)是一个例外。在日本学术界,柳田国男一般情况下都被视为民俗学家,而不是历史学家。然而,他的民俗学研究在当时曾经对"国史"构成了挑战,这是毋庸置疑的。关于作为社会史学家的柳田国男的研究,可参见拙稿"YANAGITA Kunio", in Boia, *Modern Age*, pp. 459 - 460。

② François Guizot, *Histoire de la civilization en Europe*, 1828; H. T. Buckle, *History of Civilization in England*, 2vols. 1857 - 1861.

③ 参见山梨县史编纂专門委员会编『都道府県史編纂状況一覧』(山梨県文化課,1990年)。

史研究"，然而作为"正史"的一种衍生形态（metamorphosis），由地方政府主持的历史编纂和史料编纂事业依然兴盛，这一点绝不容忽视。之所以如此，就是因为人们依然抱有这样一种观念：真实的历史存在于由地方政府这一权威机构所编纂的历史叙述和史料集之中。说到底，这与日本人对待历史的根本态度密不可分，因为他们并不在乎历史研究过程中存在着的各种不同观点，而是注重历史研究的最终成果。实际上，这种特点在现代日本的历史教育中表现得更加突出。具体而言，日本学校的历史教育的主要目标，不是教学生理解"为什么"，而是让学生记住"是什么"。日本的历史教育旨在向学生灌输一种关于历史过程的权威性描述及其所依据的历史观，而不要求学生懂得历史观点的多样性。

五、能产生全新的历史学范型吗

为什么日本的历史学家会（或曰"不得不"）由中国传统型历史学转向西方型历史学呢？通过以上讨论也可以看出，这个问题的答案并不在历史学本身，而是在"历史"这一学问之外。

笔者以为，这个答案应该从明治时期的政治背景和社会变动中去寻找。德川幕府垮台以后，1868 年在完成了"王政复古"大业的基础上建立起来的明治新政府，将德川幕府的首都江户直接作为自己的新都，并改名为东京。明治政府的主要组成人员都来自地方，在当时已极尽繁华的世界级大都市——江户的文化传统面前，他们家乡的文化可谓相形见绌，因而必须要寻找一种足以从气势上压倒江户文化的新文化范型。于是，他们找到了西方文化，尤其是西方的科学和技术。无论是从政治上还是从文化上，对于明治新政权的确立和巩固而言，引入近代西方文化和放弃江户文化传统是必不可缺的重要因素。这个基本方针必然导致对各种文化传统的否定，从而造成相当程度的文化断层。换言之，日本的历史学由中国史学范型向西方史学范型的转型，只是被卷入了日本举国西方化这一时代潮流的结果而已。

西方的历史学激发了日本历史学的潜能，将其引上了"近代"

348

这一知识平台,这是毋庸置疑的事实。古代希腊·罗马的历史学与基督教历史学的邂逅,催生了西方的近代历史学。中国历史学与西方历史学的邂逅,是否同样也能催生出某种新的历史学范型呢?这个问题的答案需要经过一定的时间才能够得到,因为历史学不仅仅是如何把握和组合人类过去的框架问题,也是如何确立历史学本身在文化和社会中的地位及其作用的问题。

第二节　作为历史学家的田中萃一郎①

一、东亚的近代历史学

349　　1916 年夏,田中萃一郎访问了辞去中华民国财政总长后隐居天津意大利租界的梁启超。他们二人同岁,时年 45 岁,而且互相认可对方作为历史学家的才能。② 当时,他们正致力于探索近代历史学在东亚文化圈中的存在方式,并且都以"史学研究法"的形式,对各自关于历史学的构想进行总结。在此次会见中,梁启超对田中萃一郎说道:"我目前正在撰写关于中国历史学的专著,计划用 3 年的时间完成。"③这就是 1922 年由商务印书馆出版的《中国历史研究法》一书。与此同时,田中萃一郎在庆应义塾的大学部开设"史学研究法"课程的过程中,逐渐形成了自己的历史理论体系,并基本上完成了讲义稿的撰写。

---

① 本节内容最初以"作为历史学家的田中萃一郎"为题发表于《近代日本研究》(1991 年第 7 卷,第 66～88 页),收入本书之际作者做了若干增补。

② 田中萃一郎在其《书评:中国历史研究法》一文中指出:"……或许中华民国的政界尚有促使梁氏东山再起的机会,然而总体说来,梁氏的特长却在于文笔和辩论……"(《史学》1922 年第 1 卷第 3 号第 124 页);梁启超在其《东籍月旦》一文中,就田中萃一郎所著《东邦近世史》的中文版问世,对该书做如下评价:"东洋之断代史,舍是书更无他本。……其搜罗事实而连贯之,能发明东西民族权力消长之趋势,盖东洋史中最佳本也。"(《饮冰室全集》,文化图书公司,1969 年,第 348～349 页)

③ 前引《史学》第 1 卷第 3 号第 124 页。

　　然而,在如何从史学研究法的角度为中国传统史学理论进行定位这一基本问题上,他们二人的观点却形成了鲜明的对照。

　　梁启超的《中国历史研究法》,后来作为他的代表作而备受青睐,被视为中国第一部以西方近代史学为楷模所撰写的史学概论,是中国历史学从传统史学范型向近代史学范型转变的标志性著作,时至今日仍然拥有读者。从《中国历史研究法》中可以看出,梁启超的基本态度就是以中国历史的具体事例来解释欧洲的近代史学理论,其中尤以德意志的史学理论为主,由此而开创与近代中国相适应的新型历史学。然而,梁启超在展开其充满着智慧和自信的论断过程中,其内涵越是深刻、其表述越是精彩,就越是让人们感到了或多或少的担忧。之所以如此,就是因为梁启超在书中(除了第二章《过去之中国史学界》之外)对作为其理论基础的欧洲近代史学理论没有任何批判性思考。换言之,他没有将"传统的中国史学"作为自己接受欧洲近代史学的基盘。或许可以这样说,当时急于构建新型学术体系的梁启超,旨在以欧洲近代史学为基准重新评价中国历史和重构中国历史学,并从中看到了在中国建设近代史学的契机。[①]

　　田中萃一郎对通向近代史学的途径的探索,与梁启超明显不同。他从青年时代起就对中国史学理论和史学史抱有浓厚的兴趣,同时也积累了深厚的学识;在庆应义塾大学上学期间接受了L. 里斯的观点,[②] 后来又在留学欧洲的两年时间里系统地学习了西方史学理论;回国之后,他一直希望在对中国传统史学理论和西方近代史学理论进行综合批判的基础上,构建自己的近代史学体系,并通过"史学研究法"这门课程付诸实践。田中萃一郎没有将传统的中国史学理论看成是"过去之物"(即单纯的研究对象),

350

————————————

① 这种对西方文化的强烈偏向,存在于当时中国历史文化(Geschichtskultur)的各个领域之中。详见胡昌智 1990 年在第 17 届国际历史学大会史学史分会上的报告("Dialektik der Verwestlichung: Zur Krise der chinesischen Identität in der neueren Geschichtskultur Chinas")。

② 参见田中萃一郎『东邦近世史』(上、下两卷本,丸善,1900 年、1902 年)中的"自序"。

而是视之为"鲜活之物"（即对构建自己的学术研究体系而言不可或缺的方法论上的先驱者）。在"历史认识"这张"世界地图"上，田中萃一郎对欧洲和中国保持着等距离；他似乎已经意识到：应该在综合这两者的基础上，建立一种更加具有普遍意义的近代历史学。

然而，由于田中萃一郎于 1923 年 8 月突然离世，他的讲义稿又在其后不久的关东大地震的混乱之中去向不明，因而他所构思的关于"何为历史学"的理论仅仅只是通过讲课的形式，停留在了听课者的记忆之中，并没有受到世人的广泛关注。

可喜的是，在 1972 年 11 月由三田史学会主办的"纪念田中萃一郎博士逝世 50 周年资料展"上，展出了由田中萃一郎的后人所保存的《史学研究法》讲义原稿。①

作为东洋史学家和政治学家，田中萃一郎早已闻名遐迩。然而，笔者在本节中仅想通过对这部讲义稿内容的读解，介绍一下田中萃一郎终生矢志不移的史学理论和史学史研究，梳理一下他所构思的"何为历史学"理论的具体内容。

本节标题中出现的"历史学家"一词，意指从事有关历史的元科学（即历史哲学、历史认识论、史学理论、史学史以及历史教育等等）研究的学者，是中国现在惯常使用的专业术语。② 由于日语词汇中没有与此相应的术语，因而借来一用。在欧洲，拉丁语词汇中的"Historiologus"与此相同。

在正式进入主题之前，先就田中萃一郎的生平做一简单的介绍。

351　　1873 年，田中萃一郎生于静冈县田方郡函南村。他从乡村小学毕业以后来到东京，进入庆应义塾幼稚舍学习；1889 年完成了幼稚舍的学业后，又考入庆应义塾大学部的文学科。在上大学期间，他深受路德维希·里斯教授的影响，开始对历史表现出极大的兴

---

① 详见三田史学会所编《纪念田中萃一郎博士逝世 50 周年资料展》宣传册（1972 年）。
② 参见张舜徽《中国历史要籍介绍》（湖北人民出版社,1955 年）第 188 页。

趣。1892年,他大学毕业以后回到故乡,在伊豆学校谋得教职并担任了代理校长,不过几个月之后就辞职在家专注于历史研究。1899年,田中萃一郎再次进京,在庆应义塾大学部的预科和普通部担任讲授历史的教员。1900年,他以《东邦近世史》为题,将迄今为止的研究成果分两卷出版发行,后来又被收录到岩波文库出版系列。1905年,他作为庆应义塾留学生前往英国和德国留学。在英国留学期间,他在大英博物馆抄录了大量有关中国史方面的资料;在德国莱比锡大学学习期间,师从卡尔·兰普莱希特教授研究历史。1907年回国之后,他在庆应义塾大学部的文学科和政治科讲授史学研究法、东洋史、政治史和政治学史等课程,并于1909年将多桑的《蒙古史》翻译成日语出版,后来也成为岩波文库出版系列的著作。1919年,田中萃一郎获得法学博士学位;1923年8月,他完成了赫尔德《人类历史哲学纲要》日语版上卷的翻译和校对,却不幸在新潟县濑波温泉的疗养地突然去世。

根据被收录于《田中萃一郎史学论文集》(丸善,1932年)之中的著作目录可知,田中萃一郎留下的著作、译著和论文共计386种,这本论文集仅收录了他25篇最重要的史学论文。关于田中萃一郎学术成就的研究,主要有两篇论文:一是松本信广的《作为历史学家的田中萃一郎先生》(《史学》1972年第45卷第4期),二是佐藤正幸的《脱亚论与历史研究》(《史学》1977年第48卷第1期)。另外,福田德三、小泉信三以及幸田成友等人也分别在《实业》第3卷第3期(1923年9月)和《三田评论》(1923年9月号和12月号)上撰文悼念田中萃一郎,从不同的角度对他的学术成就和为人处世进行了评价。

352

二、《史通》与近代西方史学理论

自进入明治时期以来,日本学术界尽管出现了为数众多论及历史学的著述,却基本上都是关于西方史学方法论的介绍。不仅如此,它们也不是在探讨历史学原理基础上的史学方法论,仅仅只是停留在讨论如何进行史料考证这一类具体技法层面之上。正因为如此,当时日本的历史学家们的主要关注点,就是如何将西方历史学中的这种研究技法适用于日本历史的研究。在这些学者的著述中,尤其值得一提的是坪井九马三的《史学研究法》①和内田银藏的《历史理论与历史哲学》②。前者以日本和中国的史实为例,对德意志的史学方法理论进行了解读;后者则从历史叙述形式的视角出发,对德意志的史学方法理论进行了梳理。内田银藏虽然使用了"历史理论"这个词语,却明确指出它既不同于"历史哲学",也不同于"历史叙述","一般情况下,其目的应在于探究各种史实之一般性质及其形式,进而揭示贯通其中之理数"。换言之,内田银藏所谓的"历史理论"实际上就是历史叙述的概念框架,它包括"民族经历论"、"国民经历论"、"社会群体经历论"、"氏族经历论"和"个人经历论"等5个部分。值得注意的是,尽管内田银藏致力于理论探索的方向不同于田中萃一郎,却能够倡导一种自己独特的历史叙述框架。然而,以坪井九马三为代表的众多历史学家虽然各自的关注点有所不同,但是他们有一个共同之处,即都没有意识到应当如何批判地接受西方近代历史学。越是置身于欧化大潮之中的人们,越是容易用西方史学这副万能眼镜观察一切,反而忽视了肉眼本身的功能。

所谓"批判性"决不会是空穴来风。说到底,如果现实中不存在某种与其同类的东西作为线索,人们就不可能进行所谓的"批判"。1900年,27岁的田中萃一郎在其论文《刘知几之历史研究法》的序言中写道:

353

只要有一种学问存在,就必然有其相应的研究方法。尤其是对那种具有科学性的、难以理解的学问而言,关于研究方法

① 此书虽然于1903年初版,然而作者在1913年第二版的《自序》中写道:"予之研究法……简言之,以占有确凿证据物件为研究之关键,而非刻意追究其物体之精神属性抑或物质属性;以广征博引、深究慎选为史学之本分。"
② 后被收录于内田银藏『史学理論』(同文馆,1922年)第1~86页。

的讨论显得更加重要。根据学问的种类状况,甚至还有不少专门讨论其研究方法的论著。历史研究就是其中之一。在专门论述研究方法的书籍中,英文著述有 20 种以上。在德文著述中,既有德罗伊森的简明读物,也有伯伦汉的长篇巨著,其著述盛况丝毫不逊于具体的历史研究本身。因此,我研究历史,就希望在研究东西方各国盛衰兴亡的历史的同时,弄清楚东西方是以何种研究方法进行历史研究的,其具体情形又是怎样的。结果发现了这样一个事实:在西方,关于历史研究方法的著作甚多;在东方,只有刘知几的《史通》、王鸣盛的《十七史商榷》以及赵翼的《二十二史劄记》等少数几部讨论历史研究方法的著作。众所周知,如果对历代史籍的研究方法逐一进行研究的话,就肯定能够有更大的收获。只是这样的研究必须要花费更长的时间,否则就不可能取得那样的成果。因此,我决定从《史通》着手,先开始研究中国的历史研究方法。然而,由于迄今为止还没有学者做过这样的研究,因而始终不能获得令自己满意的研究成果。虽然如此,如果想要获得自己满意的成就,那就不知道什么时候才能完成这项工作。于是,虽然还不能说已经完美,但是仍然决定在此公开自己的研究结果。学者们如果阅读这篇论文并提出批评,进而能够弄清楚中国历史研究法的发展历程,这将是作者的无上荣幸。①

从上述引文中可以看出,田中萃一郎对研究方法的学术兴趣甚至超过了史实本身。然而,在当时“西方一边倒”的庆应义塾大学里,人们普遍认为“从事汉学研究的人是不值得一提的”,因而田中萃一郎将自己的学术切入点定格为“作为方法的中国史学”,而不是“作为对象的中国史学”,这种做法令人回味。这篇论文试图以西方史学理论为基础,重新审视中国的史学理论,算得上是近代日

---

① 该文原载于『慶応義塾学報』第 30 期(1900 年),后被收录于『田中萃一郎史学論文集』第 347~348 页。

354　本学术界关于《史通》研究的开山之作。① 虽然该文本身的主要内
容是关于《史通》的内容介绍,但是解析《史通》的理论基础则是德
罗伊森、伯伦汉、黑格尔、弗里曼、席勒、麦考莱、巴恩斯等人的西方
近代史学理论。在他看来,刘知几的理论已经涵盖了近代西方史
学理论所涉及到的一切问题(诸如史料学、历史的客观性、价值评
判、因果关系、历史哲学等等),甚至还触及到史官设置和史评的难
度等课题;如果从史学理论的比较研究这一视角来看,《史通》中包
含着丰富的精辟论断值得今人赞叹。《史通》所代表的中国史学理
论的形成依据是中国的历史现象,想要从理论上对其进行普遍化
和抽象化改造绝非易事,田中萃一郎堪称是将其引入学术讨论领
域的第一人。

三、东西方史学理论之比较

　　通过对中国史学与西方史学中关于历史认识之特点的比较,田
中萃一郎揭示了东西方历史学之间的根本差异。以下所引虽然是
在论述历史学在中国和西方的存在方式,但它却是进入昭和时期
以后深受学界关注的一个论题,这一点值得深思。②

　　　　李延寿的《南史》80 卷和《北史》100 卷,虽然于显庆年间
　　撰成并发表,但是刘知几在《史通》的《古今正史》篇中却对它
　　们一字未提,这或许是因为它们出自私人之手的缘故。的确,
　　从孔子编纂《尚书》和《春秋》开始,陆贾和范晔等人也都不是
　　以史官的身份编撰史书的。虽然有这样的例外,但是大多数史
　　书的编撰都是奉了皇帝的敕令、在得到皇帝保护的前提下才得
　　以进行的。这是因为在中国,以揭示前朝治乱始末为己任的历
　　史编纂事业,一直是重要的政务之一。回顾一下西方历史即可

---

① 关于田中萃一郎在《史通》研究史上的地位,可参见增井经夫『史通—唐代の歴史
　観—』(吉川弘文館,1966 年)第 39 页。
② 详见村川堅太郎「ヘロドトスについて」(『西洋史学』1950 年第 6 期,第 2～23 页)。

发现,在政府的保护之下编撰出来的历史著作几乎不存在,历史著作基本上都是出自私人之手。①

　　田中萃一郎在论述了历史与政治的这种关系之后发问道:"让过去的历史为当今的政治提供借鉴,这能称得上是恰当的做法吗?"②在19世纪西方史学界围绕着历史研究的定位问题展开讨论之际,这可是一个热门话题。③田中萃一郎没有与黑格尔式的消极论者为伍,而是加入了当时德英两国的积极论者阵营。德罗伊森认为:"历史研究是从政治上改善组织的基础,经世家就是现实的经史家";弗里曼强调:"历史就是过去的政治,政治就是现在的历史"。田中萃一郎对他们的观点表示赞同,宣扬以政治史为核心的历史研究的重要性,将"国家"视为一种广义的文化现象,试图从这样的"国家"研究的视角展开政治史研究。④田中萃一郎本人既是一名有诸多政治学著作传世的政治学家,又深深地涉足现实政治,这一现象本身也足以引起人们的莫大兴趣。⑤

　　总而言之,田中萃一郎没有单纯地从研究技术的层面上去把握史学研究法,而是将其视为一门关于历史学存在价值的专业学问。就这一点而言,他的立场有别于其他的史学理论。在其1901年所发表的《王鸣盛的史学》一文中,这一特点表现的更加明显。这篇论文对王鸣盛(1722～1797年)将清朝考证学成果运用于历史研究而写成的《十七史商榷》一书展开了专门讨论。《十七史商榷》是王鸣盛在对毛晋所刻《十七史》进行甄伪、补遗、增加典章制度并实施缜密考证的基础上完成的一部专著,田中萃一郎则参照伯伦汉的历史分类学所划定的历史辅助学科的各项指标对其进行分析。

---

① 参见前引『田中萃一郎史学論文集』第368～369页。
② 同上书,第369页。
③ 详见 Deborah Wormell, *Sir John Seeley & the Uses of History*, Cambridge, 1980。
④ 详见「国家の生物学の観察」(原载于『三田学会雑誌』1917年第10卷第4期,后被收录于『田中萃一郎史学論文集』第619～634页)。
⑤ 参见占部百太郎「田中博士の追憶」(『実業』1923年第3卷第3期,第61～62页)。

在他看来,王鸣盛在考证史实的过程中,不仅已经非常成熟地运用了相当于古文书学(Paleography)、谱系学(Genealogy)、年代学(Chronology)等西方史学中所谓历史辅助学科的方法,同时还具备了敏锐的批判眼光,因而留下了诸多精彩的真知灼见。① 他从该书的《序文》入手探讨了王鸣盛的治史理论,认为:王氏"史学研究之大要即在于获得真相,因而编纂史籍者须以纪实为首要目的",这种态度与当时"欧美新派史家之主张"完全一致。换言之,这也就与兰克"让史实说话"的主张如出一辙。②

356　　　通过对中西方史学理论的比较研究,进而探索近代历史学更加具有普遍性的价值,这样的尝试应该说是始于田中萃一郎。他不盲目崇拜西方史学,致力于从中国传统史学中发现西方史学中所不具备的因素。在当时向西方一边倒的潮流中,他的这种态度也许会被视为一种倒退行为。然而,时至今日进行历史回顾,人们却能够从中看到田中萃一郎身上那种坚定的学术态度。

四、K.兰普莱希特与 H.贝尔

4 年之后的 1905 年,田中萃一郎前往英国和德国度过了两年留学生活。留学英国期间,他主要在伦敦的大英博物馆搜集了大量有关东亚的史料;留学德国期间,他在莱比锡大学师从兰普莱希特研究历史学。

就兰普莱希特而言,他反对兰克所倡导的以政治史为中心的历史学(即以个人的心理动机解释历史进程),认为历史研究应当借助于社会心理学和集体心理学的手段。相对于兰克致力于探讨"那是怎样一种事实"(Wie ist es eigentlich gewesen?)的政治史研究,兰普莱希特主张历史研究应该弄清楚"那究竟是如何形成的"(Wie ist es eigentlich geworden?),并将其定义为"文明史"

---

① 该文原载于『慶応義塾学報』第 46 期(1901 年),后被收录于『田中萃一郎史学論文集』第 394～403 页。
② 参见前引『田中萃一郎史学論文集』第 401 页。

(Kulturgeschichte)。①

在当时的德国史学界,正在展开关于兰普莱希特《德意志史》(*Deutschte Geschichte* 12 Bde.,1861～1913)的大论战。或许是由于心智已经趋于成熟的缘故,当时 32 岁的田中萃一郎似乎并未受到这场论战的影响,这不得不说是一种幸运。根据当年史学界的一般看法,"文化史"往往被视为"政治史"的对立物,而田中萃一郎却没有随波逐流。他写道:

357

> 鉴于迄今为止的历史研究过于偏重政治史,因而人们倡导撰写与之相对的文明史,这可以说是自然的结果。然而,所谓文明史,并不是绝对不涉及政治上的现象;所谓政治史,也并不是绝对排斥有关文明的记述。K. 兰普莱希特的《德意志史》虽然是一部文明史著作,却有人以没有写上"文明史"的字样为理由,否定其文明史的独立存在。另一方面,却有人将"政治史之父"兰克的历史说成是文明史。总而言之,文明史与政治史的区别,只不过就是将该著述的主线置于哪一边的差异。政治史与文明史并不是互不相容的。此前政治史家与文明史家之间所进行的论战,说到底,就是因为双方都不肯向对方让步而引起的。②

总体而言,田中萃一郎基本上接受兰普莱希特的观点,同时也是由于兰普莱希特的缘故,他开始关注以倡导跨学科历史研究理论而著称的亨利·贝尔(Henri Berr)所主持的《历史综合杂志》(*Revue de Sythèse Historique*)。这份杂志于 1900 年在巴黎创刊,是以吕西安·费弗尔和马克·布洛赫为代表的现代法国史学的发端。就当时学术界的现状而言,历史学家不再致力于对历史进行

---

① 参见 J. W. Thompson, *A History of Historical Writing*, N. Y., 1942, pp. 422 - 428, 小木曾公『西洋史学史概説』(吉川弘文館,1962 年)第 67～68 页。
② 田中萃一郎「史学研究法講義」ノート,第 51 页。

哲学性综合分析,从而使得历史学陷入了专注于史料分析、缺乏准确的自我定位的局面;与此同时,以涂尔干为代表的社会学却因为倡导从哲学的高度上综合考察人类历史而声名鹊起。《历史综合杂志》的问世,既是对历史学这种现状进行反思的结果,也是面对社会学的这种挑战而作出的回应。① 它得到了德国史学界以特立独行著称的兰普莱希特和意大利史学名家克罗齐的加盟,成为"新历史研究"运动的中心,促使田中萃一郎在研究历史的同时,也对"何为历史研究"这一命题进行重新认识。在欧洲留学期间,田中萃一郎曾经完整地抄录过 G. 莫诺和 G. 法涅合写的一篇论文——《论 16 世纪以来法国历史研究的进步》。因为在田中萃一郎看来,这篇具有纪念意义的论文,指明了自己心中所构想的历史研究的新方向,完全有资格作为《历史综合杂志》创刊号的开篇之作、用以显示法国历史学将来应该遵循的发展方向。②

358

五、史学研究法讲义

　　1907 年春,结束了两年留学生活的田中萃一郎回国之后,在庆应义塾大学部担任历史课程教授。1910 年,由田中萃一郎领衔在大学文科内开设了史学科。他所教授的《史学研究法》课程也是从这一年开始的。③ 笔者接下来将要介绍的田中萃一郎讲义,是一部多达 500 页的 A5 版手稿,其中的主要内容和基本观点应该完成于 1916 年前后。④ 田中萃一郎花费了 6 年的时间,基本上完成了自己"史学概论"的框架结构。在后来的岁月里,直至 1923 年夏天突然离世,他只是通过不断的调整和增补、使得这部《史学研究法》更

---

① 详见竹冈敬温「「アナール」学派と社会史」(同文館,1990 年)。
② G. Monod et G. Fagniez, "Du progrès des études historiques en France depuis le XⅥe siècle", *Revue Historique*, 1-1, 1876, pp. 5-38.
③ 参见『慶応義塾百年史』别卷(大学編)(慶応義塾、1962 年)第 44~45 页。
④ 该讲义手稿第二章《东亚史学史》的字里行间及其附页中有不少涉及到章学诚的内容,在田中萃一郎案头必备的一部《文史通义》的末页上写有"大五、正月、阅了、金岭识",笔者据此作出如此推断。此处的"金岭"是田中萃一郎的号。

加完善而已。

接下来,我们先介绍一下这部史学研究法讲义的目录。这篇目录根据以下材料制成:(1)现存的讲义手稿,(2)田中萃一郎逝世后出版社为其筹划全集之际所制作的目录,(3)现存讲义手稿的开篇部分所记载的目录。另外,由于第三编"解释学"部分仅存篇名,在现存的讲义手稿中并没有发现其具体内容,所以只依据(3)而定。根据目录推测,这第三编的内容应该属于历史哲学部分。实际上,他在一篇题为《史学的性质及其任务》[1]的论文中也曾探讨过此类主题,涉及到各种各样的历史理论和关于历史的哲学解释等诸多方面。

田中萃一郎《史学研究法》讲义

第一编　史学序论

---

① 最初载于『慶応義塾講演集』(慶応義塾出版局,1913 年),后被收录于『田中萃一郎史学論文集』第 477～547 页。

*《史学的性质及其任务》一文的"绪言"中有涉及该主题　362
的论述。

六、作为历史学原理的史学研究法

正如以上目录所示,这部史学概论的基本依据,是同时代的欧洲史学概论,尤其是伯伦汉的史学理论,而且在结构上也与同一时期坪井九马三的《史学研究法》大致相似。然而,田中萃一郎对于史学概论的立足点却与他们大相径庭。如上所述,伯伦汉或者坪井九马三写此类著作是为了提供一种历史研究的入门指南,田中萃一郎则是将史学概论视为一门独立的、思索"何为历史学"的学术领域。他从以下 3 个层面上构想着自己的史学概论,即关于历史研究的理论考察、历史考察和社会考察,作为考证的史料批判,以及历史原理学说。

以"史学序论"为标题的第一编是现存该讲义中最为重要的部分。

第一章的讲义内容虽然已不复存在,但是它应该就相当于1913 年发表在《庆应义塾讲演集》上那篇《史学的性质及其任务》的"绪言"部分。《史学的性质及其任务》一文由"绪言"、"东洋史学"、"西方史学"和"结论"等4个部分组成,其中"东洋史学"和"西方史学"的内容与现存讲义第一编的第二章和第三章内容基本相同,笔者据此推断讲义第一章的内容应该就是该论文的"绪言"内容。就这部分的具体内容而言,田中萃一郎在对"历史"和"史学"这两个词语的概念进行了历史性考察的基础上,呼吁人们要注意到这样一个事实:随着西方史学的传入,"历史"一词既可以被用于指代客观意义上的历史,也可以被用于指代主观意义上的历史,即逐渐地被作为"History"的翻译对应词而广泛使用。

至于第二章和第三章,可以从两个方面来理解它们的意义。一是将史学史置于"史学概论"的开篇;即使是在当代的"史学概论"类著作中,这样的布局也不多见。二是在叙述史学史的发展历程之际,没有从西方史学史入手,而是从东亚史学史(即中国、朝鲜和日本的史学发展史)开始着墨的。进入明治时代以来,或许是由于人们都以西方史学为自己从事历史研究的榜样之缘故,在当时出版的史学概论著述中几乎都没有为中国、朝鲜和日本的史学史留下应有的位置。田中萃一郎在东亚史学史的开篇即写道:

> 在有些人眼中,西欧文明发展进步至今,东亚文明却并非如此。这真是大错特错。也许东亚的发展进步的步伐慢了一些,但并非毫无发展的痕迹。而今,当我们要研究东亚史学史的时候,应该明确地认识到此前关于东西方文明比较的理论是轻率的,也是错误的。①

在田中萃一郎看来,只有以自己的历史研究传统为基础,才有可能接受西方的历史学,因而自己本身必须要意识到这种基础。正是出于这样的认识,他才会从东亚的历史研究之历史开始论述自己的"史学概论"体系,这一点值得学界同仁的关注。

在叙述史学史的过程中,田中萃一郎为"史学批评"留下了充

---

① 参见「史学研究法」講義ノート,第1页。

分的空间,这一做法同样值得关注。他在述及刘知几和章学诚的
关系时写道:

> 及至章学诚的《文史通义》问世,史学家中或有人以为它优
> 于刘知几的《史通》。以我之见,《文史通义》的特色在于其否
> 定了《史通》中所论述的史籍分类,全书的整体论述属于综合
> 型而非分析型。换而言之,它可以说是与考据学派背道而驰的
> 一个分支。①

　　迄今为止,关于刘知几和章学诚的比较研究为数甚多。然而,
正如以内藤湖南(也被誉为章学诚的"发现者")的观点所代表的那
样,几乎所有的评论者都给予章学诚以较高的评价。在这样的氛
围中,田中萃一郎的观点堪称意味深长。具体而言,从他使用的
"综合型"和"与考据学派背道而驰的一个分支"等表述来看,他想
要表达的意思如下:刘知几试图在史学理论的框架内讨论"何为历
史"这一命题,而章学诚则将此命题引入到了历史哲学的范畴
之内。②

　　就田中萃一郎的基本观点而言,史学理论和历史哲学是两个
"似是而非"的领域,这就是他之所以高度评价刘知几的原因所在。

　　如果说"史学史"是将历史学置于时间轴上进行的考察,那么
接下来的第四章至第十一章,则是以空间轴为视角对历史学所做
的考察。在第四章《历史的种类》中,田中萃一郎就"宇内史"和"世
界史"的区别、"文明史"和"政治史"的关系以及历史分期等问题,
展开了饶有趣味的讨论。譬如:在他看来,历史分期就是一种根据
非连续性的观念对原本连续性的事物进行人为干预的历史认识行
为,因而可以根据实际需要随机而定;在这一前提之下,针对法国

364

---

① 参见「史学研究法」講義ノート,第 7 页。
② 増井経夫『アジアの歴史と歴史家』(吉川弘文館,1966 年)一书关于章学诚的评价与
　田中萃一郎相同,而且表述得更加明确。

历史学家将 1871 年以后定义为"现代史"的做法,他认为也可以将 1894—1895 年以后定义为日本的现代史,这一点确实值得玩味。

第五章《辅助学科》是关于历史相关领域的介绍。田中萃一郎在《地理学》中,介绍了以张伯伦和巴图拉关于阿依努研究为基础的地名语源学;在《心理学》中,着重介绍了作为当时新兴研究领域的社会心理学;在《政治学》中,将政治学视为以国家为研究对象的领域,认为它与历史学之间存在着特别密切的关系;在《经济学》中,介绍了亚当·斯密、马克思等人的相关学说。第六章《古文字学》详细叙述了中国的小学发展状况,包括中国的文字学以及金石学的历史,甚至还涉及到日本、朝鲜和欧洲的金石学概况。第七章《古文书学》以欧洲的史料批判为中心,详细地叙述了包括日本史料批判在内的文献史料批判的历史由来。第八章《年代学》介绍了世界上已有的各种各样的历法,在关于纪年本身发展过程中的历史作用问题上,还介绍了亚述学和中国古代历史上常见的、根据日食确定日期的做法,这不禁使人想起坪井九马三的《史学研究法》。由此可见,田中萃一郎的视野并没有被局限于对西方史学的全面介绍,而是在西方式史学概论中为中国史学中优于西方史学的领域安排了适当的位置,其中最好的例子就是第十一章《目录学》。

在史学概论的论述体系中单独为"目录学"设立章节的做法,即使在当时被日本历史学家们(包括田中萃一郎在内)奉为经典的 E. 伯伦汉所著《史学导论》(E. Bernheim, *Einleitung in die Geschichtswissenschaft*, Berlin, 1905)中也不曾见到。田中萃一郎将目录学视为历史辅助学科中最为重要的领域,因而叙述得也最为详尽。在他看来,清朝乾隆时期所编纂的《四库全书总目提要》代表了东亚地区历史研究的最高水平,这笔知识财富足以向世界夸耀,不容忽视。他指出:目录学"如果不理清前人研究的进展程度,就等于在白白地浪费宝贵时间。因此,目录学的进步与否,可是历史研究者着重关心的大事"。[①] 在中国的图书分类中,目录学

---

① 参见「史学研究法」講義ノート,第 138 页。

属于历史学的一部分；它明确地告诉人们应该如何把握历史研究的范畴和对象，揭示了历史认识的基本框架。"目录学揭示了'历史'这一对象领域难以设定的学术范围的整体形象"——田中萃一郎之所以用那么大的篇幅，详尽地叙述了目录学在中国、日本和朝鲜的发展历程，不正是因为在他的脑海深处有这样一个信念吗？

从该讲义的第一编第十二章至第二编第四章，是关于伯伦汉上述书籍的直译和介绍。由于坂口昂和小野铁二以《何为历史？》为题、将伯伦汉这本书翻译出版的时间是 1923 年，因而从时间上来说，作为关于伯伦汉史学方法理论的介绍，田中萃一郎的讲义可谓早之又早。这部分讲义的内容相当于伯伦汉这本书的第三章第二节至第五节，从目录上也可以看出，是纯粹讨论研究技法的部分。根据亲身受教于田中萃一郎的松本信广的回忆，田中萃一郎曾经利用午休时间，召集史学科的学生讲读伯伦汉的《史学导论》。另外，在这门"史学研究法"的课堂上，每次上课的时候，他总是站在讲台上从怀里取出几页讲义原稿才开始讲课的。

这部分介绍伯伦汉的内容概要归纳如下。首先，历史研究从收集和整理史料开始；史料的类型有多种多样，大致可分为直接的观察记录、报告和传说、遗物这三大类。其次，为了甄别史料的真伪而进行史料批判；这种批判分为"外证"和"内证"两大部分，前者要考证史料的形成时间及其真实程度，后者则是要确定史料内容的价值、明确其作为证据的分量、并对其进行印证和评价。最后，解释已确定的史料以确定史实、并将其置于整体之中进行表述，历史研究的全过程至此完成。

田中萃一郎之所以在讲义中用如此大的篇幅、介绍了已成体系的伯伦汉关于历史实证方法的理论，就是因为他已经认识到其中包含了近代德国实证主义史学成果的精华，对有志于历史研究的人而言，必将发挥至关重要的指导作用。

七、历史的解释与综合

田中萃一郎的史学研究法得益于伯伦汉的史学理论，这是无可

争辩的事实。那么,他是否就因此而止步不前了呢? 在讲义《第二编考证原理》的"绪言"中,他这样写道:

367

> 所谓科学的研究方法有两种,即归纳法和演绎法。在自然科学中,无论是哪一个领域,都采用归纳性研究方法。逻辑学与数学是演绎性科学。如果要为历史研究的方法归类的话,首先要对史料进行归纳性研究,从而确定史实;其次再在经验的基础上,发挥研究者的想象力,对史实进行解释。第一阶段的研究方法是客观的,而第二阶段的研究方法则是主观的。进而,所谓发挥想象力的解释,就是展开以哲学性前提为基础的演绎推理。然而,历史学家们的推理往往就止步于这个范围之内。我们必须积累起由此而确定的历史事实,进而展开归纳性推理并确立法则,从而将历史学打造成为科学。为此就必须扩充第二阶段的研究方法,即必须要进行超越考证范围的探究。①

伯伦汉《史学导论》的主要立足点,在于讨论处理史料过程中的方法问题,只是在最后部分才站在"相关问题"的立场上,涉及到了如何对史实进行解释和综合考察等事宜。从以上引文中可以看出,田中萃一郎提到了在经过反复的史料批判之后将要面临的重要问题,这足以说明他已经觉察到了以伯伦汉为代表的德国实证主义史学的局限性。虽然 C. V. 朗格卢瓦和 C. 瑟诺博司在他们的《历史研究导论》(C. V. Langlois et C. Seignobos, *Introduction aux études historiques*, Paris, 1899)②一书中,已经指出了伯伦汉史学理论的这种局限性,但是田中萃一郎仍然在尝试着从自己的独特视角出发去克服这一局限。

---

① 参见「史学研究法」講義ノート,第247～248页。
② 本书的日语译本有以下3种:村川堅固・石沢发身的节译本『ラングロワ及セーニョー氏 歴史研究法綱要』(東京専門学校出版部,1900～1901年),八本木净訳『歴史学研究入門』(校倉書房,1989年),高橋已壽衛訳『歴史学入門』(人文閣,1942年)。

　　田中萃一郎给我们留下了两条线索。一是他写的一篇介绍匈牙利历史学家的史学方法的论文,题为《论埃米尔·赖希的史学研究法》。[①] 他在这篇文章中指出:一般认为,历史研究是一门研究人类在过去社会中的劳作以及显示思维结果的学问;然而,历史研究最重要的是揭示出这些历史事实的意义,并不是仅仅为了弄清楚某种制度和某一事件是否存在、或者仅仅为了追求叙述准确的历史事实;要做到这一点,历史学家必须要借助于丰富的想象力。他写道:"事实只是骸骨,要给予它生命、使之显示意义,就要想象。"[②]在田中萃一郎看来,无论收集多少材料、占有多少记录,如果不对它们进行解释和说明,那就不能称之为历史学;不能像柏林学派的历史学那样,仅仅满足于对史料进行语言学的研究,历史学必须达到将重点置于综合研究,尤其是心理学方面的研究水平。他在《荷马的历史复活》和《关于莱库古之历史存在的研究》[③]这两篇论文中,对自己的这一认识做了更加全面的阐释,这也是为我们留下的另一条线索。前者详细叙述了曾经因语言学研究的质疑而失去历史价值的荷马两大叙事诗在当时实现"历史复活"的过程,再次强调历史考证必须做到慎之又慎。后者是一篇未曾公开发表的论文,明确表达了这样一种观点:根据 16 世纪至 19 世纪欧洲的刑事审判过程中普遍采用的做法,同一个人可以同时兼任审判员、陪审员、检察官和律师;迄今为止的历史研究状况就与此相类似,历史学也因此而根本无法发现历史的真相(即历史事件的心理性真理)。

八、关于历史叙述

　　田中萃一郎认为历史叙述是历史研究的最终目标,并将中国的历史叙述形式作为一种理想模式。他在一篇题为《中国学研究法

---

① 最初刊载于『三田学会雑誌』(第 1 卷第 1 号—第 3 卷,1909 年),后被收录于『田中萃一郎史学論文集』第 273～346 页。
② 参见『田中萃一郎史学論文集』第 236 页。
③《荷马的历史复活》刊载于『日本及日本人』(第 696 号,1917 年)。《关于莱库古之历史存在的研究》一文是一篇未曾发表过的论文,因而写作年代不明。

上的一大特色①——读〈雪桥诗话〉》的论文中,以涉及到清朝一代学术、文艺、朝仪制度以及知识典故等(俨然就是一部清朝的文化史)丰富内容的清末学者杨钟义的《雪桥诗话》为例,尤其将论述的焦点集中于"诗话"这一历史叙述形式上,认为以"诗"的方式叙述某一时代的典故轶事是中国的一大传统,其重要性不言而喻。

　　长期以来,"诗话"这一历史叙述形式,被人们说成是出自业余爱好者或者外行之手的非专业作品,似乎成了它的一大缺陷,因而没有受到应有的重视。然而,田中萃一郎却认为这绝不是一个看似单纯的问题,"诗话"之中"存在着一种引导人们趋于史学编纂(Historiography)的要素"。② 他继而写道:

369

　　　　历史学究竟是不是科学?这是迄今为止被学界反复讨论的一个问题。然而,从逻辑学的角度来看,难以断言历史学的研究方法就必须是这样的。其结果,迄今为止人们只能停留在叙述以前那些伟大的历史学家们究竟采用了怎样的研究方法。有一种观点认为:历史学在与自然科学进行性质区分的同时,也是科学。面对如此议论,像密尔和福勒这样的英国逻辑学家就认为,历史研究中的科学因素存在于比较研究之中。在英国逻辑学中,历史研究法与比较研究法被视为同一事物。与此相对的是,根据德国逻辑学家的主张,历史学是一门不同于自然

---

① 最初刊载于『東亜经济研究』(第5卷第1号,1921年),后被收录于『田中萃一郎史学論文集』第101～125页。关于田中萃一郎的这篇论文,神田喜一郎在其《〈内藤先生与中国古代史研究〉三题》(『内藤湖南全集月报四』1969年)一文中曾介绍过这样一则学术轶事:松本彦次郎和内藤湖南在一次谈话中(当时我也在场),针对当时历史学家专注于细微史实的考证、全然没有自己的史观、缺乏见识这种状况,互相表示了各自心中的不满之后,"也许正是因为如此,当他们将话题转到了创刊不久的庆应义塾大学的《史学》杂志上的时候,二人的态度为之一变;松本先生盛赞该杂志所开创的新型学风,内藤先生不仅极力赞同,还特别称赞了田中萃一郎博士的见识,并对我说道:'田中博士去年发表在山口高商杂志上的那篇《读雪桥诗话》论文值得一读,即使在专业学者之中,像他那样深刻理解中国学问的学者也是凤毛麟角的。'"
② 参见『田中萃一郎史学論文集』第123页。

科学的、独立的新科学。文德尔班相对于规律性（nomothetisch）科学，将历史学称为描述性（idiographisch）科学。李凯尔特则将它命名为人文科学。仔细想来，历史研究的过程中固然需要进行分析，与此同时，综合也是必不可少的。自然科学研究以分析为核心，而哲学则以综合起来树立世界观和人生观为核心。如此看来，历史学的研究方法必须是哲学性的。历史学虽然不是自然科学，但是必须采用在科学中享有最高地位的、哲学的研究方法。①

与此同时，田中萃一郎又在引用韦伯《价值论》的基础上重申道：就历史学而言，在历史叙述中也存在着一种不同于科学性记述的鉴赏性记述。换言之，在田中萃一郎看来，"依照价值的绝对标准和理想标准，对作为研究结果的史实作出贤愚善恶美丑的判断"②，这才是历史叙述。他进而又对刘知几的"史家三长论"做出如下解释：

> 昔刘知几主张史有三长，即史才、史学和史识，世间罕有兼之者。所谓"史才"，即指作为文艺天才而执史笔；所谓"史学"，即指擅长分析考证之事；所谓"史识"，即可视为擅长解读综合哲理之智。张采田亦云：文章谓之才，考证谓之学，义理谓之识。尽管这些也未必可称之为全部学问，然而至少在史学领域之中，以韵语之笔法来表述科学研究之成果，可谓中国学问研究法中一大特色，对此值得三思。③

370

田中萃一郎将历史叙述视为历史研究的最终目标，由此而尝试着对近代实证主义史学做更进一步的探索。

---

① 参见『田中萃一郎史学論文集』第 123～124 页。
② 参见『田中萃一郎史学論文集』第 124 页。
③ 参见『田中萃一郎史学論文集』第 124～125 页。

九、西方史学理论与中国史学理论的融合

1910 年 6 月 18 日,三田史学会召开成立大会,田中萃一郎做了题为"庆应义塾与史学研究"的大会演讲。他首先回顾了庆应大学的学风转变过程:明治时代初期,庆应大学的学术倾向是西方一边倒,甚至从情感上全面排斥汉学;明治十七年以后,汉学开始被列入大学预科的教学科目。接着,他写道:

> 用黑格尔辩证法的术语来说,作为对大汉学之论断的反论,庆应义塾的洋学得以兴起,汉学一时间遭到全面排斥。然而不久之后,出于树立一种能够融合论断与反论的、不偏不倚的真学问的需要,汉学典籍立即被重新纳入教学课程之列。
>
> 经历了明治 37 年至 38 年的战争之后,欧美国家对于日本的兴趣决不只限于武士道研究。于是,研究本国乃至于整个东亚文化的重任就落到了日本学者的肩上。一提起复兴大汉学,有些人也许会感到不舒服。然而,如果在研究西方文化的过程中,不同时与东亚文化进行比较研究的话,就无法了解本国文明在世界历史上的地位,因而也就无法达到真学问的水平。庆应义塾创立之时,将学术的重点置于洋学之上。当然,即使现在洋学也必须成为重点。只是如果一个人不能真正地了解自我和自己国家,就不能被称为有教养的人。不仅如此,要想了解自己国家,就必须通晓国史,而且还必须要涉猎整个东亚的历史。史学科在胸怀振兴作为科学的历史这一远大抱负的同时,还要致力于培养既能从事这方面研究、又能真正了解自己国家的人才。①

① 参见「慶応義塾と史学の研究」(『史学』第 48 卷第 1 号,1977 年)。另外需要说明一点:这篇遗稿是笔者在获得了田中萃一郎后人的许可之后、与笔者对其所做的解说文《脱亚论与历史研究——关于田中萃一郎〈庆应义塾与史学研究〉一文的解说》一起公开发表的。

　　田中萃一郎一直在思考着这样一个问题,即日本在世界历史学中应该发挥怎样的作用?与此同时,他也始终抱着这样一个信念:只要从事元史学研究,就不能以一种朴素的分类方法、将研究对象简单地区分为"西洋史"或者"东洋史",日本的历史学应该建立在欧洲和中国这两大文化体系综合的基础之上,普遍的历史学也由此而诞生。

　　尤其值得一提的是,在同时代的历史学家中,几乎找不出第二个具备了像田中萃一郎这种意识的人。以欧洲历史学为基础,构筑新型的近代历史学体系,这是当时日本历史学家们的共识。举例而言,与田中萃一郎同辈的东洋史专家桑原骘藏,在一篇关于梁启超《中国历史研究法》的书评中写道:"纵观诸如唐代刘知几、南宋郑樵、清代章学诚等中国历史评论家的理论主张,当然并不是全然没有参考价值,总体而言是因循之议居多。为了使中国的历史学得到进一步发展,就必须摆脱过去的束缚;为了摆脱过去的束缚,首先就必须超越司马迁、班固等人的著作,以及刘知几、章学诚等人的批判理论。此乃吾辈近年来的主张。现如今,梁启超依照欧美的史学研究法,积极倡导中国历史学的变革要务,而且出版了《中国历史研究法》一书。梁氏观点与吾辈所见相同,吾辈不仅要为自己本身感到满足,进而还要为中国学会送上祝福。"①

　　让我们重新回顾一下西方历史研究的历史:虽然历史研究本身古已有之,但是真正成为单独的学术门类并非那么久远。譬如在英国,历史学成为大学的独立讲座是在进入 18 世纪以后,剑桥大学设立文学士荣誉学位考试项目是在 1873 年。不仅仅是英国,在这一时期的整个欧洲,历史研究都处于一种从业余爱好者的兴趣玩物变身为具有学术性专业门类的转型期。② 日本的大学里设立

372

---

① 桑原隲蔵「梁啓超氏の『中国歴史研究法』を読む」,最初刊载于『支那学』(第 2 卷第 12 号,1922 年),后被收录于『桑原隲蔵全集』第 2 卷(岩波書店,1968 年)第 468～479 页。

② J. McLachlan, "The Origin and Early Development of the Cambridge Historical Tripos", *Cambridge Historical Review*, 1947‑1949, p. 79.

史学科是在明治时代,它们所接受的实际上就是刚诞生不久的西方近代史学。不仅如此,日本之所以能够接受西方近代史学,正是因为本身存在着一个能与西方近代史学相比肩的历史研究传统,它就是在中国历史学传统的基础上所形成的日本近世史学。综合考虑这一事实即可发现,所谓的"史学概论"不应该仅仅涉及处理史料的方法问题,还应该包括历史学的存在意义和体系结构等更加复杂的内容,而田中萃一郎所构想的史学概论恰恰就是为了响应这一时代的要求。

不是单纯地介绍欧洲的历史学,而是探索包括中国史学理论在内的、更为普遍的近代史学的应有状态,进而从学科理论上为尚未形成完备体系的历史学找到合适的定位,可以说,这就是田中萃一郎理想中的"史学概论"。年仅51岁就突然离世的田中萃一郎虽然未能实现自己的目标,但是他所追求的这种"史学概论"在世界史学理论史上也是值得一提的。

373

第三节 《史通》在日本的传承——日本为什么没有产生历史理论?①

一、研究方法

自从8世纪上半叶编纂成书的《古事记》和《日本书纪》问世以来,日本的历史叙述无论是在数量和质量方面,还是在丰富性和多样性方面,都取得了一些傲视世界的成就。日本人对于保存和记录"过去"这一行为本身的关注度之高,从塙保己(1746~1821年)于1779年开始出版《群书类从》这一行为中即可一窥端倪。正是因为有了这样的关注度,才有了这套拥有《正编》1270种530卷666册、《续编》2103种1150卷1185册的卷帙浩繁的史料大集成。

① 本节是专为本书所写的总结。

日本人对于"过去"的这种态度一直延续至今。由国家和地方政府主持的公文书馆的建设,从 1950 年代开始一直都在顺利地进行着,各自治体历史的研究所需新史料集的出版活动也是至今不断。时至今日,在社会史研究日益兴盛的大背景下,史料收集的范围也不断扩大,文献资料之外的各种材料都成为搜集和编纂的对象。这些既是保存和记录"过去"的行为本身,也是历史意识持续提高的表现,更反映出日本人对于历史的那种非同寻常的关注状态。日本的各大全国性报纸,每年都会多次在各自的头版位置,报道有关考古学和史料收集方面的最新成就,这种做法即使在全世界范围之内也属罕见,当然也是日本人对于"过去"的高关注度的一个具体反映。

尽管如此,与全世界历史叙述的历史相比较而言,日本的历史叙述有自己的一大特点。虽然拥有庞大数量的历史典籍和历史叙述,但是在明治维新之前的日本,却未曾有人撰写过历史理论著作。所谓历史理论著作,就是指专门探讨诸如"何为历史""如何书写历史"等关于历史叙述和历史编纂方法的著作。

所谓历史理论著作,具体而言,在中国就是指 8 世纪问世的刘知几所著《史通》,在欧洲就是指 2 世纪卢奇安所著《应该如何撰述历史》、16 世纪法国的让·博丹所著《容易理解历史的方法》,抑或 19 世纪德国的伯伦汉所著《何为历史》等所代表的著作。就西方史学传入之前的日本历史学而言,最明显的特点就是几乎没有关于历史理论的著作。以笔者目力所及,独立成书的历史理论著作一本都没有。

紧接着人们就需要面临这样的问题:为什么日本没有历史理论? 这个问题究竟应该采取什么样的方法进行研究? 实际上,要研究"为什么没有历史理论"这一问题的想法本身,从一开始就存在着逻辑上的破绽。

从 1972 年开始,笔者用了 4 年的时间,在增井经夫教授的指导下研读《史通》,同时还与他广泛地讨论了中国史学史以及诸多关于历史理论和史学史的基本问题。在这个过程中。笔者的头脑中

374

有时会冒出这样的念头:只要将刘知几《史通》在日本的传播途径梳理清楚,不就基本上解答了"日本为什么没有历史理论"这一疑惑了吗?然而在当时,笔者只知道猪饲彦博所写的《补修史通点烦》(1803 年)这本书,甚至不知道除他之外究竟是否还有其他日本人读过《史通》,因而只能说这是一个模模糊糊的突发奇想。

从那以后的 30 年间,笔者一直在致力于搜集与"《史通》在日本的传播"相关的资料。然而,令人遗憾的是,在明治维新之前的日本社会中,只有为数不多的几个人读过《史通》而已。笔者相信,除了接下来我们将要介绍的几个相关人物之外,一定还会有人读过《史通》。

375　在本节中,笔者将通过《史通》在日本的传播途径,考察一下日本人的历史认识的变迁问题。

在进入正式讨论之前,有必要先就《史通》本身做一个概略性说明。

二、刘知几与《史通》①

《史通》概要　此书是世界上最早的一部真正的历史理论著作,作者是中国唐代的历史学家刘知几。它共有 20 卷,内篇 10 卷 39 篇,外篇 10 卷 13 篇。我们从整体结构开始介绍。

内篇由"六家"(历史叙述的 6 种体裁)、"二体"(编年体和纪传体的优劣得失)、"载言"(尚书家之言的独立)、"本纪·世家·列传·表历·书志·论赞"(纪传体这一历史叙述方式的优劣得失)、"序例"(序文和凡例)、"题目"(合传或杂传的篇名)、"断限"(断代史的时代分期)、"编次"(纪、志、传的排列)、"称谓"(人物的称呼)、"采撰"(史料的收集)、"载文"(不偏不倚的叙述)、"补注"(对纪、

---

① 关于刘知几和《史通》的介绍,可参考增井经夫『史通—唐代の歴史観』(平凡社,1966年)一书的"解说"部分、稲葉一郎『中国の歴史思想—紀伝体考』(創文社,1999 年)第四章「劉知幾と『史通』」以及西脇常記訳『史通内篇』(東海大学出版会,1989 年)的"解说"部分。

志、传文字的注释)、"因习"(理解史料)、"邑里"(记述出身地)、"言语·浮词·叙事"(纪传内容的叙述)、"品藻"(列传人物的分类和编排)、"直书·曲笔"(客观的历史叙述)、"鉴识·探赜"(史料批判)、"模拟"(模仿古典的叙述精神)、"书事"(叙事原则)、"人物"(列传人物的取舍标准)、"核才"(史官选任的严格化)、"序传"(自序和序文撰述的理念)、"烦省"(史籍的详略)、"杂述"(各种文献史料)、"辨职"(历史学家的应有状态)、"自叙"(刘知几自传)等 36 篇以及现已佚失的"体统"、"纰缪"和"弛张"等 3 篇组成。

外篇由"史官建置"(史官制度和历史学家的历史)、"古今正史"(正史的历史)、"疑古"(关于《尚书》和《论语》的批判)、"惑经"(关于《春秋》的批判)、"申左"(《左传》之所以优秀的原因)、"点烦"(叙述的实例)、"杂说上·中·下"(史籍的问题所在)、"五行志错误"和"五行志杂驳"(《汉书·五行志》的问题所在)、"暗惑"(正史中的谬误)以及"忤时"(刘知几的辞职愿望)等 13 篇组成。

刘知几简历　刘知几字子玄,661 年生于书香门第。12 岁时就能在一年之内读完《春秋左氏传》,自幼表现出对历史的浓厚兴趣。20 岁时考中进士,在为官的同时广泛涉猎多种历史典籍,最终对历史叙述的优劣得失形成了自己独特的看法。后来如愿以偿地担任了史官,开始专门从事历史编纂工作。不仅如此,刘知几在进行历史编纂的过程中,还不断地关注着各种各样的理论和方法论方面的问题,并随时将点滴体会写成笔记资料。唐中宗移居长安的 706 年,刘知几留在洛阳,开始根据迄今为止积累起来的材料撰写《史通》一书,最后于 710 年完成写作。其后他继续担任史官,721 年逝于安州都督府,终年 61 岁。

三、对于《史通》的两种态度

以明治维新为转折点,《史通》从一部为历史撰述者提供指导方针的历史叙述概论,转而成为学术研究的一个对象。

导致这一变化的基本原因,就是因为阅读《史通》的日本历史学家赖以立身存命的基础发生了根本性变化。正如笔者在第四章

343

中所述,是因为日本历史学的立足点从传统的中国历史学转向了西方历史学。日本之所以能够接受西方式历史学的根本原因,是因为有了一个以中国传统史学为楷模的日本近世历史研究模式。然而,在经历了短暂的过渡期之后,日本的历史学就完全走上了近代西方式历史学的道路。

时至今日,在日本几乎所有的大学文学部史学科承担"史学概论"课程教学的都是"西洋史"的教授,这种现象实际上是在诉说日本历史学所经历的这一变迁。不仅如此,明治时代以后出版的冠以"史学概论"、"历史学入门"以及"史学研究法"的著作,无一例外地都是关于近代西方史学研究模式的介绍;所有探索历史研究源头的史学史著述,也都追溯至希罗多德和修昔底德,而不是司马迁和班固。

笔者在第五章中已经就历史理论和历史哲学的不同之处展开过详细的讨论,在此重申如下:所谓历史理论,又被称为史学方法论、史学研究法、史学考究法、史学概论或者史学理论等等,是从认识论和方法论的角度,就"历史叙述"这一行为进行考察。

所谓历史哲学,即如伊本·哈尔多恩的《历史序论》或者奥古斯丁的《上帝之城》所代表的那样,以一种统一的原理对历史的发展过程进行解释,并试图从中发现某种具有意义的因素,因而它是一种历史认识行为。[①] 在日本同样既有以"道理"这一概念对历史进行解释的慈圆所著《愚管抄》(1221年),也有将历史进行三阶段分期("骨之代"、"职之代"和"名之代"),并以"时势"这一概念对历

---

① 笔者并非提出"日本为什么没有历史理论"这一问题的第一人。三枝博音在其《日本哲学思想全书》第19卷(平凡社,1956年)关于历史编的解说中就写道:"日本自古以来就有关于历史的理论吗? 虽然有撰写的历史,但是却可以说几乎没有任何关于历史本身的思索性论述。"然而,他所理解的历史理论是指黑格尔或者日莲笔下的历史哲学,他关于"历史理论"这一术语的使用方法显然是受到了内田银藏的影响。内田银藏所使用的"历史理论"这一词语是对历史过程的解释,而不是关于历史研究行为的反思和思考。另外,三枝博音还认为中国自《吕氏春秋》以来也没有历史理论。关于中国之所以没有出现对历史的哲学性解释的原因,笔者在第四章的第一节和第二节中有详细的论述,在此不再赘述。

史过程进行说明的伊达千广所著《大势三转考》(1848年)这样的
历史哲学著作。然而,日本却从未有过历史理论著作。

四、《花园天皇宸记》

《史通》最早传到日本的确切时间现在已难以断定。藤原佐世
于891年前后编撰出版的《日本国见在书目录》,是当时日本国内
所存汉文书籍的目录,并没有将《史通》收录其中。

据笔者的调查,最早阅读《史通》并留下记录的日本人是花园
天皇(1297~1384年)。在《花园天皇宸记》1324年3月25日的条
目中,记载着关于他从"信西文书"中取出《史通》的意旨,继而在4
月18日的条目中又有关于写下读后感的记述。①

378

　　《史通》二帙廿卷,自昨日至今日夜分粗览已毕。至第十七
《疑古篇》,多不知圣人心,引异说、疑圣贤之作,愚之甚不可言。
弃书而叹息:此以下不足观。遂置《疑古篇》等于不顾,其余则
泛泛浏览。评古今之史官,责斥非直笔,欲省烦文,此类数事诚
足观。疑舜放尧、汤诬桀等数事,足见其不知圣人事迹之甚。
此博闻强识有余,而通圣教极道不足之故也。恃己才智,虽于
责古圣贤之非、数史汉之谬处犹有可采者,然疑仲尼之圣作者
不亦甚乎。此书足以迷后生,却难传来者。录一纸其所以不达
圣人之心,欲遗此乎来者,非以其谬判古人,为恐其迷惑后生之
故也。以魏晋之伪作,妄推虞夏之圣贤,暗惑之甚无以复言。
不仰孔门之义,只委全于乱世之俗,虽学涉百家,却无益于知
道。后世君子是以可为鉴戒。嗟夫悲乎! 是以记一端于别纸。

总而言之,在花园天皇看来,刘知几完全不理解圣人们深思远
虑的观念和心境,《史通》是一部迷惑后世的书籍;他之所以会写下

---

① 在庆应义塾大学文学部川村晃生教授的启示之下,笔者才得知《花园天皇宸记》中存
　有这两条涉及《史通》的内容。

《疑古篇》和《惑经篇》,对中国古代的圣人提出诸多质疑,是因为他过于自信,因而无法理解圣贤的深奥之处,这也是花园天皇得出这一结论的依据所在。于是,花园天皇才得出了这样的评论:对司马迁和班固等古代历史学家提出批评、指出他们的不足之处,这是完全可以的;然而,如果将这种批判升级到对圣贤之作进行怀疑的程度,这是万万不能接受的。

实际上,《史通》在中国本土的传播过程中,直至清代为止,同样存在着与此相类似的认识和态度。中国社会对于《史通》的评价大致分为两大派,一是将其视为经典之作,二是非难其对圣人的不敬。① 在持后一种态度的人们之中,唐代的两位学者首先值得一提。柳璨在其所著《史通析微》一书中,针对《史通》对古代圣哲的大不敬进行了详尽的反驳;宗祁在评论《史通》的时候,认为刘知几奋不顾身地苛难古人是一种愚蠢的做法。在南宋的杨万里看来,刘知几虽然在《史通》中一味地责难前代史书,但是他自己所编撰的《高宗实录》和《武后实录》也是粗陋不堪。明代的胡应麟更是明确指出:刘知几对圣贤事迹进行百般质疑,就是名教的大罪人。在19世纪中叶以前的东亚智慧中,都将中国古代视为理想社会的楷模,因而知识界有这样的评论也不足为奇。

所谓"信西文书",即指《本朝世纪》的编纂者藤原通宪(信西,1106~1159年)的藏书。花园天皇阅读《史通》的时间,正值藤原通宪逝后的第165年。1150年,藤原通宪奉鸟羽太上皇的密令开始编撰《本朝世纪》,原计划是作为《六朝史》的续编,时间范围从宇多天皇(887~897年在位)至堀河天皇(1086~1107年在位),前后共历15代天皇的历史。然而,最终似乎只编撰完成了宇多天皇一朝的历史。根据《新订增补国史大系》所收录的《本朝世纪》残本来看,并不能从中找出足以证明作者确实读过《史通》的蛛丝马迹。

另外,在《群书类从》所收录的《通宪入道藏书目录》中并没有

---

① 以下关于《史通》在中国流传状况的评论均来自于增井经夫『史通—唐代の歴史観』第20~34页。

提到《史通》。由此可见,制作这篇《通宪入道藏书目录》的时候,《史通》已经佚失。现存最早的《史通》版本是北京图书馆所藏、由陆深所校订的 1535 年版本,如果花园天皇读过的《史通》现藏于某个地方的话,应该是比这更早的版本。

五、虎关师炼与《元亨释书》

　　虎关师炼(1278～1346 年)是活跃于镰仓时代末期至南北朝初期的临济宗僧侣,被誉为五山文学的先驱者,著有以僧传为主要内容的佛教史籍《元亨释书》(1322 年)。据传,当年虎关师炼师从 1307 年来到日本的一山一宁大和尚期间,曾被问及有关日本高僧的情况,鉴于自己未能圆满地回答提问而发愤著书,于是就留下了这部著作。[①]

　　虎关师炼在京都生活的时间恰巧与花园天皇同时,他在撰写《元亨释书》的过程中,也曾深入地思考过历史叙述的形式等问题。如果说只有虎关师炼才可能读过《史通》,看来还是比较可信的。然而,从他现存的著作《元亨释书》和《济北集》中,也无法找到他曾经读过《史通》的任何痕迹。

　　尽管《元亨释书》是一部日本佛教史的著作,却是一部纪传体史书。它全书共 30 卷,由"传"(第 1—19 卷)、"资治表"(第 20—26 卷)和"志"(第 27—30 卷)等 3 部分构成。"传"又被分为"传智"、"慧解"、"净禅"、"感进"、"忍行"、"明戒"、"檀兴"、"方应"和"愿杂"等 10 项,共记载了 406 人的传记,其中还包括了"赞"和"论"。"资治表"以编年体的格式记载了 55 位天皇的在位纪年,"志"则被分为"学修"、"度受"、"诸宗"、"会仪"、"封职"、"寺像"、"音艺"、"拾异"、"黜争"和"序说"等 10 项。

　　虎关师炼在其《元亨释书》第 30 卷"序说志 10"中,明确地道出了自己撰写这部日本佛教史著作的动机:

---

① 关于虎关师炼及其《元亨释书》的介绍,可参见今浜通隆訳『元亨釈書』(教育社,1980 年)第 14～57 页「訳者解説」。

佛法入斯土以来，七百余岁，高德名贤不为不多。而我国俗醇质，虽大才硕笔，未暇斯举矣。其间别传、小记相次而出，然无通史矣。故予发奋。禅余旁资经史，窃阅国史，洽掇诸记，日积月累已有年矣。远自钦明迄于圣代，补缀裁缉为三十卷，仅成一家之言，不让三传之文，名曰《元亨释书》。古传者偏传也，今为全史，故名焉。

与此同时，虎关师炼在《元亨释书》第20卷"资治表"的开篇，又针对历史编纂问题作如下表述：

从前，孔子作《春秋》的时候，采用了以年月为基轴的历史叙述形式（编年体）。司马迁创立了传（纪传体），用以取代这种方法。自此之后，编纂历史之人都采用司马迁的方法。编年体是一种以时间为基轴的历史叙述形式，纪传体则是以分类为基轴的历史叙述形式。如果是以分类为基础的历史叙述，虽下愚之人也能读进去；如果是以时间为基轴的历史叙述，即使是拥有一般才能之人，不下一番苦功也是读不进去的。这就是史书与经书之所以发生巨大变化的原因。本人在编纂《元亨释书》的时候，曾经想过采用《春秋》的方式，后来则考虑到这种方式会让中下才能之人难以理解。说是无奈，确实这也是一种无奈。实际上，在本人的内心深处，依然对《春秋》的编纂形式恋恋不舍。

这段文字明确地告诉人们，虎关师炼对历史编纂方法具有强烈的问题意识，在经过了缜密的思考之后，才最终决定采用纪传体的形式来编纂日本佛教史。在笔者看来，既然虎关师炼已经如此明显地表现出了对历史理论的兴趣，那么如果他知道了《史通》的存在，就必定会去阅读；假设他已经读过此书，那么在讨论历史叙述方法的这一部分中，当然就会涉及相关内容。

六、林鹅峰的《史通》批判

1660 年,林鹅峰(1618～1680 年)在一封寄给其弟林读耕斋的信函《读〈史通〉寄函三弟》中,专门讨论了刘知几。[①] 林鹅峰对《史通》给予了高度评价,认为刘知几是"其眼高、其才博、其论快、其文奇也。不可谓唐无人者欤"。然而,他同时也看到了刘知几理论之中的欠缺:"然其高者、博者、快者、奇者似非无病也。"

林鹅峰口中所谓的"其眼高",是指刘知几以《尚书》作为"记言"之始源、以《春秋》作为"记事"之源头,即以圣人经书为起点展开其理论的高明之处。所谓的"其才博",是指刘知几能够在通读自左丘明、司马迁、班固以来中国历代史书的基础上,自由地评论各自的长短得失。所谓的"其论快",既是指刘知几以《春秋左氏传》为"春秋正传"的做法,也是指他在给予司马迁和班固以高度评价的同时,却又引《春秋左氏传》和《国语》的内容来证明《史记》中的谬误,或者将《汉书》中的"古今人表"视为无益之作、挑剔出"天文志"和"五行志"中的错误等等这一系列做法。所谓的"其文奇",是指刘知几在毫不留情地批判中国历代史官的同时,却能高度评价裴子野和王邵二人的做法。

林鹅峰对作为历史学家的刘知几给予如下评价:

> 其刚直守职不惮时责者匪直也,人想,夫自非历史权度在我之量,则不能如此也。

林鹅峰对刘知几批判最多的,是他作《疑古篇》对《尚书》和《论语》提出质疑、作《惑经篇》对圣贤进行怀疑。林鹅峰感叹刘知几的多面性,并写道:

> 如此之僻论,其高之病殊甚者也。若戏言之,则侮圣人者

---

① 参见『鹫峯林学士文集』第 39 卷第 8～12 葉(内阁文库所藏本)。

也。若实言之,则儒门千岁之罪人也。愿焚其书可也。

　　一旦做出侮辱圣人的举动,作为一名学者的刘知几就是永远的罪人,因而《史通》也就是一部可以被焚毁的著作。这就是林鹅峰对刘知几的强烈批判。他的这种批判态度让我们想起了花园天皇对《史通》的评价:《史通》是一部迷惑后世人们的著作,后世的君子应当以此书为戒。这二人的感受真可谓是如出一辙。

　　林鹅峰紧接着指出:刘知几在给予《春秋左氏传》以高度评价的同时,却对《春秋公羊传》和《春秋谷梁传》展开了严厉的批判,这是一种难以原谅的行为。另外,刘知几在其《史通》的"杂说下第九"中,将司马迁和班固归入"好善"的历史学家之列,将董狐和南史归入"嫉恶"的历史学家之列,而将左丘明说成是二者兼备的历史学家。针对这种观点,林鹅峰严肃地指出:"今考此言,则子玄其身自以为继左氏者乎? 可谓博者之病也。"换而言之,在林鹅峰看来,刘知几傲慢地以左丘明的后继者自居,这是"博者"的负面表现。最后,林鹅峰从"暗惑篇第十二"中列举出自己感到不满意的相关词句,对刘知几的观点进行了总结性评价。他在信中写道:

384

　　　　子玄久居史官,虽记时事,与同属不和,故其所作不任己意。故退修《史通》,以放言立志。然则彼亦非言之难,行之难者也。子玄虽不遇于时,然玄宗见《史通》称善,后儒亦往往取其所论,则见者择而可也。尝闻惺窝之言:初学者见诗话则卑屈不能作诗。余今见《史通》,谓:虽班马犹未尽善,谁敢可作史哉?

七、林读耕斋的《史通》批判

　　针对林鹅峰的这种评论,同样是 1660 年,林读耕斋(1624~1661 年)在给其兄林鹅峰的回信《奉答家兄论〈史通〉所示》①中阐

———————

① 参见『讀耕林学士文集』第 6 卷第 5～7 葉(内閣文庫所蔵本)。

述了自己关于《史通》的意见。

林读耕斋首先列举和评述了后世中国关于《史通》的评价状况，然后针对林鹅峰从4个层面对《史通》的长短得失所做的具体评论，作出了“深切而无底蕴”（即所言极是、切中要害）的评判。紧 385
接着，林读耕斋回顾了刘知几评价的基本概况：刘知几的挚友徐坚读了《史通》之后曾表示，这部著作应该成为历史学家的案头必备书；自那时起，虽然也有人正面评价刘知几，但是许多人对于刘知几讥讽圣人和古代贤达的做法却都表示了异议。林读耕斋写道：

> 方今家兄所采奘之所、弹辨之固，与数子相接应焉。哿矣。知几再生，则不可从为之辞乎。抑必欲求备于一人，则至圣大贤之外，何得完正纯实乎。妄言之辈，异端之徒，乃不足论也。荀况大本已失，有“非十二子”之说，然而决匪诸子之比。王充有语增之疑《问孔》之篇，然而《论衡》果是异书也。帐秘也。李观著《常语》、非孟子，然而礼家之学、古文之手固不可废。欧阳修疑《系辞》不可为圣人之作，苏轼论武王不为圣人，皆与知几同肺腑者耶。然而不可以此损其才誉。司马光疑孟子、信扬雄，然而不失为有德君子。然则人各有所长有所短、有所得有所失者，不亦然乎。《史通》之妙处，实有益于后学。其读之者，如所示悉，而取舍随宜是可也。

在中国的学术界，如何正确地评价刘知几的尝试从来没有间断过，既有人指责他对名教的批判，同时也有人赞赏他的批判精神。在日本学术界，正如以上引文所示，直至林读耕斋的出现，《史通》 386
才算有了第一个知音。遗憾的是，在写出这封回信的第二年（1661年），这位不拘泥于名教的束缚而敢于对《史通》进行批判性评价的林读耕斋就英年早逝，年仅38岁。

林鹅峰和林读耕斋兄弟所读的《史通》版本，应该就是陈继儒校注的《史通》全20卷本，现在作为林家旧藏书被收藏于内阁文库之中。

八、山鹿素行的《山鹿语类》

山鹿素行(1622～1685 年)在其《山鹿语类》第 35 卷的"圣学三 致知 史类"①中谈及刘知几。具体而言,他在评价司马迁《史记》的时候写道:"刘知几也曾说过,这(即司马迁作为史料使用的材料)其中的许多内容都是对既有史籍的整理,只是偶尔穿插了一些新名词而已,司马迁所欠缺的正是'雅'的不足。"然而,这段文字是从郑樵《通志》的"总序"中引用而来,没有任何证据能够说明山鹿素行本人曾经读过《史通》。与此同时,他在评论《西汉书》(即班固的《汉书》)的时候也曾经说过:"像刘知几这样的人是尊班固而贬司马迁的",但这也是引自郑樵《通志》的"总序"。在《读论史法》中,他曾用小字写下一条这样的批注"唐刘知几曰:史有三才,曰才、曰学、曰识。"根据这些情况可以看出,山鹿素行应该没有读过《史通》。

尽管如此,山鹿素行在"史类"中的言论,却展示出了那个时代日本历史学家关于历史学整体结构的构想,堪称是一篇简短而颇得要领的史学概论文章。其构成如下:

1. 惣论史(关于"史"的综合评论＝史学总论)

2.《史记》

3.《西汉书》(即班固的《汉书》)

4.《后汉书》

5.《三国志》

6.《资治通鉴》

7.《通鉴纲目》

8.《唐鉴》

9.《纲鉴》(即《历史纲鉴补》)

10. 论本朝史(关于日本历史典籍的介绍)

387

---

① 参见『山鹿語類』第四(国书刊行会,1911 年)第 118～135 页。

11.《东鉴》(即《吾妻镜》)

12. 论史法(关于历史方法的评论)

13. 论读史法(关于阅读历史方法的评论)

14. 论大一统正统(关于大一统和正统的评论)

　　这位试图全面地构思出历史学整体结构的山鹿素行,如果他确实读过《史通》的话,肯定会在文章中有所涉及。

　　山鹿素行之后,直至猪饲彦博的《补修史通点烦》问世(1803年),与《史通》相关的资料共有 3 则。一是敬首和尚(1683～1748年)的《典籍概见》(1754 年),这是内藤湖南在其《敬首和尚的典籍概见》①一文中首次提及的资料。敬首和尚在《典籍概见》中论及《史通》的时候留下了这样的文字:"史通、文心雕龙、笔丛常不离左右,其中笔丛乃书中之宝书也,学者读此书知识可增长十倍。"②

　　另一则是在《明和九年刊书籍目录》(1772 年)③中,出现了《史通》的书名。到了这一时期,浦起龙的《史通通释》(1752 年刻本)应该已经流传到了日本。根据现在内阁文库所收藏的《史通通释》可知,该书曾经是木村蒹葭堂(1736～1802 年)的藏书。然而,以笔者目力所及,还没有看到这个时期问世的日本本土刻印的《史通》版本。

九、猪饲彦博的《补修史通点烦》

　　刘知几在《史通》的"点烦篇"中,专门讨论了历史书籍中的繁杂词句问题,即先罗列出具有代表性的"烦文"实例,再以标点明示其烦。他明确写道:"凡字经点者,尽宜去之。如其间有文句亏缺者,细书侧注于其右。或回易数字,或加足片言,俾分布得所,弥缝

388

----

① 参见内藤湖南『内藤湖南全集』第 12 卷(筑摩书房,1969 年)第 460～464 页。

② 参见敬首和尚『典籍概见』(1754 年)第 12 叶;「敬,首和尚略伝」『净土宗全书』第 18 卷,第 487 页。

③ 现在被收录于『江戸时代书林出版书籍目录集成三』(斯道文库,1963 年)。

无阙。庶观者易悟,其失自彰。知我撼实而谈,非是苟诬前哲。"①
然而,刘知几用朱点和朱字标示出来的"烦文"并没有流传下来,现
在只能根据他列出的词句及其右侧的文字,得知该处增加或者剔
除的字数而已。

猪饲彦博(1761～1845 年)尝试着根据刘知几提供的线索、由
自己重写所有被刘知几"点烦"的词句,其结果就是《补修史通点
烦》的问世(1803 年)。尽管他重写的词句字数不一定与刘知几所
提示的内容完全相符,却不得不说这是一种研究《史通》的独特
方法。

389   与猪饲彦博相似的尝试,在中国同样存在。吕思勉(1884～
1957 年)在其《史通评》(1934 年)中,继而洪业在其《史通点烦篇忆
补》(《史学年报》第 2 卷第 2 期,1935 年)中,都进行了类似的努
力。② 与猪饲彦博相比,竟然晚了 130 年。

笔者之所以关注《史通》在江户时代的流传状况,是想具体地
了解一下那些参与《大日本史》的历史学家们阅读《史通》的状况。
《大日本史》是 1657 年在水户藩第二代藩主德川光圀的倡导之下
开始编纂的,直至 1906 年才宣告完成。这部史书涵盖了神武天
皇至后小松天皇的漫长历史时期,采用了纪传体的编纂体裁,由
"本纪"73 卷、"列传"170 卷、"志"126 卷、"表"28 卷组成。如果
说参与此书编纂的历史学家们都阅读过《史通》,这也是极为正常
的事情。然而,不仅在《彰考馆图书目录》中没有出现《史通》的名
称,而且在所有参与过《大日本史》编纂的相关成员所写的文章
中,也没有一处提及《史通》。在笔者看来,迄今为止没有人提及
《史通》这一情况让人感到不可思议,现在我们只有等待今后的调
查结果。

---

① 书中日语译文引自增井经夫『史通一唐代の歴史観』第 246 页。
② 猪饲彦博、吕思勉和洪业等 3 人尝试作业的具体结果被收录于西脇常記訳『史通外
篇』(東海大学出版会,2002 年)第 499～565 页。另外,猪饲彦博还有《史通通释补
正》(抄本)一书,现藏于京都大学附属图书馆。

十、"史家三长"理论的特立独行

在关于刘知几的后世评论中,所谓的"史家三长"理论被公认为是出自刘知几亲口所言,引起了人们的广泛关注。人们得出这种结论的依据,就是《新唐书》第 132 卷《刘子玄传》中所记载的如下一段文字。

> 礼部尚书郑惟忠尝问:"自古文士多,史才少,何耶?"对曰:"史有三长,才、学、识,世罕兼之,故史者少。夫有学无才,犹愚贾操金不能殖货;有才无学,犹巧匠无楩楠斧斤弗能成室。善恶必书,使骄君贼臣知惧,此为无可加者。"①

390

虽然《史通》并没有被广泛阅读,但是日本的知识分子对刘知几这样一位历史学家并非全然不知,"史家三长"理论也时常被人提及。

在以上所引给林鹅峰的回信中,林读耕斋就提及"史家三长"理论,并随即写道:"知几之所言,信矣哉?"如前所述,山鹿素行曾提及刘知几的"史家三长"之说。太田锦城(1765~1825 年)是江户时代后期具有代表性的考据学家,以博闻强记著称。他在其《梧窗漫笔》中也提及"史家三长"理论,只是他讨论的核心内容是关于"直书"和"曲笔"问题的。虽然从叙述内容中看不出太田锦城本人曾经读过《史通》,但是他却就"谁才是兼具才学识三长的历史学家"这一命题展开了讨论。他这样写道:

> 所谓历史学家必须兼具才、学、识这三长才能执笔著述历史,这种说法始于刘知几。那么,具备这三长的历史学家是否存在呢?左丘明算一个,司马迁算一个,班固算一个。然而,

---

① 书中日语译文引自西脇常記訳『史通外篇』(東海大学出版会,2002 年)第 1135 页。

随着岁月的流逝,至于范晔或者陈寿,意见就出现分歧了。①

太田锦城发表这番言论的半个世纪之后,随着明治维新运动的兴起,西方文化开始传入日本,知识分子所面临的境况也随之一变。从幕府末期至明治初期,日本的历史学也开始迎来了由传统的中国史学模式向西方近代史学模式的"范型转换期"。

391　　1870年,西周(1829～1892年)开始在育英社讲授"百学连环"课程。该课程中有关历史的论述,仅仅是试图在传统的中国式历史学的基础上导入西方近代史学,尝试着用"历史"一词来对应和理解"history"这一概念,显然还处于日本近代史学的初期阶段。尽管在西周的论述中没有出现刘知几的名字,他却以饶有趣味的方法对"才、学、识"这些概念进行了解释。以下引文来自永见裕的听课笔记《百学连环总论》的"第二 学术技艺 Science and Art"中的一段文字:

　　"才"与"材"是同一个字,是将木字旁枝剪之后的形状。剪木、裁枝,只剩下干。于是,干就要根据想要达到的目的发挥作用。这就叫作才。知识丰富谓之学,而精通这个学就称作识。识就是很多智的重叠。智是在"知"字的下面加上"白"字,意味着知道一事是明明白白的。根据一个名叫洛克的英国人的定义,智就是为了发现知识连锁中各个部分的相互关系而寻找其连接关系理念之物(Sagacity find out the intermediate ideas, to discover what connection there is in each link of the chain);才(skill)就是具备了能够及时应付实际需要的聪明才智的人文的或者科学的知识(Familiar knowledge of any art or science unites with readiness and dexterity in execution)。扬雄所著《法言》中,也有"多闻见而识乎正道者至识也"之言。可以说识是学的积累,是知的丰富。然而,过滥的多知未必就是

────────────

① 参见太田錦城『梧窓漫筆』三篇卷上(日本随筆全集,1930年)第17卷第291页。

识,重要的是要合理,并且要识别真理。辅助识的是学,辅助才的是术。自古以来,在涉及到历史著述的时候,人们常说:不具备才、学、识这三长,就写不好历史著作。①

西周以扬雄为例阐释了"才、学、识"的内涵,由此可见他似乎并不知道这些概念原本是来自刘知几。西周分别以相应的英语词汇来对应解释"才、学、识",这是他的独特之处。然而,他只是以skill对应"才",以 sagacity 对应"识",却没有为"学"找到特定的对应词汇。

后来,西周曾做过这样的说明:"才与识在于自身,学则是外求 392
之物"。在他看来,"学"的定义问题是一个重要的课题,可以说是构成这个"百学连环"之核心的主题。作为"通过学术锻炼才识的两大目的",他列举了"体系"(system)和"方法"(method),因为他从内心深处认识到:接受作为体系的西方知识、学习西方研究学问的方法是极为重要的。

西周这样解释道:只有掌握了西方的学术体系和方法,才能提高各自的才识,"才"和"识"是各自所拥有的本领。

笔者认为:从那以后,直至现代为止,以"才、学、识"为核心的"史家三长"理论,已经具备了更为普遍的独立意义,不再为刘知几所独有;它超越了西方和东方的差异,超越了近代和前近代的差异,成了表述关于历史学家或者学术研究之应有形象的具有普遍性真理的表达方式。

十一、明治时代以后关于《史通》的评价

在明治时代,日本历史学界还有另一种动向,即尝试着在传统的中国史学和近代西方史学这两种基础之上构建日本的近代历史学。毋庸置疑,最早提出这种愿望并付诸实践、同时还出版著作和

---

① 参见大久保利謙(編)『西周全集』第 4 卷(宗高書房,1981 年)第 32～33 页。另外,笔者在引用时省略了引文中英文句子下面原有的日语译文。

进行课堂教授的第一人,就是田中萃一郎。关于田中萃一郎的史学成就及其对刘知几的评价,我们已在本章的第二节中做过详细的介绍。接下来,我们再介绍一位当时与田中萃一郎有着相同见解的历史学家。

新见吉治(1874～1974年)在《分头攀登的历史学山路》(文心社,1969年)上刊登了一篇题为《史通解题》的短文。该文虽然没有公开发表过,但是据作者本人说,这是当年自己作为文科大学史学科一年级学生、在上那珂通世所讲授的"汉史籍解题"这门课程的时候(1897年前后)所写的一篇汉文短篇。其要点如下:

393

> 夫史家之务在记事而已。然其事属过去,非据当时之简,何以记之?是所以西洋史学有"史料篇"也。而《史通》亦有"杂述篇"矣。史料既备矣,然未诠凿讨查、辨纰缪、正是非、捐华摭实,则难详事之沿革颠末。是所以西洋史学有"批判"、"解释"二篇也。《史通》则有"鉴识"、"申左"、"采撰"、"探赜"、"暗惑"、"疑古"、"惑经"诸篇,言及之矣。而如"鉴识篇"论由人辨史料之要,"申左篇"述传闻不若亲见之义,即主观的批判也;"采撰"、"探赜"二篇主说客观的批判,而"暗惑"、"疑古"、"惑经"三篇则当"解释篇"。然此等诸篇皆兼言批判、解释二义。夫史家学识之要,存于此二义。《史通》全篇言无不及之。(中略)而"题目"、"断限"、"编次"、"叙事"、"书事"、"浮词"、"烦省"、"直书"、"曲笔"诸篇,论叙事之体用理法,议论正当,不忘折中之宜,不失均平之理。就中"断限篇"述宜定见地避烦赘,即西洋史学"叙述篇"也。盖史家才之要在此。故《史通》论之,丁宁反覆。
>
> 若夫史书之体,则有"二体篇"论之矣。然未及纪事本末体,盖《史通》前无有此体。《史通》只就前人所撰,辨其是非,故不论及之也。然如谓纪传体之短,在于同为一事分在数篇、断续相离、前后屡出者,寔千古不朽之金言也。袁枢《通鉴纪事本末》多所启发于《史通》者云,有故哉。

凡不墨守古法而唱随时随处之义,则《史通》之长也。以人为史之主、以褒贬为叙事之宗,则《史通》之短也。而其短之甚者,则有"载言篇"。谓宜于表志之外更立一书,若人主之制册诰令、群臣之章表移檄,收之纪传、悉入书部,题为"制册章表书"。盖混史与史料纂以为一,虽然史之体用,世未有定说。

《史通》成于距今千二百年前,而比之西洋晚近史学书更无有逊色。传曰徐坚读之叹曰:为史事者宜置此座右也。予亦与徐坚同感。

新见吉治当时直接受教于路德维希·里斯,以上文字是他在思考老师所传授的历史研究法与《史通》中所体现出来的历史研究法之间的对应关系之后写下的笔记,它不仅反映出当年日本学生理解西方史学的方法,而且展示出身处两种不同文化夹缝之间的人们的历史认识之形成过程,值得引起关注。

田中萃一郎与新见吉治的共同之处,就是他们对刘知几质疑圣人和批判先贤的行为没有感到丝毫的愤怒。到了他们那个时代,人们已经完全从将古代中国圣人奉为至上的文化氛围中走了出来。

实际上,田中萃一郎和新见吉治身上所表现出来的对于《史通》的态度是极少数派,因为在1890年代,日本的历史学研究法已经完全倒向了西方史学理论。这一时期出版的历史研究法著作,主要有后藤寅之助的《史学纲要》(东京专门学校,1896年)、浮田和民的《史学原论》(东京专门学校,1899年)等等。然而,在这些史学研究法著作中,根本看不到关于中国历史学的只言片语。换而言之,不仅传统的中国史学理论已经完全被排除在"史学概论"之外,而且《史通》也被进一步古典化,并最终成了学术研究的对象。

内藤湖南的《支那史学史》[①]一文,是将自己1919年至1921年间的上课讲义进行汇总整理后写成的。他在文中将传统的中国历史学列为"一个已经终结了的知识世界",也能以冷静的笔调展开

---

① 被收录于内藤湖南『内藤湖南全集』第11卷(筑摩书房,1969年)第167~172页。

395 对刘知几《史通》的评论,堪称是真正将刘知几作为古典化对象进行研究的第一人。自此之后,有不少提及刘知几及其《史通》的著作和论文面世,其相关论述几乎都是在中国史学史的文脉中展开的。1966 年,作为《史通》的日语全译本,增井经夫的《史通——唐代的历史观》出版。1989 年,作为集《史通》原文、日语阅读本(即按照日语的语序读解汉文的文本。——译者按)、译文、注释于一体的西胁常记所译《史通内篇》出版;2002 年,西胁常记所译《史通外篇》也得以出版。与此同时,专门研究《史通》的著述也相继问世。除了增井经夫《史通——唐代的历史观》一书中刊登的《史通》研究成果之外,大浜皓的《中国、历史、命运》(劲草书房,1975 年)、稻叶一郎的《中国的历史思想——纪传体考》(创文社,1999 年)、西胁常记的《唐代的思想与文化》(创文社,2000 年)等都堪称力作。这些成果表明,作为日本古典化对象的《史通》研究宣告完成。

十二、日本为什么没有产生历史理论?

在进入明治时代之前,自《古事记》和《日本书纪》以来,日本拥有千年以上的历史叙述传统,然而,却没有出版过一本出自日本历史学家之手的历史理论著作。

进入明治时代之后,在日本出版的历史理论著作可谓数目繁多。迄今为止,笔者阅读过的历史理论著作已达 18 种之多。除此之外,在各种杂志上发表的关于历史理论方面的研究论文同样数不胜数。然而,这些论著所涉及的历史理论,无一例外地都是关于近代西方(尤其是德国、法国和英国)历史理论的介绍,没有发现日本历史学家在历史理论方面所展开的原创性研究的成果。[①]

----

① 作为例外,有两部史学概论著作值得一提。一部是中山治一的《史学概论》(『史学概論』,学陽书房,1973 年),它的第一章题为"关于中国的史籍"、第二章题为"关于日本的史籍",从第三章开始是关于西方历史学的论述,无论是章节顺序的排列方式,还是相关内容的论述,堪称是一部独创性的史学概论。另一部是望田幸男、芝井敬司、末川清的《新史学概论》(『新しい史学概論』,松籟社,1991 年),它是一部将着眼点落实在"自己书写历史"这一行为之上所形成的史学概论著作,展示了大学历史教育的未来趋势。

与此同时,日本历史学界在这一时期开始出现"重新翻译"这一针对外来知识的接受方式。迄今为止,日本接受外来知识的方法就是研读和翻刻来自中国的汉文典籍,现在的新方法则是将以德语、法语、英语撰写的著作译成日语的口语。这种方法的变化是伴随着学习对象由中国文化向西方文化的转移而发生的。迄至明治时代,文言汉语是东亚世界的共同语;读汉文典籍并用汉文写作,这是日本的历史学家在当时的东亚国际环境中致力于文化事业的基本方式。在进入明治时代之后,日本的学者能够阅读和翻译外文著作,却只能用日文撰写自己的著作。这是日本学术环境发生的新变化,也标志着日本学术开始丧失了国际性。

396

在这样的历史背景之下,为什么日本就没有产生历史理论呢?

1. 对于明治时代之前的历史学家而言,《史通》并不像我们现在所感受的那样,是属于外国人的研究成果,而是共有一个相同的知识世界的自己人的理论体系。正是因为如此,面对刘知几频繁的辱圣行为,人们才会义愤填膺地表达出自己的愤怒之情。在笔者看来,这就是明治时代以前日本人之所以不曾撰写、甚至是不必撰写历史理论著作的原因。即使有人撰写,最多也就像以上曾介绍过的、山鹿素行在其《史类》中所表现出来的那样,其史学概论的形式基本上就是以中国历史典籍为主要内容的"史籍介绍"而已。

2. 另一个原因就是:以明治维新为界,日本的历史学将自己奉为楷模的历史学,从传统中国式的规范型历史学,转向了近代西方史学式的认识型历史学。

明治时代之后,介绍西方历史理论的著述之所以大量问世,西方历史理论著作之所以被翻译出版,就是因为日本学术的根本思路发生了变化。按照西方学术的思路,所谓学术就是要遵循应有的方法体系而展开。最早对这一点进行介绍和评论的,如前所述,就是西周的《百学连环总论》。他借用刘知几"才、学、识"的理论术语,对作为西方学术之根本的"体系"和"方法"进行了解释和说明。

397

就历史学而言,正如我们在本书第四章第一节和第二节中详细论述的那样,不仅外观形象发生了变化,即历史叙述的典范由中国变成了西方,而且历史研究本身也从具有规范性质的学问转变成了具有认识性质的学问。"认识型历史学",作为西方学术基础观念的一个组成部分而得以迅速兴起。

对"规范型历史学"而言,"认识"问题并不那么重要。只要有了一定的格式,就能撰写历史著作。因而在明治时代之前的历史学家看来,司马迁的《史记》或者班固的《汉书》等史书本身的有用性远远超过了刘知几的著作。具体而言,只要采用了《史记》和《汉书》的格式,自己也能书写日本的历史。在虎关师炼的《元亨释书》的"序说志"以及《本朝通鉴》的"凡例"中,这一点已经被明确地表现了出来。

刘知几的评论看上去似乎属于形式主义的思维方式,这是因为"规范型历史学"这一史学范型中的历史认识论,原本就只是作为历史叙述的形式主义而展开的。一般认为,形式主义不如认识论,这种看法大错特错。就近代西方式历史学的特点来看,他们认为应该先有认识,然后再从中引导出形式。与此相反,就刘知几的思考方式而言,他认为应该先有形式,然后再从中引导出认识。刘知几之所以能够展开关于历史编纂的研究,正是因为在他所生活的唐代之前,中国的历史叙述已经有了丰富多样的大量积累。可以这么说,如果作为历史评论之源泉的材料不够丰富的话,那就不可能根据形式来评论认识的问题。

有鉴于此,笔者以为:在西方文化的环境中,由形式引导出认识这一知性行为,只有帕诺夫斯基的《象征主义研究》(1962年)在相关材料最为丰富的美术史领域里才能进行首次尝试。形式包含了认识,认识是完成形式之前阶段的思考,所谓再认识则是创建新的形式。

尽管刘知几的评论一直受到人们的责难,但是一旦在形式主义之中展开认识论方面的讨论,就不可避免地会走到辱圣或者侮贤这一步,因而既然刘知几敢于继续下去,他的评论也就只能遭受负面的评价。刘知几在"自叙传"中列举了《淮南子》、《法言》、《论衡》、《风俗通》、《人物志》、《典语》、《文心雕龙》等典籍,并声言自己

398

也属于这一思想系统。他所列举的这些书籍都是由一些不拘常理、站在自己的立场上观察事物、具有批判精神的学者们展开独特评论的著作。具体而言,他们都是展开认识论方面讨论的学者,也因此而在后世遭受到与刘知几同样的批判。换言之,他们不是那种拘泥于既有学科体系的"学科优先型"学者,而是属于坚信"学问在我"的认识先导型,即为了解决新问题而敢于超越既有学科体系的"问题优先型"思想家行列。林读耕斋就应该被列入与这个思想家谱系文脉相连的少数派日本学者之中。

3. 正如以上所述,日本的历史学作为中国的派生历史学自 8世纪开始发端。直至明治维新为止,它的中心是中国;明治维新之后,它的中心转到了欧洲。日本的历史学家们因此而对发生在中心的事情非常敏感,而这种敏感反过来又培养了他们富于进取的秉性。

为了探索关于《史通》的评论,我们阅读了林鹅峰和林读耕斋的文集。在这一过程中,我们实实在在地感受到了参与由德川幕府官方主持的日本通史——《本朝通鉴》编纂工作的历史学家兄弟的气魄,以及他们善于吸收中国最新的历史知识,并尝试着将其贯彻到自己的历史编纂工作中去的闯劲。林鹅峰读完了刚传到日本不久的《历史纲鉴补》之后,马上就将"历史"这一新名词写进了书信之中,我们从中再一次强烈地感受到了他的不懈进取的精神。

在幕府末期至名明治初期致力于介绍西方史学的历史学家们身上,笔者也感受到了与林氏兄弟同样的进取精神。他们通过阅读德语、法语以及英语等外文著作学习最新的历史研究法,继而以这些书籍为蓝本进行著述、或者将它们翻译成日语出版。他们中的有些人甚至到德国、法国、英国等欧洲国家去留学,然后将学到的最新知识带回日本进行传播。

1970 年代之后,有一批历史学家积极地致力于介绍法国、德国、英国的社会史研究状况,接二连三地将"总体史"、"心态史"、"历史人类学"、"深层次的历史"等新兴的历史研究领域引入日本史学界,极大地改变了日本历史学家们的既有观念,在他们身上体

399

现出了历史研究领域中最新最近的进取精神。

仅就历史研究而言,尽管学术中心已经从中国转到了欧洲,日本的历史学家们依然富于进取精神,一如既往地保持着这种追求学术新高度的精神面貌。然而与此同时,这种不断进取的精神却又延缓了日本原创的历史理论的诞生。

后　记

　　许多文化都由两种构成要素,即所谓"绝对的存在和相对的存在"、或曰"完全的东西和不完全的东西"、抑或"不动的东西和可动的东西"所组成。许多文化都不懈地向尊奉全知全能之神的启示宗教,追求着超越人、超越认知、超越时空而持续不变的、终极的不动摇的绝对存在。因此,在这样的文化之中,人们会经常提出一些重新解释过去的新观点,重新撰写历史也成为可能。可以这样说,历史只不过是认识的一种方法而已。与此相反,不具备启示宗教的东亚文化却致力于从历史中寻求人们所依存的绝对因素。因此,历史成了带有规范性质的东西,一种具有权威性且不容许改写的历史文化在东亚社会逐渐形成。

　　通过对世界各国的现行宪法进行比较,就可以清楚地看到各个不同的文化将自己的绝对性依据置于何处。许多国家的宪法前言都会述及其依法统治的终极由来,"国民主权"这种堪称自我完善式的表述,几乎已经成为其中的共同要素。与此同时,许多国家的宪法前言在此基础上还会涉及另外一些因素。具体而言,属于基督教文化圈的国家的宪法前言几乎都要提及全知全能的上帝,属于伊斯兰文化圈的国家的宪法前言必定会提及安拉神。

　　与此形成对比的是,属于东亚文化圈的国家的宪法前言都提及历史。中华人民共和国宪法(1982 年版)的序言始于"中国是世界上历史最悠久的国家之一"的表述,大韩民国宪法(1987 年版)的前言始于"闪耀着悠久历史与传统光辉的我大韩民国……"的描述,越南社会主义共和国宪法(1992 年)的前言则始于"在数千年的历史长河中,越南人民为了建设祖国和保卫祖国……"的陈述。另外,这些东亚国家的宪法前言还有一个共同特征,就是毫无例外地没有提及宗教。现行的日本国宪法的前言中没有出现"历史"的字样,这可能是由于它诞生于联合国军占领时期的缘故吧。

东亚世界自两千年以前起就开始从历史中寻求绝对存在,构建起了以历史为核心的文化,这种思维方式至今未曾改变。

从历史中寻求宪法依据的最新宪法,当属南非共和国宪法(1996年完成制定)。该宪法的前言始于下列文句:"我们南非的国民承认我们过去的非正义,尊崇那些为了在我们国土上实现正义和自由而蒙受苦难的人们……"历史未必都能给予人们正面的认同感。在南非共和国,对历史的发掘越是深入,历史教育越是普及,作为国民的认同感就越是变得不稳定。然而,这个国家的宪法却尝试着从承担过去的一切历史这一立场出发开创未来。如何构筑扎根于历史(而不是启示宗教)的文化,这是今后全世界将要面对的课题。

古代希腊-罗马文化与希伯莱文化的融合趋势始于14世纪的意大利,经历了大约500年之后,欧洲诞生了现代历史学。东亚社会开始在传统的中国型历史学的基础上接受近代西方史学,仅仅只过去了150年。规范的历史学与认识的历史学,这两种不同的历史学走向融合,进而产生一种新型的历史学,也许还需要经历数百年。然而,即使再需要数百年,其间或许会产生的新型历史认识方法,即"人类对于过去的态度"对于人类而言必定是无可替代之物,笔者对此坚信不疑。因为历史不是关于记忆的作业,而是启发灵魂的事业。

411

         *   *   *   *

笔者经常听到有人这样问道:是什么样的情由让你对研究历史认识感兴趣的?你生活在日本,却为什么总是到国外去发表自己的研究成果?仔细想来,这些问题确实值得深思。笔者在日本的大学里没有开设任何诸如"历史理论"或者"历史哲学"等关于历史认识方面的课程,甚至连教授的职位都没有。与此同时,自然科学领域的情况暂且不论,仅就历史学领域而言,频繁地活跃在海外学术界的日本学者并不多见。因此,笔者决定详细地介绍一下自己走上这条学术研究道路的历程,并顺便交代一下本书所收论文的成文经过,同时也以此向长期以来倾听自己成果发表的各位人士表达由衷的谢意。

笔者之所以要写自己迄今为止的学术历程是有理由的。这来源于我们出生于战后生育高峰期的这一代人,从 1960 年代至 1970年代所接受的学术观。具体而言,就是这样一种观点:所谓学术是一种与个人相分离的存在,要成为学者就必须消灭此前作为个人的经验、将自己全身心地投入到该学术体系之中去,只有这样才可能从事客观的和科学的学术研究。笔者对这种学术观持反对态度。在学术研究过程中,尤其是在人文社会科学领域中,研究者本身的全部经验如果不能体现在其学术活动之中,就不能获得能够对世界有所贡献的研究成果。所谓“消灭自我”这样的想法,只不过是生活于专事“介绍学术”和“进口学术”时代的人们的一种信仰而已。只有积极地运用各自不同于他人的独特经验,才能够完成独创性研究。并非因为有了学术才有个人,而是因为有了个人才有学术。

让我们再换一个角度讨论这个问题。笔者经常与本科生和研 412究生进行以下这样的问答交流。当笔者问及“你正在学习什么”的时候,许多学生就回答说“哲学”或者“历史”之类的;当笔者接着问及“历史中学习什么历史”的时候,学生就会回答说“西洋史”或者“经济史”等等;如果笔者继续问到“能不能说得再具体一点儿”的时候,学生的回答就是“英国中世纪史”或者“日本近代史”等等。学生的这种回答方法,实际上已经将自己的学习由既有的学术框架深入到了学术内部。这是拘泥于既有学科体系的“学科优先型”思考方法。

与此相对应的,所谓“问题优先型”思维方法,应该是从一开始就正面提出自己感兴趣的问题,然后再作出回答。针对“你正在学习什么"这一问题,回答方法或许是这样的:"为什么在许多文化中都认定人从 20 岁开始才算成人? 我正在研究这个问题。"这种思维方法孕育着该研究往多样化方向扩展的可能性,也蕴藏着超越诸如历史学或者法学等等既有学科框架体系的趋势。然而,从世界范围来看,这可是极其自然的想法。

笔者本身从"为什么人会局限于过去"这一问题优先型思维方法出发,对学术研究产生了兴趣。这种产生兴趣的方法使得笔者的学术研究历程呈现出与人不同的情形。从大学本科到研究生,笔者的学习专业尽管从经济学转到了哲学、再转到了历史学,对学术研究的兴趣却始终如一。在没有设置历史系的日本大学里,要想坚持"问题优先型"研究风格,这个人本身就必须不停地转系或转专业。

笔者对历史认识研究产生兴趣的直接契机,是 1968 年 2 月,当时身为庆应义塾大学经济学系二年级学生的笔者被书名所吸引而阅读的约翰·赫伊津哈所著《中世纪之秋》一书。在此之前,笔者头脑中的"历史"这门学问,就是寻求事物的起源和探索其发展历程的专业学问。然而,当笔者读完这部专门叙述西欧中世纪在文艺复兴运动中走向终结的专著之后,第一次知道了关于历史的各种观点和研究方法。

因为对赫伊津哈《中世纪之秋》的印象太深刻了,所以大学三年级开始选修专业讨论课的时候,笔者决定参加速水融教授主持的日本经济史讨论班。速水讨论班规定:每位参加者每星期必须阅读一本自己感兴趣的书,并且写出书面报告,作为每次讨论课发言的主题。随着这种主题的不断积累,笔者逐渐地感觉到自己的兴趣不在于历史事实本身,而是更想了解"历史是什么"之类的内容。实际上,这就是所谓"为什么人会局限于过去"这一关于历史认识的问题。

自那时起直至今日,在这 35 年的时间里,笔者始终仰赖于速水教授的细心指导。本书第二章第一节《从历史理论的角度看人类的纪年意识》中的一部分和第三章第二节《西洋的补充概念——东

413

洋》等篇章的内容,笔者都曾经在国际日本文化研究中心速水教授所主持的"历史意识与历史认识——日本的历史研究"这一共同研究的大会上做过专题报告。

　　1960年代后半期至1980年代前半期,关于历史认识论的研究,是作为科学哲学的一个组成部分在哲学家们中间(而不是历史学家)展开的。在当时的历史认识论研究中,"历史是不是科学"这个问题堪称世界性核心课题。在这样的学术氛围之中,笔者参加了持丸悦郎教授主持的科学方法论研讨班,学习了卡尔·亨普尔以及鲁道夫·卡尔纳普的科学哲学。

　　神山四郎教授是那个时代日本大学中唯一的一位历史哲学方面的专家,当时就执教于庆应义塾大学文学部。笔者希望晋升研究生课程专攻历史认识论,因而前往神山教授的研究室商谈有关升学的事宜,孰料神山教授明言道:你首先要到哲学系去扎扎实实地学一学哲学,然后再到历史系来学习历史。于是,笔者从经济学系毕业之后,1970年升入庆应义塾大学大学院哲学专业的硕士课程,师从泽田允茂教授。在哲学系的研究生课程期间,除了学习科学哲学之外,还从科学哲学的角度研究了"何为历史解释"这个问题。本书第六章《历史学中"解释"的构造》就是在当时研究的基础上完成的。

　　1972年,笔者如愿进入庆应义塾大学大学院的西洋史学专业的博士课程,师从神山教授学习西方历史哲学和西方史学史。与此同时,笔者还利用了4年的业余时间,在金泽大学增井经夫名誉教授的指导下精读了《史通》,学习了诸多有关中国史学史和史学理论方面的知识。笔者所知道的中国史学史方面的知识几乎全都是拜增井教授所赐。

　　通过大正时期著名的历史学家田中萃一郎,笔者认识了增井教授。1972年,在庆应义塾大学图书馆举行了"纪念田中萃一郎博士逝世50周年资料展",田中教授的"史学研究法"讲义也是其中的展品之一。笔者在获得田中教授亲属的许可之后复印了整本讲义,并认真地阅读了全文。通过这部讲义,笔者知道了田中萃一郎

414

这位试图融合中国史学理论和西方史学理论的杰出历史学家,也知道了刘知几《史通》的存在。本书的第七章第二节《作为历史学家的田中萃一郎》,就是笔者试图深入探讨田中萃一郎所构想的历史学的具体成果。

当笔者知道了增井教授就是日语版《史通》的译者之后,立即给教授写了一封信,要求前往拜访。因为当时增井教授已经退休回到了东京,所以笔者获得许可后立即在教授指定的时间里如约前往。一见面,增井教授说的一段话让笔者至今记忆犹新:"我没想到在有生之年还能见到对刘知几感兴趣的人,竟然还是在阅读了我所尊敬的田中萃一郎先生的著作之后才知道刘知几的,真是令人高兴。"对笔者而言,增井教授这种以长时间间隔的方式考虑事物的时间感觉充满了魅力。

继《史通》之后,笔者知道了章学诚的《文史通义》,进而又被引415 入了郑樵的《通志》,并对梁启超的《中国历史研究法》产生了兴趣。于是,心底深处开始萌发了这样的学术疑问:为什么中国能够产生并持续存在着高度发达的历史理论和历史认识?尽管如此,这个传统的中国型历史学却又为什么会从19世纪下半叶开始被近代西方历史学所取代?从与中国和欧洲这两大历史学的关联中,究竟应该如何为日本的历史学定位?这个问题也就是本书的背景旋律。本书第五章《关于历史学中既成认识的再认识》,就是将这一时期的研究成果进行汇总之后形成的。第七章第三节的标题"《史通》在日本的传承——日本为什么没有产生历史理论?"实际上就是自那以后的30年间一直念念不忘的研究主题,至此才正式动笔写成。

在迄今为止的30年中,伊利诺伊大学的罗纳德·托比教授一直是笔者在学术研究方面的良师益友。笔者与托比教授的首次相识也是在这个时期。托比教授是日本近世史专家,他考察日本历史时的独特切入点,总是让笔者感到新奇。1993年,他为笔者提供了在伊利诺伊大学发表研究成果的机会,也就有了本书第三章第一节《日本型世界认识的历史图像学》的一部分内容。1994—1995

年,在他的安排之下,笔者被伊利诺伊大学聘为国际交流基金派遣教授,赴该大学讲授"The Culture of Historical Writing：Japan in Comparative Perspective"这门课程。在讲授该课程的过程中,笔者脑海中初步形成了本书的整体构思。另外,本书的第四章第三节《历史教育中的知识与思考》之所以能够被整理成为一篇像样的论文,也极大地受惠于笔者与托比教授之间关于日本锁国政策的讨论。

　　从庆应义塾大学的博士研究生课程毕业的第二年,即 1976 年,笔者获得了国际扶轮社财团的奖学金,得以前往英国剑桥大学的研究生院留学。从那以后,与日本国内的学者相比,笔者在学术研究方面更多地受惠于海外的学者。获得奖学金的时候,笔者因感佩于《大滴定：东西方的科学与社会》一书所讨论的时间理论,于是直接给该书作者李约瑟博士写信,说明了自己去剑桥大学研究生院进行研究工作的计划,并希望能够得到博士的指导。李约瑟博士立即回信表示接受,笔者因此而度过了记忆深刻的留学生活。后来,笔者每次重返剑桥都会去拜访李约瑟博士,向他汇报自己的研究状况。在留学期间,笔者同时还经常得到以学术著述精力充沛而闻名的罗伊·波特博士(后为伦敦大学教授)的激励。另外,也就是在这个时期,笔者开始了与大卫·麦克马伦教授以及彼得·伯克教授之间的学术交流。本书的第四章第一节《认识的历史学与规范的历史学》,就是诞生于以伯克教授为中心、在德国召开的学术会议上的一篇论文。

　　劳伦斯·范德尔博斯特勋爵是一位始终关注着笔者在学术道路上进步和成长的贵人。1976 年,笔者因其著作的日语翻译事宜,拜访了劳伦斯勋爵位于伦敦的府邸,从此开始了我们之间的学术友谊。他对笔者的研究表现出了极大的兴趣,此后我们之间就有了频繁的书信往来。劳伦斯勋爵的信函意味深远、文体独特而优美,充满了思辨的和哲学的智慧,笔者可谓受益匪浅。即使现在,每当重读这些书信的时候,都会产生一种温故而知新的感觉。1983 年,劳伦斯勋爵在其奥尔德堡的别墅里招待了笔者。笔者刚

416

一进大门，就听见他一边说着"这段文字对你很重要"，一边从身旁的笔记本上撕下一张纸递了过来。纸上用铅笔抄录了 T. S. 艾略特诗集《四个四重奏》中的一节：

> 没有历史的国民无法得到时间的补偿，因为历史就是无时间之诸瞬间的一个模型。（A people without history is not redeemed from time，for history is a pattern of timeless moments.）

417   "时间是不会流逝的积累"——这是笔者对历史时间的理解，这一节诗文给笔者的这种理解方式带来了无限的自信和勇气。许多论及时间问题的哲学书籍，理所当然地采取了"时间是流逝的"这种表述方式。从其"不倒退"或者"不重复"这种意义上说，或许可以这样说。然而，谁也无法从"堆积着的过去"这一现实中逃脱。在笔者看来，这就是历史，它增加了我们智慧的厚度。本书第二章《人类是如何认识历史时间的》中的许多内容，都是从与劳伦斯勋爵的谈话中获得启示而写成的。

笔者的学术研究视野得以扩展，有赖于与担任国际历史理论及史学史学会会长的纽约州立大学教授格奥尔格·伊格尔斯和担任艾森高等研究所所长的约恩·吕森教授的相识。

1990 年 8 月，笔者出席了在西班牙马德里召开的第 17 届国际历史学大会，并递交了《中国史学与西方史学在近代日本的邂逅》这篇论文的英文版，现已成为本书第七章的第一节。大会开幕前一天的下午，笔者在作为会场的马德里大学总部大楼对面的楼梯上遇见了一位德国人。在听完笔者的自我介绍之后，那位德国人说道："我叫格奥尔格·伊格尔斯，我可知道你哟。"我们就冒着 40 度的炎热，坐在位于大楼背阴处的楼梯上交谈了起来。他之所以知道笔者的名字，是因为曾经审阅过笔者投给某历史杂志的稿子。接着又说道："你的论文写得很好，可以说是我今年读过的论文中最好的一篇。只是你投稿的那家杂志现在处于延期出版的状态，不知道你的论文到底什么时候才能发表,所以不如改投《历史与理论》(*History and Theory*)吧。"第二年,那篇论文就被作为《历史与理论》杂志第 30 卷第 3 期的卷首文章发表。笔者至今觉得自己在这一生中再也写不出那样好的论文了。本书的第二章第一节《从历史理论的角度看人类的纪年意识》,就是这篇英文论文的日文版。自此之后,笔者与伊格尔斯教授每年都能在国际会议或者学会的理事会上见面,他对笔者每一篇用英文发表的论文都会认真地阅读并提出批评,是一位非常难得的学术知音。

418

笔者与约恩·吕森教授的初次见面,是 1991 年向他呈送自己发表在《历史与理论》杂志上的论文单册的时候。笔者当时正在剑桥大学的丘吉尔学院进行客座研究,曾向多人呈送过该论文的单册,只有吕森教授对论文提出了直率的批评,并寄来了他自己的论文单册。没想到这世界上还真有吕森教授这样的、连作者的面都没见过却如此认真地阅读其论文的人。不仅如此,他还趁笔者在英国逗留期间,邀请笔者前往他自己所在的比特菲尔德大学进行学术访问。笔者第一次去拜访他的时候,我们二人交谈了一整天都没有感到倦乏。从那以后,我们不仅互相出席对方主办的国际会议,还一起参加第三方主办的国际会议,每年都有 3 次到 5 次的见面机会。时至今日,我们每次见面都会不知厌倦地讨论相关问题。本书的第一章第一节《"历史"一词的诞生及其概念的变迁》、第四章第一节《认识的历史学与规范的历史学》以及第四章第二节《东亚历史学的原型》的一部分内容,都曾经在吕森教授主办的历史哲学国际会议上发表过。

在学术界存在着两种类型的学者,一种是专注于撰写研究论文和学术专著的专一型人才,另一种是热心于组织国际会议或者国际研讨会,进而促进学术交流的两栖型人才。这两种人才缺一不可,否则就不可能有学术的发展和进步。在当今世界范围内的历史认识论研究领域里,每年多次组织召开国际会议或国际研讨会、邀请世界各地的历史学家齐心协力地创造历史认识论研究的新趋势,已经成为吕森教授的使命。在举办国际会议或国际研讨会的过程中,最重要的工作就是筹集会议经费。笔者从速水教授和吕森教授那里懂得了国际会议和会议经费对学术研究的重要性,也知道了仅凭个人的努力是无法举办国际会议的。笔者本人虽然只举办过 5 次国际会议,但是心里明白,自己之所以能够在日本举办有海外学者参加的国际会议,都是因为有了 1970 年代以来日本经济实力的增长。正是由于自己那些同龄人的努力奋斗成就了日本经济的发展,因而才有了日币的强劲,每念及此,笔者心中总是充满着感激之情。

　　鲁道夫·利泽玛博士是一名荷兰的东方学者。作为埃拉诺斯大会的主办人,他为笔者提供了大会演讲的机会,并给予笔者诸多学术方面的启示。埃拉诺斯大会是在瑞士一个叫作阿斯科纳的小镇举行的学术会议,始于 1933 年,讨论范围涵盖了宗教、神话、哲学、历史等多个领域。1997 年,笔者应邀前往剑桥大学教育系作关于日本历史教育的讲演。在讲演预定日期的前几天,笔者从网上得知今年埃拉诺斯大会的主题是"历史与萨满教",就立刻给大会筹备组发传真申请参加。不久收到筹备组的回复传真,直接问道:"你是什么人?"于是,笔者就将自己的履历表和与大会主题相关的论文单册寄给了筹备组。这次收到的回复是:"请您出席这次大会,但不是仅仅作为一名听众,请您将寄来的论文内容在大会上做一次讲演怎么样?"埃拉诺斯大会是在心理学家荣格的领导下发起并发展起来的,到了笔者这一代,从大学时代开始与伊斯兰学专家井筒俊彦的名字一起进入了我们的记忆之中。一到埃拉诺斯庄园,笔者就迫不及待地前往利泽玛博士府上拜访。1918 年出生的利泽玛博士当时已是 79 岁高龄,他的家位于庄园的二层楼,站在窗口一眼望去,马焦雷湖的美景尽收眼底。握手寒暄后,他开口直言道:"我就是在等候像你这样的人。到我这里来的亚洲人都是通过什么人介绍而来的。我要等候的人,就是像你这样主动与我取得联系、主动通过传真发论文、并且单身独闯我家的人。欢迎你的到来。"此后,笔者每次去参加埃拉诺斯大会的时候,都会从利泽玛博士那里了解到有关荣格的思想、古代中国哲学、荷马的观念以及

419

神秘主义等等以前所未知的知识世界。本书的第二章第一节《从
历史理论的角度看人类的纪年意识》、第三章第一节《日本型世界　　　420
认识的历史图像学》以及第四章第二节《东亚历史学的原型》等篇
章中的部分内容,都来自于笔者在埃拉诺斯大会上发表的论文。
尤其是其中的第四章第二节,是笔者运用埃拉诺斯式透视法及其
词汇写成的,虽然还很不完善,但是在关于历史认识的东西方比较
研究方面,也不失为一次前无古人的大胆尝试。

　　布加勒斯特大学的卢奇安·波伊亚教授、巴黎大学的维拉·德
洛菲娃、里希特曼教授以及金暎惠女士,是笔者走上关于历史空间
认识研究之路的引路人。自从 1991 年在法国布洛瓦召开的国际
符号学大会上就"世界地图的中心"这一主题作了讲演之后,笔者
连续 9 次在各种国际学术大会上作了与这一主题相关的讲演。
1996 年,笔者在此前这些研究的基础上撰写了题为《想象的周
边——日本人地理想象力之中的世界及其居民们》(Imagined
Peripheries: The world and its people in Japanese cartographic
imagination)的英语论文,并给巴黎的联合国教科文组织出版发行
的 Diogène 杂志投了稿,现在已作为第三章第一节《日本型世界认
识的历史图像学》而被收入本书。论文稿寄出去的一周之后,接到
了来自巴黎的电话,大致意思如下:一个月之后,联合国教科文组
织本部将要以"我们是什么"为主题召开一次哲学研讨会,你投给
Diogène 杂志的论文内容与本次研讨会的主题十分吻合,请务必到
会并作大会发言。这是笔者经历过的规模最大的国际学术会议,
留下了非常深刻的印象。于是,笔者强烈地感觉到:关于历史空间
的讨论似乎与法国有着某种异乎寻常的密切关系。

　　历史认识这一主题,既是历史理论研究的一个领域,同时也是
历史教育领域中的一个中心课题。国际历史教育学会前会长卡
尔·佩莱恩兹教授不断地呼吁全世界的专家学者尽可能参加该学
会的年会,连续为历史教育研究者们提供了交流的机会。笔者在
这个学会的会议上结识了纽伦堡大学的伊丽莎白·埃尔德曼教授　　421
(现任国际历史教育学会会长)、罗马大学的卢伊吉·卡亚尼博士、

莫斯科大学的艾菲姆·皮伏瓦教授等友人,与他们的每一次相逢,都会使笔者收获新的学术启迪。本书的第二章第二节《被视觉化的时间与被共时化的时间》,就是 2001 年国际历史教育学会在里昂大学召开的年会上讲演的内容。另外,第四章第三节《历史教育中的知识与思考》,则是笔者与剑桥大学的马丁·布斯博士共同主持的"历史教育日英比较项目"之下的成果。

在迄今为止的学术研究生涯中,笔者得到了来自多方面的帮助。笔者在担任第 19 届国际历史学大会奥斯陆全会的主持人期间,得到了东京外国语大学二宫宏之教授的鼎力相助。山梨大学的小野浩名誉教授 20 多年来与笔者共同承担了指导学生毕业论文的工作,在这个过程中,笔者从小野先生那里学到的东西比写论文的学生还要多。从自己毕业的庆应义塾大学的各位先生那里,笔者同样也获得了丰厚的学术恩泽。松原秀一名誉教授使笔者懂得了如何享受学问的乐趣,铃木公雄教授总是牵挂着笔者的研究进度和状况,高宫利行教授自从剑桥大学的同学时代以来,一直在公私各个方面给予笔者极大的帮助。另外,田代和生教授为笔者提供了 2001—2002 年度在大学院给研究生上课的机会,使笔者能够将本书的构想与研究生们一起进行了讨论。

雅典大学的安东尼斯·利亚科斯教授,既是本书第一章第二节《Historiology 和 Historiography》内容的知音,同时也提出了宝贵的建议。在中国史学史方面,自增井教授逝世以后,纽约市立大学的李弘祺教授、罗文大学的王晴佳教授以及艾森高等研究所的阿希姆·米塔克教授就成了笔者的请教对象。南非的斯坦陵布什大学高等研究所所长伯纳德·拉泰甘教授让笔者懂得了这样的道理:过去未必能向我们提供积极的民族认同感。

422　　有一位朋友使得笔者总能保持着广阔的学术视野。曾经的剑桥大学莫德林学院的同事、现任奥尔德·多米尼昂大学教授的科尔姆·霍艾兰博士,每次见面的时候,都会向笔者传播一些理论物理学领域里关于时间理论的最新动向。他的夫人阿古恩雅希卡·霍艾兰教授是一位美术史专家,致力于"庭院中所见被象征化了的历史"这一独特主题的研究，也总是能让笔者一窥前所未闻的历史认识领域。

以上所述是笔者迄今为止在历史认识论研究方面的学术历程，以下所述则是笔者希望向有意于阅读本书的年青一代传达的人生体验。经常怀揣着某些人的介绍信去拜访不认识的人，这种做法被视为日本人的礼貌和好习惯。然而，尤其在国际性学术世界里，自己的研究成果就是介绍信，也就是不断地开拓自己的学术世界的唯一武器。回首往事，笔者迄今为止总是自己主动与对方取得联系，或者直接前往拜访。无论是李约瑟博士、劳伦斯勋爵、伊格尔斯教授，还是吕森教授、利泽玛博士，没有一个人是笔者拿着介绍信去结识的，而且每一个人毫无例外地都接纳了一个不认识的来访者。他们以自己的实际行动告诉了我们一个道理：在学术面前人人平等，在学术面前互相真诚。尽管笔者自身并没有意识到这一点，或许正是这种无拘无束的学术环境促使笔者没有选择在国内而是选择了在海外开展研究活动的学术道路。

在本书出版的过程中，受到了各方面专家人士的鼎力相助。

在中国史学理论以及古汉语的翻译方面，承蒙关西学院大学文学部稻叶一郎教授予以校阅和订正，并提出诸多宝贵建议，在此深表谢意。

在书稿的校正阶段，承蒙松阪大学政策学部高桥裕一副教授仔细阅读书稿，订正多处误记、修正多处不确切的表述，在此表示感谢。另外，还要感谢山梨大学教育人间科学部的服部一秀副教授和庆应义塾大学文学部的非常勤讲师仓持隆老师在书稿的校阅、勘误以及建议等方面给予的大力协助。

最后，对于本书的成书而言，最为重要的人物当属伊利诺伊大学的罗纳德·托比教授。他不仅帮忙将笔者以前所写的英语论文翻译成日语，而且还建议笔者将这些研究成果汇集成书出版，并介绍笔者认识了知泉书馆的小山光夫社长。

笔者迄今为止的研究成果能够以现在这样的形式面世，离不开小山光夫社长的勉励和编辑部高野文子女士的支持。

423

　　另外，本书由独立行政法人日本学术振兴会 2003 年度科学研究费补助金（研究成果公开促进费）赞助出版。

佐藤正幸

2004 年 2 月

上海三联人文经典书库

已出书目

（上、下） ［美］亨利·富兰克弗特　著　郭子林　李　岩　李凤伟　译

15. 《大学的兴起》　［美］查尔斯·哈斯金斯　著　梅义征　译

16. 《阅读纸草，书写历史》　［美］罗杰·巴格诺尔　著　宋立宏　郑　阳　译

17. 《秘史》　［东罗马］普罗柯比　著　吴舒屏　吕丽蓉　译

18. 《论神性》　［古罗马］西塞罗　著　石敏敏　译

19. 《护教篇》　［古罗马］德尔图良　著　涂世华　译

20. 《宇宙与创造主：创造神学引论》　［英］大卫·弗格森　著　刘光耀　译

21. 《世界主义与民族国家》　［德］弗里德里希·梅尼克　著　孟钟捷　译

22. 《古代世界的终结》　［法］菲迪南·罗特　著　王春侠　曹明玉　译

23. 《近代欧洲的生活与劳作（从 15—18 世纪）》　［法］G. 勒纳尔　G. 乌勒西　著　杨　军　译

24. 《十二世纪文艺复兴》　［美］查尔斯·哈斯金斯　著　张　澜　刘　疆　译

25. 《五十年伤痕：美国的冷战历史观与世界》（上、下）　［美］德瑞克·李波厄特　著　郭学堂　潘忠岐　孙小林　译

26. 《欧洲文明的曙光》　［英］戈登·柴尔德　著　陈　淳　陈洪波　译

27. 《考古学导论》　［英］戈登·柴尔德　著　安志敏　安家瑗　译

28. 《历史发生了什么》　［英］戈登·柴尔德　著　李宁利　译

29. 《人类创造了自身》　［英］戈登·柴尔德　著　安家瑗　余敬东　译

30. 《历史的重建：考古材料的阐释》　［英］戈登·柴尔德　著　方　辉　方堃杨　译

31. 《中国与大战：寻求新的国家认同与国际化》　［美］徐国琦　著　马建标　译

32. 《罗马帝国主义》　［美］腾尼·弗兰克　著　宫秀华　译

33.《追寻人类的过去》 [美]路易斯·宾福德 著 陈胜前 译

34.《古代哲学史》 [德]文德尔班 著 詹文杰 译

35.《自由精神哲学》 [俄]尼古拉·别尔嘉耶夫 著 石衡潭 译

36.《波斯帝国史》 [美]A.T.奥姆斯特德 著 李铁匠等 译

37.《战争的技艺》 [意]尼科洛·马基雅维里 著 崔树义 译 冯克利 校

38.《民族主义:走向现代的五条道路》 [美]里亚·格林菲尔德 著 王春华等 译 刘北成 校

39.《性格与文化:论东方与西方》 [美]欧文·白璧德 著 孙宜学 译

40.《骑士制度》 [英]埃德加·普雷斯蒂奇 编 林中泽 等译

41.《光荣属于希腊》 [英]J.C.斯托巴特 著 史国荣 译

42.《伟大属于罗马》 [英]J.C.斯托巴特 著 王三义 译

43.《图像学研究》 [美]欧文·潘诺夫斯基 著 戚印平 范景中 译

44.《霍布斯与共和主义自由》 [英]昆廷·斯金纳 著 管可秾 译

45.《爱之道与爱之力:道德转变的类型、因素与技术》 [美]皮蒂里姆·A.索罗金 著 陈雪飞 译

46.《法国革命的思想起源》 [法]达尼埃尔·莫尔内 著 黄艳红 译

47.《穆罕默德和查理曼》 [比]亨利·皮朗 著 王晋新 译

48.《16世纪的不信教问题:拉伯雷的宗教》 [法]吕西安·费弗尔 著 赖国栋 译

49.《大地与人类演进:地理学视野下的史学引论》 [法]吕西安·费弗尔 著 高福进 等译 [即出]

50.《法国文艺复兴时期的生活》 [法]吕西安·费弗尔 著 施诚 译

51.《希腊化文明与犹太人》 [以]维克多·切利科夫 著 石敏敏 译

52.《古代东方的艺术与建筑》 [美]亨利·富兰克弗特 著 郝

海迪　袁指挥　译

53.《欧洲的宗教与虔诚:1215—1515》　[英]罗伯特·诺布尔·
斯旺森　著　龙秀清　张日元　译

54.《中世纪的思维:思想情感发展史》　[美]亨利·奥斯本·泰
勒　著　赵立行　周光发　译

55.《论成为人:神学人类学专论》　[美]雷·S.安德森　著　叶
汀　译

56.《自律的发明:近代道德哲学史》　[美]J. B.施尼温德　著
张志平　译

57.《城市人:环境及其影响》　[美]爱德华·克鲁帕特　著　陆
伟芳　译

58.《历史与信仰:个人的探询》　[英]科林·布朗　著　查常平
译

59.《以色列的先知及其历史地位》　[英]威廉·史密斯　著　孙
增霖　译

60.《欧洲民族思想变迁:一部文化史》　[荷]叶普·列尔森普
著　周明圣　骆海辉　译

61.《有限性的悲剧:狄尔泰的生命释义学》　[荷]约斯·德·穆
尔　著　吕和应　译

62.《希腊史》　[古希腊]色诺芬　著　徐松岩　译注

63.《罗马经济史》　[美]腾尼·弗兰克　著　王桂玲　杨金龙
译

64.《修辞学与文学讲义》　[英]亚当·斯密　著　朱卫红　译

65.《从宗教到哲学:西方思想起源研究》　[英]康福德　著　曾
琼　王涛　译

66.《中世纪的人们》　[英]艾琳·帕瓦　著　苏圣捷　译

67.《世界戏剧史》　[美]G.布罗凯特　J.希尔蒂　著　周靖波
译

68.《20世纪文化百科词典》　[俄]瓦季姆·鲁德涅夫　著　杨明
天　陈瑞静　译

69.《英语文学与圣经传统大词典》　[美]戴维·莱尔·杰弗里
(谢大卫)主编　刘光耀　章智源等　译

70.《刘松龄——旧耶稣会在京最后一位伟大的天文学家》 〔美〕
斯坦尼斯拉夫·叶茨尼克 著 周萍萍 译

71.《地理学》〔古希腊〕斯特拉博 著 李铁匠 译

72.《马丁·路德的时运》〔法〕吕西安·费弗尔 著 王永环
肖华峰 译

73.《希腊化文明》〔英〕威廉·塔恩 著 陈 恒 倪华强 李
月 译

74.《优西比乌：生平、作品及声誉》〔美〕麦克吉佛特 著 林中
泽 龚伟英 译

75.《马可·波罗与世界的发现》〔英〕约翰·拉纳 著 姬庆
红译

76.《犹太人与现代资本主义》〔德〕维尔纳·桑巴特 著 艾仁
贵 译

77.《早期基督教与希腊教化》〔德〕瓦纳尔·耶格尔 著 吴晓
群 译

78.《希腊艺术史》〔美〕F. B. 塔贝尔 著 殷亚平 译

79.《比较文明研究的理论方法与个案》〔日〕伊东俊太郎 梅棹
忠夫 江上波夫 著 周颂伦 李小白 吴 玲 译

80.《古典学术史：从公元前 6 世纪到中古末期》〔英〕约翰·埃
德温·桑兹 著 赫海迪 译

81.《本笃会规评注》〔奥〕米歇尔·普契卡 评注 杜海龙 译

82.《伯里克利：伟人考验下的雅典民主》〔法〕 樊尚·阿祖莱
著 方颂华 译

83.《旧世界的相遇：近代之前的跨文化联系与交流》〔美〕 杰
里·H. 本特利 著 李大伟 陈冠堃 译 施诚 校

84.《词与物：人文科学的考古学》修订译本 〔法〕米歇尔·福柯
著 莫伟民 译

85.《古希腊历史学家》〔英〕约翰·伯里 著 张继华 译

86.《自我与历史的戏剧》〔美〕莱因霍尔德·尼布尔 著 方
永 译

87.《马基雅维里与文艺复兴》〔意〕费代里科·沙博 著 陈玉
聃 译

88.《追寻事实:历史解释的艺术》 ［美］詹姆士 W. 戴维森 著 ［美］马克 H. 利特尔著 刘子奎 译

89.《法西斯主义大众心理学》 ［奥］威尔海姆·赖希 著 张峰 译

90.《视觉艺术的历史语法》 ［奥］阿洛瓦·里格尔 著 刘景联 译

91.《基督教伦理学导论》 ［德］弗里德里希·施莱尔马赫 著 刘平 译

92.《九章集》 ［古罗马］普罗提诺 著 应明 崔峰 译

93.《文艺复兴时期的历史意识》 ［英］彼得·伯克 著 杨贤宗 高细媛 译

94.《启蒙与绝望:一部社会理论史》 ［英］杰弗里·霍松 著 潘建雷 王旭辉 向辉 译

95.《曼多马著作集:芬兰学派马丁·路德新诠释》 ［芬兰］曼多马 著 黄保罗 译

96.《拜占庭的成就:公元 330～1453 年之历史回顾》 ［英］罗伯特·拜伦 著 周书垚 译

97.《自然史》 ［古罗马］普林尼 著 李铁匠 译

98.《欧洲文艺复兴的人文主义和文化》 ［美］查尔斯·G. 纳尔特 著 黄毅翔 译

99.《阿莱科休斯传》 ［古罗马］安娜·科穆宁娜 著 李秀玲 译

100.《论人、风俗、舆论和时代的特征》 ［英］夏夫兹博里 著 董志刚 译

101.《中世纪和文艺复兴研究》 ［美］T. E. 蒙森 著 陈志坚 等译

欢迎广大读者垂询,垂询电话:021—22895540

图书在版编目(CIP)数据

历史认识的时空/[日]佐藤正幸著;郭海良译. —上海:
上海三联书店,2019.3
(上海三联人文经典书库)
ISBN 978-7-5426-6626-0

Ⅰ.①历… Ⅱ.①佐…②郭… Ⅲ.①史学史-研究
Ⅳ.①K09

中国版本图书馆 CIP 数据核字(2019)第 029448 号

历史认识的时空

著　　者/[日]佐藤正幸

译　　者/郭海良

责任编辑/黄　韬

装帧设计/徐　徐

监　　制/姚　军

责任校对/张大伟

出版发行/上海三聯书店

　　　　(200030)中国上海市漕溪北路 331 号 A 座 6 楼

邮购电话/021-22895540

印　　刷/上海展强印刷有限公司

版　　次/2019 年 3 月第 1 版

印　　次/2019 年 3 月第 1 次印刷

开　　本/787×1092　1/16

字　　数/320 千字

印　　张/24.5

书　　号/ISBN 978-7-5426-6626-0/K·518

定　　价/98.00 元

敬启读者,如发现本书有印装质量问题,请与印刷厂联系 021-66510725